رلا

Manuela Massa

Sprache, Ethik und Leben bei
Heidegger und Wittgenstein

ALBER THESEN

Manuela Massa

Sprache, Ethik und Leben bei Heidegger und Wittgenstein

Verlag Karl Alber Freiburg/München

Manuela Massa

Language, Ethics and Life in Heidegger and Wittgenstein

The book outlines the way Heidegger and Wittgenstein criticize traditional foundations of philosophy and psychology. Its main focus is on their respective early works and on how language, ethics, and life are therein connected. Convergences of their philosophy lie, among other things, in the fact that they both constitute a semantic movement circumscribing the individual world boundaries, that both appeal to the ethos of secrecy, by suggesting the connection between language and ethics, and that for both philosophers life gains an ethical significance.

The Author:

Manuela Massa (born in 1986) obtained her doctorate at the Martin Luther University in Halle. In 2017 she held a DAAD scholarship at the Husserl Archives in Leuven. In 2018 she received a final scholarship from the FAZIT Foundation. She is currently working as a lecturer at the Martin Luther University in Halle.

Manuela Massa

Sprache, Ethik und Leben bei Heidegger und Wittgenstein

Das Buch zeigt, in welcher Weise Heidegger und Wittgenstein die Grundlagen der traditionellen Philosophie sowie der Psychologie einer Kritik unterziehen. Der Schwerpunkt liegt dabei auf dem jeweiligen Frühwerk und wie dort die Problemkreise Sprache, Ethik und Leben miteinander verbunden sind. Konvergenzen ihres Philosophierens liegen u. a. darin, dass sie jeweils eine semantische Bewegung ausmachen, die die Grenzen der individuellen Welt umschreibt, dass sich bei beiden ein Appell an das Ethos der Verschwiegenheit findet, der eine Verknüpfung zwischen Sprache und Ethik nahelegt, und dass das Leben für beide Philosophen eine ethische Bedeutung gewinnt.

Die Autorin:

Manuela Massa (geb. 1986) hat an der Martin-Luther-Universität in Halle mit dieser Arbeit promoviert. 2017 war sie als DAAD-Stipendiatin am Husserl-Archiv in Leuven. 2018 erhielt sie ein Abschlussstipendium von der FAZIT Stiftung. Derzeit arbeitet sie als Dozentin an der Uni-Halle.

Alber-*Reihe* Thesen

Band 76

MIX
Papier aus verantwor-
tungsvollen Quellen
FSC® C083411

Originalausgabe

Satz: SatzWeise, Bad Wünnenberg
Herstellung: CPI books GmbH, Leck

Printed in Germany

ISBN 978-3-495-49079-2

Inhalt

Inhalt

Dank

Manche Dinge können mit Worten nur unzureichend gefasst werden. Hier sind Worte jedoch mein einziges Mittel, um meinen Dank einigen Personen gegenüber zum Ausdruck zu bringen, denen gegenüber ich mich tief verpflichtet weiß.

Erstens habe ich meinem Doktorvater Prof. Dr. Matthias Kaufmann zu danken. Seine Seminare, unsere fruchtbare Zusammenarbeit sind für mich von unschätzbarem Wert. Ebenso bedanke ich mich herzlich bei Prof. Dr. Robert Schnepf: Seine Anregungen und Anmerkungen haben mir viel geholfen. Sehr dankbar bin ich auch Prof. Dr. Nicolas De Warren und seinen tiefgreifenden Bemerkungen, die mir in Löwen viel geholfen haben. Dann habe ich den Husserl-Archiven in Leuven und Freiburg zu danken, die mir die Möglichkeit gaben, Husserls Manuskripte zu studieren. Sehr dankbar bin ich auch Prof. Dr. Harald Seubert, Prof. Dr. Antonio Calcagno, Dr. James Thompson, Dr. Michaela Torbidoni, Prof. Dr. Jesús Adrián Escudero, Dr. Thomas Vongehr, Prof. Dr. Stefano Micali und Prof. Dr. Pietro D'Oriano.

Auf meinem philosophischen Weg mit all seinen Umwegen haben mich mehrere Kolleginnen und Kollegen begleitet, denen ich für unseren Austausch sehr dankbar bin: Dr. Danaë Simmermacher, Dr. Diego D'Angelo, Dr. Giulia Lanzirotti, Luca Bianchin, Dr. Federica Buongiorno, Dr. Sydney Hovda, Dr. Flavia Zaffora, Christian Müller, Dafne De Vita, Dr. Stefan Knauß. Sehr dankbar bin ich auch meinen Studentinnen und Studenten für unseren fruchtbaren Austausch in den Seminaren: Steven Reinhardt, Olivia Kleinfeld, Hannah Mrozynski, Marie Chantal Kuss, Mario König, Armin Michael, Moritz Waitschies.

Ebenfalls zu danken habe ich der Landesgraduiertenförderung des Landes Sachsen-Anhalt für mein Stipendium, dem DAAD für ein Aufstockungsstipendium während meines Forschungsaufenthaltes in Leuven, der FAZIT-Stiftung für mein Abschlussstipendium und die Übernahme des Druckkostenzuschusses sowie dem Seminar für Philosophie in Halle für die Übernahme der Korrektur des Manuskripts.

Nicht zuletzt möchte ich meinen geduldigen Eltern Dank sagen, die mich immer wieder unterstützen, und meinen beiden Brüdern. Sehr dankbar bin auch Ferdinand, weil ich mit ihm die Welt anders sehe. Auch Patricia Diez, Amelie Wiebach, Federico Petitto, Annabel Neu, Charlotte und Marie habe ich zu danken, weil sie mein Leben glücklich machen.

Für die erste Korrektur dieses Buches danke ich Mag. Gabriel Jira und Sabine Sterken, für die Schlusskorrektur Frau Dr. Cathrin Nielsen, die meine Dissertation geduldig und mit Sorgfalt sprachlich durchgesehen hat.

Manuela Massa

Vorwort

Ea iustitiae acceptio, quam de mente philosophi hactenus ex-
plicavimus, praebet ansam, ut duo quaedam hoc loco mag-
nopere advertamus. Primum est actum omnem virtutis, quatenus per eum is, a quo elicitur, ipsius regulae ac mensurae
sese adaequat, nempe rationi rectae legique ac voluntati Dei,
appellari iustitiam. Quo pacto usurpata iustitia communis est
essentialiter ad omnem virtutis cuiusvis operationem.

Luis de Molina, *De Iustita et Iure*

Im Mittelpunkt des vorliegenden Buches steht die Beziehung zwischen Subjekt und Welt. Sie hängt sowohl mit zentralen Fragen des
Menschseins als auch mit Pflichten des Menschen gegenüber seinen
Mitmenschen zusammen. Daraus ergeben sich etliche Schwierigkeiten nicht nur hinsichtlich einer Definition des Subjekts, sondern auch
im Blick auf seine Beziehung zur Welt. Wenn vor diesem Hintergrund eine philosophische Klärung dieser Beziehung versucht wird,
so ist es keineswegs selbstverständlich, dass es gelingt, sie letztgültig
zu bestimmen. Jedenfalls wird es dann schwer, eine solche Beziehung
zu ›beweisen‹, wenn das Subjekt andere Bezeichnungen erfährt – wie
z. B. »Dasein« –, möglicherweise gar nicht mehr zur Welt gehört oder
aber auf ihrer Grenze positioniert ist.

Bei Martin Heidegger und Ludwig Wittgenstein – für manche
die wichtigsten Philosophen des 20. Jahrhunderts – lässt sich dennoch
eine solche Bemühung erkennen, obwohl sich bei beiden die erwähnten Probleme finden, da Heidegger das Subjekt hinter dem Ausdruck
des »Daseins« verbirgt und Wittgenstein es durch den Rand der Welt
begrenzt. Ist dies aber Grund genug, die Beziehung von Subjekt und
Welt in ihrem Denken nicht weiter zu untersuchen? Da dies, so meine
These, nicht zutrifft, soll im Folgenden untersucht werden, worauf
sich die Bedingungen für eine mögliche Verbindung zwischen Subjekt und Welt gründen könnten. In erster Linie lassen sie sich durch

die Sprache erkennen, genauer durch die Kommunikation zwischen Menschen. Hierbei überwiegt bei Heidegger und Wittgenstein deren Mitteilungsfunktion, trotz ihrer unterschiedlichen Herangehensweisen, die von zwei unterschiedlichen philosophischen Traditionen geprägt wurden, nämlich der Phänomenologie und der analytischen Philosophie. Dieser Aspekt verbleibt indessen innerhalb der Welt und weist insofern bereits auf eine erste Verbindung zwischen Subjekt und Welt hin. Daraus ergibt sich jedoch eine weitere Frage, die diese ideale Verbindung wieder in Frage zu stellen droht und die das Objekt der Mitteilung betrifft: Können wirklich alle Tatsachen, die in der Welt geschehen, kommuniziert werden? Ist denn alles eindeutig aussprechbar? Nochmals geben Heidegger und Wittgenstein beide letztlich dieselbe Antwort, womit eine weitere Verbindung von Subjekt und Welt gelegt wird: Die Sprache ist eine Barriere, die nicht überwunden werden kann und die zugleich die Haltung des Menschen in der Welt nachhaltig prägt. Sprache ist im Grunde Ethik. Daher übernimmt die Sprache nicht einfach die Form von etwas, was sich im Sinne eines Schemas oder als Wiederholung eines bereits Vorgegebenem benutzen und somit letztlich objektivieren lässt. Sie prägt vielmehr den Ort des Menschen, einen Ort, an dem er sich aufhalten, an dem er wohnen kann. Dieser Ort hat für Wittgenstein wie für Heidegger eine bestimmte Form, und zwar das Leben, das sich somit für beide als primärer Bezugspunkt herausschält. Nur hier kann man sich gegenüber dem Anderen ethisch verhalten, sich moralisch verpflichten und von Schuld durch das Gewissen befreien. Leben können die Individuen wiederum nur innerhalb der Welt: Subjekt und Welt stehen somit von innen her in einer Beziehung zueinander. Die genauen Umstände für diese innere Verbundenheit zu ermitteln, ist das Ziel meines Buches. Es gilt, die *Sprache*, die *Ethik* und das *Leben* bei Heidegger und Wittgenstein in ihrem inneren Zusammenhang in den Blick zu nehmen.

Halle, im Juli 2019

1. Einleitung

Heideggers und Wittgensteins Frühphilosophie – Ausgangs- und Anknüpfungspunkte ihrer Verbindung

Über Parallelen zwischen Wittgenstein und Heidegger gibt es bereits bedeutsame philosophische Untersuchungen, die zeigen, dass eine gemeinsame Lektüre prinzipiell sinnvoll ist[1]. Doch befassen sich diese Arbeiten primär mit zwei unterschiedlichen Phasen ihres jeweiligen Denkens und unterlassen es, der wichtigen Verbindung von Intentionalität und Normativität Aufmerksamkeit zu schenken. Dieser Zusammenhang ist für den theoretischen Ansatz beider Philosophen gleichermaßen grundlegend und entspringt der Einsicht, dass es vor der objektiven Wahrheit, vor einer absoluten, an sich existierenden Wirklichkeit eine Welt gibt, zu der das Individuum eine persönliche Beziehung aufbaut. In dieser Welt *kann* das Individuum – auch wenn es auf ihrer Grenze steht, und nur, wenn es das *will* – intentionale Handlungen vollziehen. Geschieht dies, korrespondieren seine Intentionen üblicherweise den Zwecken der Gesellschaft, welche sich durch Normen organisieren, die wiederum von staatlichen Institutionen erlassen werden. Daher nimmt die Norm bei Heidegger und Wittgenstein die Form einer Norm-*für* an: einer Norm für die Regelung der Gesellschaft, einer Norm für die Identifizierung des Ethischen, einer

---

[1] Bindeman, Steven L. (1981) *Heidegger and Wittgenstein: The Poetics of Silence*, University Press of America, Lanham; Rudd, Anthony (2003) *Expressing the World: Skepticism, Wittgenstein, and Heidegger*, Open Court, La Salle; Rorty, Richard (1993) *Heidegger, Wittgenstein en Pragmatisme: Essays over Post-analytische en Post-nietzscheaanse Filosofie*, Kok Agora, Kampen; Furuta, Hirokiyo (1996) *Wittgenstein und Heidegger: Sinn und Logik in der Tradition der analytischen Philosophie*, Königshausen & Neumann, Würzburg; Mulhall, Stephen (1990) *On Being in the World: Wittgenstein and Heidegger on seeing Aspects*, Routledge, London; Flatscher, Matthias (2011) *Logos und Lethe: zur phänomenologischen Sprachauffassung im Spätwerk von Heidegger und Wittgenstein*, Alber, Freiburg; Egan, David, Reynolds, Stephen, Wendland, Aaron James (2013) *Wittgenstein and Heidegger: Pathways and Provocations*. Twentieth-century Philosophy, Routledge, London; Sefler, George F (1974) *Language and the World: A Methodological Synthesis within the Writings of Martin Heidegger and Ludwig Wittgenstein*, Humanities Press, Atlantic Highlands.

Norm andererseits, die von den Intentionen der Politiker abhängt – einer Norm also, die zuletzt das Verhalten des Menschen ausrichtet.

Da sich die vergleichende Lektüre von Heideggers und Wittgensteins frühem Denken durch Karl-Otto Apel, Thomas Rentsch und Simona Venezia von der bisherigen Schwerpunktsetzung der philosophischen Tradition ausdrücklich unterscheidet, sollen diese Ansätze im Folgenden diskutiert werden.[2] In ihnen werden zudem die Phänomenologie bzw. Existenzialphänomenologie und die analytische Philosophie in eine Verbindung gebracht, so dass ihre Lesarten einen fruchtbaren Ausgangspunkt für die vorliegende Arbeit bilden können, auch wenn meine Interpretation, wie zu zeigen sein wird, in wesentlichen Punkten über sie hinausgeht.

Wir wenden uns zunächst dem Aufsatz »Wittgenstein und Heidegger. Die Frage nach dem Sinn von Sein und der Sinnlosigkeitsverdacht gegen alle Metaphysik« von Karl-Otto Apel zu, der in seiner Analyse eines möglichen Dialoges zwischen Heidegger und Wittgenstein einen hermeneutischen Ansatz verfolgt. Er beginnt mit einer Doppel-Lektüre beider Philosophen, die die grundsätzliche Absicht verfolgt, die »skeptische Verdächtigung der Metaphysik durch Sprachkritik«[3] zu hinterfragen. Dabei konzentriert er sich auf jeweils zwei Phasen im Denken der beiden Philosophen, in denen sich Gemeinsamkeiten finden lassen. In einem ersten Abschnitt vergleicht Apel Wittgensteins *Tractatus logico-philosophicus* mit Heideggers »Fundamentalontologie«; in einem zweiten unterwirft er Wittgensteins *Philosophische Untersuchungen* und Heideggers »Destruktion der Metaphysik« einer vergleichenden Betrachtung. Der »gemeinsame Bezugspunkt« beider Denker sei dabei die »Infragestellung der abendländischen Metaphysik als theoretischer Wissenschaft«[4], und die Möglichkeit, sie zusammenzulesen, sei durch Heideggers Grundfrage nach dem Sinn von Sein und Wittgensteins Grundfrage nach

---

[2] Venezia, Simona (2013) *La misura della finitezza. Evento e linguaggio in Heidegger e Wittgenstein*, Mimesi, Milano; Rentsch, Thomas (2003) *Heidegger und Wittgenstein. Existential- und Sprachanalysen zu den Grundlagen philosophischer Anthropologie*, Klett-Cotta Verlag, München; Apel, Karl-Otto (1973) *Wittgenstein und Heidegger: Kritische Wiederholung und Ergänzung eines Vergleichs*, Transformation der Philosophie 1, Sprachanalytik, Semiotik, Hermeneutik, Suhrkamp, Frankfurt am Main, 225–275.

[3] Apel, Karl-Otto (1967) *Wittgenstein und Heidegger. Die Frage nach dem Sinn von Sein und der Sinnlosigkeitsverdacht gegen alle Metaphysik*, Philosophisches Jahrbuch 75. Jg. 1967, 56–94.

[4] Apel, K.-O. (1973), 228.

Manuela Massa

dem Sinn philosophischer Sätze als Weisen einer Sinnkritik gegeben. So lohne der im Anschluss an Kant unternommene Versuch Wittgensteins, die *Kritik der reinen Vernunft*, in der die Frage nach der Möglichkeit der Metaphysik als Reflexion auf die Bedingungen der Möglichkeit der Erfahrung aufgeworfen werde, in eine »Kritik der reinen Sprache« umzuwandeln.[5] Diese Transformation der Sprache lasse sich auch bei Heidegger finden, da dieser gegenüber der traditionellen Metaphysik *qua* Ontologie »einen sinnkritischen Verdacht« hege, der sich in der Grundfrage nach dem Sinn von Sein äußere,[6] was wiederum die Schlussfolgerung nach sich ziehe, sowohl die dogmatische Ontologie als auch die apriorische Sprachkritik als unsinnige Metaphysik zurückzuweisen.

Trotz ihres Verdienstes bleibt Apels Untersuchung, wie bereits Thomas Rentsch in *Heidegger und Wittgenstein. Existential- und Sprachanalysen zu den Grundlagen philosophischer Anthropologie* anmerkt, an eine »Rezeption von Existenzial-hermeneutik (Heidegger) und Sprachanalyse (Wittgenstein)« gebunden.[7] Es erscheint daher legitim, Rentschs Standpunkt aufzugreifen und auf einen prinzipiellen Mangel in Apels Versuch hinzuweisen, nämlich die Tatsache, dass er den Einfluss der Phänomenologie auf das Denken beider Philosophen verkennt.[8] Während dieser Einfluss bei Heidegger nicht zuletzt durch seine philosophische Auseinandersetzung mit Husserl bekannt ist, berühren phänomenologische Aspekte nicht nur die Spätphilosophie Wittgensteins, wie Rentsch bemerkt, sondern bereits seinen *Tractatus* und seine Tagebücher, die bekanntlich für den frühen bzw. »ersten« Wittgenstein stehen. Was wiederum unter »Phä-

---

[5] Ebd. 234.

[6] Ebd. 227.

[7] »Die Probleme, die uns bei der methodischen Grundlegung philosophischer Anthropologie beschäftigen, und die wir unter anderem mit den Stichworten: Holismus/ Isolationismus, Einheitsthematik, Sinnapriorismus und Status der Philosophie selbst andeuten, treten so oder ähnlich auch in einer anderen philosophischen Bemühung der Gegenwart auf, nämlich in der ›Transzendentalpragmatik‹ von Karl-Otto Apel und in ähnlichen Entwürfen von Jürgen Habermas. Insbesondere bei Apel steht die Diskussion auch im Zeichnen einer Rezeption von Existentialhermeneutik (Heidegger) *und* Sprachanalyse (Wittgenstein). Um unser Programm von vornherein von diesen Versuchen abzugrenzen, muß ein tiefgreifender Unterschied zu Apel deutlich gemacht werden [...]. Bei Apel vermißt man jedoch die phänomenologische Komponente«. Vgl. Rentsch (2003), 95

[8] »Heidegger und Wittgenstein (wie auch Ryle) sind Phänomenologen, entweder mehr am Leben oder mehr an der Sprache orientiert.« Ebd.

nomenologie« bei Heidegger und Wittgenstein verstanden werden kann, basiert, wie in der vorliegenden Studie gezeigt wird, auf einer Differenz zwischen »Intention« und »Intentionserfüllung«. Es ist diese Differenz, die für beide Philosophen im Blick auf die Probleme Sprache, Ethik und Leben unmittelbar relevant wird. Die dahinter liegende Problematik wurde bereits von Edmund Husserl in seinen *Logischen Untersuchungen* erkannt, weshalb im Folgenden immer wieder auf Husserl zurückgegriffen werden muss, um das entsprechende Scharnier für eine vergleichende Lektüre des frühen Denkens bei Heidegger und Wittgenstein bereitzustellen.

Thomas Rentsch und Simona Venezia haben die Forschung zu Heidegger und Wittgenstein zweifellos erweitert, insofern sie den Weg zu einer »möglichen Kompatibilität« beider Denker gebahnt haben. Ausgangspunkt ihrer Untersuchung ist, wie Rentsch ausführt und Venezia bekräftigt,[9] »unter oberflächlichen und leicht zu bemerkenden Entsprechungen und Analogien in den Werken Heideggers und Wittgensteins methodische und systematisch weitreichende Verbindungen in der Fein- und Tiefenstruktur ihrer Analyse ins Licht zu setzen«[10]. Gesucht ist also nach Rentsch eine Herangehensweise, der es nicht nur darum geht, zwei unterschiedliche Denkwege ›auf eine Linie‹ zu bringen, sondern die versucht, die Methode Heideggers aus *Sein und Zeit* auf Wittgensteins Analyse im *Tractatus*, in den *Philosophischen Untersuchungen* sowie *Über Gewissheit* anzuwenden, was letztlich bedeutet, Wittgensteins Hauptwerke existenzial zu interpretieren.[11] Die leitende Grundfrage Rentschs gilt dabei einer »philosophische[n] Anthropologie«[12], die sowohl bei Heidegger als auch bei Wittgenstein – ohne dass ihr ein »umfassendes positives Wahrheits- und Vernunftverständnis« zugrunde liege – zum Thema werde.[13] Deshalb bestünde das Ziel seines Buches darin, »Heideggers und Wittgensteins Grundbegriffe einer verdinglichungskritischen Anthropologie als solche transzendentalen Lebensformbegriffe zu präzisieren«[14]. Den Grund dafür bündelt Rentsch in der These, dass sich »mit Heidegger und Wittgenstein eine zweite ›Kopernikanische Revolution‹ im Anschluss an die transzendentalphi-

---

[9] Vgl. Venezia, S. (2013), 112.
[10] Vgl. Rentsch, T. (2003), 15.
[11] A.a.O., 60.
[12] Ebd.
[13] Ebd.
[14] A.a.O., 96.

losophische Wende Kants ereignet ha[be], hinter die wir nicht zurückgehen können«[15].

Dieser These folgt auch Simona Venezia in ihrem Buch *La misura della finitezza. Evento e linguaggio in Heidegger e Wittgenstein*, wobei sich ihre Argumentation auf die Bedeutung von »Welt« und gleichzeitig auf die »Frage nach der Sprache in ihrer Substantialität« richtet.[16] Im Anschluss an Rentsch erklärt sie sowohl, Heidegger und Wittgenstein hätten die theoretische Funktion der Philosophie außer Kraft gesetzt, als auch, beide nähmen Abstand von einer subjektivistischen Philosophie.[17] Venezias Untersuchung bleibt dabei auf zwei Ebenen angesiedelt, der Ebene der »Möglichkeit« und der des »Ereignisses«; beide stellen konzeptuelle Instrumente dar, anhand derer eine Diskussion zwischen Heidegger und Wittgenstein entfaltet werden kann. Weder Thomas Rentsch noch Simona Venezia gehen in ihren Untersuchungen über Heidegger und Wittgenstein jedoch auf die *Frage nach dem normativen Leben* ein, da ihre Analysen sich nicht mit Normen befassen, obwohl sie auf die Verbindung von Regeln und Ethik ausgerichtet sind. Heideggers und Wittgensteins »Sicht auf die Welt« bezüglich der ethischen Komponenten in Verbindung mit der Lebensproblematik ist daher immer noch Neuland. Im Rahmen einer Erforschung desselben lässt sich feststellen, dass beide Denker eine gemeinsame Haltung in ihren frühen Werken aufweisen, insofern sie die ethische Frage im Zusammenhang mit dem Lebensproblem unabhängig von einer anthropologischen Lesart behandeln.

---

[15] Vgl. Rentsch, T. (2003), 60.

[16] »Non é un caso che nello studio sistematico tra il confronto dei nostri autori proposto da- Thomas Rentsch riferimento bibliografico irrinunciabile non sono ai fini di un'antropologia filosofica, ma anche per la sua istanza di completezza concettuale e organicitá espositiva-, viene evidenziato come il punto in comune piú rilevante sia proprio siffatta tematica.« [Es ist kein Zufall, dass in der systematischen Studie, die sich an Thomas Rentschs Vergleich unserer Autoren anlehnt, […] nicht nur im Sinne einer philosophischen Anthropologie, sondern auch aus Gründen konzeptioneller Vollständigkeit und einer organischen Durchführung, betont wird, dass der wichtigste gemeinsame Punkt genau dieses Thema ist.] Vgl. Venezia (2013), 112–113 (Übers. M. M.). Venezia wendet sich an Rentsch zudem im Blick auf eine durchdachte Bibliographie und verweist hier auf Rentsch (2003), 231.

[17] Ebd. 112 f. Präzisierend muss ergänzt werden, dass Rentsch bei Wittgenstein einen praktischen ethischen Sinn in der ontologischen Differenz erkennt. Vgl. Rentsch, T. (2003), 62.

Zum einen ist unbestritten, dass Heideggers und Wittgensteins gemeinsamer Standpunkt in Bezug auf das Problem der Sprache und ihrer Beziehung zur Welt der Versuch eines pragmatischen Ersatzes für den transzendentalen Standpunkt Kants ist.[18] Entsprechend setzen sich Heidegger und Wittgenstein mit Husserl auseinander: Während die Verbindung zwischen Heidegger und Husserl bekannt ist, wird das Verhältnis zwischen Wittgenstein und Husserl bislang für weniger wichtig gehalten, ebenso wie die Verbindung zwischen Wittgenstein und der Phänomenologie noch immer kaum Beachtung findet. Es wurde jedoch bereits der Nachweis erbracht, dass Husserl Wittgensteins *Tractatus* kannte,[19] was Argumente dafür liefert, eine Parallele zwischen Wittgensteins Atomismus (der Konstitution der Welt im *Tractatus*) und Husserls Rückkehr zu den »Sachen selbst« zu ziehen, die sich als Idee einer reinen Grammatik manifestiert. Wie Kurt Wuchterl in seinem Aufsatz »Wittgenstein und die Idee einer operativen Phänomenologie« erklärt, besitzt Husserls »Idee der reinen Grammatik« durchaus Ähnlichkeit zu Wittgensteins Reduktion des Sprachlichen auf die atomaren Sachverhalte innerhalb des logischen Raums.[20] Auch sollte man nicht vergessen, dass beide Philosophen eine logische Analyse der Welt vorlegen, die nicht auf *dem faktisch Gegebenen* basiert. Darauf macht beispielsweise C. W. A. Peursen in seinem Aufsatz »Übereinkunft und Gegensatz im heutigen europäischen Denken. Husserl und Wittgenstein« aufmerksam: In der Tat vertreten Husserl und Wittgenstein den Standpunkt, dass die Philosophie nur sagen kann, *wie* ein bestimmtes Ding ist, aber nicht, *was* es ist.[21] Über diese Eigenschaft der Sprache, die

---

[18] Vgl. Tietz, Udo (2003) *Heidegger und Ludwig Wittgenstein. Diesseits des Pragmatismus jenseits des Pragmatismus*, in: Heidegger-Handbuch: Leben, Werk, Wirkung, Thomä, Dieter (Hrsg), J. B. Metzler, Stuttgart, 356; Rentsch (2003), 62.

[19] Mayer, Verena (2011) *Regeln, Spielräume und das offene Undsoweiter. Die Wesensschau in Erfahrung und Urteil*. In: Mayer, Verena, Erhard, Christopher, Scherini, Marisa (Hrsg). Die Aktualität Husserls, Alber Verlag, Freiburg/München, 184.

[20] Vgl. Kurt Wuchterl (1971) *Wittgenstein und die Idee einer operativen Phänomenologie*, Zeitschrift für philosophische Forschung, Nr. 1, 13.

[21] Peursen, C. A. van (1959/60) *Übereinkunft und Gegensatz im heutigen europäischen Denken. Husserl und Wittgenstein*, Philosophy and Phenomenological Research, 20, 181–195. Die Welt kann zwar beschrieben werden, wie Wittgenstein im *Tractatus* festhält, aber man kann nicht sagen, dass sie *ist:* Dies impliziert die Sphäre des Unaussprechbaren. Denselben Standpunkt kann man bei Husserl finden. In seiner *Ersten Philosophie* schreibt er, »eine universale transzendentale Forschung umspannt also in ihrem Thema auch die Welt selbst«, die es aber, wie Peursen richtig anmerkt,

ihre Aussagefähigkeit betrifft, ist es möglich, eine weitere Parallele zwischen Husserl und dem frühen Wittgenstein zu ziehen: die apriorischen Bedingungen der Sprache. Husserl arbeitet diesbezüglich in seinen *Logischen Untersuchungen* heraus, dass die Bedeutungen apriorischen Gesetzen gehorchen, die es erlauben, eine Verknüpfung zu jeweils neuen Bedeutungen herzustellen.[22] In jeder Bedeutungsverknüpfung sind »apriorisch wirksame Wesensgesetzmäßigkeiten« vorhanden, die »reinen« Gesetzen unterstehen.[23] Husserls reine Grammatik strebt somit danach, das im echten Sinne ›Rationale‹ und insbesondere das ›Logische‹ der Sprache auf das Apriori der Sprache zurückzuführen.[24] Daher findet man innerhalb des Satzes »Dieser Baum ist grün.« eine einheitliche Bedeutsamkeit, in der eine Formalisierung der schon gegebenen Bedeutung in Form eines logischen Satzes einem reinem Bedeutungsgehalt entspricht. Hier darf man nicht vergessen, dass Wittgenstein (und auch Husserl) die Welt als ein Apriori intendieren, welches sich in der Sprache offenbart, der die Phänomene somit *immanent* sind. Bei Husserl findet sich eine intentionale Gebundenheit des Objekts an das menschliche Ego, die bei Wittgenstein als Sprachhorizont durchdekliniert wird: Die Sprache transzendiert niemals die Welt und es ist unmöglich, das Unsagbare als etwas Weltliches zu identifizieren.[25]

Eine Verbindung zwischen Sprache und Intentionalität, welche die Bedeutungsformen der reinen Logik inhäriert, lässt sich auch beim jungen Heidegger wiederfinden. In seiner Habilitationsschrift *Die Kategorien- und Bedeutungslehre des Duns Scotus* erklärt Hei-

---

für Husserl nur als »Universum absoluter Vorurteilslosigkeit« gibt. Deshalb könne die sich jeweils bietende Gegebenheit nur als ein Exempel dienen: »[E]ine solche Forschung nimmt das faktische Erfahrungsfeld mit seinen faktischen Erlebnissen bloß als reine Möglichkeit in Anspruch.« Die faktische Welt ist somit lediglich eine von vielen Möglichkeiten, die sich ergeben können.

[22] Vgl. Husserl, E. *Logische Untersuchungen*, HuA19, 325.

[23] Ebd.

[24] Vgl. Husserl, E. *Logische Untersuchungen*, HuA19, 338 »Natürlich sind die festzustellenden Formen gültige«; das sagt hier, »es sind Formen, die in willkürlicher Besonderung wirklich seiende Bedeutungen – seiend als Bedeutungen – liefern. Also gehört zunächst zu jeder primitiven Form zugleich ein gewisses apriorisches Existenzialgesetz, welches aussagt, dass jede Bedeutungsverknüpfung, die solcher Form folgt, auch wirklich eine einheitliche Bedeutung ergibt, sofern nur die Termini (die Unbestimmten, die Variablen der Form) zu gewissen Bedeutungskategorien gehören«. Vgl. dazu Rasche, M. (2019). *Sprache und Methode: Geschichte und Neubeschreibung einer rhetorischen Philosophie* (Vol. 4). Verlag Karl Alber, Freiburg/München, 69.

[25] Wuchterl, K. (1971), 6–24.

degger im Anschluss an Husserl, dass Ausdrücke im Gegensatz zu »hinweisenden Zeichen« »bedeutsame Zeichen« seien.[26] Heidegger interpretiert folglich das »ens logicum« und die »Bestandstücke« der Sprache gegenüber dem realen Sein in zweierlei Weise, und zwar einmal hinsichtlich ihrer »Wirklichkeit« und einmal hinsichtlich ihrer »Weisheit«.[27] Doch haften »Bedeutungen und Sinn an Worten und Wortkomplexen (Sätzen)«[28], weil sich in der alltäglichen Rede wie auch in der wissenschaftlichen Darstellung wahrer Gehalte in der Sprache keine ersetzenden Funktionen auffinden lassen.[29] Im Zentrum dieser Frage Heideggers steht – ganz wie bei Husserl und Wittgenstein – die Entdeckung eines Aktcharakters, nämlich der Intentionalität, der hinter einem Ausdruck gefunden werden kann. Nur durch ihn erhält ein Wort seinen Gehalt. Dieser sprachliche Gehalt, der in einer Verbindung zur psychischen Realität steht, gewährt dem *realen* Akt eine Bedeutung, deren man sich bewusst werden kann. Nichtdestotrotz steht der Ausdruck in einer »grammatica speculativa« im *modus significandi* als vollzogene Leistung eines intentionalen Akts. Doch ist der frühe Heidegger, wie Ann Kuhn in *Das Wertproblem in den Frühwerken Martin Heideggers und ›Sein und Zeit‹* bemerkt, auf der Suche nach den »Normen« (von mir in Kuhns Analyse hervorgehoben), die eine eindeutige Bestimmung der Wortbedeutung ermöglichen. Ziel ist es dabei, den Gesamtbereich des Seins in seine verschiedenen Wirklichkeitsweisen zu gliedern.[30] Die *modi significandi* gründen folglich eine bestimmte Ordnung, deren apriorisch *geregelte* Zusammenschlüsse die Bedeutung zu Bedeutungskomplexen werden lässt, womit jedoch, wie Heidegger sagt, noch nicht ihr geltender Sinn erkannt werden kann. Für den geltenden Sinn, für den *modus significandi*, ist vielmehr ein Urteil nötig, welches die Form des Leistungssinns übernimmt und es ermöglicht, eine »erkenntheoretische Dignität der Bedeutungskategorien« durchzusetzen. Anschließend etabliert Heidegger eine grundlegende Verbindung von Sprache und Logik, insofern die Bedeutungslehre »in allernächste Be-

---

[26] Vgl. Heidegger, Martin. *Frühe Schriften*, GA1, 299.

[27] A.a.O., 290.

[28] Ebd.

[29] Vgl. Stahlhut, Christian (1986) *Sprache und Ethos: Heideggers Wege zu einer wahrhaften Sprache*, Inaugural Dissertation zur Erlangung des Doktorgrads, Münster, 6.

[30] Kuhn, Ann (1968) *Das Wertproblem in den Frühwerken Martin Heideggers und ›Sein und Zeit‹*, Inaugural Dissertation, München, 73.

ziehung zur Logik tritt« und von Heidegger somit als ein Teilgebiet derselben definiert wird.[31]

Zum anderen dient die Untersuchung der Sprache dazu, die Frage nach dem Ethischen bei Heidegger und Wittgenstein zu klären. Beide Philosophen richten ihre Aufmerksamkeit auf deren Vermittlungsfunktion, um ihre *normative* Kraft herauszuarbeiten. Nichtsdestotrotz zeichnet sich ihr ethisches Denken dadurch aus, dass die Ethik nicht auf wissenschaftlichem Wege zugänglich gemacht werden kann, sondern nur durch eine *phänomenologische* Herangehensweise.

Die meisten Interpreten übersehen, dass Heidegger und Wittgenstein die Möglichkeit einer Ethik keineswegs *tout court* ausschließen, sondern lediglich ihre Betrachtung als Disziplin kritisieren. Aus diesem Grund vermeiden beide Philosophen Ausdrücke wie »Wert«, »Gut« oder »Gesetz« im Sinne einer traditionellen Ding-Ontologie, die lediglich eine Beschreibung ihrer Bedeutung anbieten. Des Weiteren werden in ihren Werken praktische Handlungen, die Menschen innerhalb der Welt oder an ihrer Grenze ausführen, für die Orientierung des Lebens selbst ausgeklammert. Daran anschließend gilt es noch festzuhalten, dass das Intentionalitätsprinzip, das bei Heidegger und Wittgenstein eine fundamentale Rolle für das Problem der Sprache spielt, *de facto* auch beim Ethischen wiedergefunden werden kann, eben weil es bei beiden Denkern keine »Ethik« im traditionellen Sinne gibt: Im ἦθος, im Ethischen kann man sich nur aufhalten, wenn dies von einem Subjekt *gewollt* wird. Daher ist davon auszugehen, dass seine Bedeutung von der intentionalen Absicht des Subjekts abhängt, die in einer Verbindung zu seinem Willen steht.[32]

Heidegger erörtert das Sein des Menschen mittels einer Abgrenzung von der Analogie zwischen Ethik und der Vergessenheit des spezifisch Menschlichen: Beide – die Anthropologie wie die Ethik – fassen den Menschen als ζώον auf und reduzieren ihn damit auf sein bloßes Vorhandensein,[33] welches traditionell durch den Zusatz λόγον ἔχον konkretisiert wird. Dies mündet in der (nach Heidegger: meta-

---

[31] Vgl. Heidegger, Martin. *Frühe Schriften*, GA1, 337.

[32] Diesbezüglich hebt Dietmar von der Pfordten hervor, dass in traditionellen Ethiken »als Urheber bzw. Ursprung ethischer, moralischer sowie religiöser und gelegentlich auch rechtlicher Pflichten Gott oder das Naturrecht angenommen werden«. Vgl. Von der Pfordten, Dietmar (2010) *Normative Ethik*, De Gruyter, Berlin, 275.

[33] Heidegger, Martin. *Sein und Zeit*, GA2, 48 (64.f)

physischen) Auslegung des Menschen als *animal rationale*.[34] Doch findet die Art dieser Bestimmung in gewissem Sinne auch Eingang in Heideggers eigene Position: Wie er bereits in *Sein und Zeit* festhält, ist die Seinsweise des Menschen in dem existierenden »Dasein« zu finden, welches »zu sein hat«: »Das Wesen des Daseins liegt in seiner Existenz.«[35] Folglich erhebt Heidegger den Anspruch, moralisch-ethische Aufforderungen formulieren zu können, die eine *wahre* Bedeutung implizieren: »Das Dasein gilt als Seiendes, das zu besorgen ist, welches Besorgen den Sinn der ›Wertverwirklichung‹ bzw. Normerfüllung hat.«[36]

Ganz analog zu Heideggers Überlegung stellt sich interessanterweise Wittgensteins Position dar: Ethische Sätze sind dann keinesfalls Tautologien oder Widersprüche, wenn sie »einem Sinn« entsprechen;[37] sie müssen eine Bedeutung haben, in der sich der logische Aufbau der Welt widerspiegelt. Wäre dies nicht der Fall, könnten ethische Sätze lediglich Beschreibungen sein, die sich in der Psychologie, Soziologie oder Ökonomie wiederfinden, so dass der spezifische Anspruch, den die Ethik an das Leben des Menschen heranträgt, fehlt. Es muss daher vermieden werden, sprachlich sinnlose Thesen über Ethik zu formulieren. *Über* Ethik kann nicht sinnvoll gesprochen werden, vielmehr vermag der Mensch nur dann (über »den Ruf« des Gewissens) ein Sollen zu erfahren, wenn er ethische Gesetze auf eine praktische Weise lebt.

Auf diese Weise wird auch die Rolle deutlich, die »Werte« für Heidegger und Wittgenstein spielen, sowie deren *negativer* Bezug zur Sprache: Es gibt sprachlich keine Möglichkeit, »Werte« auszudrücken. Wittgenstein macht deutlich, dass die Welt durch Tatsachen bestimmt ist und Werte innerhalb der Welt nicht existieren. So kann die Beschreibung der Welt keinen ethischen Ansatz inhärieren, ganz einfach deshalb, weil Tatsachenaussagen keine Werturteile sind. Aus dieser Feststellung folgt, dass ethische Urteile überhaupt keine sprachliche Form haben. Durch die Unmöglichkeit, die Sprache zur Ausdrücklichmachung ethischer Urteile heranzuziehen, lässt sich wiederum – positiv formuliert – die Rolle der Ethik umgrenzen: Über Ethik zu sprechen, wird dann möglich, wenn man über die Welt und

---

[34] Ebd.
[35] A.a.O., 42
[36] A.a.O., 293. (389)
[37] Vgl. Wittgenstein, Ludwig. TLP.6.42; 6.421; 6.422; 6.423.

über die sinnvolle Sprache hinausgeht.[38] Die Aufgabe der Ethik besteht darin, unser Leben zu leiten; wenn man sich für eine ethische Sichtweise auf die Welt entscheidet, gewinnt man die Möglichkeit, das Gute und das Böse zu bestimmen, und immer ist es dann die Welt selbst, die auf diese Weise in die Waagschale geworfen wird oder Bedeutung erhält. Heidegger gibt in *Sein und Zeit* den Werten eine ontische Verfassung, denn sie führen als Prädikate *vorhandener* Dinge auf die Vorhandenheit zurück.[39] Auch wenn es unbestritten ist, dass Werte vorhandene Bestimmtheiten eines Dinges sind, haben sie doch am Ende, wie Heidegger sagt, »ihren ontologischen Ursprung einzig im vorgängigen Ansatz der Dingwirklichkeit als der Fundamentalschicht«.[40] Um sich mit der genannten Funktion der Werte bei Heidegger zu verständigen, hilft eine Überlegung Manfred Frings' aus seinem Buch *Person und Dasein* weiter. Danach setzt jede Werttheorie im Grunde Kants *Metaphysik der Sitten* voraus, d.h. die Ontologie des Daseins, wie Heidegger in *Sein und Zeit* bemerkt,[41] und dadurch wird es möglich, die Person als ›Ort‹ der Werte und das relative Nichtsein irgendwelcher positiver Werte herauszustellen. Eine Ontologie der Person als ›Ort‹ der Werte im Sinne Heideggers existiert folglich nur vor dem Hintergrund, dass es dem »Dasein« in seinem Sein *um* sein Sein geht. Heidegger untersucht daher die Bedeutung des ›Personseins‹ im Blick auf den Wert und grenzt diesen radikal aus dem Bereich der Dinglichkeit bzw. der Vorhandenheit aus. Alles, was unter die Norm und Pflichterfüllung im Sinne der Kantischen Gerichtshofvorstellung fällt, fällt in den Bereich des Gewissens.[42] Es ist

---

[38] Peter Michael Stephan, Hacker (1978) *Einsicht und Täuschung: Wittgenstein über Philosophie und die Metaphysik der Erfahrung*, Suhrkamp, Frankfurt am Main, 118.

[39] »Weil Heidegger die Werte mit der Vorhandenheit verknüpft, muss für ihn die Ontologie des Daseins auch die Voraussetzung für jede formale und materiale Wertlehre sein. Denn es ist ja gerade die Vorhandenheit (in welcher Sphäre alle Werte sein sollen), die dem Sein des Daseins nicht zukommt.« Vgl. Frings, Manfred S. (1969) *Person und Dasein: Zur Frage der Ontologie des Wertseins*, Phaenomenologica 32, Nijhoff, Den Haag, 2.

[40] Vgl. Heidegger, Martin. *Sein und Zeit*, GA2, 99.

[41] »Daß *Kant* seiner Gewissensinterpretation die ›Gerichtshofvorstellung‹ als Leitidee zugrundelegt, ist nicht zufällig, sondern durch die Idee des *Sittengesetzes* nahegelegt – wenngleich sein Begriff der Moralität von Nützlichkeitsmoral und Eudaimonismus weit entfernt bleibt. Auch die Werttheorie, mag sie formal oder material angesetzt sein, hat eine ›Metaphysik der Sitten‹, das heißt Ontologie des Daseins und der Existenz zur unausge-sprochenen ontologischen Voraussetzung«. A. a. O., 293.

[42] Frings, M. (1969), 79.

---

daher auch kein Zufall, dass es nun der »Ruf« des Gewissens ist, der das Dasein zu seinem eigensten Selbstseinkönnen aufruft. Da sich das Gewissen im ursprünglichen Schuldigsein befindet, hat es keinen Einfluss auf den konkreten Fall. Die Person steht vielmehr in einem ursprünglichen Zusammenhang mit dem Sein. Das schließt aber keineswegs die Möglichkeit eines moralisch Guten oder Bösen aus. Eben deshalb gibt es ja kein *absolutes Gutes* mehr im Sinne einer Wertethik, wie beispielsweise den Wert des platonischen ἀγαθόν. Es ist vielmehr die Indifferenz, die in den Modifikationen von Gut und Böse als ursprünglicher Seinsgrund ersichtlich wird, und die diese Modifikation, die das rechte Wohnen des Daseins, sein »Insein« offenbart, ermöglicht, in dem zuletzt die Bedeutung des ἦθος für Heidegger aufscheint.[43] Die Möglichkeit, Werte auszudrücken, gibt es für Heidegger wie auch für Wittgenstein nicht. Dies wäre »ein Missverständnis der spezifischen Erschließungsfunktion der Auslegung«. Dennoch: Sobald »Norm-, Ziel und Wertfragen in den verschiedenen Lebensgebieten auftauchen, werden Normen und Werte als Produkte eines Entwicklungsganges gesehen und als solche gegliedert.«[44] Zweifellos bleibt das *sittliche* Dasein dennoch im Umgang mit Anderen an Werte gebunden, und zwar in der Sorge des »Mitseins« und der »Fürsorge«.[45] Auf diese Weise schält sich die normative Frage bei Heidegger heraus, die in einer Verbindung zur Intentionalität steht. Die Gründe dafür sind einfach zu erkennen: Heidegger formuliert das Leben als faktisch und von der Bewegtheit des Daseins ausgerichtet, so dass das Leben unmittelbar mit der Faktizität des sich verstehenden Daseins zusammenfällt.[46] Im Hinblick darauf, dass sich diese Bewegung ontologisch nur vom jeweiligen Aufenthalt her erschließt,[47] fungiert das ἦθος gleichsam als topologische Bestimmung für das menschliche Leben. Eben deshalb lässt sich Heideggers und Wittgensteins ethische Frage zwischen den Dingen in der Welt, denen Bedeutsamkeit zukommt, verorten. Einerseits bleibt das Ethische für beide Philosophen in gewissem Sinne an die Sprache gebunden, da

---

[43] Vgl. Kuhn, A. (1968), 125 f.

[44] Heidegger, Martin. *Phänomenologie der Anschauung und des Ausdrucks*, GA59, 13.

[45] Frings, M. (1969), 48.

[46] Vgl. Riedel, Manfred (1989) *Naturhermeneutik und Ethik im Denken Heideggers*, Heidegger Studies, 5. Jg., 153–172.

[47] Heidegger, Martin. *Ontologie. Hermeneutik der Faktizität*, GA63, 109.

es nicht außerhalb der Sprache formulierbar ist. Andererseits wirkt es unmittelbar im Leben des Menschen.

Das Ethische bestimmt also für Heidegger und Wittgenstein das Leben. Daher konzentriere ich mich im dritten und letzten Teil meines Buches auf die Frage nach dem Sinn. Dabei gehe ich primär davon aus, dass der Sinn der Welt außerhalb der Welt liegt, aber zugleich »innerhalb« des Lebens. Diese Behauptung rekurriert auf Wittgensteins *Tractatus*. In der Tat versucht Wittgenstein, eine neue – nämlich ethische – Sicht auf die Welt vorzulegen, um von hier aus »die Lösung des Problems des Lebens [...] am Verschwinden dieses Problems« auszumachen.[48]

Der Weg zu dieser Entwicklung führt nicht über bereits vorhandene Kenntnisse, sondern durch die Ethik. Das Ethische hat mit der Welt *sub specie aeternis* zu tun, und zwar mit ihrer Ganzheit, die den Sinn des Lebens bestimmt. Folglich ist die Ethik mit der Bedeutung der Welt verknüpft, die sich dennoch zugleich als an sich selbst bedeutungsvoll zu erkennen gibt. Die Ethik schreibt der Welt die Regeln vor, innerhalb derer die Menschen agieren sollen – daher erweist sie sich unmittelbar durch das Handeln des Menschen. Die ethische Perspektive prägt demnach auch das Leben des Subjekts. Wenn es gelingt, die Bedeutung des Lebens zu eruieren, ist das Subjekt imstande, die Problematik der Lebensentfaltung durch die Suche nach seinem Sinn in den Griff zu bekommen. Demgemäß gehört es zu Wittgensteins Lösungsansatz, das Leben als Zweck des Daseins[49] zu setzen: »[M]an könnte auch so sagen, der erfüllt den Zweck des Daseins, der keinen Zweck außer dem Leben mehr braucht. Das heißt nämlich, der befriedigt ist.«[50] Nach Wittgensteins Überlegung ist es einzig das Leben selbst, das sich als in sich bedeutungsvoll erweisen kann.

Die gleiche Einsicht finden wir auch bei Heidegger. Auch aus seiner Perspektive kommt das Leben immer wieder auf seinen Sinn zurück, der sich in der Auslegung des Lebens entfaltet.[51] Wesentlich dabei ist, dass das Leben auch bei Heidegger »die radikal-ontologisch

---

[48] Wittgenstein, Ludwig. TLP, 6.521.
[49] Vgl. Wachtendorf, Thomas (2008) *Ethik Als Mythologie: Sprache und Ethik bei Ludwig Wittgenstein*, Parerga, Düsseldorf, 58.
[50] Vgl. Wittgenstein, Ludwig. TB. 6.7.1916.
[51] Heidegger, Martin. *Phänomenologische Interpretationen zu Aristoteles (Anzeige der hermeneutischen Situation)*. Frithjof Rodi (Hrsg) *Dilthey-Jahrbuch für Philosophie und Geschichte der Geisteswissenschaften*, Band 6, 1989, 26.

gefasste Eigentlichkeit des Seins ist«[52], woraus folgt, dass das, was »die Existenz zeigt, […] direkt und allgemein nicht gefragt werden«[53] kann. Von dieser Betrachtung aus lässt sich folgende These formulieren: In jedem einzelnen Leben ist die »Möglichkeit« als ein Existenzial, als ein »Seinscharakter des Daseins« zu betrachten, so dass Heideggers und Wittgensteins Gemeinsamkeit darin besteht, die Welt in ihrer »Richtigkeit« anzuerkennen – wodurch die Verbindung zwischen der Ethik[54] und dem Problem des Regelbefolgens hervortritt. Daraus resultiert erneut eine Verknüpfung von Intentionalität und Normativität, die sich im Leben ausbuchstabiert, insofern das Subjekt in seiner »Auslegung« und »Selbstbegrenzung« zu berücksichtigen bleibt.

Darüber hinaus gilt es, seine Autonomie anzuerkennen, die sich in der zu problematisierenden Bindung zwischen »Individualität und Regel« entfaltet. Heidegger grenzt sich von einer naturgesetzlichen Beschreibung des geistigen Lebens ab und kritisiert seine angeblich »kausale« Notwendigkeit. Das Ziel besteht vielmehr in einem Wiedererkennungswert des »Sollens«, durch den allein die Gesetzgebung des Müssens und der Zwänge verändert werden kann. Dies gelingt Heidegger durch eine Kritik an den *physischen* Regelbedingungen, aus denen die Art und Weise unseres Denkens hervorgehen soll.[55] Unablässig betont er dabei, dass diese Gesetze mit dem *wahren* »Denken« korrespondieren müssen, damit wir nicht einer Objektivierung unserer eigenen Gedankentätigkeit und damit einem »Normalbewusstsein« anheimfallen. Auch aus diesem Grund gilt es, die Bindung zwischen Leben und Regeln zu untersuchen: Die vom Subjekt im Leben erreichte Autonomie impliziert eine Besinnung auf die Regeln der *Sollensgegebenheit*, die das gleiche Denken nachbuchstabieren. Ein kurzer Hinweis, dem Heidegger in seiner Aristoteles-Interpretation nachgeht, eignet sich für eine Annäherung an folgenden Gedanken: Der Grund, weshalb das Leben des Menschen durch φρόνησις *in sich selbst* in Verbindung zur πρᾶξις steht, lässt die *autonomische* Verortung des menschlichen Handelns erkennen. Wie Günter Figal in seinem Buch *Martin Heidegger zur Einführung* er-

---

[52] Heidegger, Martin. *Platon: Sophistes*, GA19, 176.
[53] Vgl. Heidegger, Martin. *Phänomenologische Interpretation ausgewählter Abhandlungen des Aristoteles zu Ontologie und Logik*, GA62, 261.
[54] Vgl. Heidegger, Martin. *Sein und Zeit*, GA2, 162 ff.; Vgl. Wittgenstein, Ludwig. TLP, 6.54.
[55] Vgl. Heidegger, Martin. *Zur Bestimmung der Philosophie*, GA56/57, 34.

klärt, repräsentiert für Heidegger die φρόνησις das ›Sehen‹ der πρᾶξις, und zwar als die Fähigkeit, in jeder bedeutungshaften Situation
seine eigenen Handlungsmöglichkeiten zu entdecken.[56] Dadurch wird
Heideggers Aussage verständlich, dass »die φρόνησις in der πρᾶξις,
noch mehr als im λόγος« sei.[57] Trotzdem sei die πρᾶξις in der φρόνησις »ἀρχή« und τέλος«[58]; dass ihr beides zukomme, zeige, dass es
um das Leben des Daseins selbst gehe, um sein Sein. Daher gebe es
innerhalb der πρᾶξις eine *politische* Ordnung, in der »Führung und
[…] Leitung« zur Regelung gesellschaftlicher Belange herrschten.
Dies sei jedoch nur dann möglich, wenn der Mensch als ein ζῷον
πολιτικόν verstanden werde, womit die pragmatische Eigenschaft
seines Handelns, die das Leben der Menschen innerhalb der Gesellschaft charakterisiert, es ermöglicht, dieses als ein »Miteinandersein«
zu verstehen. Im Sein der πολίτης existiert der Mensch im sozialen
Mitsein mit anderen. Die Bedingung dafür wird durch »die Regel«,
wenn man sie so bezeichnen will, diktiert. Sie ist es, die uns diese ursprüngliche Erfahrung gibt – und zwar nicht im Modus der Uneigentlichkeit des Daseins, der Verfallenheit an die Welt, worauf die bloße
›Philosophie der Existenz‹ hinweist. Der Mensch befindet sich vielmehr als πολίτης »im Recht« und findet in seinem Leben grundsätzlich beide Möglichkeiten vor: die Sinnerfüllung wie die Verfehlung
seines eigentlichen Daseins.[59]

Bei Wittgenstein wird dieser Zusammenhang zwischen Regeln
und Leben in der Wertfrage ausdrücklich, insofern sich hier das Re-
gelproblem im Blick auf die Welt stellt. Das »Subjekt« kann der Welt
keine Bedeutung zuschreiben, ohne sie zugleich zu be*werten*, da es
sich zu der Welt in einem »abhängigen« Verhältnis befindet. Dementsprechend bezieht es sich immer auf sich selbst, sobald es zur Welt
gelangt. Auch in Wittgensteins *Tractatus* fungieren Regeln somit als
»Begrenzungsmodus« jeder objektiven Erkenntnis, da sie eine Reduktion auf »äußere« oder »innere« Tatsachen darstellen. Das verweist wieder auf die Rolle der Ethik: Insbesondere ethische Sätze

---

[56] Vgl. Figal, Günther (1992) *Martin Heidegger zur Einführung,* Junius Verlag, Hamburg, 57. Dazu noch Chiappe, Armando Anibal (2010). *Martin Heideggers »Onto-
logisierung der Praxis« und ihre Relevanz für die hermeneutische Technikphiloso-
phie,* Dissertation zur Erlangung des Doktorgrads, Dresden, 107.

[57] Ebd.

[58] Vgl. Heidegger, Martin. *Platon: Sophistes,* GA19, 138 f.

[59] Vgl. Maihofer, Werner (1954) *Recht und Sein,* Vittorio Klostermann, Frankfurt am
Main, 30–31; Heidegger, Martin *Sein und Zeit,* GA2, 128 f. und 288 f.

scheinen auf eine uneingeschränkte Tatsachen-Kontingenz hin-
zudeuten und zugleich zu ihnen zu verpflichten. Wiederum – wie
bei Heidegger – implizieren Werturteile kein »Sein«, sondern ein
»Sollen«[60]. Darin fügt sich ein, dass dieses Verpflichten nicht durch
Tatsachenaussagen erfolgen kann, da diese lediglich imstande sind,
Beschreibungen zu formulieren. Ganz offensichtlich ist dabei der Be-
deutungsübergang von der Wirklichkeit zur Welt von zentraler
Wichtigkeit.

Aus diesem Grund ist das Gemeinsame ihrer Ansätze auch vor
dem Hintergrund der Gegenwartsphilosophie herauszuarbeiten, statt
die Namen Wittgenstein und Heidegger lediglich als Folge ihres zufällig gleichen Geburtsjahres nebeneinanderzustellen.[61] Auch wenn
beide Denker durch die gleichen geschichtlichen Erlebnisse geprägt
sind, reagieren sie doch unterschiedlich auf die Geschichte – auch
wenn man bei beiden das Bemühen um ein *sachliches* Erfassen ihrer
Erfahrungen erkennen kann.

1.1 Die Struktur des Buches und die
in ihm behandelten Fragen

Nach diesen kurzen Vorbemerkungen soll etwas zum Aufbau der vorliegenden Studie gesagt werden. Die Themenstellung, deren persönliche Motivation im nächsten Abschnitt erläutert wird, beinhaltet
sowohl eine »dritte Geburt« des *Menschen* im Sinne eines – von mir
so genannten – α-Subjekts, als auch eine »Deklination« der ethischen
Problematik anhand ihrer Verbindung zur Sprache und zum Leben.
Die Ähnlichkeiten zwischen Heidegger und Wittgenstein, wie sie sich
in den drei Problembereichen Sprache, Ethik und Leben nieder-
schlagen, lassen sich nicht aus einer transzendentalen Perspektive erschließen, sondern grundsätzlich und nur vor dem Hintergrund der
Geschichte.

Dies impliziert nicht nur die Entfaltung einer ethischen Offenheit des α-Subjekts in der Welt, sondern auch der politischen Motive
in Heideggers und Wittgensteins Denken, die auf die Befreiung des
α-Subjekts zielen. Weder bedarf dieses Vorgehen anthropologischer

---

[60] Vgl. Zimmermann, Jörg (1975) *Wittgensteins Sprachphilosophische Hermeneutik*,
Klostermann, Frankfurt am Main, 54 f.
[61] Vgl. Venezia, S. (2013), 23.

Grundlagen noch kann man auf traditionelle Prädikate zurückgreifen, um das Problem des Lebens zu konturieren. Stattdessen wird gezeigt, dass und wie das Leben bei Heidegger und Wittgenstein nur in Verknüpfung mit seinem »Sinn« begriffen werden kann. Es wird die Möglichkeit eröffnet, die Welt in ihrer »Richtigkeit« anzuerkennen, in der die Verbindung zwischen Ethik und dem Befolgen von Regeln hervortritt. Das wiederum kann nur in einer »gesellschaftlichen« Umgebung geschehen. So stehen die Regeln und das Handeln des Menschen im Mittelpunkt meiner folgenden Überlegungen, die zu erläutern versuchen, welchen Einfluss der Komplex »Leben–Intentionalität–Normativität« auf das Denken beider Philosophen hat.

Zunächst zeigt sich dies an der gemeinsamen Kritik, die beide an einem psychologistischen Begriff von Sinn üben, wo es um die Untersuchung einer antipsychologistischen Begründung der Logik geht. Hier ist zunächst die Urteilstheorie des frühen Heidegger in den Blick zu nehmen, insbesondere darauf, wie der Übergang von der deskriptiven in die normative Rede erfolgt.[62] Von dort aus ist der Bogen zu Wittgenstein zu schlagen. Er wiederum kritisiert die Hypostasierung von Entitäten, etwa weil man das Wort »ist« nicht gemäß der traditionellen »vor-ferngesehen[en]«[63] bzw. alltagssprachlichen Form der Prädikation, sondern als Existenzbehauptung deutet: »Nur der Satz hat Sinn; nur im Zusammenhang des Satzes hat ein Name Bedeutung.«[64] Wenngleich die Durchdeklination dieses Problems bei Heidegger und Wittgenstein in unterschiedlicher Form geschieht – Heidegger rekurriert auf den Geltungsbegriff, während Wittgenstein den Wahrheitsbegriff heranzieht –, gelingt es doch beiden Philosophen auf je ihre Weise, die intentionale Leistung des Bedeutungsgehaltes zu diskutieren und damit die Rolle der Sprache zu fundieren. Dieses Problem wird im ersten Kapitel der vorliegenden Studie untersucht: Es geht darum, sowohl die ontologischen Folgen der Heideggerschen Sprachphilosophie aufzuzeigen als auch Wittgensteins ontologischen Ausgangspunkt, der zu einem logisch-semantischen Aufbau der Sprache führt.

Darauf basierend werde ich im zweiten Kapitel die ethischen Aspekte in den Herangehensweisen beider Denker herausarbeiten, die

---

[62] Heidegger, Martin. *Frühe Schriften*, GA1, 30 f.
[63] Vgl. Tietz, Udo (2003) *Ontologie und Dialektik. Heidegger und Adorno über das Sein, das Nichtidentische, die Synthesis und die Kopula*, Passagen Verlag, Wien, 357.
[64] Wittgenstein, Ludwig. TLP, 3.3.

von den meisten Interpreten unterschätzt werden. Hier gilt es, deren Priorität für Heidegger wie für Wittgenstein sichtbar zu machen: Das Ethische bildet nichts weniger als die zentrale Grundlage beider philosophischen Ansätze – und das α-Subjekt fungiert dabei als dessen ›Träger‹. Somit geht meine Untersuchung im Folgenden von einer moralischen *Richtlinie* in Wittgensteins wie auch in Heideggers Frühphilosophie aus, welche die Möglichkeit einer Ethik keineswegs ausschließt, sondern über ihre eigenen ›traditionellen‹ Werte verfügt.

Im Mittelpunkt steht dabei das *Handeln* des Menschen. Die Ethik impliziert eine Pflicht, die sich nicht artikulieren lässt, da sie einer nicht-propositionalen Sphäre angehört. Es ist also nötig, die Frage nach dem Sinn jener Werte zu stellen, die zugleich einen Aspekt der Problematik des Lebens bilden. Im Grunde genommen widmen sich beide Philosophen der Frage nach den ethischen Regeln in Verbindung mit dem Leben.

So findet man in Wittgensteins *Tractatus* die »Grenze« der Sprache festgelegt, die den »Unsinn« jeder Überquerung festschreibt bzw. in jeder *ethischen* und *philosophischen* Präposition statthat,[65] was darüber hinaus die Grenze zwischen dem Denkbaren und dem Undenkbaren bestimmt. Heidegger tritt demselben Problem mit der »Frage nach dem Sinn von Sein« bereits am Anfang seiner Überlegungen in *Sein und Zeit* entgegen und umreißt damit zugleich das Ziel seiner Bemühungen. Dennoch bleibt sein Versuch unvollendet, da die metaphysische Sprache es verhindere, sich der Problematik des Seienden zu nähern. Seine kritische Auseinandersetzung mit der Geschichte der Metaphysik, die er in seinem Denken nach der sog. »Kehre« in das moderne technische Herrschaftsdenken münden lässt, rückt ihn in eine große Nähe zu Wittgenstein.[66] Der von ihm genannten Trennung zwischen Sagbarem und Unsagbarem wohnt nicht allein die »ethische Grenze« inne; sie markiert zugleich Wittgensteins Opposition zum ›Tatsachendenken‹ (Positivismus) der Naturwissenschaften. Infolgedessen nehme ich dies zum Anlass, um den Abstand zwischen den *Tatsachen* und der *Welt* auszuloten, was im Blick auf beide Denker die Ethik und das Lebensproblem wesentlich impliziert: Von hier

---

[65] Wittgenstein, Ludwig. TLP, 4.003.
[66] Vgl. Kampits, Peter (1991) *Heidegger Wittgenstein Metaphysikkritik, Technikkritik, Ethik.* In: Heidegger: Technik – Ethik – Politik. Reinhard Margreiter, Karl Leidlmair (Hrsg), Königshausen & Neumann, Würzburg, 102.

aus wird »das Problem des Lebens« formuliert, das zugleich mit dem »Sinn des Lebens« zusammenfällt.

Dieses Problem wird im dritten Kapitel der vorliegenden Untersuchung geklärt, denn die Auseinandersetzung beider Philosophen mit dem Problem der Zeit zielt einerseits auf den Sinn der Gegenwart,[67] anderseits auf ihre *Bedeutung*, die sich hinter dem Leben verbirgt: den Tod als *Phänomen* des Lebens. Er ist, so Wittgenstein, zu fern, um ein Ereignis zu sein, da man ihn nicht erlebt,[68] aber doch, so Heidegger, in seinem Möglichsein prinzipiell zu begreifen.[69]

Die drei Teile der vorliegenden Arbeit wollen jedoch keinen festen Weg vorschreiben, sondern verfolgen die Absicht, eine Denklinie herauszuarbeiten, die es erlaubt, die *Normativität* in ihrem ganzen philosophischen Gedankenreichtum sichtbar zu machen.

1.2 Zur Erkundung

Was bedeutet es für den Menschen, in der Welt zu handeln? Vollzieht sich das Handeln innerhalb einer Pluralität von Menschen *durch* die Ethik, und, falls diese Vermutung richtig ist, gelingt es dem Handeln selbst, eine Ethik aus sich hervorgehen zu lassen? Beide Fragen haben den Charakter von Leitmotiven in meiner Untersuchung. Deutlich wurde bereits, dass diese Fragestellungen auf eine κίνησις in *Sprache, Leben* und *Ethik* deuten, wodurch sich ein bestimmtes Bild der menschlichen Gemeinschaft ergibt. Diese besteht aus isolierten subjektivistischen Individuen, die als einsame und dennoch neben-ein-einander gestellte Entitäten über die Fähigkeit verfügen, die Grenzen eines ethischen Verhaltens im Laufe ihres je *gegenwärtigen* Lebens zu etablieren. Außerdem habe ich bereits darauf hingewiesen, dass »Bewegung« und »Handlung« zwei Begriffe sind, die wechselseitig auf sich verweisen, insofern dem Individuum in seinem *dynamischen* Verhältnis zur Welt ein Handeln abverlangt wird, das auf einem ganz bestimmten Umgang mit Tatsachen basiert.

Folglich wurde bis jetzt sowohl über eine *semantisch* bewegliche Untersuchung der Sprache nachgedacht, die sich zwischen dem, »was gesagt werden kann«, und dem, »was unter der Maßgabe des Schwei-

---

[67] Vgl. Heidegger, Martin. *Sein und Zeit*, GA2, 388 (512 f.)
[68] Vgl. Wittgenstein, Ludwig. TLP, 6.4311
[69] Vgl. Heidegger, Martin. *Sein und Zeit*, GA2, 258 ff. (342 ff.)

gens steht«, verortet, als auch die Funktion menschlicher Verhaltensweisen hervorgehoben, die sich an der praktischen Anwendung eines Ethos orientieren. Auf diese Weise trat eine ethische Richtlinie der Sprache hervor, an der das Subjekt seine Bewegung in der Welt ausrichtet. Wir konnten also zeigen, dass durch diese Richtlinie das Handeln des Menschen dadurch eine Begrenzung erfährt, dass sein Leben als *gut* oder *schlecht* bezeichnet werden kann. Dabei verhelfen die ethischen Normen dazu, richtiges von falschem Verhalten abzugrenzen, wovon auch das Glück oder Unglück eines menschlichen Lebens abhängt. Ihre Aufgabe besteht zudem darin, die ›Wissenschaft der Werte‹ in den Bereich der Erfahrung zu rücken. Erinnern wir uns in diesem Zusammenhang an die *sprachliche* Unterscheidung zwischen Ethik und Moral: Während die Moral die Aufgabe hat, etwa zu beschreiben, weist die Ethik dem Menschen ein ganz bestimmtes Verhalten zu,[70] um ein bestimmtes Verständnis des Ethischen zu erlangen, da sie eher als der »Ort« gilt, an dem Individuen sich aufhalten können, und weniger als zu erlernende Disziplin. Die Entscheidung, sich an Heideggers und Wittgensteins frühem Denken zu orientieren, weist auf diese wichtige Unterscheidung zurück, denn in ihren frühen Werken ist die Struktur der Norm als zu *bemessende* Wahrheit anhand einer *sprachlichen Grenze* zu eruieren, da beide Philosophen die transzendentale Einschränkung der Werttheorie überwinden. Der von Heidegger und Wittgenstein verfolgte Ansatz, Ethik außerhalb des Theoretischen zu thematisieren, verweist auf das Leben selbst, so dass es nicht möglich ist, sich mit Normen im Sinne einer Wissenschaft der Werte zu befassen.

So wurde diese Differenz zwischen Ethik und Moral in erste Linie dazu benutzt, um auf die Mitteilungsfunktion der Sprache und die entsprechende Hermeneutik aufmerksam zu machen, um im zweiten Teil der vorliegenden Arbeit eine mögliche Bedeutung des Ethischen herausarbeiten zu können. Im Grunde bedeutet es, dass sich das Ethische im Leben des Menschen widerspiegelt. Zugleich macht dieser Ansatz deutlich, dass auch juristische Reflexionen von dieser Hermeneutik betroffen sein können. Ein Gesetz zu verstehen, mit dem die Menschen »in-der-Welt« oder »auf ihrer Grenze« ihren Taten begegnen, bedeutet nämlich nicht nur, sich mit diesem zu *verständigen* und sich dessen durch die Mitteilungsfunktion der Sprache bewusst zu werden, sondern auch, imstande zu sein, seine Prinzipien

---

[70] Vgl. Pfordten, D. v. d. (2010), Normative Ethik, De Grutyer, Berlin, 2.

anderen Individuen mitzuteilen. Daraus folgt, dass die Mitteilungsfunktion der Sprache auch das Recht betrifft, da sie durch die Kommunikation in Bezug auf den Staat bewirkt, Rechtsprinzipien geltend
zu machen, wodurch einerseits deren ontologischer Status, andererseits konkrete Fragen wie Eigentumsrechte oder die Definition einer
juristischen Person geklärt werden können.[71] Auch hier wird deutlich, dass das grundlegende Fundament des λόγος das Sprechen mit
Anderen bleibt.[72] Dieses bestimmt die Grenzen der menschlichen
Welt,[73] so dass man sagen kann: Welt existiert, sobald ein Individuum
seine Fähigkeit zu sprechen ausüben kann. Dem kann man entnehmen, dass diese Fähigkeit nicht vom Willen des Menschen abhängt,
da nicht er über ihr Vorhandensein entschieden hat,[74] sondern das
Individuum bzw. Subjekt in seine Sprachfähigkeit geworfen ist.[75] Im
Zusammenhang von Individuum und Welt bleibt die Rolle der Sprache zentral, da sie zugleich imstande ist, die Handlungen des Menschen zu beeinflussen. In den ethischen Gesetzen erhält sie die Form
des Ausdrucks »du sollst«, womit die Art und Weise ihres Gebrauchs
in der Welt angezeigt wird. Sodann bleibt vorrangig, sich eben nicht
nur auf die Folgen einer Handlung, sondern auch auf ihre »Art« – im
Sinne eines *ethischen Lohns* und einer *ethischen Strafe*, die der
Handlung selbst inhärent sein müssen – zu konzentrieren.[76] Denn
jede Handlung beinhaltet eine Bewertung, aufgrund derer der
Mensch mit den Konsequenzen seines Handelns konfrontiert wird.

Wenn wir Menschen aber als κοινωνία durch das Sprechen miteinander verbunden sind[77] und die *pragmatische* Eigenschaft der
Sprache auf das »Sein des Menschen«[78] deutet, so dass auf diese Weise die Grenzen der menschlichen Welt bestimmt werden,[79] dann gilt
es, den »Ort« zu verstehen, an dem sich die Sprache verwirklichen
kann. So gehen wir davon aus, dass bei einem bestimmten Verständnis von Ethik die Bewegung der Sprache und ihre praktische Anwen-

---

[71] Vgl. Smith, Barry (1985) *Wittgenstein und das ethische Gesetz*, Birnbacher, D. (Hrsg) Sprachspiel und Methode: Zum Stand der Wittgenstein-Diskussion, De Gruyter, Berlin, 195.
[72] Vgl. Heidegger, Martin. *Grundbegriffe Der aristotelischen Philosophie*, GA18, 50.
[73] Vgl. Wittgenstein, Ludwig. TB. 23.5.15.
[74] Vgl. Wittgenstein, Ludwig. TLP, 6.373
[75] Vgl. Heidegger, Martin. *Sein und Zeit*, GA2, §44.
[76] Vgl. Wittgenstein, Ludwig. TB. 30.7.16.
[77] Vgl. Heidegger, Martin. *Grundbegriffe der aristotelischen Philosophie*, GA18, 50.
[78] A.a.O., 189.
[79] Vgl. Ludwig, Wittgenstein. TLP, 5.6.

dung im Leben gefunden werden müssen. Nicht nur, weil sich diese Ethik nicht *aussprechen* lässt, da sie, wie Wittgenstein erklärt, die Tatsache der Welt nicht beeinflussen kann,[80] sondern auch deswegen, weil sie in ontische Disziplinen zerfällt, die es, wie Heidegger erklärt, nicht zulassen, das Wesen des Menschen zu erfahren.[81] Daher wurde ihre negative Bezeichnung herangezogen, um das Gegenteil zu gewinnen: das »Ethische an sich«. Im Grunde besteht bei Heidegger und Wittgenstein keine Möglichkeit, über das Ethische hinauszugehen, da es einem Verhalten korrespondiert, das die Menschen in ihrem Leben einnehmen *müssen*.[82] Es zeigt den Ort auf, durch den die Taten eines Menschen in der Welt schon immer beeinflusst werden. Von dieser Einsicht aus wurde die Funktion des Ethischen bei Heidegger und Wittgenstein durch Gesetze problematisiert. Fraglich ist hierbei, ob ein Vergleich mit bestimmten Aspekten der Tradition des Naturrechts, welches aus einem System abstrakter Wertformen einen Bestand von Rechtsformen ableiten zu können glaubt,[83] dabei helfen kann, die Rolle zu umreißen, die beide Philosophen dem Ethos zusprechen. Geht man einen *Schritt zurück* und setzt sich mit der Tradition des Naturrechts auseinander, ist einer der ersten relevanten Aspekte eine Überzeugung, die beispielsweise Cicero als Vertreter des Stoizismus in *De Legibus* formuliert: Alle menschlichen Gesetze werden vom Naturrecht abgeleitet, da es sich um *allgemeingültige* Gesetze handelt.[84] Das indiziert, wie Shin-ichi B. Yuasa in seiner Dissertation *Recht und Sein nach Heideggers Fundamentalontologie. Der Weg zur Phänomenologie des Rechts* betont, die primäre Aufgabe, das Recht in seiner Allgemeingeltung zu begründen.[85] Dennoch ist es für Cicero allein die göttliche Vernunft, die der menschlichen Natur und dem Recht allgemeine Verbindlichkeit vorschreiben kann. Es ist daher kaum überraschend, dass Ciceros Lehre als Brücke von der Antike zum Christentum gilt, deren Erweiterung zu einer christ-

---

[80] Vgl. Ludwig, Wittgenstein. TLP, 6.41; TLP, 6.421.

[81] Vgl. Heidegger, Martin. *Sein und Zeit*. GA2, 16.

[82] Vgl. Ludwig, Wittgenstein. TLP, 6.422; Heidegger, Martin. *Platon: Sophistes*, GA19, 131 f.

[83] Vgl. Heucke, Albert (1921) *Einführung in die Rechtsphilosophie*, Rösl & Cie Verlag, München, 14.

[84] Vgl. Cicero, De Legibus II, c. 5, § 13.

[85] Vgl. Yuasa, S. (1969) *Recht und Sein nach Heideggers Fundamentalontologie: Der Weg zur Phänomenologie des Rechts*. Dissertation zur Erlangung des Doktorgrades, Köln, 17.

lichen Naturrechtslehre einen ihrer berühmtesten Vertreter in Thomas von Aquin findet. Diesbezüglich hebt Matthias Kaufmann in seinem Buch *Aufgeklärte Anarchie. Eine Einführung in die politische Philosophie*[86] hervor, dass schon bei Thomas von Aquin die Vernunftgesetze als Maß des Handelns verstanden werden,[87] um das Wohl der Gemeinschaft zu fördern. Zudem lässt sich nach ihm von einer *lex naturalis* eine *lex positiva* deduzieren: Das Naturgesetz fungiert nicht nur als Merkmal einer *lex aeterna*, um als Norm für das menschliche Handeln zu gelten, sondern wird zudem von einem positiven göttlichen Gesetz deduziert. Bei Thomas von Aquin lässt sich das Recht grundsätzlich nicht von der Religion trennen.

Allerdings ist das Naturrecht kein subjektives menschliches Empfinden, sondern ein dem Menschen vorgeschriebenes Gesetz, welches sich dem Einzelnen in seinem Gewissen sowie in seinem ihm innewohnenden ›Rechtsinn‹ kundgibt. Begründet ist es in den menschlichen Bedürfnissen und Bestrebungen.[88] *De facto* zeigen diese beiden Beispiele, dass sich unter dem Gesichtspunkt der Naturrechtslehre die Ferne zwischen Recht und Existenz an einem noch ursprünglicheren Gegensatz als jenem von Selbstsein und Sozialwelt aufzeigt. Daraus folgt, dass die Naturrechtslehre nicht in der sittlichen Zielsetzung des Existenzialismus (nämlich »eigentlich« zu werden) begründet ist, sondern einen erkenntnistheoretischen Ausgangspunkt hat. Daher lässt sich hier ein Bogen zu Heideggers Aussage schlagen, allen Richtungen der Existenzphilosophie sei es gemeinsam, den Sprung der Philosophie in der schärfsten Reduktion auf die Voraussetzungen unseres Erkennens zu verorten, wie Erich Fechner in seiner *Rechtsphilosophie* zu Recht bemerkt, in Sinne einer »Zurücknahme des menschlichen Selbst- und Weltverständnisses auf das reine ›Daß‹ unseres Daseins«.[89] Im Anschluss daran ließe sich die These Heidegger plausibel machen, dass sich nur das »*Dass* der Mensch ist« als unmittelbar einsichtig erweist. Alles, was das *Wie* betrifft, gerät zunächst ins Dunkel. Diese Aussage kann durch seine Worte aus *Sein und Zeit* bekräftigt werden, wonach »die Essenz des

---

[86] Kaufmann, Matthias (1996) *Aufgeklärte Anarchie. Eine Einführung in die Politische Philosophie*, Akademie Verlag, Berlin, 1999, 16.
[87] Ebd.
[88] Vgl. Heucke, A. (1921) 38; Thomas von Aquinas, *Summa Theologiae*, iaiia qu.91 art.1.
[89] Fechner, E. (1962) *Rechtsphilosophie: Soziologie und Metaphysik des Rechts*, Mohr Siebeck, Tübingen, 229.

Daseins [...] in seiner Existenz [gründet]«, und dieses »Daß es ist« in der »Faktizität der Geworfenheit ... dieses Seienden in sein Da«[90] bestehe. Wesenheiten des So-Seins, absolute und ewige Ordnungen und Werte sowie allgemein gültige Vorbilder des sittlichen Verhaltens, nach denen es sich richten könnte, sind dem Dasein demnach nicht gegeben. Zweifellos muss dabei zugestanden werden, dass nach naturrechtlichen Auffassungen das Recht auf einer schon vorgegebenen Ordnung gründet, wo es Richtsätze und endgültige Wahrheiten gibt, durch die faktische Gegebenheiten in all ihrer Varietät gebunden werden, und das stellt einen klaren Gegensatz zur Existenzphilosophie dar.[91] Denn wie Heidegger in *Sein und Zeit* betont: Dass es »ewige Wahrheiten« gibt, »wird erst dann zureichend bewiesen sein, wenn der Nachweis gelungen ist, dass in alle Ewigkeit Dasein war und sein wird. Solange dieser Beweis aussteht, bleibt der Satz eine phantastische Behauptung, die dadurch nicht an Rechtmäßigkeit gewinnt, dass sie von Philosophen gemeinhin geglaubt wird«.[92] Nichtsdestotrotz erweist sich das Recht als eine Notwendigkeit für das Dasein und ist schon deshalb keine phantastische Konstruktion, weil die menschliche Existenz wesenhaft eine soziale Existenz ist. Dies vertritt auch Werner Maihofer in seinem Buch *Recht und Sein*,[93] und aus diesem Grund musste Heidegger in seinem frühen philosophischen System Normen etablieren, die über das Leben des Daseins entscheiden.

Dasselbe Vorgehen lässt sich auch bei Wittgenstein aufzeigen: Danach ist im Menschen eine von Gott vorgeschriebene Norm zu finden, welche es ermöglicht, denn Sinn des Lebens zu verstehen. An einen Gott zu glauben, so Wittgenstein in seinen Tagebüchern, heißt, die Frage nach dem Sinn des Lebens zu verstehen.[94] Recht und Gesetz betreffen für Wittgenstein das Leben der Erkenntnis und münden darin, sich darüber bewusst zu werden, wie man in das Ethische gelangt. Und hier ist auch das Glück möglich: Das Leben der Erkenntnis ist jenes Leben, welches glücklich ist, der Not der Welt zum Trotz.[95]

Diese Feststellungen implizieren zunächst nur, dass man die Frage nach *Sprache, Ethik und Leben* bei Heidegger und Wittgenstein

---

[90] Vgl. Heidegger *Sein und Zeit*, GA2, 134 f.
[91] Fechner, E. (1962), 229.
[92] A.a.O., 227.
[93] Maihofer, W. (1954) *Recht und Sein: Prolegomena zu einer Rechtsontologie* (Vol. 12), Klostermann, Frankfurt am Main, 30 f.
[94] Wittgenstein, Ludwig. TB, 8.7.16.
[95] Wittgenstein, Ludwig. TB, 13.8.16.

entwickeln kann, ohne ihre gesamten philosophischen Texte in Betracht zu ziehen. Es reicht aus, sich wie erwähnt auf ihr Frühwerk zu konzentrieren: auf Wittgensteins Tagebücher (1914–1916), den *Tractatus* (1921) und Heideggers Gesamtausgabe bis *Sein und Zeit* (1927).

2. Die Sprache und ihre Grenze als Leitmotiv der philosophischen Begegnung zwischen Wittgensteins Analytik und Heideggers Phänomenologie

Sprache bedeutet, Tatsachen, die in der Welt vorkommen und geschehen, zu kommunizieren. Sprache bedeutet, zu *sprechen* und sich dem Anderen, von dem man sich als vorhandenes Lebewesen in der Welt nicht unterscheidet, mitzuteilen. Durch das Sprechen können wir unseren Gedanken, Erlebnissen und allem, was in der Welt geschieht, Ausdruck verleihen und im Gegenzug auch andere Erfahrungen aufnehmen. Wir können über das nachdenken, was Andere sagen, und uns eine eigene Meinung dazu bilden, insofern das Wort eine Art verkleidetes Bild des Gedankens darstellt. In den meisten Fällen zieht die Kommunikation zwischen Menschen eine Handlung, ein Tun nach sich, das sich in der Welt ereignet, auch wenn diese Verursachung von einem hypothetischen Algorithmus aus erfolgt, indem wir sie als einen Nullpunkt erkennen, da keine *reale, objektive, physische* Bewegung spürbar ist. Dennoch stehen Sprache und Bewegung insofern auf der gleichen Stufe, als sie gleichermaßen die Grenzen der individuellen Welt, in der ein Mensch sein Leben führt, umschreiben.

Diese Überlegung lässt sich durch Heidegger fundieren und nachvollziehen: Seine Philosophie unterstellt bis hin zu *Sein und Zeit* eine ständige Bewegtheit, die sich nicht nur im Leben des Menschen durch sein Handeln vollzieht, sondern mit der Faktizität des sich *verstehenden* Daseins übereinstimmt, wobei die Faktizität als κίνησις verstanden wird.[1] Unter Bezugnahme auf Aristoteles erklärt Heidegger, die Sprache des Menschen begründe die Anbindung an die jeweils Anderen, da durch sie ein An- und Besprechen von etwas möglich werde. Daher beschäftigt er sich mit der Bedeutung der aristotelischen Rhetorik,[2] wobei er den Leser mit dessen Lehre von den Af-

---

[1] Vgl. Heidegger, Martin. *Phänomenologische Interpretation zu Aristoteles. Einführung in die phänomenologische Forschung*, GA61, 117.

[2] Nach Scott M. Campell ermöglicht Aristoteles' Rhetorik ein Verständnis des »Mitseins« bei Heidegger, wobei dieses ein Miteinandersprechen bedeute. Vgl. Van der

fekten (πάθη) bzw. Stimmungen im Sinne einer Vorbereitung phänomenologisch an eine ganz bestimmte Charakterisierung des λόγος heranführt, die zugleich im Rückgriff auf das ζῷον λόγος ἔχον gewonnen wird. Die Zugehörigkeit des λόγος zum Menschen besage nämlich, dass der Mensch ein Seiendes sei, das zu »anderen etwas sagt und sich von anderen etwas sagen lässt«. Demzufolge sind Menschen nicht als einsame Wesen zu betrachten; sie befinden sich vielmehr miteinander in einem gesellschaftlichen Umfeld. Folglich bemüht sich Heidegger, die Bedeutung der κοινωνία bei Aristoteles nachzuzeichnen, innerhalb derer das Sprechen mit Anderen das Fundament darstellt.[3] Dasselbe gilt für die πόλις, da Heidegger die Sozialität des Daseins durch die fundamentale Bedeutung des »Miteinander« deutet. In diesem Zusammenhang geht er auch auf das alltägliche »Mitsein« ein, welches auf »Regeln« basiere. Diese Regeln grenzen nicht nur das Leben des Individuums in seinem Verhältnis zur Welt ein, sondern geben ihm auch ethische Richtlinien an die Hand, gemäß derer es in der Welt agieren soll. Im Zentrum dieser Analyse steht das Leben des Subjekts: Menschsein bedeutet für Heidegger, sich mit dem eigenen Leben verständigen zu müssen und zu verstehen, dass Dasein primär ein Seinkönnen ist.

In der Sprache aber wird eine doppelte Funktion ersichtlich: Sie ist einerseits διάλεκτος, Umgangssprache, und bezeichnet darin die Möglichkeit, mit Anderen über etwas zu sprechen,[4] andererseits ist sie λόγος als ein δῆλου, der es allererst ermöglicht, dass ein Seiendes überhaupt als Daseiendes aufgezeigt wird. Kurz: Die Sprache lässt sehen, wovon in der Rede die Rede ist. *Sein und Zeit* befasst sich mit dem existenzial-ontologischen Fundament des Daseins und erhellt auf diese Weise auch die Grundbedeutung des λόγος. Dieser gründet in der Erschlossenheit des Daseins, so dass die Rede als existenziale Form der Sprache einen konstitutiven Charakter der menschlichen Existenz umschreibt, da das Beredete »immer in bestimmter Hinsicht und in gewissen Grenzen ›angeredet‹«[5] ist.

Heiden, Gert-Jan (2013) *The Early Heidegger's Philosophy of Life: Facticity, Being, and Language (Perspectives in Continental Philosophy)*, Scott M. Campbell (Hrsg), International Journal of Philosophy and Theology 74, no. 1, 85 f.

[3] Vgl. Heidegger, Martin. *Grundbegriffe der aristotelischen Philosophie*, GA18, 107.

[4] Vgl. Heidegger, Martin. *Einführung in die phänomenologische Forschung*, GA17, 21.

[5] Heidegger, Martin. *Sein und Zeit*, GA2, 162 (215 f.)

Die Sprache liegt aber auch der phänomenologischen Hermeneutik zugrunde. Alles, was das Sein betrifft, wird von Heidegger als »Ontologie« oder »Hermeneutik der Faktizität« bezeichnet, da die Ontologie als »Lehre vom Sein«[6] die *natura hominis* bezeichne. Von hier aus wird ihr Unterschied zur neuscholastischen Philosophie und zu Aristoteles offenkundig: Das Sein darf nicht durch das Seiende ersetzt werden,[7] da die Ontologie in Erinnerung an das ursprüngliche griechische »ὄν« die Frage nach dem *Sein* stellt und dieses entsprechend bestimmt.

Aus diesem Grund folgt die Seinsbestimmung auch keiner *modernen* Ontologie; vielmehr macht Heidegger einen Grundgedanken der Phänomenologie hinsichtlich der Gegenstandskonstitution geltend. Die Ontologie der Natur, die Ontologie der Kultur oder aber die materiale Ontologie bleiben dem Gegenstandsgehalt dieser Regionen verbunden, so dass der gegenständliche Gehalt für die Bewusstseinsstruktur und die Genesis des Gegenstandes leitend wird. Dagegen vermag es die Phänomenologie, die Ontologie in »geordneten Bahnen« zu halten, d. h. den Gegenstandscharakter des Seienden zu deuten, indem sie auf das zeigt, was in Erscheinung tritt.[8] Zugleich schafft es die Phänomenologie aber nicht, das Sein in seiner Totalität auszudrücken, weswegen sie nicht gleichzeitig in ihrem *engeren* Sinn zu verstehen ist, nämlich als Ontologie.[9]

Dies impliziert zugleich keine duale Auslegung von Gegenständlichkeit und Welt, vielmehr entsteht die Formalisierung der Natur *als* Welt ausschließlich durch das Dasein. Folglich ist die Unterscheidung zwischen Gegenständlichkeit und Welt nach Heideggers Verständnis des faktischen Lebens zurückzuweisen, da dessen Grundlagen aus der Zeit und aus leiblichen Erfahrungen herrühren.[10] Durch die Faktizität

---

[6] Heidegger, Martin. *Ontologie. Hermeneutik der Faktizität*, GA63, 1.

[7] Ebd. Anhang VI, 109. Zur Deutung der οὐσία als Grundbegriff der aristotelischen Philosophie schlechthin vgl. Heidegger, Martin. *Grundbegriffe der aristotelischen Philosophie*, GA18, 20.

[8] A. a. O., 2.

[9] Selbstverständlich wird damit die Trennung zwischen Heidegger und Husserl angezeigt. Für Heidegger soll die Phänomenologie das »Wie« der Forschung erklären und folglich nicht den Sinn des Seins entdecken, sondern die phänomenologische Herangehensweise dazu benutzen, den Sinn des Seins zu befragen, was impliziert, sich nicht auf das reine Bewusstsein zu beschränken. Sie ist eine Methode, um dem Sein einen Sinn wiederzugeben. Vgl. Heidegger, Martin. *Einführung in die phänomenologische Forschung*, GA17, 158.

[10] Vgl. Riedel M. (1989), 156.

wird auch die Generation zum »genuinen Gegenstand« der For-schung. Wir Menschen sind in der Bewegtheit der Faktizität in der Lage, wir selbst zu werden. Hieraus ergibt sich für uns ein Gesetz, wie Maihofer in *Recht und Sein* zu bedenken gibt, welches das Dasein zu befolgen hat, da es allein seiner eigenen Existenzmöglichkeit hörig ist, sodann sich selbst wählt und selbst wird.[11] Wiederum ist es das Hören, welches zum redenden Sprechen (mitsamt dem Schweigen) als originäre Möglichkeit dazugehört und in der eigentlichen Offen-heit des Daseins das eigenste Seinkönnen konstituiert.[12] Die Grund-bedeutung von λόγος als Rede, als Artikulation der Verständlichkeit entspricht dem fundamentalontologischen Fundament der Sprache,[13] folglich spricht sie sich »zumeist aus und hat sich schon immer aus-gesprochen«[14].

Das Eigentlichsein des Menschen ergibt sich als Resultat einer gewissen Grenze,[15] die durch die Sprache gezogen wird.[16] Von hier aus bestimmt sich auch die Modalität des menschlichen Seins, in sei-ner Welt »mit ihr, über sie, von ihr zu sprechen. So ist der Mensch gerade durch den λόγος bestimmt, und so sehen Sie, wo, wenn De-finition ein λόγος ist, diese Sache der Definition ihren Boden hat, sofern λόγος die Grundbestimmung des Seins des Menschen ist«[17].

Die zentrale Bedeutung der Sprache und die Bestimmung der Welt durch ihre Grenze sind auch in Wittgensteins Tagebüchern und im *Tractatus* zu finden, da »[d]ie Grenzen meiner Sprache […] die Grenzen meiner Welt [bedeuten]«[18]. Diese von Wittgenstein her-vorgehobene Funktion der Sprache unterscheidet sich zunächst von Heideggers Sprachverständnis; gemäß Wittgensteins *Tractatus* ent-spricht der Satz, der die Gesamtheit der Sprache begründet, einem Bild von Wirklichkeit,[19] das primär für die Logik von Interesse ist.[20]

---

[11] Maihofer W. (1954), 18.
[12] Heidegger, Martin. *Sein und Zeit*, GA2, §44.
[13] A. a. O., 162. (215 f.)
[14] A. a. O., 167. (222)
[15] Heidegger, Martin. *Platon: Sophistes*, GA 19, 13.
[16] Vgl. Heidegger, Martin. *Grundbegriffe der Aristotelische Philosophie*, GA18, 18.
[17] Ebd. 18.
[18] Wittgenstein, Ludwig. TLP, 5.6
[19] Vgl. Wittgenstein, Ludwig. TLP, 4.01: »Der Satz ist ein Bild der Wirklichkeit.« und TLP, 4.001: »Die Gesamtheit der Sätze ist die Sprache.«
[20] Wittgenstein, Ludwig. TB. 5. 10. 14.

Nichtsdestotrotz besitzt auch nach Wittgensteins Auffassung das Individuum die Fähigkeit, Sprache zu *bauen*.[21] Zur Sprache gehören formale logische Eigenschaften – die Sätze der Logik sind »Tautologien«[22]. Damit hebt auch Wittgenstein, genau wie Heidegger, das Mitteilen hervor, welches eine *innere Bewegung* aufweist, da alles, was mitgeteilt werden kann, im Satz geschieht.[23] Außerdem ist bei der Verbindung zwischen Logik und Sprache die Position der Logik vor dem »Wie« und nicht vor dem »Was«[24] zu verorten. Der Grund bzw. die Voraussetzung der logischen Sprache besteht darin, dass Namen eine Bedeutung und Elementarsätze einen Sinn haben: Auf diese Weise konstituiert sich für Wittgenstein die Verbindung zur Welt.[25] Darüber hinaus wird im *Tractatus* die Umgangssprache als »Teil unseres Organismus und nicht weniger kompliziert als dieser«[26] vorgestellt, sie ist Teil einer bestimmten biologischen Konstitution.

Etwas Ähnliches finden wir bei Heidegger, insofern der λόγος »die Weise des Seins des Menschen in seiner Welt ist«[27]. Allerdings könnte eine genauere Untersuchung dieser Parallele zu der Einsicht führen, dass Heidegger und Wittgenstein *ein unterschiedliches Verständnis von Sprache* haben. Dessen ungeachtet erfüllt die Sprache für beide dieselbe Funktion: Sie vermittelt Regeln und Gedanken, die von ihr »verkleidet« werden. Unsere Analyse der Sprache und ihrer Parallelen im Denken der beiden Philosophen bezieht sich daher auf ihre kommunikative sowie ihre intentionale Struktur. Wie können wir uns dem am besten annähern?

Um diese Frage beantworten zu können, ist es nötig, sich kurz Husserls *Logischen Untersuchungen* zuzuwenden, denn Husserl bietet hier ein Instrumentarium, um die Modalität der sprachlichen Anwendbarkeit zu verstehen. Seine Argumentation bezüglich des sprachlichen Bewusstseins[28] kann als Methode genutzt werden, um eine Parallele zwischen Heidegger und Wittgenstein aufzuweisen, da Husserl innerhalb der Sprachanalyse seine Aufmerksamkeit auf die Prinzipien der Intentionalität richtet. Demnach erkennt Husserl in

---

[21] Vgl. Wittgenstein, Ludwig. TLP, 4.002.
[22] Vgl. Wittgenstein, Ludwig. TLP, 6.1.
[23] Vgl. Wittgenstein, Ludwig. TB. 3.11.14.
[24] Vgl. Wittgenstein, Ludwig. Vgl. TLP, 5.552.
[25] Vgl. Wittgenstein, Ludwig. Vgl. TLP, 6,124.
[26] Wittgenstein, Ludwig. Vgl. TLP, 4.002.
[27] Heidegger, Martin. *Grundbegriffe der aristotelischen Philosophie*, GA18, 61.
[28] Husserl, E. *Logische Untersuchungen*, HuA20, 45.

jeder Aussage, unabhängig von ihrer Erkenntnisfunktion, eine Meinung, auf der die Bedeutung basiert. Betrachtet man die Aussagesätze der Form »S« in »P«, kann sie beispielsweise als Gegenstand einer Aussage des Subjektgegenstandes betrachtet werden, nämlich als dasjenige, von dem ausgesagt wird.[29] Dies impliziert, sich zu fragen, ob es eine Korrespondenz zwischen der Intention, dem Ausdruck und den entsprechenden Anschauungen gibt. Husserl behauptet nun, dass die Ausdrücke und Intentionen, die der Bedeutung unterstehen, nicht an Anschauungen des Denkens oder Erkenntniszusammenhängen zu messen sind, sondern an den verschiedenen Formen, die den Intellekt betreffen, wodurch die Objekte, die auf diese Weise angeschaut werden, zu aufeinander bezogenen Objekten werden.[30] Außerdem hat der reine Logiker mit allgemeinen Bedeutungen und Gesetzen zu tun und nicht mit konkreten psychischen Phänomenen, so dass er in der Sprache ein hinreichendes Ausdrucksmittel findet, wenn es ihm gelingt, die logischen Ideen zur Erkenntnis einer theoretischen Klarheit und Deutlichkeit zu bringen.[31] Dazu gibt Welton zu bedenken, dass sich die Prinzipien der Intentionalität aus dem Bewusstsein der Gegenständlichkeit beziehen, wenngleich sie durch die Bedeutung vermittelt sind.[32]

In Heideggers Bestimmung der Sprache und der Betonung ihrer Mitteilungsfunktion als Hermeneutik ist eben dieses Verständnis von Ausdrücken und Intentionen offenkundig. Dabei lässt Heideggers Beispiel von dem einem Freund zu machenden Geschenk dieselbe Methode erkennen, die auch Husserl verfolgt:[33] Er sagt, ein Geschenk könne dem Freund eine Freude machen,[34] und zwar aufgrund der *Intention*, welche die Freude als das τέλος seiner Handlung, sein merkliches Tun, auszeichnet. Auf diese Weise wird ein projektives Verhältnis des Daseins gegenüber dem zu verschenkenden Objekt ersichtlich – und die Welt tritt in ihrem pragmatischen Charakter sowie in einer

---

[29] A. a. O., 46.
[30] A. a. O., 49.
[31] Husserl, E. *Logische Untersuchungen*, HuA20/2, 8 f.
[32] Vgl. Welton, Donn (1973) *Intentionality and Language in Husserl's Phenomenology*, The Review of Metaphysics 27, n. 2, 261.
[33] Vgl. Heidegger, Martin. *Grundbegriffe der aristotelischen Philosophie*, GA18, 60.
[34] Man kann dies leicht an Husserls Beispiel zurückbinden; Husserl erklärt in Manuskript F 1 21: Will man seinen Freunden Beihilfe leisten, dann ergeben sich drei Möglichkeiten: A) Ich wünsche es; B) Es ist wünschenswert; C) Würde ich dies tun, wäre dies etwas Schönes und Gutes. Vgl. Husserl, E., MS F 1 21, 56.

dualen Beziehungshaftigkeit hervor. Der Schluss, den dieses Beispiel Heideggers zulässt, das, wie gezeigt, zum Teil noch Husserls Prinzipien folgt, zum Teil, wie zu zeigen sein wird, eine Überarbeitung dieser Prinzipien darstellt, kann am besten mit Heideggers eigenen Worten wiedergegeben werden:

Die Welt ist für den Seienden, der in der Weise der πραξις μετά λόγου in seiner Welt ist, vorhanden im Charakter des συμφέρον. Ihr Sein, charakterisiert als Dasein, ist primär so. Der Stock, den ich nehme, der Hut, den ich aufsetze, sie sind συμφέροντα. Der Stock ist nicht primär ein Stück Holz oder dergleichen, sondern der Stock. In diesem Überlegen hält sich die Welt ausdrücklich an ihren primären Charakter des als so und so, als beiträglich zu …, und zwar deshalb, weil das λέγειν in seiner primären Art und Weise die Welt anspricht als etwas: λέγειν τι κατά τινος.[35]

Das besagt weiterhin, dass die Sprache sich zwar in ihrem Mitteilungscharakter offenbart, jedoch von Heidegger zugleich mit dem λόγος verbunden wird, der die Welt als etwas anspricht und in der etwas *zu* etwas wird. Heidegger meint damit, dass die Sprache imstande ist, *gemeinte* Gegenstände und Sachverhalte auszudrücken.[36] Dieses Grundphänomen des Daseins weist auch das Leben des Menschen auf: Durch den λόγος besteht die Möglichkeit, »dass durch ihn selbst hindurch eine noch ursprüngliche Art des Lebens des Menschen sichtbar wird«[37].

Auch bei Wittgenstein erweist sich die Sprache als Phänomen, das die Bedingung für die Erfahrung der Welt erschließt. Daher ist der Zusammenhang zwischen Subjekt und Welt nicht durch die Relation zwischen einem innerweltlichen Teil und dem Ganzen der Welt gegeben, sondern es ist das Subjekt, das auf und in seiner Grenzfunktion die Welt bestimmen kann.

Grundsätzlich greift man durch die Sprache die Qualität eines innerweltlich beschreibbaren Sachverhaltes heraus, um ihn als Phänomen zu offenbaren;[38] jedoch lässt sich die Sprache zugleich als Ab-

---

[35] Heidegger, Martin. *Grundbegriffe der aristotelischen Philosophie*, GA18, 60.
[36] Vgl. Heidegger, Martin. *Frühe Schriften*, GA1, 306.
[37] Vgl. Heidegger, Martin. *Phänomenologische Interpretationen ausgewählter Abhandlungen des Aristoteles zur Ontologie und Logik. Anhang: Phänomenologische Interpretationen zu Aristoteles (Anzeige Der Hermeneutischen Situation)*, GA62, 364.
[38] Lütterfelds, Wilhelm (1974) *Die Dialektik der sinnvolleren Sprache in Wittgensteins Tractatus Logico-Philosophicus*, Zeitschrift für philosophische Forschung n. 28, 563.

bildtheorie der Wirklichkeit beschreiben,[39] mit der ein Bild an die Stelle des Dargestellten tritt. Im Anschluss an die musikalische Sprache erklärt Wittgenstein, jede Regel, die sie gründe, sei ein Gesetz der Projektion.[40] Die *Intentionen* dieser Projektion richten sich auf die Wirklichkeit, so wie bei Heidegger die Sprache, die aus Sätzen besteht, imstande ist, durch Namen einen Gegenstand zu vertreten.[41] Auch wenn die Relationen der Sprache nicht ausgedrückt werden können und eine interne Eigenschaft der Individuen sind, sind es Sätze, »welche jene Sachverhalte darstellen und von jenem Gegenstand handeln«[42].

Wie aber ist diese Mitteilungsfunktion der Sprache genauer zu verstehen? Der nächste Abschnitt wird sich dieser Problemstellung bei Heidegger und Wittgenstein zuwenden. Es wird gezeigt, dass und wie trotz der bekannten Differenzen zwischen den Sprachauffassungen beider Philosophen von beiden ein gemeinsamer Aspekt hervorgehoben wird: die aktive Rolle des Sprechens in der Welt.

2.1 Das Mitteilen bei Heidegger und Wittgenstein

Was genau wird nach Heidegger und Wittgenstein in der Sprache mitgeteilt? Was bedeutet für sie der Begriff des »Mitteilens«? Die Antwort lautet bei beiden ähnlich: In erster Linie teilt die Sprache ihren Sinn mit. Nach Wittgenstein *zeigt* der Satz seinen Sinn unmittelbar, ohne dass es einer Erklärung bedürfte,[43] während er für den jungen Heidegger von der Bedeutungshaftigkeit der Worte abhängt.[44] Allerdings begreifen beide Philosophen das »Zeigen« als das mitteilende Fundament der Sprache: Es konstituiert die Grundlage des Sprechens.

---

[39] Vgl. Wittgenstein, Ludwig. TLP, 4.01
[40] Vgl. TLP, 4.0142.
[41] Vgl. TLP. 3.22.
[42] Vgl. TLP. 4.122.
[43] Vgl. Wittgenstein, Ludwig. TLP. 4.021, 4.022.
[44] Vgl. Heidegger, Martin. *Frühe Schriften*. GA1, 308. Selbstverständlich wird hier auch ein deutlicher Unterschied zwischen beiden Philosophen offenkundig. Wittgenstein plädiert im *Tractatus* für eine klare Trennung zwischen Sinn und Wahrheit (vgl. TLP, 4.024), während Heidegger in seiner Habilitationsschrift die Verbindung zwischen *unum* und *verum* als Grundlage der logischen Wirklichkeit aufzeigt.

Heideggers Ansatz liegt eine nachgeordnete Funktion der Sprache zugrunde. Er bezeichnet sie als das »organische Ganze von bedeutungsbehafteten Worten (Ausdrücken)«[45]; daher ziele die Leistung der Sprache auf die »vollendete Mitteilung des Sinnes einer Rede«[46]. Aus dieser Festsetzung wird die überragende Bedeutsamkeit, die dem Sprachgehalt zukommt, ersichtlich, da »auf dessen Ausdruck und Mitteilung alles abzielt«[47]. Auch Wittgenstein hat sich im *Tractatus* der Fundamentalfrage des »Mitteilens« als Eigenschaft der Sprache und deren Verbindung mit ihrem Sinn, der durch die Gesamtheit der Sätze begründet ist, nicht entzogen: »Es liegt im Wesen des Satzes, daß er einen *neuen* Sinn mitteilen kann.«[48] Die Sachlage, die vom Satz mitgeteilt wird, in der er sich sammelt und von dem sie wiederum abhängt, bedeutet nach dem *Tractatus* ihr logisches Bild.[49] Der Satz setzt sich jedoch aus Namen zusammen,[50] aus deren Verbindung in der Sprache – sowohl für Wittgenstein als auch für Heidegger in Form von Tautologien – die Natur der (onto)logischen Komplexität resultiert. Es gilt daher nun, zu zeigen, dass für Wittgenstein alle »logischen Konstanten in Elementarsätzen enthalten sind«[51]. Bereits wenn die positive Tatsache φa gegeben ist, ihre angebliche Existenz, besteht die Möglichkeit für $(x).\varphi x$, $\sim(\exists x).\varphi x$, $\sim\varphi a$ usw. nachzuvollziehen. Unter einem Satz, den man in der Ausdrucksform φa identifizieren kann, sammeln sich auch alle seine logischen Funktionen $(\sim\varphi a)$, welche, wie Wittgenstein bereits in seinen Tagebüchern erklärt, mitgegeben werden.[52] Hier heißt es, dass die »Sätze der Logik Tautologien sind« und als solche die formalen logischen Eigenschaften der Sprache, der Welt aufzeigen.[53] Die logischen Eigenschaften der Sprache können nicht von denen der Welt unterschieden werden, da »der Satz die logische Form nicht darstellen kann«; dementsprechend kann sich die Logik ausschließlich in der Sprache spiegeln: Sie ist ein Spiegelbild der Welt.[54] Auch wenn Wittgenstein diese Eigen-

---

[45] Vgl. Heidegger, Martin. *Frühe Schriften*. GA1, 304.
[46] A.a.O., 305.
[47] Ebd.
[48] Wittgenstein, Ludwig. TLP, 4.027.
[49] Vgl. Wittgenstein, Ludwig. TLP, 4.03.
[50] Vgl. Wittgenstein, Ludwig. TLP, 4.221.
[51] Vgl. Wittgenstein, Ludwig. TB, 5.11.14.
[52] Vgl. Wittgenstein, Ludwig. TB, 7.10.14.
[53] Vgl. Wittgenstein, Ludwig. TLP, 6.12.
[54] Vgl. Wittgenstein, Ludwig. TLP, 6.13.

schaft der Logik zuspricht, kann ihre Existenz doch in der Sprache wahrgenommen werden: Die Logik *verfügt* über Informationen über die Welt. Wittgenstein spricht dem Satz somit die Möglichkeit zu, die gesamte Wirklichkeit darzustellen, also das Bestehen und Nichtbestehen von Sachverhalten (was hier Welt meint).[55] Aus der Tatsache, dass die Gesamtheit der Sätze die Sprache ist[56] und »der Satz ein Bild der Wirklichkeit«, folgt, dass die Sprache ein Bild der Wirklichkeit ist. Wittgensteins Sprachtheorie steht also durchaus in Einklang mit Abbildtheorien, in denen die Sätze der Sprache als Bild der Wirklichkeit die Tatsachen schaffen, sobald bei einem komplexen Zeichen wie »aRb« die Beziehung von »a« zu »b« ersichtlich wird,[57] welche darin besteht, wie M. B. und J. Hintikka in ihren *Untersuchungen zu Wittgenstein* erklären, dass a links und b rechts von R steht. Diese *Beziehung* stelle den dritten Bestandteil des Satzes dar, welcher laut Wittgenstein ein Name sein muss. Dieser ist kein sprachliches Symbol (der Buchstabe ›R‹), sondern *eine bestimmte sprachliche Beziehung* (nämlich die Beziehung, neben einem spezifischen Buchstaben vorzukommen).[58] Diese Anmerkung der Hintikkas hilft weiter, um Wittgensteins Auffassung zu deuten, der Sinn eines Satzes sei unmittelbar evident. Wenn ich sage »C ist kleiner als D.« ist es möglich, die Bedeutung der Buchstaben »C« und »D« zu erklären sowie die Relation, die Minderheitsbeziehung des Wertes von C im Verhältnis zu D, zwischen diesen zwei Buchstaben, die in diesem Fall eine Menge darstellen. Begreift man die Bestandteile dieser Relation, ist man auch in der Lage, die Bedeutung des Satzes zu erfassen, ohne dass eine zusätzliche Erklärung nötig wird. Daher muss der Satz seinen Sinn, welcher jedoch nur gezeigt werden kann, mit neuen Ausdrücken mitteilen: Er wird vom Subjekt verstanden, ohne dass ihm eine zusätzliche Erklärung verliehen wird.[59] Folglich kann man davon ausgehen, dass die Aussagen von Individuen dazu beitragen, sich über etwas zu verständigen. Denn wir können mit Hilfe von Sätzen Aussagen über die Wirklichkeit machen, auch wenn wir nicht in der Lage sind, zu be-

---

[55] Vgl. Wittgenstein, Ludwig. TLP, 2.063.
[56] Vgl. Wittgenstein, Ludwig. TLP, 4.002
[57] Wittgenstein, Ludwig. TLP, 3.1432.
[58] Hintikka, M. B., & Hintikka, J. (1990) *Untersuchungen zu Wittgenstein,* Suhrkamp, Frankfurt am Main, 60 ff. Dazu noch Brosch, A. (1995) *Die Logik des Tractatus: eine logisch-semantische Untersuchung dessen, »was der Fall« sein kann,* Peter Lang, Frankfurt am Main, 55.
[59] Wittgenstein, Ludwig. TLP, 4.022.

schreiben, wie genau es dem Satz gelingt, die Wirklichkeit abzubilden.[60] Allerdings könnte das Sagen auch *etwas anderes* sein, wie Wittgenstein in seinen Tagebüchern anmerkt:»[W]as ein Scheinsatz ›es gibt n Dinge‹ ausdrücken will, *zeigt* sich in der Sprache durch das Vorhandensein von n Eigennamen mit verschiedenen Bedeutungen«[61]. Hierdurch erklären sich seine Ermöglichungsgründe. Im Zusammenhang damit betont Manfred Herbert in seinem Buch *Rechtstheorie als Sprachkritik,* dass die Konfiguration der Namen im Satz der Konfiguration der Gegenstände im Sachverhalt entspreche; daher lassen sich Elementarsätze durch Namen verstehen, wobei man wissen muss, für welche Gegenstände sie stehen. Was der Satz bedeutet, *zeigt* sich also.[62] Jedenfalls verändert das Wahr- oder Falschsein des Satzes etwas an der allgemeinen Struktur der Welt:»Der Satz muß *zeigen,* was er *sagen* will«[63].

Sätzen gehört, sobald sie zur Kommunikation beitragen, beides zu, das *Sagen* und das *Zeigen:*[64] So ist ein vollkommener und verallgemeinerter Satz, wie jeder andere Satz auch, zusammengesetzt. Diese bilden sich zu elementaren Aussagen aus, durch die das Verstehen von etwas statthat. Ihre Existenz, ihr ontologischer Zustand ergibt sich, sobald sie die Kommunikationseinheiten vermitteln – und diese haben einen Sinn.[65] Alle Sätze unserer Umgangssprache bezeugen somit eine besondere Eigenschaft, da »sie vollkommen geordnet«[66] sind. Aus ihnen entstehen Grenzen, die nicht überschritten werden können: Sie gründen die Welt des Subjekts. Von hier aus zeigt sich unmittelbar *in* der Sprache, dass man nicht in der Lage ist, ihr zu entkommen.[67]

---

[60] Herbert, Manfred (1995) *Rechtstheorie als Sprachkritik: Zum Einfluss Wittgensteins auf die Rechtstheorie* (Studien zur Rechtsphilosophie und Rechtstheorie 8), Nomos, Baden-Baden, 33.

[61] Wittgenstein, Ludwig. TB, 28. 10. 14.

[62] »Einen Satz verstehen, heißt, wissen was der Fall ist, wenn er wahr ist. (Man kann ihn also verstehen, ohne zu wissen, ob er wahr ist.) Man versteht ihn, wenn man seine Bestandteile versteht.« Vgl. Wittgenstein, Ludwig. TLP, 4.024.

[63] Wittgenstein, Ludwig. TB, 29. 10. 14.

[64] Vgl. Wittgenstein, Ludwig. TLP, 5.5261.

[65] Vgl. Hülser, K. (1979) *Wahrheitstheorie als Aussagentheorie: Untersuchungen zu Wittgensteins Tractatus* (Monographien zur philosophischen Forschung 177 Forum academicum) Königstein im Taunus, 78.

[66] Wittgenstein, Ludwig. TLP, 5.563a.

[67] Josep-Maria Terricabras (1978) *Ludwig Wittgenstein: Kommentar u. Interpretation,* Alber, Freiburg, 286.

Kann dagegen das Dasein im Heideggerschen Sinne die Sprache verlassen? Auch hier ist die Antwort negativ: Erst die Sprache macht das Lebendige zum *eigentlichen* Individuum, insofern es im Gespräch und in der Rede sein eigentliches Dasein erlangt.[68] Der λόγος stellt ein wesentliches und konstitutives Element des Dasein dar, da mit ihm die »Bestimmtheit des Seins in der Welt gezeigt wird«[69]. Auch Heidegger erkennt in der Sprache »Einheiten«, da sie ›in Wörterdinge zerschlagen‹ werden kann,[70] durch die sich das Dasein die Welt erschließt. Wiederum wird deutlich, dass das, was *mitgeteilt* werden kann, ganz wie für Wittgenstein ihr Sinn bleibt. Um es mit Heideggers Worten auszudrücken, »fasst der Sinn das formale Gerüst dessen, was notwendig zu dem gehört, was verstehende Auslegung artikuliert«[71]. Diese Artikulation betrifft in sich die Kommunikation zwischen Menschen: Als Eigenschaft des λόγος konstituiert sie das Menschsein.

Aus diesem Grund wird von Heidegger das erkennende Verhalten zum Seienden als »Sein« untersucht, um den eigentlichen Sinn von Sein[72] hervorzubringen, wie es sein Wort von der *formalen Anzeige* impliziert. Bei Wittgenstein ermöglicht es als Grundlegung der sprachlichen Zeichen in einer logisch geordneten Weise den Umgang mit der Umwelt, um den *Sinn* der Sätze zu begreifen. Das auf diese Art erreichte »Verhältnis« verrät auch die Bedingungen, denen die Sprache ausgesetzt ist. Wenn Wittgenstein also schreibt: »[D]er Satz sagt etwas ist identisch mit: Er hat ein bestimmtes Verhältnis zur Wirklichkeit, was immer diese sein mag. Und wenn sie gegeben ist und jenes *Verhältnis*, so ist der Sinn des Satzes bekannt«[73], tritt das Problem hervor, welches im *Tractatus* behandelt wird. Es besagt, dass die Bedingung des Verstehens von Sätzen davon abhängt, dass das Verstehen von Sinn jener Verifikation vorausgeht, welche seine Abbildtheorie und seine Wirklichkeitsauffassung enthalten. Diese von Wittgenstein verfolgte, lapidar erscheinende Beschreibung möchte ich hinsichtlich ihrer transzendentalen und hermeneutischen Dimension in Verbindung mit der Logik im nächsten Paragraphen verdeut-

---

[68] Vgl. Heidegger, Martin. *Frühe Schriften*, GA1, 309.
[69] Vgl. Heidegger, Martin. *Grundbegriffe der aristotelischen Philosophie*, GA18, 47.
[70] Vgl. Heidegger, Martin. *Sein und Zeit*, GA2, 213
[71] A.a.O., 99f.
[72] Heidegger, Martin. *Phänomenologische Interpretationen zu Aristoteles. Einführung in die phänomenologische Forschung*, GA61, 59.
[73] Vgl. Wittgenstein, Ludwig. TB, 25.12.14.

lichen. Wiederum werden wir sehen, dass hier – ganz wie bei Heidegger – das Verstehen eine wichtige Funktion ausübt, da sein Vorgehen an die Verflochtenheit mit der Welt gebunden ist.[74]

Diese Motive bilden die Grundlage, um zu zeigen, dass es bei Heidegger und Wittgenstein eine hermeneutische Problemstellung gibt, die einen ähnlichen Ansatz nach sich zieht, jedoch nur durch eine *umgekehrte* Perspektive durchführbar zu sein scheint, da die Hermeneutik trotz der Ähnlichkeit ihrer Funktion bei beiden Philosophen eine unterschiedliche Herangehensweise impliziert. Während sie zumindest in Heideggers Natorp-Bericht von der Problematik der Faktizität ausgeht und sich mit der Bedeutung der Philosophie verbindet, führt sie in Wittgensteins Tagebüchern und im *Tractatus* zur »Weltvoraussetzung«, insofern sie die Funktion des Auslegens der Sprache im Sich-Zeigen des Sinnes ansetzt.[75] Folglich wird im nächsten Abschnitt 2.2 der bei Heidegger und Wittgenstein ersichtliche διάλεκτος aufgezeigt.

2.2 Der διάλεκτος als »abbildende« Funktion der Sprache: ein erster Schritt zur Hermeneutik[76]

Heidegger stellt das Lebendige als *eigentliches* Individuum dar, insofern es in Gespräch und Rede sein eigentliches Dasein erlangt. Die philosophische Problematik, so Heidegger, betrifft das Sein des faktischen Lebens[77] im »Wie« seines Angesprochen- und Ausgelegtseins. Durch die Verknüpfung dieser beiden Elemente entwickelt Heidegger seine eigene »Hermeneutik«. Zunächst beschäftigt er sich mit der

---

[74] Vgl. Wittgenstein, Ludwig. TLP. 4.023.

[75] Vgl. Wittgenstein, Ludwig. TLP, 4.022.

[76] Thomas Rentsch und Simona Venezia vertreten die These der Existenz einer »Tiefenhermeneutik« bei Heidegger und Wittgenstein. Deren Aspekte »des in der Alltäglichkeit Verborgenen und [...] des Zeigens und Sich-Zeigens des begrifflich-reflexiven Unsagbaren verbinden sich *bei Heidegger und Wittgenstein* mit der zentralen systematischen Funktion einer methodisch exkludierten bzw. negativen Metaphysik. Diese tiefe strukturelle Entsprechung von *Sein und Zeit* und *Tractatus* sowie des Umfelds dieser Werke bildet ein Zentrum der Interpretation des vorliegenden Buches«. Vgl. Rentsch T. (2003), 17.

[77] Vgl. Heidegger, Martin. *Phänomenologische Interpretationen ausgewählter Abhandlungen des Aristoteles zur Ontologie und Logik. Anhang: Phänomenologische Interpretationen zu Aristoteles (Anzeige der Hermeneutischen Situation)*, GA62, 364.

»Sorgeumsicht und der Bekümmerungseinsicht« in ihrer faktischen Einheit, um die Zeit des Lebens kategorial sichtbar zu machen. Was auf dem Spiel steht, ist die phänomenologische Eigenschaft der Hermeneutik wie auch ihre Intentionalität. Das Phänomen bereitet in diesem Sinne den Weg einer Positionierung in Bezug auf die Seinsfrage vor, um den Sinn von Sein zu entdecken, was bekanntlich das Thema von *Sein und Zeit* ist. Heidegger erreicht dies durch die Perspektive der Praxis: Das Dasein ist kein passiver Zuschauer in der Welt, sondern handelnd in sie geworfen, was in der Hermeneutik als Auslegung vollzogen wird. Darauf aufbauend verbindet sich das Dasein in seinem faktischen Leben mit der Welt.[78] Somit ist es die ›Aufgabe‹ der Welt, den Menschen in einem ontologischen Sinne zu bilden, d. h. eine Ausübung des Vollzugs[79] festzulegen, in dem der Sinn des Seins in der Welt verstanden werden kann.

Aber was bedeutet »Hermeneutik« für Heidegger *konkret?* Das Wort, warnt Heidegger, sollte nicht im »modernen« Sinne verstanden werden, sondern es gelte, auf seine ursprüngliche Bedeutung zu achten. Hier gehe es um eine bestimmte Einheit des Vollzugs des ἑρμηνεύειν, in dem die Faktizität des Lebens wirksam wird. In ihm *zeigt sich* das »Wie« des Seins. Genau darin steckt der spezifisch hermeneutische Begriff der Mitteilungsfunktion der Sprache, weshalb nach Heidegger »das faktische Leben hinsichtlich des ›Wie‹ seines Seins und Sprechens […] thematisch und methodisch als Phänomen gesehen«[80] wird. In der Hermeneutik bildet sich für das Dasein die Möglichkeit aus, verstanden zu werden. In der Weise des *Miteinandersprechendseins* lässt sich somit ihre Funktion erkennen, da die Hermeneutik dabei den διάλεκτος[81] vertritt, woraus sich das umgängliche Besprechen als faktische Vollzugweise des λόγος ergibt. Entscheidend ist, dass »die Rede von etwas besorgt wird«[82]. Im Folgenden ist sie

---

[78] Heidegger, Martin. *Ontologie. Hermeneutik der Faktizität*, GA63, 80.

[79] Vgl. Cristin, Renato (2003) *Ermeneutica della poeticità. Linguaggio e paradosso della prassi in Heidegger,* Guerini Studio, Milano, 41.

[80] Heidegger, Martin. *Phänomenologische Interpretationen ausgewählter Abhandlungen des Aristoteles zur Ontologie und Logik. Anhang: Phänomenologische Interpretationen zu Aristoteles (Anzeige der Hermeneutischen Situation)*, GA62, 364.

[81] Hierbei handelt es sich um keine Technik des Denkens, sondern um eine Vorstufe des νοεῖν. Selbstverständlich setzt sich Heidegger hier kritisch mit Platons Dialektik auseinander. Die Gründe dieser Auseinandersetzung werden im Abschnitt 2.2 geklärt. Vgl. Heidegger, Martin. *Platon: Sophistes.* GA19, 195–204.

[82] Vgl. Heidegger, *Martin. Ontologie. Hermeneutik der Faktizität*, GA63, 10.

als phänomenologische Explikation der Existenz zu verstehen: entsprechend dieser Aufgabe ist der Sinn der Explikation als Interpretationsvollzug zu gewinnen, die Explikate selbst nach ihrem wesentlichen Charakter als hermeneutische Begriffe nur in der immer wieder ansetzenden Interpretationserneuerung zugänglich und von da auf ihre genuine, mit anders gerichteten begrifflichen Ausformungen unvergleichbare »Schärfe« zu bringen und in ihr zu halten.[83]

In der Tat geht es für Heidegger darum, die Frage nach dem »Sinn« der Explikation als einen Forschungsgegenstand vorzustellen, der der *Mitteilung* bedarf. Erst auf diese Weise werden die hermeneutischen Inhalte zugänglich.[84] Der hermeneutische Auftrag besteht somit darin, das Dasein in seinem Verstehen auszulegen: »Alle Auslegung, die Verständnis beistellen soll, muß schon das Auszulegende verstanden haben.«[85] So zielt Heidegger darauf ab, die Auslegung *im* Dasein zu erforschen, und auf dieser Grundlage stellt sich zugleich die Frage nach ihren *verdeckten* Motiven. Sie führt zu Heideggers These vom *geschichtlichen* Menschen in seinem neuen philosophischen Raum der Gegenwart, im Heute. Nicht zufällig wird diese Zielsetzung durch die Analyse des Verstehens expliziert, in der dessen intentionaler Charakter als Sich-richten-auf etwas hervortritt. Hierdurch avanciert das Dasein in seinem Sein zum Gegenstand der hermeneutischen Forschung, in der die faktischen Phänomene des Lebens zu untersuchen sind.[86] Heidegger verfolgt diese Herangehensweise auch, um die Bezeichnung des Menschen als »vernünftiges Lebewesen« *(animal rationale)* grundsätzlich zu vermeiden. In derselben Weise kann damit auch seine Distanzierung von der *neuzeitlichen* Philosophie interpretiert werden, die das Sein des Menschen im Sinne eines Norm- und Wertebewusstseins ansetzt, in dem die Idee des Personseins, die immer auch ein konstitutives Verhältnis zu Gott beherbergt, »neutralisiert [ist] zu einem Norm-Wertbewußtsein als solchem«[87]. Von hier aus wird der Begriff der Faktizität nicht nur durch das je eigene Dasein in seinem Seinscharakter geprägt, sondern auch durch den ontologischen Zustand des »Heute«.

---

[83] Heidegger, Martin. *Wegmarken*, GA9, 32.

[84] Heidegger, Martin. *Platon: Sophistes*, GA19, 447 f.,

[85] Heidegger, Martin. *Sein und Zeit*, GA2, 152 (202).

[86] Vgl. Heidegger, Martin. *Phänomenologische Interpretationen ausgewählter Abhandlungen des Aristoteles zur Ontologie und Logik: Anhang: Phänomenologische Interpretationen zu Aristoteles (Anzeige der hermeneutischen Situation)*, GA62, 368.

[87] Heidegger, Martin. *Ontologie. Hermeneutik der Faktizität*, GA63, 29.

Eben hier lässt sich eine erste Parallele zu Wittgenstein ziehen. Blanche Premo macht auf die Art und Weise aufmerksam, in der Wittgenstein gemäß *seiner* geschichtlichen Welt den Zusammenhang mit der Gemeinschaft und deren Einigung auslegt:[88] Die Sprache benennt hier nicht einfach die Gegenstände, sondern stellt sich als etwas durchaus *Kompliziertes* dar, bei dem beachtet werden muss, dass sich aufgrund des Verhältnisses zwischen Satz und Tatsache – »der Satz ist artikuliert. Nur Tatsachen können einen Sinn ausdrücken«[89] – ein Sprachsubjekt ergibt, dem abverlangt wird, die *abbildende* Beziehung zwischen Tatsachen zu etablieren und die Welt ihnen gemäß zu gründen.[90]

Folglich kann bei Wittgenstein ein hermeneutischer Ansatz gefunden werden, welcher zu einer Dialektik der Wahrheit wird, deren Grund es verbietet, »diese« Hermeneutik im Sinne Heideggers als bloße Mitteilungsfunktion der Sprache und Seinsart ihres thematischen Worauf (Faktizität des Lebens) zu berücksichtigen. Sie stellt vielmehr eine *zu leistende* Aufgabe dar, weshalb man von einer »Umkehrung« sprechen kann, die sich in der *Dialektik* von Sprache und Wahrheit offenbart. Diese erklärt, warum der Ausdruck der Tatsache ausschließlich durch das Zeigen geschieht,[91] da nämlich der διάλεκτος den Vorgang des Verifikationsprozesses eines Satzes und die entsprechende Sinnkritik vermittelt. Insofern schreibt Wittgenstein, »[d]aß die Wahrheit eines Satzes aus der Wahrheit anderer Sätze *folgt*«[92]. Allerdings spricht dies dafür, dass die Wahrheit nie als etwas Endgültiges bestimmbar ist, da sie den Vergleich mit der Realität für die Überprüfung der logischen Satzform problematisiert. Daher verkehrt sich der Prozess der Verifikation in ihre Negation, da es keine definitive Methode für das Finden der Wahrheit gibt. Man könnte also sagen: Die Wahrheit prägt die Sprache, mit der der Mensch die Welt abbildet, aber sie kann immer wieder verändert werden.[93] Dass

---

[88] Vgl. Premo, Blanche (1972) *The Early Wittgenstein and Hermeneutics*, Philosophy Today 16, 46.

[89] Wittgenstein, Ludwig. TLP, 3.142.

[90] Lütterfelds W. (1974), 562 f.

[91] Vgl. Wittgenstein, Ludwig. TB, 11. 10. 14

[92] Vgl. Wittgenstein, Ludwig. TLP, 5.13; Hervorh. M. M.

[93] Vgl. Wittgenstein, Ludwig. TB, 29. 9. 14. Daher kommt es in der Hermeneutik zu einer »Umkehrung«, wie ich es nenne. Bei Heidegger deutet sich in ihrer ursprünglicheren Form (und zwar als λόγος) eine Seinsweise des Daseins zur Welt wie zu sich selbst an. Vgl. Heidegger, Martin. *Logik. Die Frage nach der Wahrheit*, GA21, 169.

Wittgenstein Sprache und Welt nicht als zwei unterschiedlichen Entitäten denkt, sondern als »ursprüngliche« Einheit,[94] verdeutlicht zugleich die »Umkehrung« der Hermeneutik. Von hier aus erklärt sich die triviale Tatsache, dass ein Satz »ebenso viele Namen enthält als seine Bedeutung Dinge«[95], wodurch die Sprache der Welt zugleich mitteilt, wie sie von ihr dargestellt wird.[96] Zum anderen müsste »der Satz« als »Bild der Wirklichkeit« so aussehen, dass den Individuen dargestellte Sachverhalte unmittelbar ›einleuchten‹, wenn ein Satz verstanden wird.[97]

Es gibt also Gründe, weshalb diese Form von Hermeneutik nicht im Sinne Heideggers verstanden werden kann. Was nämlich Wittgenstein vermittelt, ist, dass durch die Sprache eine abbildende Struktur der Wirklichkeit hervortritt, mit der, falls es eine Wahrheit gibt, die Welt durch Elementarsätze beschrieben werden kann. Und doch bleibt die Aufgabe bestehen, aufgrund der Verbindung zwischen Sprache und Wirklichkeit eine »hermeneutische« Möglichkeit im Sinne Heideggers zu entwickeln. Im Satz-Verhältnis zeigt sich somit lediglich *ein* intentionaler Charakter, den man gemäß Husserls phänomenologischen Prinzipien[98] als »normative phänomenologische Einstellung« bezeichnen könnte. Diese prägt Wittgensteins Sprachtheorie. Daher sollen im folgenden Abschnitt 2.3 Heideggers und Wittgensteins hermeneutische Ansätze miteinander verglichen werden.

2.3 Verfolgen Heidegger und Wittgenstein dieselbe Hermeneutik?

Im vorangegangenen Abschnitt wurde der διάλεκτος als »abbildende« Funktion der Sprache sowohl in Heideggers als auch in Wittgen-

---

[94] Vgl. Hülser, K. (1979), 148.

[95] Vgl. Wittgenstein, Ludwig. TB, 12.10.14

[96] Ebd.

[97] Wittgenstein, Ludwig. TLP, 4.021.

[98] Zu normativen Prinzipien in der Sprache Husserls vgl. Crowell, Steven (2013) *Normativity and Phenomenology in Husserl and Heidegger,* University Press, Cambridge. Besonders wichtig ist m. E. der Hinweis auf S. 48: »In Husserl's language, it is to be conscious of an internal and external horizon of co-implications (what is properly expected of things of this kind, what it will do under specific transformations, the social practices of building, and so on). Being a hammer is constituted in such horizons«; vgl. Husserl, E. *Ideen zu einer reinen Phänomenologie und phänomenologischen Philosophie,* HuA 3–1, 341 f.

steins frühem Denken aufgewiesen. Dabei wurde mit Heidegger ihre Funktion als Auslegung geklärt, die sich, wenn auch auf eine invertierte Weise (Umkehrung), auch bei Wittgenstein finden ließ.

Die Grundannahmen beider Philosophen wurden jeweils dargelegt, um zu zeigen, dass sie – auch wenn beide zu unterschiedlichen Ergebnissen kommen – doch am gleichen Punkt ansetzen: bei der Hermeneutik als Instrument und Funktion der Mitteilung. Im Falle Heideggers ist sie eine Methode der Phänomenologie und eng mit Faktizität und Sprache verbunden, während sich für Wittgenstein die Wahrheit der Elementarsätze mitteilt. Im Folgenden möchte ich beide Stellungnahmen einander näherbringen; das Ergebnis wird zeigen, dass und inwiefern durch die Hermeneutik für beide Philosophen eine Ontologie möglich wird, die im Zusammenhang einer Analyse der Sprache hervortritt. Der Fokus liegt dabei auf Heideggers hermeneutischer Analyse, die mit Wittgensteins hermeneutischen Voraussetzungen kontrastiert werden soll.

Wie bereits gezeigt, spielt die Hermeneutik auf dem Denkweg Heideggers eine zentrale Rolle. Sie beeinflusst sowohl die Bestimmung des Seins als auch die Mitwirkung des historischen Erkennens. Ein Vergleich zwischen der Vorlesung *Ontologie. Hermeneutik der Faktizität* (1923) und *Sein und Zeit* (1927) zeigt, dass Heideggers Hermeneutik *den gleichen grundlegenden Prinzipien der Ausdrücklichkeit des Seins* folgt, auch wenn sich im Jahr 1923 die Hermeneutik noch auf das »je eigene Dasein« und seine Faktizität bezieht (Heidegger schreibt: »Faktizität ist die Bezeichnung für den Seinscharakter unseres eigenen Daseins«[99], innerhalb dessen dieser *artikuliert* wird), und die »Hermeneutik des Daseins« 1927 als »Auslegung des Seins des Daseins einen spezifischen dritten – den, philosophisch verstanden, *primären* Sinn einer Analytik der Existenzialität der Existenz«[100] erhält. Entsprechend ergibt die Selbstbezüglichkeit des Daseins, in der es sich »eigentlich« oder »uneigentlich« gegenübersteht, in der Eigentlichkeit einen hermeneutischen Vorrang für das Dasein, insofern es in dieser das Versprechen des Seinsverständnisses gibt.[101]

---

[99] Heidegger, Martin. *Ontologie. Hermeneutik der Faktizität*, GA63, 7/16.
[100] Heidegger, Martin. *Sein und Zeit*. GA2, 38 (50)
[101] Vgl. Heinemann, Walter (1970) *Die Relevanz der Philosophie Martin Heideggers für das Rechtsdenken*. Dissertation zur Erlangung des Doktorgrads, Albert-Ludwigs-Universität, Freiburg i. Br., 101

Allerdings erfüllt die Hermeneutik in ihrer ersten Fassung die Funktion, das Dasein in seinem Seinscharakter zugänglich zu machen und ihm damit die Möglichkeit zu geben, »sich selbst verstehend zu werden und zu sein«[102]. Auf diese Weise gewinnt Heidegger die Faktizität in der Geschichte zurück. Hingegen erklärt in *Sein und Zeit* die Verbindung des λόγος der Phänomenologie des Daseins mit dem Charakter des ἑρμηνεύειν Heideggers Absicht: Jetzt stellt sich die Frage nach dem Sinn von Sein[103] in ihrer ursprünglichen Bedeutung (als Auslegung des Seins des Daseins), in der nun die *Geschichtlichkeit* des Daseins ausgearbeitet wird.[104]

Soweit stellt – wie im Paragraph 2.2 gezeigt wurde – die Verbindung zwischen der Hermeneutik der Faktizität und dem »Heute« die Beziehung zwischen Tradition und Geschichtlichkeit her. Das Heute als »Wie« der Faktizität befragt das Dasein in seinem Seinscharakter und enthüllt die positiven Möglichkeiten der Tradition, auch wenn sich die Faktizität in ihrer »Jeweiligkeit« im eigenen Dasein und nur in seinem jeweiligen »Da« zeigt.[105] Nunmehr ist die hermeneutische Intuition eine »originäre phänomenologische Rück- und Vorgriffbildung, aus der jede theoretisch-objektivierende, ja transzendentale Setzung herausfällt.«[106] Im Blick darauf gibt Steven Crowell zu bedenken, dass die Phänomenologie als Bezeichnung des faktischen Lebens ihr praktisches Umfeld erahne.[107] Die Hermeneutik bewerkstelligt ihre Aufgabe nur auf dem Wege der Destruktion,[108] weswegen Heidegger warnt – sie ist nicht dieselbe Philosophie![109]

Die Notwendigkeit, sich der Hermeneutik zuzuwenden, liege darin, dass wir »knochenlos« geworden seien. Daher setzt man sich mit

---

[102] Heidegger, Martin. *Ontologie. Hermeneutik der Faktizität*, GA63, 15.

[103] Heidegger, Martin. *Sein und Zeit*, GA2, 38 (50).

[104] Ebd.

[105] Heidegger, Martin. *Ontologie. Hermeneutik der Faktizität*, GA63, 9.

[106] Heidegger, Martin. *Zur Bestimmung der Philosophie*, GA56/57, 117.

[107] »[T]he givenness of meaning to consciousness – intentionality as consciousness of objects – conceals its own condition, which Heidegger now begins to call ›being‹. Before being a relection on intentionality (Husserl's view) phenomenology is to be an ›understanding, a hermeneutic intuition‹ (GA 56/57, p. 117), a self-interpreting process in which ›factic life‹ intuits its own being in its practical, pre-theoretical unfolding«. Crowell S. (2013), 61.

[108] Heidegger, Martin. *Phänomenologische Interpretationen ausgewählter Abhandlungen des Aristoteles zur Ontologie und Logik: Anhang: Phänomenologische Interpretationen zu Aristoteles (Anzeige der hermeneutischen Situation)*, GA62, 368.

[109] Heidegger, Martin. *Ontologie. Hermeneutik der Faktizität*, GA63, 20.

der Aufgabe der Philosophie ins Benehmen, die methodisch betrachtet das Dasein in seiner Gegenwart auslegt und »das Sein sehen«[110] lässt. Heidegger schreibt:

> Die Tradition der Philosophie ist aber von Anfang an primär am ›Sehen‹ als Zugangsart zu Seiendem *und zu Sein* orientiert. Um den Zusammenhang mit ihr zu wahren, kann man Sicht und Sehen so weit formalisieren, daß damit ein universaler Terminus gewonnen wird, der jeden Zugang zu Seiendem und zu Sein als Zugang überhaupt charakterisiert. Dadurch, daß gezeigt wird, wie alle Sicht primär im Verstehen gründet […], ist dem puren Anschauen sein Vorrang genommen, der noetisch dem traditionellen ontologischen Vorrang des Vorhanden entspricht.[111]

So verdeutlichen sich die Bedingungen des Phänomens des Anschauens, welches den Zusammenhang zwischen Sein und Seiendem entfaltet und wodurch sich die »Ausübung« der Hermeneutik erklärt. Handelt es sich dabei um eine konstante spekulative Ausübung? Die Antwort kann nur lauten: Ja! Ihre Hauptfunktion besteht darin, den Sinn des Seins aufzudecken und folglich seine Grundstrukturen – und damit versteht man Heideggers Absicht, den philosophischen Verstand als primären Sinn zu begreifen, um die Analytik der Existenzialität der Existenz darzulegen. Aus diesem Grund bildet die Phänomenologie als »Wie« die Zugangsart zur Ontologie, vorausweisend auf die ontologisch-ontische Bezugshaftigkeit des Daseins. Die führende Frage dieser Interpretation betrifft dann die Daseinsauslegung in einer phänomenologischen Beschreibung und deren durchgängige Verbindung mit der Hermeneutik. Im Grunde soll vermieden werden, sich bei der Analyse des Daseins in Kategorien zu bewegen, die »als solche indifferent sind oder aber aus Seinszusammenhängen geschöpft werden, welche zugleich dem Dasein gar nicht genuin zugehören; *ego certe laboro hic et laboro in me ipso; factus sum mihi terra difficultatis et sudori nimii.*«[112]

Zufolge der dem Dasein auferlegten Übung – sich selbst zu begegnen[113] –, schlägt sich die Hermeneutik jedoch im faktischen Leben nieder. Dementsprechend führt ihre Bestimmung in der phänomenologischen Auslegung zwecks ihrer *ursprünglichen* Motive und Explikationen zu einem ›abbauenden Rückgang‹, der sich als Destruktion

---

[110] Heidegger, Martin. *Grundbegriffe der antiken Philosophie*, GA22, 7.
[111] Heidegger, Martin. *Sein und Zeit*, GA2, 147 (195 f.)
[112] Vgl. Heidegger, Martin, *Logik. Die Frage nach der Wahrheit*, GA21, 211.
[113] Vgl. Heidegger, Martin. *Ontologie. Hermeneutik der Faktizität*, GA63, 17.

zu erkennen gibt und mit dem sich »das historische Erkennen« der philosophischen Forschung entwickelt.[114] Von hier aus kann auch die Vergessenheit der Frage nach dem Sinn von Sein ausgearbeitet werden. Diese Ausarbeitung ist nur auf dem Boden einer Hermeneutik des Daseins möglich;[115] jedoch werden zugleich die Gründe deutlich, weshalb die Hermeneutik nicht nur die Auslegung beeinflusst, sondern auch als vorbereitende Prämisse jeder phänomenologischen Beschreibung wirkt. Durch ihre Erweiterung gelingt es, zur Erklärung »des Seinsverständnisses und des Seins des nichtdaseinsmäßigen Seienden den Sinn des Seins selbst kundgeben zu lassen«[116]. So wie »jede weitere ontologische Erforschung des nicht daseinsmäßigen Seienden, wird diese Hermeneutik zugleich ›Hermeneutik‹ im Sinne der Ausarbeitung der Bedingung der Möglichkeit jeder ontologischen Untersuchung«[117]. Es gilt also, das von der Tradition vergessene »ὄν« in seiner Ursprünglichkeit wiederzuentdecken,[118] damit, so Heidegger, »eine neue Ontologie« entstehen kann.

Inwiefern spiegelt sich ein solches Vorgehen in Wittgensteins frühem Denken wider? Vor allem Jörg Zimmermann gebührt das Verdienst, in seinem Buch *Wittgensteins sprachphilosophische Hermeneutik* versucht zu haben, die hermeneutische Dimension in Wittgensteins früher Philosophie herauszuarbeiten.[119] Dies stellt nach wie vor ein Desiderat der philosophischen Forschung dar, da die meisten Interpreten die pragmatisch-analytische Einstellung von Wittgensteins Philosophie betonen. Zimmerman gibt uns die methodischen Instrumente an die Hand, um die Hermeneutik in eine Verbindung zur Wirklichkeit zu bringen. Unter »A« und »B« umreißt er folgende Ansätze:

A.   »Etwas« (das was der Satz sagt) ist vorverstanden als bestimmter Bezug zu einer gegebenen Wirklichkeit, einer Welt, die »ist, was sie ist«;

---

[114] Vgl. Heidegger, Martin. *Grundbegriffe der aristotelischen Philosophie*, GA18, 369.

[115] Vgl. Heidegger, *Martin. Platon: Sophistes*, GA19, 447.

[116] Vgl. Riedel, M. (1989), 162.

[117] Vgl. Heidegger, Martin, *Sein und Zeit*, GA2, 70. (94 f.)

[118] A. a. O., 5 ff. (6 ff.)

[119] Vgl. Zimmermann, J. (1975) *Wittgensteins sprachphilosophische Hermeneutik*, Vittorio Klostermann, Frankfurt am Main, 22.

B. Aus hermeneutischer Perspektive fragt der *Tractatus* nach den
    Bedingungen des Verstehens von Sätzen, insofern das Verstehen
    des Sinnes der Verifikation des Satzes vorausgeht.[120]

Obgleich die vorliegende Studie Zimmermanns grundsätzliche These
teilt, möchte ich im Folgenden zeigen, dass dies lediglich den Anfangspunkt von Wittgensteins hermeneutischer Perspektive darstellt.
Wie bereits in Abschnitt 2.1 dieses Kapitels erläutert, fokussiert Wittgenstein die Natur des Mitteilens, wodurch eine Verbindung zwischen Sprache und Welt gestiftet wird, in der der mitzuteilende »Gehalt« letztlich eine *mögliche* Wahrheit ist.

Dennoch fehlt in diesem Vorgehen Wittgensteins Ziel, das er in
der Abgrenzung zwischen einer normativen Logik und einer *pro-
pädeutischen* Philosophie zu verwirklichen sucht. Es erklärt allerdings die Gründe, weshalb Wittgenstein seine Konzeption im *Tractatus* anhand der Feststellung der Begrenzung des Normativen auf den
sprachlichen Zeichengebrauch konkretisiert, der für die Etablierung
der Bedingung der Logik und des Sinnes des Satzes steht. In der Tat
ist die Logik nicht als Gegenstand der sprachlichen Beschreibung zu
begreifen[121] – »ihr Befehl« fügt vielmehr die sprachlichen Zeichnen
nach einer stringenten logischen Ordnung im Zusammenhang mit
der Welt. Diese Zeichen begründen sodann die ontologische Grundlage des *Tractatus*, so dass die Frage nach der Vermittlung eines Satzes
und seines Sinns zeigt, dass »wenn es völlig verallgemeinerte Sätze
gibt, […] ihr Sinn von keiner willkürlichen Zeichengebung mehr ab
[hängt]«[122]. Was würde das bedeuten? Kann man daraus eine Verbindung zwischen *Sinn* und *Zeichen* herstellen? Diese Frage lässt sich
mit Heideggers hermeneutischem Konzept beantworten, und man
kann davon ausgehen, dass auch für Wittgenstein die Möglichkeit besteht, die Auslegung als Fundament der Sprache zu begreifen. Daraus
ließen sich dann die entsprechenden hermeneutischen Eigenschaften
ableiten. Wittgenstein bestätigt diese Überlegung, wenn er in seinen

---

[120] Ebd.
[121] Vgl. Furuta, Hirokiyo (1996) *Wittgenstein und Heidegger: Sinn und Logik in der
Tradition der analytischen Philosophie*, Epistemata, Reihe Philosophie 186, Königshausen & Neumann, Würzburg, 152. Hier wird erläutert, auf welche – stark diver-
gierende – Weise sich Heidegger und Wittgenstein auf der Suche nach einem Sinn
positionieren: Bei Heidegger wird er als sprachliches Fundament aufgedeckt, während
er bei Wittgenstein stets einen Bezug zur Logik aufweist.
[122] Wittgenstein, Ludwig. TB, 14.10.14.

Tagebüchern festhält: »Kann man denn aber nicht die ganze Welt vollständig mit ganz allgemeinen Sätzen beschreiben? [...] Ja, man könnte die ganze Welt vollständig durch allgemeine Sätze beschreiben, also ganz ohne irgendeinen Namen oder sonst ein bezeichnendes Zeichen zu verwenden.«[123] Vor diesem Hintergrund erläutert er anschließend die ontologischen Eigenschaften der Sprache.

Folglich teilt der sprachliche ontologische Zustand von $\exists x$ die entsprechende Variable mit, so dass »x« A usw. einen bestimmten Wert ergibt. Im Grunde legt sich die Existenz der Welt aus, wenngleich es unmöglich bleibt, sie in ihrer Gesamtheit auszudrücken, da sich die Welt selbst *zeigt*.[124] Um dies besser zu verstehen, sollte man beachten, dass Wittgenstein Welt und Sprache als isomorph denkt: »Die Welt zerfällt in Tatsachen«, also in Strukturen voneinander unabhängiger Sachverhalte, die aus Gegenständen bzw. Dingen bestehen. Zugleich ergibt sich ein anderes »Zerfallen«, das die Sprache in den Sätzen betrifft. Ihre Strukturen bauen sich aus logischen, unabhängigen Elementarsätzen auf, die wiederum aus Namen entstehen.[125] Daraus kann man schließen, dass die Welt in den Dingen A und B (usw.) gründet, die sich durch bestimmte Eigenschaften F auszeichnen, bei denen es sein kann, dass F(A) und nicht F(B) der Fall ist. Dass diese Möglichkeit besteht, besagt nicht nur, dass Sätze mit Gegenständen identifiziert werden können; es weist auch auf die Versuche Wittgensteins zurück, die Welt in einem *allgemeinen* Satz zu beschreiben, der sich auch, wie Max Black zu bedenken gibt, als »nonsense« präsentieren könnte,[126] nur eben nicht in der Form F(B). Was sich hier zeigt, ist dann ein *logisches* Produkt, an dem aber noch etwas Interessantes offenkundig wird, nämlich das *Scheinbare* um den Satz.

Infolgedessen kann man davon ausgehen, dass zu den *logischen* Vorbildern des Satzes der Sachverhalt der Intentionalität gehört, da diese eine *Richtung* anbietet; erst sie ermöglicht es dem Satz, sich in seinem Beschreiben auf die Welt zu beziehen, falls das Bezeichnete nicht auf seinen eigenen Sinn verweist. Aber Wittgenstein führt die-

---

[123] Wittgenstein, Ludwig. TB, 17.10.14.

[124] Vgl. Black, Max (1964) *A Companion to Wittgenstein's Tractatus*, University Press, Cambridge, 289.

[125] Wittgenstein, Ludwig. TLP, 1.2; TLP, 2.03; TLP, 4.22. Zur Theorie des Sehens in Wittgensteins Philosophie vgl. Wenning, Wolfgang (1985) *Sehtheorie und Wittgensteins Sprachphilosophie*. Armin Burkhardt & Dieter Birnbacher (Hrsg.) Sprachspiel und Methode: Zum Stand der Wittgenstein-Diskussion, De Gruyter, Berlin, 176.

[126] Black, M. (1964), 289.

se Überlegung noch weiter: Der Satz hat eine bestimmte Beziehung zur Wirklichkeit, *was immer diese sein mag*.[127] Daraus kann man folgern, dass dieser Verbindung zur Hermeneutik *eine Ursprünglichkeit* innewohnt, die sie in der Wirklichkeit zu entfalten vermeint. Betrachten wir Wittgensteins Überlegung, dass das Verhältnis zur Wirklichkeit den Sinn des Satzes bildet, stellt sich natürlich die Frage, was Wittgenstein bei diesem Gedanken genau vorschwebt. In der Intentionalität des Verhaltens *erscheint* die Sprache selbst, die sich nun als Sich-richten-auf zu einem Verstehen hin orientiert, um »Sinn« aufzuzeigen. Um dies zu verdeutlichen, kann folgendes Beispiel herangezogen werden: Wenn ich jemandem sage: »Die Uhr liegt auf dem Tisch.«, kann ich mir selbst ein Bild von der Uhr machen, welches durch einen Satz beschrieben wird. Demzufolge entscheidet darüber, ob der Satz wahr oder falsch ist, der Vergleich zwischen dem, was er als bestehender Sachverhalt aussagt, mit dem Bild, welches ich mir im Blick auf diesen existierenden Sachverhalt mache.[128] So lässt sich die Tatsache nur durch eine solche Form abbilden.[129] Hierdurch bringt das *Verstehen* der Evidenz der Uhr eine Richtung hervor, die sich in der Intentionalität des Satzes manifestiert, so dass das Abbilden eine Richtung erhält – und diese manifestiert sich in der Sprache. Der Grund dafür ist, dass das Bild zeigt, wie es sich selbst verhält.[130]

Zusätzlich muss man sagen, dass die Uhr im Beispiel in einem *relationalen* Kontext zu dem Raum steht, in dem sie sich befindet. Dieser Zusammenhang kann jedoch nur *gezeigt* werden, so dass das reale Bild »seinen Bericht« über die Tatsache *zum Ausdruck bringt*. Das öffnet den Weg für eine andere Erklärung, und zwar die *interne* Isomorphie,[131] die mittels einer logisch-formalen Strukturidentität zwischen Satz und Wirklichkeit herrscht. So kann der Satz die Wirklichkeit nach ihren internen Eigenschaften beschreiben, mit dem Ziel, auf diese Weise seinen Sinn zu entfalten. Gleichzeitig vermag die Beschreibung eines Gegenstands seine externe Beschaffenheit offenzulegen.[132]

---

[127] Wittgenstein, Ludwig. TB, 25.12.14.
[128] Vgl. Wachtendorf, T. (2008) *Ethik als Mythologie: Sprache und Ethik bei Ludwig Wittgenstein* (Wittgensteiniana 3), Düsseldorf: Parerga, 37.
[129] Wittgenstein, Ludwig. TB, 22.6.15.
[130] Vgl. Wittgenstein, Ludwig. TB, 2.11.14
[131] Vgl. Zimmermann, J. (1975), 21–23.
[132] Vgl. Wittgenstein, Ludwig. TLP, 4.023.

Die von Wittgenstein neu dargelegte Beziehung zwischen der internen Form des Sinnes und dem externen Inhalt weist die Struktur jener Wirklichkeit auf, die der Satz zu beschreiben sucht. Diese kann weder eine alogische Form aufweisen noch darf ihre Eigenheit vergessen werden, denn dies würde zu ihrer Sinnlosigkeit führen. Somit kann behauptet werden, dass diese Struktur nicht nur den Satz in seinem Sinn ermöglicht, sondern auch seine Wirklichkeit, die sowohl im positiven als auch im negativen Fall durch diese Struktur definiert wird.

Aufgrund der hermeneutischen Funktion des Satzes, die sich mit seinem Sein offenbart, kann man den »Sinn des Satzes auslegen«[133]. Wenn dann darauf die Prinzipien von Heideggers Hermeneutik angewendet werden – nämlich den Sinn des Seins offenzulegen –, wird ersichtlich, dass auch für Wittgenstein die *hermeneutische* Frage die Beziehung des Satzes zur Welt erklären soll.[134] Damit erfährt auch seine Untersuchung der ontologischen Bedingung der Sprache ihre Berechtigung, nämlich, ihr Wesen zu erforschen. Dieses Problem betrifft, in einer parallelen Betrachtung, wiederum die Ausdrucksform des Individuums; äußert dieses beispielsweise den Satz »Ein Buch liegt auf dem Tisch.«, so besitzt dieser einen klaren Sinn, von dem seine Wahrheits- oder Falschheitsbedingungen abhängen, die dasselbe Individuum abwägt. So steht nicht nur die scheinbare Form des Satzes in Frage, sondern auch die Möglichkeit seines Fehlgehens.

Im Grunde verläuft die Hermeneutik, wie gezeigt, bei Heidegger und Wittgenstein parallel, auch wenn beide mit unterschiedlichen Begrifflichkeiten arbeiten: Während die Hermeneutik bei Heidegger den Sinn des Seins betrifft, wird sie bei Wittgenstein auf Sprache und Logik bezogen. Auch das »Heute«, von dem Heidegger spricht, findet sich bei Wittgenstein wieder; hier ist nicht nur das »vergessene ὄν« zu finden, sondern auch der trügerische Zusammenhang zu problematisieren, innerhalb dessen »Naturgesetze die Erklärung der Naturerscheinung«[135] sind. Kann die »Hermeneutik« hier weiterhelfen?

Aus der Tatsache, dass der Satz sein Verhältnis zur Wirklichkeit aufdeckt, kann man erneut einen Dialog zwischen Heidegger und Wittgenstein spinnen, diesmal jedoch über ein anderes Problem der

---

[133] Vgl. Wittgenstein, Ludwig. TB, 22.1.14. »Meine ganze Aufgabe besteht darin, das Wesen des Satzes zu erklären.«
[134] Vgl. Wittgenstein, Ludwig. TB, 13.6.15
[135] Wittgenstein, Ludwig. TB, 6.5.15.

Sprache, nämlich die »Durchsichtigkeit« des λόγος. Was *scheint* denn in der Sprache auf? Der nächste Abschnitt wird sich mit diesem Problem auseinandersetzen: Ich werde zu zeigen versuchen, dass und wie Heidegger und Wittgenstein dem λόγος eine gewisse ›Tendenz zum Sehen‹ zusprechen.

2.4 Die Durchsichtigkeit des λόγος

Die Entfaltung von Heideggers und Wittgensteins Hermeneutik hat erneut gezeigt, welchen großen Wert beide Philosophen auf die Sprache und die Mitteilung legen. Ihr hermeneutischer Ansatz lässt gewisse Ähnlichkeiten erkennen und bestätigt daher unsere bisherige Interpretation: Für beide Denker bahnt sich die Verbindung zur Welt über die Untersuchung der Sprache an. Dabei erweist sich die *Durchsichtigkeit* der Sprache als unanfechtbares Resultat – Wittgenstein präzisiert diese Feststellung in dem lapidaren Satz: »Die Worte sind wie Haut in tiefem Wasser.«[136] Zum λόγος bei Heidegger und zum Satz bei Wittgenstein gehört eine gewisse Tendenz zum »Sehen«, welches das Bestehen der Sachverhalte nach sich zieht, so dass der λόγος für Heidegger nur dann echt ist, wenn er »aus dem Verhältnis zu den Sachen« lebt,[137] was zugleich besage, dass er »sieht«. Auch Wittgenstein verdeutlicht, dass im »Sehen« und nach der Bildtheorie in der Sprache das Bild der Wirklichkeit synthetisiert werden kann:[138] Der Satz ist demnach die Beschreibung eines Sachverhaltes.[139]

Aus diesem Zusammenhang zwischen Sprache und Sachverhalt bei Heidegger greift Antonio Cimino die originäre Beziehung des Einzelnen zu der »Sache selbst« heraus, aus der die Möglichkeit resultiert, den mitgeteilten λόγος als Anstoß dafür zu begreifen, ihn als *Sachverhältnis* zu erleben und zu verstehen.[140] Damit lassen sich die Motive für Heideggers Untersuchung des λόγος bei Platon konkretisieren, die primär eine Skepsis zum Ausdruck bringen. Im λόγος wird nämlich eine doppelte Funktion ersichtlich: Er bestimmt das Sein des

---

[136] Vgl. Wittgenstein, Ludwig. TB, 30.05.15.
[137] Heidegger, *Martin. Platon: Sophistes*, GA19, 345.
[138] Vgl. Wenning, W. (1985), 179.
[139] Vgl. Wittgenstein Ludwig. TLP, 4.023.
[140] Vgl. Cimino, Antonio (2012), *Die Phänomenologie der Philosophischen Mitteilung bei Platon und Heidegger*, Hermeneia: Journal of Hermeneutics, Art Theory and Criticism, vol. 12, 29.

Menschen in der Welt und klammert zugleich die Möglichkeit des Falschen und der (Selbst)Täuschung aus.[141] Zum einen wird er von Heidegger benutzt, um zu zeigen, dass er »als mitgeteilter, als geschriebener, die Fähigkeit […] [hat], eine Unbekümmertheit auszubilden, die Sachen, über die gesprochen wird, eigentlich ihrer Sachhaltigkeit nach, zu behalten.«[142] Dies verdeutlicht sich in Heideggers Behauptung, das Schriftbild des Wortes »Stuhl« korrespondiere der »Sache selbst«, wodurch der Anstoß entstehe, von hier aus wieder »zu den Sachen selbst zurückzugehen«[143]. Zum anderen jedoch macht Heidegger auf Folgendes aufmerksam: Zur Faktizität gehört auch der λόγος als »Gerede«. Wozu soll dieses nützlich sein? Das Gerede lässt das Dasein die Sache ja gerade nicht *sehen*, sondern bildet eine eigentümliche »Genügsamkeit«[144] aus, durch die es dem Aufgedeckten wie dem möglichen Aufdecken gegenüber blind bleibt.

Man könnte folgende Antwort durchspielen: Auch zum διαλέγεσθαι, welches den Grundsinn des Geredes bildet, gehört die Tendenz zum »Sehen«, auch wenn es im Blick auf das νοεῖν scheitert. Dennoch übt es seine Funktion in einer Art Kontrolle des Geredes aus, womit sich für Heidegger das Prinzip der platonischen Dialektik erklärt. Auf diese Weise ergibt sich die Möglichkeit, die richtige Anschauung gewissermaßen vorzubereiten und sukzessive auszubilden. Nichtsdestotrotz erweist sich diese Möglichkeit als ungenügend, um das *Seiende selbst* zu sehen, worin doch nach Heideggers Auffassung zugleich Platons Ziel besteht.

Diese Überlegung wird in einer gewissen Weise auch von Wittgenstein – hier auf der Ebene des Logischen – vertreten, insofern er ausführt, dass die *eigentliche* Sprache nicht aussagbare, wohl aber andere Eigenschaften – zeig- und ausweisbare »logische Eigenschaften« besitze. Obwohl Wittgenstein sich in Bezug auf Platon bedeckt hält, gibt er doch in seinem Frühwerk zu bedenken, es gelte das, was in den Worten und folglich in der Sprache sichtbar sei, bezüglich »seiner logischen Eigenschaft« und einem *bestimmten* Charakter auszulegen.[145] Sinnvolle Sätze ermöglichen es der Sprache, »etwas« mitzuteilen. Diese Analyse lässt sich an ähnliche Überlegungen bei Hei-

---

[141] A.a.O., 25 und Heidegger, Martin. *Platon: Sophistes*, GA19, 574–581.
[142] Heidegger, *Martin. Platon: Sophistes*, GA19, 342.
[143] A.a.O., 343.
[144] A.a.O., 197.
[145] Wittgenstein, Ludwig. TLP, 4.1212.

Manuela Massa

degger zurückbinden. Mit seinen Worten kann man davon ausgehen, dass das, was die *eigentliche* Sprache betrifft – nämlich den λόγος –, nur *gezeigt* werden kann. Daher unterwirft er sich, sofern er kein »Gerede« ist, den Bedingungen des Sehens, so dass ihm letztlich eine Unausgesprochenheit zugrunde liegt. In der Tat, wenn Sätze einen Sinn vermitteln wollen, sind sie imstande, »über etwas« zu informieren. Darin tritt ihre Sinnhaftigkeit hervor. Im Grunde beinhaltet also »das Sehen« bestimmte Eigenschaften, die ein sinnvolles Sprechen betreffen, da für Wittgenstein Sprache außerhalb der Logik unmöglich ist. Nicht zufällig sind die Bedingungen der Möglichkeit sinnvoller Sprache[146] »logische«, »formale« oder »interne Eigenschaften« oder aber Eigenschaften der Struktur.[147]

Dennoch betrifft die »Anschauung« die logischen Eigenschaften des Satzes, und genau aus diesem Grund sind die Bedingungen des Sagens selbst nicht sagbar und vermutlich nur ›sehbar‹. In ihnen herrscht Schweigen: »Die Sätze der Logik können nichts sagen.«[148] Darüber hinaus »sind« sie *nur* Tautologien.[149] Man könnte Wittgensteins Überlegung demnach so engführen: Eine Sprache, die sich zum Ziel setzt, *alles* auszudrücken – das Aussagen von etwas als solchem –, macht das Schweigen zu ihrer Voraussetzung.[150] Scheinsätze entsprechen demnach dem, was nur *gezeigt* werden kann.[151]

Sagt aber im Gegensatz zu Wittgenstein für Heidegger der λόγος möglicherweise etwas *anderes*? Auch er verfügt über die Eigenschaft des Schweigens: »Der λόγος ist als λόγος τινός auch sofern er *schweigend* gesprochen wird, ein Sprechen über die Sachen.«[152] Eben dieses Schweigen ist für Heidegger sogar konstitutiv für das Seiende, da es als Seinsart der Rede fungiert: »Ein bestimmtes sich Aussprechen über etwas zu Anderen.«[153] Eine weitere Entwicklung dieses Begriffs findet sich auch in *Sein und Zeit*: Danach gehören Schweigen und Hören als Möglichkeiten zum redenden Sprechen, wodurch sich »die Funktion der Rede für die Existenz des Daseins«[154] verdeutliche.

---

[146] Vgl. Hülser, K. (1979), 50.

[147] Wittgenstein, Ludwig. TLP, 6.12; 4.13; 4.122.

[148] Wittgenstein, Ludwig. TLP, 6.11.

[149] Wittgenstein, Ludwig. TLP, 6.1

[150] Vgl. Hülser, K. (1979), 50.

[151] Vgl. Wittgenstein, Ludwig. TB. 20.10.14.

[152] Vgl. Heidegger, Martin. *Platon: Sophistes*, GA19, 608.

[153] Vgl. Heidegger, Martin. *Prolegomena zur Geschichte des Zeitbegriffes*, GA20, 368.

[154] Heidegger, Martin. *Sein und Zeit*, GA2, 161.

Anders als bei Heidegger, wird dieses Problem bei Wittgenstein später eine andere Rolle spielen, denn man könnte, wie er selbst behauptet, »den ganzen Sinn des Buches etwa in die Worte fassen: Was sich überhaupt sagen lässt, lässt sich klar sagen; und wovon man nicht reden kann, darüber muss man schweigen.«[155] Dass dieses Etwas nicht gesagt werden kann, bedeutet zugleich, dass es außerhalb der Sphäre der Denkbarkeit liegt,[156] womit auch jede Möglichkeit, es auszudrücken, ausgeschlossen wird. Das Schweigen gehört daher nicht in den Umkreis der Sagbarkeit.

Was kann aber das Schweigen überwinden? Und welche Struktur eignet dem Sprechen? Der nächste Abschnitt 2.5 wird eine erste Beantwortung dieser Fragen in Angriff nehmen.

2.5 Die Sprachstruktur als *coincidentia oppositorum:* »Sagen« und »Zeigen«

»Es scheint immer, als ob es etwas gäbe, was man als Ding *betrachten könnte, andererseits* wirklich einfache Dinge.«[157] Diese Worte aus dem *Tractatus* können uns helfen, das Verhältnis zwischen Heidegger und Wittgenstein im Blick auf die Sprache weiter nachzuzeichnen. Denn sie stellen eine Sprachstruktur vor, welche nicht nur »ein solches Ganzes von Verlautbarungen« bezeichnet, »in dem gewissermaßen das Verständnis eines Daseins erwächst«[158], sondern zugleich ein solches, in welchem das metaphysische Subjekt versteht, womit die Welt dargestellt werden kann. Daher definiert sich zugleich die Grenze der Sprache als Grenze eben dieses Sprachsubjekts.[159] Aber auf welche Art *verstehen* Heidegger und Wittgenstein die Dinge in der Welt? Fallen sie in den Bereich des *Sagbaren* oder können sie durch die Sprache nur *gezeigt* werden?

Es wird schnell deutlich, dass bereits Husserl in seinen *Ideen zu einer reinen Phänomenologie und phänomenologischen Philosophie* das Instrumentarium entwickelt, um diese Fragen zu beantworten. Es

---

[155] Vgl. Wittgenstein, Ludwig. TLP, Vorwort, 7.
[156] Wittgenstein, Ludwig. TLP, 6.522.
[157] Vgl. Wittgenstein, Ludwig. TB. 25.4.15
[158] Heidegger, Martin. *Logik. Die Frage nach der Wahrheit*, GA21, 134.
[159] Vgl. TLP, 5.6. Für eine kritische Ausführung der Beziehung zwischen Subjekt und Welt Vgl. Scherer, Fernando (2014) *Subjekt und Person bei Wittgenstein.* epubli, Berlin.

Manuela Massa

reicht, sich an seine Erklärung der »Wahrnehmung des Dinges« zu erinnern. Husserl erläutert hier nämlich, dass das Wahrnehmen »nicht nur in seinem reellen Bestande das Ding selbst nicht in sich enthält, es ist auch außer aller wesentlichen Einheit mit ihm, seine Existenz natürlich vorausgesetzt«[160]. Danach ist jede Wahrnehmung mit korrespondierenden Erlebnissen verbunden. Nach C. A. van Peursen verhilft Husserls Beispiel dazu, seine *phänomenologische Herangehensweise* zu verstehen: Es gehe nicht um das physische Ding, sondern um Sinn und Bedeutung der Worte außerhalb ihrer Substanzialität, die es zu »einer Regel« werden lassen.[161] Dabei ist seine Existenz unbestritten, wie der Vollzug der phänomenologischen Reduktion deutlich macht, in der nicht seine Seinsgeltung untersucht wird, sondern die Bedeutung des Sinnes von »Phänomen«. Heidegger und Wittgenstein folgen Husserls Ansatz in gewisser Weise in dem Versuch, der Sprache eine Regelhaftigkeit zu verleihen, anhand derer »Sinn und Bedeutung« verstanden werden können.[162] Allerdings machen es die Bedeutungsakte für Heidegger möglich, »in der Bedeutung des Wortes zu leben, und zwar mir sie aktuell zu vergegenwärtigen«[163]. Die Bedeutung zielt aber nicht immer auf einen realen Gegenstand. Ihr gehört bereits eine eigene Gegenständlichkeit zu, die innerhalb der Bedeutungsakte vergegenwärtigt wird.[164] Daher kann man sich im Grunde fragen, ob die Bedeutung »Baum« nicht lediglich eine Vorstellung ist, ob sie also nur enthält, *was ein Baum ist*, und seinen Existenzstatus außen vorlässt.[165] Heidegger weist allerdings zurück, dass die Bedeutung auch dann dieselbe bleibt, wenn es keine reale Existenz gibt.

Ausdrücklich schreibt auch Wittgenstein, dass wir uns Bilder von Tatsachen machen,[166] die die Sachlage somit in den Raum der Logik stellen, unabhängig vom Bestehen oder Nichtbestehen dieser Sachverhalte.[167] Die Bedingung dafür ist aber, dass der Sinn des Bildes

---

[160] Vgl. Husserl, E., *Ideen zu einer reinen Phänomenologie und Phänomenologischen Philosophie*. HuA 3–1, 79.

[161] Van Peursen C. A. (1965) 121–132.

[162] Bei Heidegger ist dies ganz deutlich.

[163] Vgl. Heidegger, Martin. *Frühe Schriften*, GA1, 243.

[164] Vgl. Stahlhut C. (1986), 8.

[165] Vgl. Heidegger, *Martin. Frühe Schriften*, GA1, 244.

[166] Vgl. Wittgenstein, Ludwig. TLP, 2.1.

[167] Vgl. »Das Bild stellt die Sachlage im logischen Raume, das Bestehen und Nichtbestehen von Sachverhalten vor.« Wittgenstein, Ludwig. TLP, 2.11.

hervortritt, in den die Verweisungszusammenhänge ›hineingezogen‹ werden. Diese Anmerkung lässt sich mit folgenden Worten Wittgensteins aus dem *Tractatus* belegen:

> Sehr klar wird das Wesen des Satzzeichens, wenn wir es uns, statt aus Schriftzeichen, aus räumlichen Gegenständen (etwa Tischen, Stühlen, Büchern) zusammengesetzt denken. Die gegenseitige räumliche Lage dieser Dinge drückt dann den Sinn des Satzes aus.[168]

Der Satz ist nach Wittgensteins Auffassung somit die Bedingung der Existenz eines Dinges (z. B. eines Baumes), auch wenn ein Satz nur sagen kann, *wie* ein Ding ist, nicht *was* es ist.[169] Somit kann man festhalten, dass es für beide Philosophen weder die Möglichkeit einer Objektivierung der Sprache gibt noch eine Subjektivierung des Erkenntnisobjektes. Im Anschluss an die Sprache kann nicht auf »mentale« Quellen zurückgegriffen werden. Demnach werden die »Kundgabe des Erlebnisses«[170] oder eine »Ich-denke-Entität« aus dem Rahmen einer Untersuchung der Sprache ausgeschlossen, und aus diesem Grund lehnen auch beide psychologische Herangehensweisen ab. Wittgenstein bezeichnet die Psychologie als ein »Unding«[171], und für Heidegger ist sie mit verantwortlich dafür, dass der Unterschied zwischen dem Sein und dem Seienden verkannt wird und folglich die Differenz zwischen realem Sein und idealem Sein verschwimmt.[172] Es bleibt dabei: »Das denkende, vorstellende Subjekt gibt es nicht.«[173]

Wenn die Psychologie für die Untersuchung der Sprache keine Rolle spielt, dann ereignet sich Sprache in der genannten Beziehung zwischen »Sagen« und »Zeigen«, die bei Wittgenstein und Heidegger eine Art *coincidentia oppositorum* darstellt. Bei Wittgenstein zeichnet sich diese Beziehung in der Bildtheorie der Sprache ab, wobei sich die Darstellung auf das Zeichen selbst und nicht auf seine Bedeutung bezieht. Sie weist darauf hin,[174] dass »der Satz ihr [den] Sinn«[175] in einem logischen Raum *zeigt* und damit seine Aufgabe darin besteht, die Wirklichkeit gemäß ihrer internen Eigenschaften zu beschrei-

---

[168] Vgl. Wittgenstein, Ludwig. TLP, 3.1432
[169] Vgl. Wittgenstein, Ludwig. TLP, 3, 01.
[170] Vgl. Heidegger, Martin. *Sein und Zeit*, GA2, 163.
[171] Vgl. Wittgenstein, Ludwig. TLP, 5.5421.
[172] Vgl. Heidegger, Martin. *Logik. Die Frage nach der Wahrheit*, GA21, 53.
[173] Vgl. Wittgenstein, Ludwig. TLP, 5.631.
[174] Vgl. Goppelsröder, Fabian (2007) *Zwischen Sagen und Zeigen. Wittgensteins Weg von der literarischen zur dichtenden Philosophie*, Transcript Verlag, Bielefeld, 24.
[175] Vgl. Wittgenstein, Ludwig, TLP, 4.022.

ben.[176] Gleichzeitig stellt sich der Satz jedoch als ein Bild der Wirklichkeit dar, welches etwas Bestimmtes angibt, da er »eine Welt mit Hilfe eines Gerüstes konstruiert«[177]. Hier tritt der Grundgedanke des *Tractatus* hervor: die logischen Konstanten. Diese sind in den Sätzen in ihren möglichen Kombinationen der die Gegenstände vertretenden Namen zur logischen Form zu erkennen,[178] weshalb die logische Form den Satz nicht darstellen kann[179] – somit bleibt die Logik das Un-Sagbare der Welt. Dennoch kann sie in der Welt ›gesehen‹ werden, da sie über die Welt informiert, wodurch sich der Satz nur in der logischen Form spiegelt. Andererseits könnte man von einer »unlogischen« Welt nicht *sagen,* wie sie aussähe.[180] So zielt Wittgensteins Programm darauf ab, eine Logik zu etablieren, welche sich durch die komplizierte Beziehung zwischen dem Zeigen und dem, was *gezeigt* wird, ergibt. Als Resultat erfasst man die Sprache inhaltlich als Gesamtheit eines intentionalen Aktes. Die Frage nach der Bedeutung eines Satzes bezieht durch seinen projizierenden Bezug die Begründung ihrer intentionalen Formstruktur und dessen Bedeutungsimplikationen zur Welt ein. Deshalb ist Wittgensteins tiefere Intention in der Verknüpfung von *Sagen* und *Zeigen* zu erkennen: Die Sprache verweist durch ihre zweiseitige Struktur sowohl auf ihre Faktizität für die Bezugnahme auf die Welt als auch auf ihre formale Einrichtung. Demzufolge muss »die Einführung eines neuen Behelfes in den Symbolismus der Logik [...] immer ein folgenschweres Ereignis sein«[181]. So kann man nachvollziehen, dass ein Satz nur deshalb einen Sinn haben kann, weil in ihm ein logischer »Raum« aufscheint.[182] In diesem wird ein möglicher Sachzustand gezeigt, der eine Verbindung zwischen den vorhandenen Objekten des Satzes herstellt. Demzufolge ermöglicht die Beziehung zwischen »Sagen« und »Zeigen« einerseits die Satzbedeutung und ihre Spiegelung in der Sprache, andererseits bezeichnet sie die intern existierenden Verbindungen zwischen Objekten, die den unsagbaren Sinn der Welt verbergen. Somit sind

---

[176] Vgl. Wittgenstein, Ludwig. TLP, 4.023.
[177] Vgl. Wittgenstein, Ludwig. TLP, 4.023.
[178] Ebd.
[179] Vgl. Wittgenstein, Ludwig. TLP, 4.121.
[180] Vgl. Wittgenstein, Ludwig. TLP, 3.031.
[181] Wittgenstein, Ludwig. TLP, 5.452.
[182] Wittgenstein, Ludwig. TLP, 3,4. »Der Satz bestimmt einen Ort im logischen Raum. Die Existenz dieses logischen Ortes ist durch die Existenz der Bestandteile allein verbürgt, durch die Existenz des sinnvollen Satzes.«

die »logischen Normen« entscheidend, um die Trennung zwischen etwas Sagbarem und etwas Unsagbarem zu bestimmen.

Wittgensteins Vorgehensweise knüpft indirekt an Heideggers Sprachtheorie an. Heidegger interpretiert die Sprache als eine Seinsweise des Daseins, d. h. als ein Existenzial, welches seinen Sinn im Rahmen einer Analyse des In-Seins – des Erschlossenseins – erhält, die schließlich die Rede als existenzial-ontologische Bedingung der Möglichkeit des Sprechens aufweist.[183] Damit gesteht Heidegger selbst ein, dass die Analyse der Sprache grundlegend ist, um zu der ontologischen Struktur des Menschseins zu gelangen, obwohl zu eben dieser Sprache zugleich eine Weltvorstellung gehört, bei der der Mensch »draußen« sein kann, insofern er die Welt allererst »erschließt«. Wenn aber von der existenzial-ontologischen Struktur der Sprache die Rede ist, worunter Heidegger die »bedeutungsmäßige Gliederung der befindlichen Verständlichkeit des In-der-Welt-sein«[184] versteht, ist das Erschließen des Daseins inbegriffen. Das Aussprechen kann also nicht zum Paradigma eines Verhältnisses zwischen Innen und Außen werden, sondern ist auf die Weise zu erfassen, *wie* das Gesagte erschlossen wird.[185] Allerdings kann das Aussprechen das existenzial-ontologische Moment der Sprache bezeichnen,[186] und eben daran knüpft Heideggers Interpretation der Phänomenologie an. Die Phänomenologie als Verbindung von »Phänomen« und »λόγος« hat die Aufgabe, das, was sich *zeigt,* so, wie es sich von ihm selbst her zeigt, von ihm selbst her sehen zu lassen:[187] ἀποφαίνεσθαι τὰ φαινόμενα. Im Zuge dessen strebt Heidegger danach, aufzuweisen, dass die Phänomenologie es vermag, »das Sein des Seienden« zu *zeigen* – sie konturiert sich somit als spezifische Zugangsart zur »Ontologie« heraus: »Ontologie ist nur als Phänomenologie möglich.«[188] Auch wenn die Phänomenologie eine »Hermeneutik« ist, die sich in einer Bewegung des »Seinsverständnisses« befindet, bleibt doch das Verstehen durch Selbstbezüglichkeit charakterisiert und bildet eine wesentliche Erfahrung des Daseins. Das Verstehen verbirgt die Möglichkeit der Auslegung, welche aber zugleich

---

[183] Vgl. von Herrmann, F.-W. (1964) *Die Selbstinterpretation Martin Heideggers,* Verlag Anton Hain, Meisenheim am Glan, 180.

[184] Vgl. Heidegger, Martin. *Sein und Zeit,* GA2, 162.

[185] A. a. O., 185.

[186] Vgl. Heidegger, Martin. *Sein und Zeit,* GA2, 161. (213 f.)

[187] A. a. O., 34. (45 f.)

[188] Vgl. Heidegger, Martin. *Sein und Zeit,* GA2, 99. (132 f.)

ihre Mitteilungsfunktion beibehält. Somit findet die Sprache in der existenzialen Verfassung der Erschlossenheit des Daseins ihre Verwurzelung. Dennoch ist das Welt-Erschließen zugleich als etwas »Bedeutendes« begriffen, da »ursprünglich Sein und Seinkönnen hinsichtlich des In-der-Welt-seins zu verstehen«[189] sind. Die Sprache ist sowohl durch eine existenziale als auch durch eine primäre Bestimmung des Seins charakterisiert, auch wenn sie sich zugleich als existenzielle Eigenschaft des Menschen zu erkennen gibt. Ihre Basis sei in der »Erschlossenheit« des Daseins in der Welt zu suchen, und dies ermögliche, die Beziehung zwischen dem Dasein und dem Seienden darzulegen. Auf diese Weise führt das wesenhaft Seiende des Daseins das umweltlich begegnende Seiende zur Entdeckung.

Ein erster Zugang zu Heideggers Sprachtheorie wird durch die Verbindung von »Verweisung« und »Zeichen«[190] gegeben:

Die vorstehende Interpretation des Zeichens sollte lediglich den phänomenalen Anhalt für die Charakteristik der Verweisung bieten. Die Beziehung zwischen Zeichen und Verweisung ist eine dreifache: 1. Das Zeigen ist als mögliche Konkretion des Wozu einer Dienlichkeit in der Zeugstruktur überhaupt, im Um-zu (Verweisung) fundiert 2. Das Zeigen des Zeichens gehört als Zeugcharakter eines Zuhandenen zu einer Zeugganzheit zu einem Verweisungszusammenhang. 3. Das Zeichen ist nicht nur zuhanden mit anderem Zeug, sondern in seiner Zuhandenheit wird die Umwelt je für die Umsicht ausdrücklich zugänglich.[191]

In diesem Rahmen ist das Verhältnis zwischen Verweisung und Zeichen als »formale Anzeige« zu betrachten, auch wenn die Verweisung selbst als ontologisches Fundament des Zeichens zu fungieren scheint. Denn sie kann weder selbst als Zeichen aufgefasst werden noch als ontische Bestimmtheit eines Zuhandenen, da sie die Zuhandenheit selbst konstituiert. Daraus kann man bereits in einem ersten Schritt folgern, dass sie mit dem λόγος verknüpft ist. Ein und dieselbe Wirklichkeit scheint somit entweder durch ein »Vorhandenes« oder aber durch ein »Zuhandenes« erfasst zu werden; daher können wir

---

[189] Vgl. von Herrmann, F.-W. (1964), 182.
[190] Vgl. Venezia S. (2013). Venezia zieht eine Parallele zwischen »Verweisen« und »Zeichen« bei Heidegger und »Sachverhalt« und »Welt« bei Wittgenstein. Hier wird also ein anderer Weg gewählt, um die Nähe hinsichtlich der Auffassung der Sprache zwischen beiden Philosophen aufzuweisen. Vgl. dazu Chiodi Pietro (1955), *Essere e linguaggio in Heidegger e nel Tractatus di Wittgenstein*, Rivista di Filosofia 2, 170–191.
[191] Heidegger, Martin. *Sein und Zeit*, GA2, 110. (146 f.)

zunächst nur eine negative Bestimmung festhalten: Der λόγος muss nicht zwingend als λόγος τινός begriffen werden, wie dies bei Platon der Fall ist, da es sich bei ihm nicht um ein bloßes *Zusammenvorhandensein* von Worten handelt.[192] Vielmehr ist die Sprache – deren existenzial-ontologisches Fundament die Rede ist – gleichursprünglich mit den Existenzialien »Befindlichkeit« und »Verstehen«.

Folgendes Schema[193] soll Heideggers Ansatz veranschaulichen. Wenn der Mensch sich als ein Seiendes zeigt, das redet, dann bedeutet dies:

Da = lumen naturale
↓ ↓
Befindlichkeit Verstehen = Entwurf
↓ ↓
Rede (Sprache) Auslegung Aussage
↓
1. Aufzeigung 2. Prädikation 3. Mitteilung → Rede

In diesem Schema wird die Aussage in drei Aspekte unterteilt: Sie ist mitteilend bestimmende (Prädikation) Aufzeigung.[194] Hierin wird die Verbindung zu Wittgensteins Verknüpfung zwischen »Sagen« und »Zeigen« offenkundig: Heideggers Bezeichnung der dritten Bedeutung der Aussage als »Mitteilung« wendet sich den Begriffen »Sagen« und »Sprechen« zu[195] und wird – wie bei Wittgenstein – zur sprachlichen Projektion des Subjektes in die Welt. Zum Dasein gehört wesensursprünglich ein Weltverstehen,[196] aber eines, das seine phänomenologische Struktur als »Auf-sich-Verweisen« in einem Worumwillen festmacht.[197] Auf diese Weise wird das »Verstehen«

---

[192] Hier könnte man entgegnen, dass eben dieser Punkt eine Gegenüberstellung von Heidegger und Wittgenstein herausfordert. Vgl. Wittgenstein TLP, 4.001. Auch wenn dies auf den ersten Blick stimmt, sind doch ihre Verbindungen bezüglich des Sprachbezugs des Subjekts in seiner transzendentalen Isomorphie zur Welt mehr als evident.

[193] Penzo, Giorgio (1965) *L'unità del pensiero in Martin Heidegger*, Editrice gregoriana, Padova, 291.

[194] Vgl. Heidegger, Martin. *Sein und Zeit*, GA2, 155. (205 ff.)

[195] A. a. O., 160. (212 f.)

[196] Vgl. Enders, Markus (1999) *Transzendenz und Welt: das Daseinshermeneutische Transzendenz und Welt-Verständnis Martin Heideggers auf dem Hintergrund der neuzeitlichen Geschichte des Transzendenz-Begriffs*, Peter Lang Verlag, Frankfurt am Main, 148.

[197] Heidegger, Martin. *Sein und Zeit*, GA2, 192 (254 ff.)

um ein »Auf-sich-Verweisen« ergänzt. Denn das faktische Dasein findet seine Bestimmung in diesem Worumwillen, weshalb die besorgende Umsicht letztlich zum Dasein als Zentrum einer Bewandtnisganzheit zurückführt. Vor diesem Hintergrund ist das »Verstehen« als ein »Sichverstehen« des Daseins darzulegen: Wie bei Wittgenstein ist die als Rede ausgesprochene Sprache eine Form des Sich-in-der-Welt-Artikulierens.

Dies zieht sowohl bei Heidegger als auch bei Wittgenstein die Entfaltung einer Ontologie nach sich. Darauf richte ich meine Aufmerksamkeit im nächsten Abschnitt. Dabei werden nicht nur Heideggers »neuer« Aufbau des phänomenologischen Gedankens und die aus ihm folgende Beziehung zwischen »Sprache« und Welt entwickelt, sondern im Anschluss auch Wittgensteins Untersuchung des Verhältnisses zwischen Subjekt und Welt.

3. Heidegger und Wittgenstein: Onto-logie

In Heideggers wie in Wittgensteins Philosophie ist ein ontologisches System eingebettet, das aus einer starken *inneren »Logik«*[1] hervorgeht. Für beide besteht in deren wechselseitiger Beziehung zur Sprache die Möglichkeit, zur Wahrheit zu gelangen. Im Folgenden soll es um Motive für die Parallelität einer solchen Onto-logie bei beiden Denkern gehen.[2]

Nach Heidegger erfährt die Logik ihre *Bestimmung* als »Mittel«.[3] Die Logik *als* Logik soll nicht in einem modernen Sinn begriffen werden, sondern als eine Wissenschaft, mithilfe derer das Sein artikuliert werden kann.[4] Hierbei betont Heidegger jedoch, dass »die Logik von der Onto-logie kommt: so ist die *logie* ursprünglicher als die

---

[1] Heidegger wendet sich immer wieder gegen die traditionelle Logik, da ihre »geisteswissenschaftlich« orientierten Reformen zur Verwirrung der Ontologie beitragen. Vgl. Heidegger, Martin. *Sein und Zeit*, GA2, 129. Zur Bedeutung der Logik und Heideggers Auseinandersetzung mit ihr vgl. Denker, Alfred und Zaborowski, Holger (2006) *Heidegger und die Logik*, Elementa 79, Rodopi, Amsterdam.

[2] Natürlich bestehen Unterschiede zwischen der von Heidegger und Wittgenstein jeweils angebahnten Ontologie und der Ontologie-Auffassung beispielsweise eines Christian Wolff. Dieser hatte in seiner *Philosophia prima sive ontologia* erklärt, die Ontologie müsse als »scentia entis in genere, seu quatenus ens est« definiert werden. Im Grunde etabliert Wolff damit bereits einen wissenschaftlichen Charakter von Ontologie. Danach befasst sie sich sowohl mit den Gründen von Erkenntnis als auch mit den deutlichen Begriffen der Dinge im Allgemeinen. Vgl. Theis, R. (2013). Relatio in Christian Wolffs Ontologie. *Quaestio, 13*, 283 f. Vgl. dazu Wolff, Christian (1962) *Philosophia Prima Sive Ontologia*. École, Jean (Hrsg) Nachdr. der 2. Aufl. ed. Gesammelte Werke. 2. Abt., Lateinische Schriften 3. Olms, Hildesheim.

[3] Vgl. Heidegger, Martin. *Grundbegriffe der aristotelischen Philosophie*, GA18, 9.

[4] Kisiel, Theodore (1995) *The Genesis of Heidegger's Being and Time*, University of California Press, Berkeley, 398. Für die Verbindung zwischen λόγος und Sprache vgl. Elden, Stuart (2005) *Reading Logos as Speech: Heidegger, Aristotle and rhetorical politics*, Philosophy & Rhetoric 38, no. 4, 281 ff.

Manuela Massa

Logik«[5]. Sie verfügt über die »ausgezeichnete Leistungsmöglichkeit« des ἀληθεύειν, des Zeigens der Wahrheit des Seienden.[6]

Auch Wittgenstein etabliert eine Verbindung zwischen Sprache und Logik, die zur Wahrheit führt, auch wenn sich hier die Logik unserer Sprache auf die Logik der Aussagen beschränkt. Die logische Form selbst lässt sich nicht beschreiben.[7] Stattdessen *muss* nach Wittgenstein der Satz die Möglichkeit seiner Wahrheit enthalten (und zeigen) – aber nicht mehr als die *Möglichkeit*.

Die Bedeutung der Onto-logie gründet bei Heidegger also in der Verbindung von λόγος und »Sein«, während sie bei Wittgenstein in der Satzform hervortritt. Im Grunde erfasst man durch sie das »ὄν«, nämlich das Wesen des Ausdrucks im Satz. So legt Wittgenstein fest, dass »der Ausdruck nur im Satz eine Bedeutung hat«[8]. Dies steht jedoch in Verbindung zur Welt, insofern »die allgemeine Satzform angeben heißt, das Wesen aller Beschreibungen anzugeben, also das Wesen der Welt«[9].

Für beide Philosophen steht die Welt zudem in einem *veränderten* Verhältnis zum Subjekt, worauf beider Kritik an Descartes hinweist, dessen *apologetische Evidenz* »ungenügend« sei. Sowohl Heidegger als auch Wittgenstein bemühen sich folglich um eine Auffassung von Welt, welche sich im »Subjektbegriff« widerspiegelt: Welt kann es nur in der Aufhebung des erkenntniskritischen Schemas von Subjekt und Objekt geben. Im Zuge dessen führt ihre Kritik zu einer durch Innerlichkeit begründeten Auslegung des Subjekts, da dieses die Welt zu interpretieren vermag. Daran anschließend erklärt Heidegger, das Erkennen eines Objekts lasse den Gegenstand so stehen, wie er sei, d. h. wie er mit seiner spezifischen Eigenschaft existiere. Demzufolge sei der Gegenstand nicht in das Bewusstsein eines Subjekts zu verlegen, sondern »er bleibt, dem Sinn von Erkennen entsprechend, gerade stehen, wo er ist«[10]. Wittgenstein zieht den Faden von Heideggers Analyse weiter und erklärt in seinen Tagebüchern anhand der Logik, dass ein Satz wie »Dieser Sessel ist

---

[5] Vgl. Heidegger, Martin. *Platon: Sophistes*, GA19, 438.
[6] A. a. O., 276.
[7] Vgl. Wittgenstein, Ludwig. TLP. 4.12 u. 4.121.
[8] Vgl. Wittgenstein, Ludwig. TLP, 3.314.
[9] Vgl. Wittgenstein, Ludwig. TLP, 5.47/5.471.
[10] Vgl. Heidegger, Martin. *Platon: Sophistes*, GA19, 276.

braun.« etwas enorm Kompliziertes zu sagen scheine,[11] da er das logische Abbild seiner Bedeutung sei. Wenn jemand daher vorhabe, ein Buch mit dem Titel *Die Welt, wie ich sie vorfand* zu schreiben, müsse er auch über den Leib sprechen und sagen, welche Glieder seinem Willen unterstehen und welche nicht, usw. Dies wäre nach Wittgenstein eine Methode, »das Subjekt zu isolieren, oder vielmehr zu zeigen, dass es in einem wichtigen Sinne kein Subjekt gibt«[12]. Wenn aber das Subjekt nicht mehr die einzige bestimmende Instanz in der Erkenntnis sei und nicht alles zurück in sein Bewusstsein führe, müsse man sich fragen, ob die Konstituierung der Welt nicht durch die Vermittlung des eigenen Körpers geschehe. Diese Frage hat, wie Klaus Wüstenberg in seiner Dissertation *Kritische Analyse zu den Grundproblemen der transzendentalen Phänomenologie Husserls unter besondere Berücksichtigung der Philosophie Descartes* zeigt, Husserl tief beschäftigt. Tatsächlich hebt Husserl hervor, dass das transzendentale Ego nur durch die Zuhilfenahme und Vermittlung des eigenen Leibes, der selbst ein konstituierender Teil der Welt sei, eine andere Subjektivitätsgemeinschaft konstituieren könne.[13] Nichtdestrotz wollen unsere beiden Philosophen, worauf die prioritäre Aufmerksamkeit dieser Studie liegt, durch die Problematisierung des Subjektbegriffes nicht nur zu einer neuen Bestimmung von Welt[14] gelangen, sondern auch die daraus resultierenden Konsequenzen für die Struktur der Sozialität beschreiben. Daher werden wir in den folgenden Abschnitten 3.1 und 3.2 die Bedeutung der Onto-logien für beide Philosophen umgrenzen, um die Verbindung zwischen Sprache (λόγος) und Welt aufzuzeigen.

---

[11] Vgl. Wittgenstein, Ludwig. TB, 19.4.14.

[12] Vgl. Wittgenstein, Ludwig. TLP, 5.631.

[13] Wüstenberg, Klaus (1982) *Kritische Analysen zu den Grundproblemen der transzendentalen Phänomenologie Husserls unter besonderer Berücksichtigung der Philosophie Descartes*, Dissertation zur Erlang des Doktorgrads an der Rheinisch-Westfälischen Technischen Hochschule, 19.

[14] Zum Vergleich zwischen Heidegger und Wittgenstein im Blick auf die Bedeutung der Welt Vgl. Floistad, Guttorm (1981) *The Concept of World in Wittgenstein and Heidegger*, Johannessen, Kjell S. Wittgenstein-Ästhetik und Transzendentale Philosophie Schriftenreihe der Wittgenstein-Gesellschaft 6, Hölder, Pichler, Tempsky, Wien, 86 f.

Manuela Massa

3.1 Ontologie bei Heidegger

Philosophische Forschung ausgehend von und im Anschluss an Heideggers Begriff der Ontologie entwickelt das Sein vom faktischen Leben her, um seine transzendentale Geltung offenzulegen.[15] Philosophie ist in diesem Sinne prinzipiell Ontologie, und zwar insofern die »bestimmten einzelnen welthaften regionalen Ontologien von der Ontologie der Faktizität her Problemgrund und Problemsinn empfangen«[16]. In ihrer »Radikalität« ist sie als phänomenologisch zu begreifen, nicht nur »existenziell«, sondern auch in einer »historisch-geistesgeschichtlichen« Dimension. Heideggers Denkbemühung lässt sich an der Verwendung dieses Begriffs ablesen. Danach soll er nicht im Zusammenhang mit Verwendungsweisen Anwendung finden, die die Ontologie als Lehre vom Gegenstandsein, von der Gegenständlichkeit bestimmter Gegenstände oder als Gegenstand theoretischen Meinens deuten, wie in der Neo-Scholastik und der phänomenologischen Scholastik. Vielmehr soll der *fundamentalontologische* Ansatz seines Denkens eine Form der Kritik etablieren, die in einer »Destruktion der Vorhandenheitsontologie« mündet. Heidegger hält den an der Vorhandenheit orientierten theoretischen Zugang zum Sein für ungenügend.[17] Ihr Gegenstand – das Seiende als Sein – wird durch ihre *Prinzipfunktion* mitbestimmt.[18] Dies wirft die Frage danach auf, welche Rolle die Ontologie, die von dem »kleinen Zauberer von Meßkirch«[19] als »erste« Anzeige der Faktizität bezeichnet wurde, für Heidegger spielt, wenn es darum geht, ihre ursprüngliche Dimension zurückzugewinnen.

Tatsächlich richtet sich Heideggers Versuch, die Philosophie als »Ontologie der Faktizität« zu fassen, zugleich darauf, die kategoriale Interpretation des Ansprechens auszulegen, welche zuletzt in einer

---

[15] Vgl. Zimmermann J. (1975), 34.

[16] Heidegger, Martin. *Phänomenologische Interpretationen zu Aristoteles. Anzeige der hermeneutischen Situation (Natorp-Bericht)*. Frithjof Rodi (Hrsg), Dilthey-Jahrbuch für Philosophie und Geschichte der Geisteswissenschaften, 1922, 246.

[17] Vgl. a. a. O., 247. Zur Ontologie bei Heidegger vgl. In-Suk, Kim (1998) *Phänomenologie des faktischen Lebens: Heideggers formal anzeigende Hermeneutik (1919–1923)*, Europäische Hochschulschriften Reihe 20, Philosophie 563, Peter Lang, Frankfurt am Main, 107.

[18] Heidegger, Martin. *Phänomenologische Interpretationen zu Aristoteles. Einführung in die phänomenologische Forschung*, GA61, 60.

[19] Vgl. Löwith, Karl (1990). *Mein Leben in Deutschland vor und nach 1933: Ein Bericht* (Fischer Taschenbücher 5677), Fischer Verlag, Frankfurt am Main, 44.

Logik mündet. Allerdings führt Heidegger Logik und Ontologie auf die Ursprungseinheit der Faktizitätsproblematik zurück. So gehört zum Dasein ein Seinsverständnis, dem ein eigener Zugang zur Welt innewohnt. Daraus lässt sich die Struktur der Ontologien festlegen, die ihr Fundament in der ontischen Struktur des Daseins haben: Sie thematisieren das Seiende von einem nicht daseinsmäßigen Seinscharakter aus. Es gilt also, schärfer zwischen Vorhandenheitsontologie und Fundamentalontologie zu trennen und von hier aus Heideggers Herangehensweise herauszuarbeiten. Bekanntlich versucht Heidegger, mit der Seinsfrage der Ontologie eine neue Bedeutung zuzuschreiben, welche gleichzeitig die vergangene antike Geschichte der Ontologie »destruiert«. Diese neue Ontologie gründet in der über die Zeitlichkeit des menschlichen Daseins hinausgehenden Temporalität des Daseins.[20] Leider blieb Heideggers Versuch unvollendet, da der Übergang von der Zeitlichkeit des Daseins zu einer Zeit, die den philosophischen Sinn von Sein entschlüsselt, nicht hergestellt werden konnte.

Der Begriff der »Destruktion« ist doppelt konnotiert, da er von Heidegger nicht nur negativ, sondern auch positiv erörtert wird. Während die ›negative‹ Seite die »Abschüttelung der Tradition« im Anschluss an die Vorhandenheitsontologie eines Platon und Aristoteles sowie die Hauptstationen der Geschichte der Ontologie präsentiert, ermöglicht es seine ›positive‹ Seite, den überlieferten Bestand der antike Ontologie auf ihre ursprünglichen Erfahrungen zurückzuführen.[21] Von hier aus lässt sich Heideggers Methode als *Fundamental*ontologie einsehen, da das Seinsverständnis das Fundament für alle möglichen Regionalontologien bilden soll.[22] Diesbezüglich erklärt von Herrmann, Heideggers Ontologie habe die seinsverstehende Existenz des Da-seins zum Thema. Das vorontologische, vollzugshafte Seinsverständnis gliedere sich demnach dreifach als Existenzverständnis, Weltverständnis und Verständnis des Seins. Da es jedoch nicht um den Gegenstand des Phänomens geht, sondern um sein Sein bzw. seine Seinsweise qua Entdecktheitsweise für das

---

[20] Vgl. Heidegger, Martin. *Sein und Zeit*, GA2, 19 f.; Iber, Christian (2013). *Interpretationen zur Vorsokratik*. Grosser, F., Meyer, K., & Schmid, H. (Hrsg) Heidegger-Handbuch: Leben–Werk–Wirkung, J. B. Metzler Verlag, Stuttgart, 200.

[21] Heidegger, Martin. *Sein und Zeit*, GA2, 22.

[22] Vgl. von Herrmann, F.-W. (2009). *Metaphysik und Ontologie in Heideggers fundamentalontologischem und ereignisgeschichtlichem Denken*, Quaestio, 9, 379 f.

seinsverstehende Dasein, ist Ontologie nur als Phänomenologie
möglich.[23]

In seinen frühen Werken macht Heidegger seine Leser vor allem
auf zwei Punkte aufmerksam:

1. Philosophie ist Ontologie.
2. Die phänomenologische »Destruktion« erhellt die entscheiden-
   den Wendepunkte der Geschichte in Verbindung mit ihren ontologischen Strukturen.

Diese beiden Sätze lassen Argumentationen zu, welche Heideggers
Bezugnahme auf Aristoteles klar hervortreten lassen und bei denen
es um eine Beeinflussung des Faktizitätsproblems geht. Dabei ist es
wichtig, die Genese von ontologischen Strukturen zu verstehen, welche laut Heidegger auf folgende Weise bestimmt werden können: λόγος, εἶδος, οὐσία. Es gilt weiterhin zu betonen, dass die »Ontologie
des Seienden« den Menschen[24] unmittelbar in seiner Struktur berührt. Im Gegensatz zur traditionellen Definition des ζῷον λόγον
ἔχον als *animal rationale,* die bei Aristoteles auftaucht,[25] versteht
Heidegger das λόγον ἔχον nämlich als ein ›Sprechendsein‹. Die aristotelische Bestimmung des Menschen wird von Heidegger also in die
eines »Lebewesen[s], das im Gespräch und in der Rede sein eigentliches Dasein hat«[26] umgewandelt. Aus diesem Grund legt Heidegger
sein Augenmerk auch auf die Rhetorik[27] als eine spezifische Möglichkeit des Sprechens, welcher – da sie kein originäres Sachgebiet habe,
das als »Abgrenzungsmodus« fungieren könnte – die Eigenschaft der
τέχνη fehle. Demzufolge gehe sie nicht in der Aufgabe des πεῖσαι
auf (sie will nicht *unbedingt* überzeugen), sondern zeige eine Mög-

---

[23] Thomas, Philipp (1996) *Selbst-Natur-Sein: Leibphänomenologie als Naturphilosophie,* Lynkeus, Studien zur Neuen Phänomenologie 4, Akademie Verl., Berlin, 71.
[24] Heidegger, Martin. *Grundbegriffe der aristotelischen Philosophie,* GA18, 197.
[25] Hierzu gibt Roberto Wu zu bedenken, dass sich der Ausdruck ζῷον λόγον ἔχον in
Aristoteles' Werken nicht finden lasse, sondern ausschließlich in Heideggers Interpretation. So wird von Heidegger Aristoteles' Aussage »ζῷον or ἄνθρωπον λόγον
ἔχων« aus dessen *Politik* (I, 2, 1253a 9–10) zu: »In der Weise des Sprechens über …
hat einzig der Mensch sein Dasein unter dem, was lebt« umgewandelt. Vgl. Wu,
Roberto (2015) *Heidegger's Concept of Being-in-the-Πόλις,* The Humanistic Psychologist 43, no. 3, 260.
[26] Heidegger, Martin. *Grundbegriffe der aristotelischen Philosophie,* GA18, 108.
[27] Ebd.

lichkeit des Sehenlassens dessen auf, worum es bei einer bestimmten Sache geht. Daher werden »die Umstände hinsichtlich einer bestimmten Beiträglichkeit, sofern sie für etwas sprechen können«[28], untersucht. Sie gelten nicht »universell« für einen reinen Gedanken, sondern versammeln die allgemeinen Meinungen von Menschen, welche die Prinzipien des Verstandes ergründen.[29] Das Dasein hat jedoch eine besondere Struktur, es ist ein ontisch ausgezeichnetes Seiendes. Es geht Heidegger daher darum, »diese[s] Seiende«, dem es »in seinem Sein um diese[s] Sein selbst« geht, zu bestimmen.[30] Existieren bedeute aber prinzipiell Verstehen,[31] genauer ein »sich selbst Verstehen im Sein des eigensten Seinkönnens«[32]. Dieses stellt die Bedingung für alle möglichen Verhaltensweisen des Daseins dar. Dabei ist das Dasein in der Welt kein isolierter Ichpunkt, sondern immer auch auf die Anderen bezogen.

Man kann also behaupten, dass sich diese Vorgehensweise aufgrund der Struktur des menschlichen Wesens, dessen Hauptcharakteristikum das Sprechen ist, nur im λόγος widerspiegeln kann. Impliziert ist dabei die Sozialität des Menschen. In der Tat verweist die dialogische Funktion des λόγος nicht nur auf den Menschen in seinem »Miteinandersein«, dessen Grundmöglichkeit im Sprechen selbst liegt, sondern auch auf das »Hören«, welches sich aus dem λόγος ἔχον ergibt. So sind bezüglich des λόγος drei weitere grundlegende Aspekte abzuleiten, welche an folgendem Beispiel vereinfacht dargestellt werden können. Ausgangspunkt sind zwei Faktoren – X = Mutter und Y = ihr Sohn – an einem sommerlich heißen Tag. Das Binom XY befindet sich somit in einer alltäglichen sprachlichen und kommunikativen Situation. Nehmen wir als Rahmen einen normalen Nachmittag nach der Schule und den Wunsch nach einem Eis an. X *fragt* Y, ob er Lust auf ein Eis habe. Nach seiner Bejahung möchte X es ihm (Y) kaufen. Folglich muss Y diese Anfrage *aufnehmen*, das heißt, er muss dem Gedanken seiner Mutter *folgen* und den Sinn dieser Frage für sich erschließen, was besagt, dass Y sich auf die Frage *besinnen* muss, um das Gesprochene seiner Mutter im Inneren wiederholend nachzuvollziehen.

---

[28] Heidegger, Martin. *Grundbegriffe der aristotelischen Philosophie*, GA18, 116.
[29] Ebd.
[30] Heidegger, Martin. *Sein und Zeit*, GA2, 12.
[31] Vgl. Heidegger, Martin. *Die Grundprobleme der Phänomenologie*, GA24, 391.
[32] Ebd.

Man erkennt an diesem einfachen Beispiel deutlich die dialekti-sche Funktion der Sprache, die sich im λόγος verbirgt und auch in dem hypothetischen Mutter-Sohn-Kommunikationsverhältnis of-fenkundig wird. Diese dialektische Funktion ist nicht nur in einer kleinen Menge wie XY aufzufinden, sondern auch in der Gesellschaft, die auf dem gleichen dialogischen Prinzip basiert (A … Z).

Dieses Beispiel verhilft uns dazu, uns über Heideggers λόγος-Begriff zu verständigen, genauer über seine Funktion als Qua-Aus-sage. Nach Heidegger haben es Aristoteles und die Griechen unterlas-sen, dieses Strukturphänomen im Einzelnen zu analysieren. Das *aus-sagende* Bestimmen ist nie ein primäres Entdecken, da es nie ein primäres und ursprüngliches Verhältnis zum Seienden bestimmt. Deshalb kann dieser λόγος für die Frage, was das Seiende sei, nicht als Leitfaden fungieren. Die Theoriebildung ist für ihn ausgeschlos-sen, weshalb seine »Explikation sich im weiteren Sinn als Sprache« ausrichtet.[33] Auch Sprachwissenschaft und Sprachphilosophie haben sich an dieser Satzlogik orientiert; daher begreift Heidegger sie als Fortführungen innerhalb der abendländischen Philosophie.

Sowohl in der griechischen Logik und Lehre vom Sein als auch in der traditionellen Logik bis Husserl ist es aber gerade der λόγος im Sinne eines Leitfadens, anhand dessen *nach dem Sein* gefragt wird.[34] Aus diesem Grund soll nicht die Bezogenheit des λόγος qua λόγος τινός auf das Seiende betrachtet werden – wie dies bei Aristoteles der Fall ist –, sondern der λόγος als »Seinsweise des Daseins zur Welt und zu ihm (dem Dasein) selbst«[35].

Dies geschieht aber innerhalb der κοινωνία, welche von Heideg-ger als ein »Miteinandersein« bezeichnet wird.[36] Das Sprechen be-stimmt »das Leben des Menschen« und »das Wesen der Welt«; diese ist jedoch kein Tatbestand, sondern in ihr ist die Weise der Verlaut-barung – im Sprechen – gegenwärtig.[37] Darauf abbauend gilt es wei-terhin zu beachten, dass sich Heidegger Aristoteles' politischer Ana-lyse bedient, um den Menschen als Sein-in-der-πόλις in den Blick zu nehmen, nicht nur, um sein eigentliches Leben als κοινωνία auf-zuweisen, sondern auch, um das Dasein in seinem gesellschaftlichen

---

[33] Heidegger, Martin. *Platon: Sophistes*, GA19, 253.
[34] Heidegger, Martin. *Logik. Die Frage nach der Wahrheit*, GA21, 159.
[35] A. a. O., 169.
[36] Heidegger, Martin. *Grundbegriffe der aristotelischen Philosophie*, GA18, 46.
[37] A. a. O., 47.

Umfeld zu bestimmen, es also in seinem Charakter des »Seins-miteinander« hervortreten zu lassen. So wird Aristoteles' λόγος dazu herangezogen, das Dasein in seiner gesellschaftlich-geschichtlichen Offenheit freizulegen. Dieses grundlegende Charakteristikum des Daseins bestimmt auch seine sprachliche Auseinandersetzung *in der Weise der Mitteilung*[38] mit den Anderen. Kurz: Heideggers Analyse des aristotelischen πόλις-Begriffes in Verknüpfung mit der ontologischen Zergliederung des λόγος bietet die Gelegenheit, das *Gespräch* in den Mittelpunkt zu rücken.[39] Dabei zeigt sich, »dass die κοινωνία, die den Hausstand (οἰκία) bildet, allein auf dem Grunde des λέγειν möglich ist«[40].

Letztlich verweist diese Überlegung auf die ontologische Struktur des Daseins, und zwar nicht nur auf die Rede, sondern auch auf Befindlichkeit und Verstehen, da sie in einem existenzialen und gleichursprünglichen Verhältnis zueinander stehen. Insofern sich das Phänomen der Sprache in der existenzialen Erschlossenheit des Daseins zeigt, kann man zudem schließen, dass die Rede ihr existenzial-ontologisches Fundament ist.[41] Es geht nach Heidegger also darum, die Sprache nicht nur als »Rede« zu erfassen, sondern auch ihre *onto-logische* Eigenschaft zu untersuchen.[42] Allgemein ist die Sprache als Konstituens des Daseins zu bestimmen, welches sich jedoch zunächst als »Rede« offenbart, was es ermöglicht, den Leitfaden dieses λόγος mit zu konstituieren. So lässt sich die Sprache selbst als *existenzial* erkennen. Wenn man diesen Aspekt beachtet, wird ihr existenzial-ontologisches Fundament deutlich. Die Rede ist die Artikulation von Verständlichkeit, was bedeutet, dass sie Auslegung und Aussage bereits zugrunde liegt. Zudem zeigt sich die Verständlichkeit vor der Auslegung stets als »schon gegliedert«[43], was bereits auf die weltliche Seinsart der Rede hinweist.

---

[38] Ebd.

[39] Vgl. Escudero, Jesús Adrián, *Heidegger on Discourse and Idle Talk: The Role of Aristotelian Rhetoric, Gatherings:* The Heidegger Circle Annual 3, 2013, 3.

[40] Dieses Problem wird von Heidegger meiner Meinung nach erst zu einem späteren Zeitpunkt entwickelt. Vgl. dazu. Heidegger, Martin. *Wegmarken*, GA9, 331. Eine kritische Analyse der politischen Rolle der πόλις legt Massimo Massari vor. Vgl. Massari, Massimo (1988) *Per una fenomenologia ermeneutica della giustizia heideggeriana*, Fenomenologia e società, n.11, 20.

[41] Heidegger, Martin. *Sein und Zeit*, GA2, 160. (212 f.)

[42] Ebd.

[43] Heidegger, Martin. *Sein und Zeit*, GA2, 161. (213 f.)

Manuela Massa

Die tiefgreifende Folge der Sprache als Existenzial besteht darin, dass sie »das Seiende in dessen Erschlossenheit bedeutungsmäßig artikulieren«[44] kann, aber immer zugleich auf das In-der-Welt-sein des Daseins weist. Denn in der Artikulation der Verständlichkeit des »Da« lässt sich die Rede als »primär« durch das In-der-Welt-sein feststellen, was nichts anderes besagt, als dass sie eine spezifische Art der *Welthaftigkeit* besitzen muss.[45] Daraus ergeben sich folgende Konsequenzen: Das Dasein existiert in der Weise des Entdeckens von Welt; Dasein und Welt bilden somit eine grundsätzlich untrennbare Einheit. Die Aufdeckung der Wurzeln dieser Verbindung ist in der spätmittelalterlichen Philosophie zu suchen. Insbesondere Wilhelm von Ockham bezeichnet sie als synkategorematische Termini. Das heißt, dass »In-Sein« und »Welt« aufgrund ihrer Ganzheitsstruktur nicht voneinander getrennt werden können, weshalb Heidegger hier zur Verdeutlichung dieser Tatsache einen Bindestrich setzt.[46] Die Verbindung zwischen »Dasein«, »Welt« und »Rede« etabliert somit einen *metasprachlichen* Verweis, durch den sich die Bedeutungslehre von Heideggers Ontologie erklärt.

Warum folgt Heidegger aber diesem *modus procedendi?* Eine erste mögliche Antwort auf diese Frage betrifft die ursprüngliche Bedeutung der Phänomenologie, welche von Heidegger bekanntlich aus ihren griechischen Fundamenten erklärt wird. Durch die Auseinandersetzung mit Aristoteles' Περὶ ἑρμηνεία gelangt er zu einer Erklärung des λόγος als »Stimme«, wobei die φωνή als σημαντική deutlich mehr ist als ein bloßer Aspekt des Sprechens.[47] Ihre Genesis weist vielmehr auf die Existenz zurück: Die Sprache repräsentiert »das Sein und Werden des Menschen selbst«[48]. Das Wort als »Ganzes« wird aber nicht als ursprüngliche Sacherfahrung kreiert, sondern seine Konstitution ergibt sich aus Vor-meinungen und Ansichten der Dinge.[49] Die vorstrukturierte linguistische Grundlage der Sprache lässt sich somit auf den prädikativen Satz anwenden; wir haben »bei

---

[44] Ebd.

[45] Ebd.

[46] Vgl. Rentsch, Thomas (2013) »*Sein und Zeit« Fundamentalontologie als Hermeneutik der Endlichkeit* (Hrsg.) Dieter Thomä, Heidegger Handbuch, Leben-Werk-Wirkung, J. B. Metzler, Stuttgart 60.

[47] Vgl. Heidegger, Martin. *Einführung in die phänomenologische Forschung,* GA17, 16.

[48] A. a. O., 13.

[49] A. a. O., 14.

jeder Auslegung von λόγος schon eine bestimmte Vormeinung über seinen Sinn«[50]. Deswegen kann der λόγος nicht als »Werkzeug« bestimmt werden, sondern muss etwas sein, aus dem heraus sich die Möglichkeit des ἀληθεύειν allererst ergibt. Dieses stellt als eine Art »Zueignung« die Wahrheit des Seienden dar, d. h. seine »Unverborgenheit«.

Wenn das Sprechen aber nach Heidegger vor dem Urteilen stattfindet,[51] dann ist seine nominalisierte Form aufgrund seiner Vorstruktur »primär« durch seine semantische Füllung zu begreifen. So wird z. B. durch das Wort Feuer nicht das Dasein des Feuers festgestellt, sondern suggeriert, dass die Leute aus dem Bett springen und schleunigst das Haus verlassen sollten.[52] Heidegger erklärt die Prädikation des λόγος somit nach dem Modell einer Referenz des Verstandes; die semantische Form eines Wortes erweist sich somit als sekundär.[53] Sofern der Mensch derart in der Welt ist, dass er »in ihr und mit sich selbst etwas will, spricht er«[54]. Folglich ist das Subjekt in Sprache und Welt im ontologischen Sinne vorstrukturiert.

Im folgenden Abschnitt wird untersucht, wie sich Wittgenstein der Ontologie nähert.

3.2 Onto-logie bei Wittgenstein

Ludwig Wittgenstein, TB 8. 10. 16.

Als Ding unter Dingen ist jedes Ding gleich unbedeutend, als Welt jedes gleichbedeutend. Habe ich den Ofen kontempliert, und es wird mir nur gesagt: jetzt kennst du aber den Ofen, so scheint mein Resultat allerdings kleinlich. Denn das stellt es so dar, als hätte ich den Ofen unter den vielen, vielen Dingen der Welt studiert. Habe ich aber den Ofen kontempliert, so war meine Welt, und alles Andere dagegen blaß.

---

[50] A. a. O., 17.
[51] A. a. O., 21.
[52] Ebd.
[53] Vgl. Tietz Udo (2003), 347.
[54] Vgl. Heidegger, Martin. *Einführung in die phänomenologische Forschung*, GA17, 16.

Heidegger, Martin. *Einführung in die phänomenologische Forschung*, GA17, 15.

Der λόγος hat Teile, und zwar solche, die noch bedeutende sind, aber nur als ὡς φάσις [...]. Das Bedeuten der Teile ist das bloße Sagen. »Der Ofen gibt warm« ist zerlegbar in »Ofen« und »gibt warm«. Wenn ich sage »Ofen«, so bedeutet das noch etwas; es ist verständlich, es meint etwas. Auch »gibt warm« ist schon etwas für sich. Aber die Zusammensetzung mit »Ofen« gibt nicht den λόγος »der Ofen« »gibt warm«.

Gibt es bei Wittgenstein eine »Ontologie« im Sinne Heideggers? Diese Frage gilt als Leitmotiv dieses Abschnittes, der allerdings auf die bereits dargestellte Annahme einer Hermeneutik (2.3) und ihrer *ontologischen Konsequenzen* rekurriert. Obschon Wittgensteins Sprach-ontologie erst zu einem späteren Zeitpunkt in seinem philosophischen Schaffen hervortritt – in seinen *Philosophischen Untersuchungen* (1953), einem Projekt, das von ihm selbst aufgegeben wurde –,[55] setzt sich Wittgenstein bereits in seinem frühen Denken mit dem Problem der Onto-logie auseinander.

Man könnte hier mit Roman Susko einwenden, dass Wittgenstein den *Tractatus* über eine *epistemologische* Auseinandersetzung mit Sprache und Wirklichkeit entwickelt,[56] wodurch sich die Möglichkeit einer Theorie des Seins, d.h. einer Ontologie, ausschließt. So macht auch Martin Laube darauf aufmerksam, dass es Wittgenstein im *Tractatus* vor allem um eine Kritik der Ontologie gehe.[57] Den Anfangspunkt bilde vielmehr die Konstruktion der Welt, und »die Welt ist alles was der Fall ist«[58]. Daher entspricht sie nach Laube gerade *keinem* ontologischen Primat, sondern »ein[em] durch Tatsachen logisch strukturierten Raum«[59]. Im Gegensatz zu Laube möchte ich hier jedoch Wittgensteins ontologische Konstruktion der Sprache hervorheben, die *aus dem Sein der Sätze* entwickelt wird.

Es wurde bereits angedeutet, dass Wittgenstein von der Überzeugung ausgeht, die Welt könne durch den Sinn eines Satzes bestimmt werden (2.1). Dieser Ansatz lässt sich durch den Beweis ver-

---

[55] Vgl. Dietrich, Rolf-Albert (1973) *Sprache und Wirklichkeit in Wittgensteins Tractatus*, Max Niemeyer Verlag, Tübingen, 4.

[56] Suszko, Roman (1968). *Ontology in the Tractatus of L. Wittgenstein*, Notre Dame J. Formal Logic 9, no. 1, 7 f.

[57] Laube, Martin. (1999) *Im Bann der Sprache: Die Analytische Religionsphilosophie im 20. Jahrhundert*. Theologische Bibliothek Töpelmann, De Gruyter, Berlin, 362 f.

[58] Vgl. Wittgenstein, Ludwig. TLP, 1–3.

[59] Laube, M. (1999), 362.

vollständigen, dass – wie Heidegger zu bedenken gibt – aus *jener Begegnung zwischen Sprache und Welt* eine ontologische Perspektive hervorgehen kann. Bereits geklärt wurde auch (3.1), dass sich Heideggers ontologische Forschung im Feld des griechischen Denkens des ὄν sowie des λόγος bewegt, in dem die Verbindung mit der Welt vorausgesetzt ist.[60] Hier gibt es eine gewisse Ähnlichkeit zu Wittgenstein,[61] während beider Sprachtheorien sich zugleich strukturell voneinander unterscheiden. Die *différance* zwischen beiden Philosophen, um es mit Derrida auszudrücken, betrifft die Frage nach den Intentionen des sprechenden Subjekts, und zwar anlässlich des *fait accomplit,* der bei Wittgenstein *unabhängig* vom Subjekt selbst zu betrachten ist.[62] Die Bestätigung dafür finden wir in seinen folgenden Worten: »[D]er Satz ist das Bild der Tatsache. Ich kann von einer Tatsache verschiedene Bilder entwerfen. (Dazu dienen mir die logischen Operationen.) Aber das für die Tatsache Charakteristische in diesen Bildern wird in allen dasselbe sein und *von mir nicht abhängen.*«[63] Die gleiche Vermutung gilt auch für das Verstehen eines Ausdrucks, der Formengemeinschaften und Bildungsgesetze. Wenn dabei noch beachtet wird, dass man die Sprache nicht verlassen kann, da man sonst außerhalb der Welt wäre,[64] ist Wittgensteins *Ontologie* innerhalb des Verhältnisses zwischen Wirklichkeit und Satz anzusiedeln. Infolgedessen kann die Antwort auf die ursprüngliche Frage dieses Abschnitts nur eine positive sein, und zwar: *Ja, es gibt eine Ontologie* im Sinne Heideggers bei Wittgenstein. Und man kann hinzufügen, dass sie – ganz wie bei Heidegger – in der *internen Beziehung* zwischen Sprache und Welt aufzufinden ist.[65]

Wenn diese Annahme richtig ist, lassen sich zwei Konsequenzen aus Wittgensteins ontologischer Fokussierung der Sprachtheorie ableiten:

A)   Der Satz hängt nicht von einer Bedeutungstheorie ab.

B)   Die Ontologie basiert auf dem Sinn der Sprache.

---

[60] Heidegger, Martin. *Platon: Sophistes*, GA19, 438.

[61] Vgl. Wittgenstein, Ludwig. TLP, 2.0231.

[62] Vgl. Wittgenstein, Ludwig. TLP, 5.631. »Das denkende, vorstellende Subjekt gibt es nicht.«

[63] Wittgenstein, Ludwig. TB, 9.15.15.

[64] Wittgenstein, Ludwig. TLP, 4.12.

[65] Wittgenstein, Ludwig. TLP, 4.014.

Die erste Konsequenz (A) wird durch folgende Voraussetzung nachvollziehbar: Wittgenstein definiert den sinnvollen Satz als logisches Bild der Tatsachen,[66] mit dem aber *nicht unbedingt* ihr Sinn ausgedrückt werden soll. Der Satz *ist mir* unmittelbar verständlich,[67] wenn ich die dargestellte Sachlage kenne.[68] Allerdings bleibt alles, was dem Satz als Angabe inhärent ist, eine Beschreibung und ist daher nicht von seiner Bedeutung abhängig.[69] Von dieser Überlegung aus kann den ontologischen Prämissen des *Tractatus* gefolgt werden, die in erster Linie auf dem Sinn des Satzes basieren (B). Entsprechend könnte man erwidern, dass sich die Welt in ihrem »begrenzten Ganzen« nicht nur mittels der Sprache manifestiert, sondern auch aufgrund der Unmöglichkeit, sich durch Gegenstände darzustellen.[70] Nicht zufällig macht Wittgenstein darauf aufmerksam, dass »die Welt vollständig durch vollkommen verallgemeinerte Sätze beschrieben werden kann, das heißt also, ohne irgendeinen Namen von vornherein einem bestimmten Gegenstand zuzuordnen«[71]. Positiv formuliert, ereignet sich durch die Logik die Konstruktion der Welt: »Die Logik erfüllt die Welt; die Grenzen der Welt sind auch ihre Grenzen.«[72] An dieser Stelle kann man Susko also zustimmen und hinzufügen, dass sich die Sprache in einer epistemologisch primären Form darstellt, insofern sich die Wirklichkeit in der Welt entfaltet.[73] Wäre man bereit, sich mit dieser »Unterscheidung« zufrieden zu geben, wäre diese Perspektive überzeugend.

Doch hinter Wittgensteins Onto-logie verbirgt sich mehr, und zwar eine *wesentliche* Struktur, die in seiner Weltauffassung begründet ist, welche die Welt als substanzielles Wesen *par excellence* begreift.[74] Daher konzentriert sich die Frage auf die »fundamentale Kategorie« des ›Sein-Zeigens‹,[75] in dem die Sprache als Spiegel der Welt

---

[66] Vgl. Wittgenstein, Ludwig. TLP, 4.014; 4.015.

[67] Vgl. Wittgenstein, Ludwig. TLP, 4.02 »Dies sehen wir daraus, daß wir den Sinn des Satzzeichens verstehen, ohne daß er uns erklärt wurde.«

[68] Vgl. Wittgenstein, Ludwig. TLP, 4.021

[69] Vgl. Wittgenstein, Ludwig. TLP, 3.317.

[70] Wittgenstein, Ludwig. TLP, 2.021. »Die Gegenstände bilden die Substanz der Welt. Darum können sie nicht zusammengesetzt sein.«

[71] Vgl. Wittgenstein, Ludwig. TLP, 5.526.

[72] Vgl. Wittgenstein, Ludwig. TLP, 5.61.

[73] Ebd.

[74] Vgl. Wittgenstein, Ludwig. TLP, 2.0211.

[75] Vgl. Wittgenstein, Ludwig. TLP, 2.172. »Seine Form der Abbildung aber, kann das Bild nicht abbilden; es weist sie auf«.

erscheint. Die besondere Eigenschaft ihrer Substanz, nämlich die sprachliche Form, legt ihre *materielle* Eigenschaft fest.[76] Allerdings ermöglicht es nur der Gegenstand, zur Welt zu gelangen: »Nur wenn es Gegenstände gibt, kann es eine feste Form der Welt geben.«[77] So ahnt man, dass die Onto-logie in der Verbindung zwischen Sprache und Welt die Gegenstände braucht, um sich zu entfalten, wenngleich der fundamentale Unterschied zwischen ihr und der ›bestehenden Tatsache‹ erhalten bleibt.

Die Gründe für diese Schlussfolgerung lassen sich in den drei folgenden Sätzen des *Tractatus* finden:

1.   Die Welt ist die Gesamtheit der Tatsachen, nicht der Dinge.
1.11 Die Welt ist durch die Tatsachen bestimmt und dadurch, dass es alle Tatsachen sind.
4.2211 Auch wenn die Welt unendlich komplex ist, so dass jede Tatsache aus unendlich vielen Sachverhalten besteht und jeder Sachverhalt aus unendlich vielen Gegenständen zusammengesetzt ist, auch dann müsste es Gegenstände und Sachverhalte geben.

Die Bestimmung der Welt in ihrer Gesamtheit entsteht durch die Tatsachen und *nicht* durch die Dinge. In der Tatsache formen die Gegenstände in logischer Weise ihre Substanz aus. Dies impliziert die Unmöglichkeit, sie zusammenzusetzen. Abgesehen davon befinden sich die Gegenstände in einer Verbindung mit dem Sachverhalt: »Im Sachverhalt hängen die Gegenstände ineinander, wie die Glieder einer Kette.«[78] Diese Annahmen führen nun zu folgender Feststellung: Die Tatsachen zeigen einen bestehenden Sachverhalt an, was zugleich behaupten lässt, dass ihre Gesamtheit die Welt ausmacht, obschon diese den Gegenständen bereits angehört.[79] Daraus kann man entnehmen, dass die Grundstruktur der Ontologie bei Wittgenstein eben in der Struktur der Gegenstände sichtbar wird: »Auch Relationen und Eigenschaften sind Gegenstände.«[80] Man kann dies auch so erörtern: Der Name kann in einer syntaktischen Form verwendet werden, was es ermöglicht, den Gegenständen eine vollständige Form zuzuordnen.[81] Ohne Sprache wäre es somit unmöglich, zu einer Wirklichkeit

---

[76] Vgl. Wittgenstein, Ludwig. TLP, 2.0231.
[77] Wittgenstein, Ludwig. TLP, 2.026.
[78] Wittgenstein, Ludwig. TLP, 2.03.
[79] »Gegenstände im Wittgensteinschen Sinne sind die kleinsten Einheiten der Welt.« Vgl. Wachtendorf T. (2008), 31.
[80] Wittgenstein, Ludwig. TB. 16.06.1915.
[81] »Das Wesentliche eines Gegenstands ist nicht etwa seine materielle Beschaffenheit,

oder zu Sachverhalten zu gelangen. Die Onto-logie bleibt für Wittgenstein weiterhin in der Logik verankert. Aber ist diese Onto-logie die einzige Onto-logie, die wir bei Wittgenstein finden?

Der nächste Unterabschnitt wird das Verhältnis zwischen Logik und Ontologie in Angriff nehmen.

3.2.1   *Onto-logie, Onto-logie überall!*

Wie bereits erwähnt, gehört es zur Aufgabe der Logik, die logischen Konstanten in einem entsprechenden Satz zu fixieren, um ihn selbst darzulegen. Demzufolge besitzt jeder Satz einen *kompletten* Sinn, der sich als Bild der Wirklichkeit darstellt.[82] Der Bezug zu den ontologischen Prämissen zwingt zu einer weiteren Nachforschung – Wittgenstein behauptet nämlich, dass in der Logik keine Zufälle existierten, da das Vorkommen eines Dings in einem Sachverhalt die Möglichkeit eines Präjudizes im Ding selbst impliziere.[83] Dies besagt jedoch gleichermaßen, dass seine Herangehensweise auf der Vorstruktur eines Sachverhaltes basiert, obwohl nicht wirkliche Gegenstände als *relata* stets miteinander in Verbindung stehen. Deshalb sind die Gegenstände, welche in Zusammenhang mit den jeweiligen Sachverhalten gedacht werden, nicht außerhalb dieses Bezuges denkbar. Indessen gilt es noch zu problematisieren, wie genau man dazu kommt, einen Gegenstand zu (er)kennen. Diesbezüglich ist Wittgenstein sehr präzise: »[U]m einen Gegenstand zu kennen, muss ich zwar nicht seine externen – aber ich muss alle seine internen Eigenschaften kennen.«[84] Wie ist dieses Wort von der internen Eigenschaft eines Gegenstandes jedoch zu verstehen? Wittgenstein geht ja von der Überzeugung aus, sie sei undenkbar,[85] weshalb sie Eigenschaft nicht im Einflussbereich eines Dings liege, da sie wesentlich dafür sei, dass das Ding ist, was es ist.[86]

Weiterhin handelt es sich bei der internen Eigenschaft von Ge-

---

sondern seine Möglichkeit, in bestimmten Sachverhalten vorkommen zu können.«
Vgl. Wachtendorf T. (2008), 31.
[82] Wittgenstein, Ludwig. TB, 16.06.1915.
[83] Wittgenstein, Ludwig. TLP, 2.012.
[84] Wittgenstein, Ludwig. TLP, 2.01231.
[85] Wittgenstein, Ludwig. TLP, 4.124.
[86] Vgl. Glock Hans-Johann, *Wittgenstein-Lexikon*, Wissenschaftliche Buchgesellschaft, Darmstadt, 2000, 182.

genständen um eine *logische* Form (deswegen ist sie intern). Diese gibt die logischen Möglichkeiten der dargelegten Verbindung vor und nennt zudem solche, die unter diesem logischen Diktum nicht bestehen können. Daraus kann man schließen: Wenn alle Gegenstände gegeben sind, so »erleiden ebenfalls alle möglichen Sachverhalte das gleiche Schicksal«, da auch sie alle gegeben sind.[87] Ihr Gegebensein kann nicht auf Sätze zurückgreifen, da sowohl festgelegt ist, was in den Sätzen steht, als auch, um welchen Gegenstand es sich dabei handelt.[88] Daher ist die Welt die Gesamtheit der *bestehenden* Sachverhalte.[89] Zum Satz gehört aber: Er *kann* keine Informationen über den ontologischen Zustand eines Dinges geben: »Ein Satz kann nur sagen, wie ein Ding ist, nicht was es ist.«[90]

Folglich ist Wittgensteins Onto-logie hinsichtlich dieses »Sagens« zu folgen, da sich im Sich-Darbieten von Gegenständen zeigt, dass die Substanz der Welt existiert.[91] Dies impliziert jedoch zugleich, dass sie nicht zusammengesetzt werden kann. Beiläufig gesagt unterscheiden sich zwei Gegenstände gemäß ihrer logisch differierenden Form: »Zwei Gegenstände von der gleichen logischen Form sind – abgesehen von ihren externen Eigenschaften – voneinander nur dadurch unterschieden, dass sie verschieden sind.«[92] So spielt die externe Eigenschaft beider keine abschließende Rolle, da ihre Substanz dennoch unterschiedlich bleibt. Wo ist hier nun die empirische Realität zu verorten, die aus den Relationen und Eigenschaften der Gegenstände herorgeht?[93] Wenn die Logik die Welt erfüllt und wenn die Grenze der Welt auch ihre Grenzen anzeigt – könnte dieses Verfahren etwa die Sprache und folglich auch die Onto-logie beeinflussen? Oder wurde bei Wittgenstein der Empirismus durch die Onto-logie ersetzt?

Wittgensteins Antwort ist wiederum sehr klar: »Die Anwendung der Logik entscheidet darüber, welche Elementarsätze es gibt.«[94] Dennoch beeinflusst die Logik die Sprache. Diese Annahme lässt sich durch die ontologische Auslegung von Wittgensteins Ansicht über

---

[87] Wittgenstein, Ludwig. TLP, 2.0124.
[88] Wittgenstein, Ludwig. TLP, 4.112.
[89] Wittgenstein, Ludwig. TLP, 2.04.
[90] Wittgenstein, Ludwig. TLP, 3.221.
[91] Wittgenstein, Ludwig. TLP, 2.021
[92] Wittgenstein, Ludwig. TLP, 2.0233.
[93] Wittgenstein, Ludwig. TB, 16.6.15.
[94] Wittgenstein, Ludwig. TLP, 5.571.

die Grenzen zwischen Sagbarem und Unsagbarem[95] vervollständigen. Sätze als Wirklichkeitsbilder vermögen nämlich keinen *partiellen* Sinn zu ergeben, da es für ihr Verständnis nicht nötig ist, dass jemand ihren Sinn ausführlich erklärt. Ihre Struktur impliziert bereits, dass ihnen ein Sinn innewohnt. Dabei stellt dieser Sinn nicht ihre logische Form dar – da es hier um das »Zeigen« geht –, sondern er betrifft die logische Form der Wirklichkeit.[96] Infolgedessen kann der Satz nur die Form seines Sinnes erhalten und nicht selbst »sein«[97]. Man kann also voraussetzen, dass er nicht nur mittels der Gedanken ein logisches Bild der Welt ist, sondern dass sich auch aufgrund seiner Funktion des Ausdrückens von Gedanken die logische Struktur der Welt erst ergibt. Der Gedanke repräsentiert den sinnvollen Satz.[98] Demgemäß fungieren die Sätze als Bild, das wir uns von der Welt machen, um die Gegenstände in der Welt zu beleuchten. Es ist notwendig, den projektiven Bezug eines Satzes auf eine Sachlage zu konstituieren, womit die Bedeutung eines Wortes den referenziellen Bezug auf einen Gegenstand braucht, um definiert zu werden. Dieses Paradigma ermöglicht eine Analyse der Sprache, die ihre Vollständigkeit in der Welt findet. Die objektive Welt ist durch logische Voraussetzungen erfassbar und offen:[99] Durch sie kann sich die Sprache *von sich aus* zeigen und wird zum Bild der Wirklichkeit, obgleich die Möglichkeit des Satzes von der Substanz der Welt abhängt:[100] »Hätte die Welt keine Substanz, so würde, ob ein Satz Sinn hat, davon abhängen, ob ein anderer Satz wahr ist.«[101]

An dieser Stelle könnte man aber auch die Substanz der Welt anhand jener Elemente darlegen, die durch die Gegenstände begründet sind. Außerdem bleibt auch sie Form und Inhalt; und doch ist festzulegen, »[w]as unabhängig [ist] von dem positiven Sinne, wie der von fester Substanz begrenzte Raum, worin ein Körper Platz hat«[102]. Man könnte dies auch als Metapher verstehen, um die Zusammenhänge zwischen der Wirklichkeit und dem Sinn eines Satzes im Rahmen der vorausgesetzten ontologischen Konzeption der Sprache zu

---

[95] Vgl. Zimmermann J. (1975): 45.
[96] Wittgenstein, Ludwig. TLP, 4.121.
[97] Wittgenstein, Ludwig. TLP, 3.13.
[98] Wittgenstein, Ludwig. TLP, 4.
[99] A. a. O., 33.
[100] Vgl. Zimmermann J. (1975): 73.
[101] Wittgenstein, Ludwig. TLP, 2.0211.
[102] Wittgenstein, Ludwig. TLP, 4.463.

erfassen. Auf diese Weise ließe sich die ›Wirklichkeit‹ als Kriterium für den Sinn eines Satzes zurückweisen, was zu dem Ergebnis führen würde, dass die Sprache in mehr oder weniger Formen in einer sich verlagernden Wirklichkeit zu lösen wäre. Wie Terricabras in seinem Buch *Ludwig Wittgenstein. Kommentar und Interpretation* zu bedenken gibt, ist der Sinn einer Aussage bzw. deren Wahrheit bzw. Falschheit logisch primär. Aber der Sinn selbst findet sein Fundament nur in der Substanz der Welt. Den Grund dafür erläutert er wie folgt: Sätze und Tatsachen stehen logisch in Korrelation zueinander. Da dieses Prinzip nicht in der Sprache liegen kann, würde das die Zerstörung der Begriffe Wahrheit und Falschheit sowie des Sinns nach sich ziehen. Zwar machen wir uns Bilder von der Tatsache und entwerfen Bilder der Welt[103]: Gerade deswegen jedoch befindet sich die Welt *vor* der Logik.[104]

Wenn uns jedoch Wittgenstein suggeriert, die gesamte Wirklichkeit sei die Welt und das Bild ein Modell der Wirklichkeit,[105] dann muss die Onto-logie bezüglich dieser beiden Elemente einen Definitionszusatz erhalten, welcher die Abbildung der Wirklichkeit berücksichtigt. Daher lassen sich in der ursprünglichen Einheit von Sprache und Welt die Verschiedenheit von Wirklichkeit und Sprache sowie ihre ontologische ›Auskunft‹ erkennen.[106]

Es wurde bereits gezeigt, dass der Sachverhalt im logischen Raum durch das Bild vorzustellen ist –[107] er bietet sich als ein Modell der Wirklichkeit an. Darüber hinaus stellen die Elemente des Bildes die Gegenstände dar, wobei ihr Miteinander nicht in einer zufälligen Signifikanz besteht, sondern sich wechselseitig in eine abbildende Beziehung begibt, welche inhärent stets die gleiche Tatsache darstellt. Das Bild als Tatsache impliziert eine Verbindung zwischen beiden Faktoren, um sich strukturell als *Bild des anderen* anbieten zu können. Dazu gilt es, im Bild ein unabhängiges Verhältnis von Wahrheit oder Falschheit festzulegen, was mittels einer formalen Abbildung geschehen kann.[108] Das Resultat dieses Vorgehens ist eine Auseinandersetzung mit der Wirklichkeit, die zugleich Auskunft über den möglichen richtigen oder falschen Status des Bildes eines Satzes zu

---

[103] Wittgenstein Ludwig. TLP, 2.0212 und TLP. 4.01.
[104] Vgl. Terricabras, J. M. (1978). Alber, Freiburg, 152 f.
[105] Wittgenstein, Ludwig. TLP, 2.063; TLP, 2.12.
[106] Vgl. Hülser, K. (1979), 149.
[107] Wittgenstein, Ludwig. TLP, 2.12.
[108] Wittgenstein, Ludwig. TLP, 2.22.

geben vermag. Diese Struktur wohnt dem Gedanken inne: In diachroner Perspektive stellt er die Sinn-Bedingungen eines Satzes her, was gleichermaßen die Struktur Gedanke-Sprache-Wirklichkeit konstituiert, die sich als *originär* erkennen lässt, da sie die Voraussetzung für jedes linguistische Fundament darstellt.[109] Jeder Satz, so könnte man verkürzt sagen, beschreibt für Wittgenstein sein eigenes Bild. Gemäß der deskriptiven Abbildung besteht die Aufgabe des Satzes darin, seine eigene innere Bedeutung zu deuten. Das Bild zeigt durch seine inneren Elemente die Struktur, seinen Ursprung – obgleich wir diese inneren Elemente nicht beschreiben können, da sie die Wirklichkeit implizieren.

Schließlich ergibt sich aus einem Vergleich zwischen den drei Elementen – dem Satz, dem bestehenden Sachverhalt und dem darauf aufbauenden Bild – das Resultat einer möglichen Wahrheit oder Falschheit.[110] Aus dieser Struktur heraus erklärt Wittgenstein erneut die Bildtheorie als Verhältnis zwischen der Sprache (die zum *Tractatus* gehört) und der Welt, also zwischen »Bild« und »Urbild«.

Zur wissenschaftlichen Präposition gehört eine objektive logische Struktur, die es ermöglicht, die Struktur des Realen zu erfahren. So wird der Sinn eines Satzes durch einen Vergleich mit dem Bild der Wirklichkeit erschlossen, welches wir uns auf ihr aufbauend machen: »Um zu erkennen, ob das Bild wahr oder falsch ist, müssen wir es mit der Wirklichkeit vergleichen.«[111] In dieser These verweist Wittgenstein auf die Möglichkeitsbeziehung, die sich zwischen Sinn und Wahrheit einstellen kann. Natürlich muss man angesichts dieser Form des Zusammenhangs betonen, dass sich die Differenz verringert, sobald wir in der Lage sind, eine logische Übereinstimmung zwischen Gedanken und Wirklichkeit nachzuweisen; die Möglichkeit wird sogar als führendes Prinzip gegenüber Sinn und Wahrheit festgelegt. Außerdem fasst es die Entsprechung zwischen Gedanken und Wirklichkeit zusammen.[112] Dies beweist aufgrund des Wirklichkeitsbezugs erneut die ontologische Richtung des *Tractatus*. Demzufolge stellt sich die Frage nach der Rolle des Gedankens in Verknüpfung mit der Sprache. Nach Wittgensteins Definition ist er »ein logisches Bild

---

[109] Vgl. Musciagli, Dario (1974), *Logica e Ontologia in Wittgenstein*, Edizioni Milella, Lecce, 50.
[110] Wachtendorf, T. (2008), 37.
[111] Wittgenstein, Ludwig. TLP. 2.223.
[112] Musciagli, D. (1974), 50.

der Tatsachen«[113]. Aufbauend auf dieser Definition kann man zwei wichtige Aspekte formulieren:

A) Der Gedanke kann aufgrund seiner Struktur als formale Abbildung der logischen Form bezeichnet werden, was es zudem möglich macht, ihn mittels des Bildes, das er darstellt, in einem sinnvollen Satz auszudrücken.[114]

B) Wenn es um den Satz-Sinn geht, lässt sich das Denken als Projektionsmethode begründen.

Der erste Punkt A) lässt sich folgendermaßen weiterentwickeln: Aufgrund der ihm innewohnenden Objektivität kann der Gedanke nicht von psychologischen Bedingungen abhängig sein. So lassen auch »gewisse Satzformen der Psychologie«, wie »A glaubt, dass p der Fall ist.« oder »A denkt p.«, diese Relationen als oberflächlich erscheinen.[115] Wittgenstein betont dabei, dass die Bilder als Tatsachen[116] die Sprache als integralen Teil der Welt konstruieren, um den Gedanken als *Bewegung* zu präsentieren. Demzufolge verhelfe die Psychologie nicht dazu, die Struktur der Welt zu verstehen, da sie ein »Unding« sei, welches sich nur mit der Seele beschäftige. Wo ist aber dann der Aufbau der Welt zu enthüllen, wenn dieser keine psychologischen Prädikate hat? Er erweist sich eher als Projektion auf die Wirklichkeit (B) mittels des Satzzeichens.[117] So gehört zum Satz alles, »was zur Projektion gehört; aber nicht das Projizierte«[118]. Die gleiche Methode, also die *Projektion*, verwendet Wittgenstein auch für die Beschreibung des Verhältnisses von Satzeichen und Sachverhalt: »Das Zeichen, durch welches wir den Gedanken ausdrücken, nenne ich das Satzzeichen. Und der Satz ist das Satzzeichen in seiner projektiven Beziehung zur Welt.«[119] Dadurch lässt sich eine Isomorphie zwischen Tatsache und Sachverhalt im Gedanken bestimmen. Weiterhin stellt sich durch den Vergleich zwischen Wirklichkeit und Satz die Welt mittels der Sprache als »Grenze« im

---

[113] Wittgenstein, Ludwig. TLP, 3.
[114] Wittgenstein, Ludwig. TLP, 3.1; TLP, 3.5.; TLP, 4.
[115] Wittgenstein, Ludwig. TLP, 5.541.
[116] Wittgenstein, Ludwig. TLP, 2.141.
[117] Vgl. Glock, H. J. (2000), 128.
[118] Wittgenstein, Ludwig. TLP, 3.13.
[119] Wittgenstein, Ludwig. TLP, 3.12.

Manuela Massa

Verhältnis zum Denken dar. Damit lässt sich unsere Sprache zugleich bedingen und begrenzen.[120]

Den gleichen Ansatz vertritt auch Heidegger: »Die Welt begegnet immer in einer bestimmten Weise des Angesprochenseins, des Anspruchs des λόγος«[121], insofern das »Sprechen als konstitutiver Vollzug des In-der-Welt-seins des Daseins« erscheint. Im Anschluss an Aristoteles erklärt er, auf welche Weise der λόγος fundamental sei für das Verständnis der νόησις.[122]

Wenn es aber in der Sprache diese »Einheit« zwischen Denken und Sprache gibt, dann berührt dies einen bestimmten Teil der philosophischen Tradition: jenen, der durch Descartes begründet wurde.

3.3 De natura mentis humanae: quod ipsa sit notior quam corpus[123]

Unbestritten ist, dass Heidegger ein kontroverses Verhältnis zu Descartes hat: Obwohl von diesem ein *Impetus des philosophischen Fragens* für die Bedeutung des Subjekts[124] ausgehe und Descartes die Differenz zwischen *res cogitans* und *res extensa* nachdrücklich betone, bleiben diese Ansätze nach Heidegger noch immer »einheitlich am Leitfaden eines durchschnittlichen Begriffes von Sein im Sinne des Hergestelltseins«[125] orientiert. Dies führe zu einem Anschwellen des »Begriffs des Seins als Vorhandenes« – und das Dasein bleibe weiterhin dem kategorialen Zugriff des »Seienden« unterworfen.[126]

Heidegger setzt sich mit Descartes auseinander, um das Sein des Seienden im Hinblick auf diese ontologischen Fragen abzugrenzen. Eine wesentliche Bedingung dafür ist, dass die Orientierung am Sein des Daseins nicht einseitig *subjektivistisch* bleibt, sondern es erlaubt, die Bedeutung der Frage der Ontologie aus ihm abzuleiten. Diese dreht sich um das *Sein* des Subjekts, während Descartes in seiner zweiten *Meditation* das Sein als »Vorhandenes« darstellt. In den

---

[120] Vgl. Terricabras, J. M. (1978), 286.
[121] Heidegger, Martin. *Phänomenologische Interpretationen zu Aristoteles (Anzeige hermeneutischen Situation)*, NB, 241.
[122] Vgl. Heidegger, Martin. *Platon: Sophistes*, GA19, 45.
[123] Heidegger, Martin. *Die Grundprobleme der Phänomenologie*, GA24, 220
[124] Ebd.
[125] A. a. O., 219.
[126] Ebd. »Das Seiende, das das Dasein nicht ist«! (Im Original kursiv.)

Grundproblemen der Phänomenologie fokussiert Heidegger folgenden Satz von Descartes:»De natura mentis humanae: quod ipsa sit notior quam corpus.« Weshalb gewinnt gerade dieser Satz für ihn eine so große Bedeutung?

Der Grund dafür ist einfach zu erkennen. Heidegger unterstreicht darin die scharfe Unterscheidung zwischen *res cogitans* und *res extensa*, von der ein und dasselbe *subjectum* betroffen ist. Im Anschluss daran wird nämlich Kant das »Ich« als *subjectum* deuten, welches Kenntnis von seinen Prädikaten hat. Dessen Vorstellungen versteht Heidegger als *cogitationes*, die sich durch einen intentionalen Charakter auszeichnen. Nach seiner Auffassung ergibt sich daraus die Bezeichnung des Seienden als Objekt, auch wenn (oder gerade weil) »zum Subjekt immer ein Objekt gehört«[127]. Die Beziehung zwischen Subjekt und Objekt ist so wichtig, dass das »eine ohne das andere nicht gedacht werden kann«[128]. Auf den ersten Blick könnte das Problem zwischen Subjekt und Objekt folgendermaßen aufgelöst werden: Zum Subjekt gehört ein Objekt und in diesem sind (wovon auch Paul Natorp ausgeht) die Prinzipien der Intentionalität gedeutet, nämlich das »Bewusste«, das »Ich« und die »Bewusstheit«, woraus die »*res cogitans* [als] ein durch Bewusstheit auf einen bewußten Inhalt bezogenes Ich« resultiert.[129] Jedoch zeigt sich hier als erstes Problem bezüglich der Relation zwischen Subjekt und Objekt, dass sie sich im Grunde als »Korrelation« darstellt. Etwas Ähnliches geschieht auch bei Heinrich Rickert; nach ihm verlangen die Begriffe von Subjekt und Objekt einander wechselseitig.

Heidegger muss diesen Korrelationscharakter zurückweisen, da sonst seine gesamte philosophische Konstruktion der »ontologischen Differenz« implodieren würde. Nach seiner Auffassung verbirgt sich »[h]inter diesem geringfügigen Unterschied der Bedeutung [...] die Unbewältigung des grundsätzlichen Seinsproblems«[130]. Obwohl er zugibt, dass jedes Subjekt ein Objekt verlangt, »müssen die Naturvorgänge offenbar für ein Subjekt nicht sein«. Anders formuliert: Wenn man sich auf Descartes' These einlässt, wird das Seiende als ein Objekt übernommen, in dem das Subjekt immer schon mit definiert wird. Die Folgen werden bei Kant ersichtlich: Sein bedeutet für diesen

---

[127] A.a.O., 221.
[128] Heidegger, Martin. *Die Grundprobleme der Phänomenologie*, GA24, 221.
[129] A.a.O., 222.
[130] Heidegger, Martin. *Sein und Zeit*, GA2, 94. (125 f.)

so viel wie Gegenständlichkeit – Heidegger geht es aber um die Vorhandenheit des Seienden. Diese hängt von einem Subjekt ab, also nicht vom Sein als Gegenstand! Wenn man diesem Prinzip folgt, würde daraus ein Objekt in der Objektivierung durch ein Subjekt resultieren, während Heidegger betont, dass das Sichbeziehen-auf zur Seinsverfassung des Subjekts selbst gehört: »Das Subjekt ist an ihm selbst ein sich beziehendes.«[131] Damit unterstellt Heidegger, dass sich die Frage nach *dem Sein des Subjekts* umkehrt.

Der Hintergrund dieser Befragung ist die »Alltäglichkeitsanalyse«, daher ist »das Objekt« der Untersuchung das faktische Leben. Wenn aber zur Existenz des Daseins die Intentionalität gehört, da »die volle Intentionalität keine andere als die des Gegenstandes vom Seinscharakter des faktischen Lebens ist«[132], dann kann die Beziehung des Subjekts zum Objekt nicht durch bloßes Vorhandensein charakterisiert werden. »*Existieren*« besagt nach Heidegger vielmehr, »*sich verhaltendes Sein bei Seiendem*«[133]. Diese Argumentation wird auch in *Sein und Zeit* mit dem dargelegten Problem des Zusammenhanges zwischen Subjekt und Welt fortgesetzt. Heidegger beschreibt dabei die »Ansetzung von Erkennen als einer ›Beziehung zwischen Subjekt und Objekt‹, die so viel ›Wahrheit‹ als Leerheit in sich birgt. Subjekt und Objekt decken sich aber nicht etwa mit Dasein und Welt.«[134]

Wie soll das Verhältnis zwischen beiden Begriffen dann interpretiert werden? Vorausgesetzt ist, dass das Erkennen nicht nur an »dem Menschending« vorhanden ist, auch nicht nur »äußerlich feststellbar« wie etwa »leibliche Eigenschaften«. Heidegger meint vielmehr, es sei etwas, was das »Innen« des Seienden betrifft: *De facto* gehört es zum Dasein. Daher steht im Zentrum von Heideggers kritischer Argumentation zunächst die Frage, wie das erkennende Subjekt aus seiner »inneren Sphäre heraus« in eine »andere und äußere«[135] gelangen können soll. Festzuhalten ist dabei jedoch, dass das Erkennen ein »Seinsmodus des Daseins als In-der-Welt-sein [ist], es hat seine ontische Fundierung in dieser Seinsverfassung«[136]. Von

---

[131] Heidegger, Martin. *Die Grundprobleme der Phänomenologie*, GA24, 224.

[132] Heidegger, Martin *Phänomenologische Interpretationen zu Aristoteles (Anzeige hermeneutischen Situation)*, NB 365.

[133] Heidegger, Martin. *Die Grundprobleme der Phänomenologie*, GA24, 224.

[134] Heidegger, Martin. *Sein und Zeit*, GA2, 60. (80)

[135] Ebenda.

[136] A.a.O., 61. (82)

einem »Innen« und »Außen« auszugehen, verdeckt somit das gesamte Erkenntnisproblem, da das Erkennen nach Heidegger ein »Schon-sein-bei-der-Welt« impliziert, aus dem sich das Sein des Daseins wesentlich konstituiert. Daher kann die Frage nach der Realität der Außenwelt nicht »ohne vorgängige Klärung des *Weltphänomens*«[137] gestellt werden. Faktisch betrachtet, orientiert sich das »Problem der Außenwelt« am innerweltlichen Seienden (also den Dingen und Objekten), aus deren Gegenständlichkeit heraus es formuliert wird.

Hier erkennt Heidegger erneut eine Schwierigkeit, die sich bereits bei Kant andeutet: Das empirische Bewusstsein beweist Sachen und Dinge, die sich außerhalb des Daseins selbst befinden. So verwende Kant den Begriff des »Daseins« zur Bezeichnung der Seinsart der Vorhandenheit, insofern das »Bewußtsein meines Daseins« für Kant besage, »Bewußtsein meines Vorhandenseins im Sinne von *Descartes*«[138]. Damit umfasst der Terminus »Dasein« sowohl das »Vorhandensein des Bewusstseins« als auch das »der Dinge«. Wenn aber Kant seine Argumentation auf diese Art weiterführt – er stellt nämlich die Dinge außerhalb des Daseins –, bleiben diese ontologisch ebenso »verdeckt« wie die Eigenschaft des Daseins als In-der-Welt-sein. Heideggers eigene Worte unterstützen diese Schlussfolgerung:

Daß Kant überhaupt einen Beweis für das »Dasein der Dinge außer mir« fordert; zeigt schon, daß er den Fußpunkt der Problematik im Subjekt, bei dem »in mir«, nimmt. Der Beweis selbst wird denn auch im Ausgang vom empirisch gegebenen Wechsel »in mir« durchgeführt. Denn nur »in mir« ist die »Zeit«, die den Beweis trägt, erfahren. Sie gibt den Boden für den beweisenden Absprung in das »außer mir«.[139]

Dass Kant das notwendige Zusammenvorhandensein von wechselnden und beharrenden Seienden beweist, ist nach Heidegger ungenügend, um das Zusammenvorhandensein von Subjekt und Objekt zu bestimmen. Um diese Schwierigkeit zu überwinden, erklärt er, dass »das Zusammenvorhandensein von Physischem und Psychischem ontisch und ontologisch völlig verschieden [ist] vom Phänomen des In-der-Welt-seins«[140]. Aus diesem Grund kann die Exposition des Subjekts nicht ein bloßes Ich sein, dessen Bestimmungen »die Vor-

---

[137] A. a. O., 203. (269)
[138] Ebd. 203. (270)
[139] A. a. O., 204.
[140] Ebd.

stellungen im vollen Sinn von *repraesentatio* sind«[141]. Stattdessen sei das *Haben* der Bestimmungen, der Prädikate, als ein ›Wissen um sie‹ zu charakterisieren, weshalb sich das Ich als Subjekt nicht von seinen Prädikaten unterscheide, sondern sie als gewusste Objekte ›hat‹. Heidegger synthetisiert diese Überlegung wie folgt: »[J]edes Subjekt ist, was es ist, nur für ein Objekt und umgekehrt.«[142] Wenn die Sache so dargestellt wird, liegt das Realitätsproblem vor jeder »standpunktlichen« Orientierung und gilt für die »Grundstrukturen« des In-der-Welt-seins, welche in den »überkommenen ontologischen Kategorien grundsätzlich nicht faßbar«[143] sind.

Es gilt nun zu fragen, wie die Strukturen der Welt nach Heidegger zu verstehen sind, wenn die korrelative Beziehung zwischen Subjekt und Objekt aufgehoben ist und das Seiende, »das wesenhaft durch das In-der-Welt-sein konstituiert wird, […] selbst je sein ›Da‹« ist.[144] Dann können nämlich Descartes' »undiskutierte ontologische Fundamente«, d.h. seine ontologische Grundbestimmung der Welt als *res extensa*, nicht mehr vorausgesetzt werden, sondern bieten vielmehr »einen negativen Anhalt für die positive Explikation der Räumlichkeit der Umwelt und des Daseins selbst«[145]. So kritisiert Heidegger an Descartes, dass er durch die Unterscheidung zwischen *ego cogito* und der ontologischen Bestimmung der *res corporea* (also letztlich der Unterscheidung zwischen Geist und Natur) eine Explikation der Substanz fordere.[146] Wenn aber diese Substanzialität zum Dasein als Vorhandensein selbst gehört, werden die Substanzen in ihren Attributen zugänglich. Welche Eigenschaften, so Heidegger, lassen sich der *res corporea* zuschreiben? Die Antwort lautet: das, was das eigentliche Sein der körperlichen Substanz der Welt ausmacht, nämlich »Länge, Breite und Tiefe«. Descartes führt somit die erschöpfende »Bestimmung des *körperlichen Seins* auf die Grundbestimmung der res extensa«[147] zurück. Damit ist die Substanzialität der Substanz des Körpers hinreichend beschrieben,[148] aber die Er-

---

[141] Vgl. Heidegger, Martin. *Grundprobleme der Phänomenologie*, GA24, 177.
[142] Heidegger, Martin. *Sein und Zeit*, GA2, 208. (276)
[143] A.a.O., 54f. (73)
[144] A.a.O., 132. (176)
[145] A.a.O., 89. (119)
[146] A.a.O., 90.
[147] Heidegger, Martin. *Prolegomena zur Geschichte des Zeitbegriffs*, GA20, 249.
[148] Heidegger, Martin. *Sein und Zeit*, GA2, 92. (123)

kenntnis der Welt bleibt aus, da sie in ihrem »Gewissheitsgrad sich von der Erkenntnis der res cogitans nicht unterscheidet«[149].

Das Sein der Welt ist somit nicht durch eine theoretische Rekonstruktion im Rückgang von der *res extensa* auf das Sinnending zu gewinnen.[150] Die Welt bleibt so »entweltlicht«, da ja »der primäre Aufweis der eigentlichen Realität der Welt eben auf die ursprüngliche Aufgabe einer Analyse der Realität selbst verwiesen wäre, die zunächst von jeder spezifischen theoretischen Objektivierung abzusehen hätte.«[151] Die Trennung zwischen *res cogitans* und *res extensa* verfehlt somit nach Heidegger das »ursprüngliche« Weltphänomen.

Vor dem Hintergrund unserer grundsätzlichen Fragestellung muss noch erwähnt werden, dass Heidegger in *Sein und Zeit* den »Sinn« als ein »Existenzial des Daseins«[152] bezeichnet. Wenn dies so ist, dann gibt es eine Art *potestas* (Möglichkeit) des Daseins auf Sinn, weshalb dieser in die Erschlossenheit des In-der-Welt-seins[153] gehört: »*Nur Dasein kann daher sinnvoll oder sinnlos sein.*«[154] Ullrich Barth macht darauf aufmerksam, dass sich damit ein neuer Aspekt von Heideggers Kritik an Descartes ergibt.[155] Heidegger diskutiert primär Descartes' subjektivistische Paradigmen. Es gilt, die »abwegige Einstellung auf das Ich als Objekt«[156], dem die neuzeitliche Philosophie das *cogito sum* zuschreibt, zu überwinden. Denn auch, wenn sie das *cogitare* des *ego* in einem gewissen Sinn zum Thema mache, geschehe dies doch unter dem Vorbehalt einer »Nicht-Erörterung« des *sum*, obgleich dieses ursprünglich mit dem *cogito* zusammenhängt. So lässt sich Heideggers existenziale Analytik als das Vorhaben beschreiben, die ontologische »Frage nach dem Sein des *sum*« aufzuwerfen.[157] Heideggers Absicht besteht dabei darin, das »Ich bin« vom reinen »Ich« zu unterscheiden, um auf diese Weise das bewusstseinstheoretische Subjekt auf ein mundanes Selbst hin zu öffnen: »Das Ich ist hier als das volle konkrete historisch faktische Selbst, zugänglich in

---

[149] Ebd.
[150] Ebd.
[151] Ebd.
[152] Vgl. Heidegger, Martin. *Sein und Zeit*, GA2, 151 (200).
[153] Vgl. Ebd.
[154] Heidegger, Martin. *Sein und Zeit*, GA2, 151 (200).
[155] Vgl. Barth, Ulrich (2001) *Von der cartesianischen zur hermeneutischen Subjektivität. Werkgeschichtliche Annäherungen an Heideggers ›Sein und Zeit‹*, Archiv für Geschichte der Philosophie 83, no. 2, 193.
[156] Heidegger, Martin. *Grundprobleme der Phänomenologie*, GA58, 159.
[157] Vgl. Heidegger, Martin. *Sein und Zeit*, GA2, 46. (61 f.)

der historisch konkreten Eigenerfahrung zu verstehen«[158]. Durch diese Kritik am »Ich« überdenkt Heidegger wiederum Descartes' Erkenntnisparadigma, nämlich das »Ego« als *res cogitans*, woraus der Einwand entsteht, zwischen *Substanz* und *Existenz* zu unterscheiden. Die ursprüngliche Kritik an Descartes bündelt sich daher in seiner Auffassung vom *subjectum* als ὑποκείμενον (Zugrundeliegendes).[159] Die neuzeitliche Philosophie verschärft somit, was bereits die antiken Denker suchten, nämlich das Subjekt,[160] insofern nach Descartes alles, »was ursprünglich gegeben ist«, »subjektiv und apriorisch betrachtet eine *cogitatio*«[161] sein soll.

Das Erkennen wird von Descartes als sicheres Fundament der Wahrheit *(fundamentum inconcussum veritatis)* beschrieben und das Sein demnach »als iudicium, als modus volendi«[162]. Hier erkennen wir das fundierende »transzendentale Ego« wieder, dessen *cogitationes* »apprehendierend«[163] im Bejahen, Wollen, Verneinen, Ablehnen usw. präsent werden. Aus dieser Verabsolutierung des Subjekts resultiert nach Heidegger eine klare Einschränkung des menschlichen Erkennens, da beispielsweise Affektionen des Seins als solchen – wie die Angst – herausfallen.[164] Stattdessen weist er selbst das Dasein in seiner Faktizität auf, als »Da« und »In«, zu dem auch Stimmungen gehören (Befindlichkeit). Zum Sein des Daseins gehört zugleich sein In-der-Welt-sein,[165] in dem es sein Bestreben zur Begegnung mit dem Anderen und dem Selbst zeigt.[166] Folglich resultiert dasselbe Konzept Welt aus der Existenz des Daseins, insofern »existieren sich Welt vorherwerfen bedeutet«[167].

---

[158] Vgl. Heidegger, Martin. *Wegmarken*, GA9, 30.

[159] Barth, U. (2001), 193.

[160] Heidegger, Martin. *Die Grundprobleme der Phänomenologie*, GA24, 220.

[161] Heidegger, Martin. *Logik. Die Frage nach der Wahrheit*, GA21, 278.

[162] Vgl. Heidegger, Martin. *Einführung in die phänomenologische Forschung*, GA17, 224.

[163] Vgl. Heidegger, Martin. *Einführung in die phänomenologische Forschung*, GA17, 137.

[164] Vgl. Heidegger, Martin. *Prolegomena zur Geschichte des Zeitbegriffs*, GA20, 403.

[165] Vgl. Heidegger, Martin. *Sein und Zeit*, GA2, 98.

[166] »Wir deuteten schon an (§ 14), daß das Überspringen der Welt und des zunächst begegnenden Seienden nicht zufällig ist, kein Versehen, das einfach nachzuholen wäre, sondern daß es in einer wesenhaften Seinsart des Daseins selbst gründet.« Vgl. Heidegger, Martin. *Sein und Zeit*, GA2, 100.

[167] Heidegger, Martin. *Die Grundprobleme der Phänomenologie*, GA24, 239.

Ähnliches finden wir bei Wittgenstein; auch er stellt sich gegen die Trennung zwischen einer *res cogitans* und einer *res extensa:* »Das denkende, vorstellende Subjekt gibt es nicht.«[168] Dieses klare Wort ermöglicht es, das Gespräch zwischen Heidegger und Wittgenstein erneut anzufachen. Denn wenn es das denkende, vorstellende Subjekt »nicht gibt«, erweist es sich als schwierig, eine Trennung zwischen *res cogitans* und *res extensa* vorzunehmen.

3.4 *Repetita iuvant:* Es gibt keine Trennung zwischen *res cogitans* und *res extensa*

Durch Satzzeichen gibt es nach Wittgenstein die Möglichkeit, »Gedanken« auszudrücken. Deswegen benutzt man »das sinnlich wahrnehmbare Zeichen des Satzes als Projektionsmethode der möglichen Sachlage«. Diese ergibt sich »als Denken des Satz-Sinnes«[169]. Wenn aber der Satz das Satzzeichen in seiner projektiven Beziehung zur Welt ist,[170] gilt es, nach den Bedingungen zu fragen, unter denen ein Satz »an sich« verstanden werden kann. Es wird deutlich, dass diese Frage die Möglichkeitsbedingungen der Sprache selbst betrifft, insofern damit nach dem *Sinn* gefragt wird, den eine bestimmte »Variable« als Satzzeichen hat, die Wittgenstein als »p« angibt. Das Problem lässt sich also auch so formulieren: Wenn die Möglichkeit von »p« behauptet wird, erwächst nach Wittgenstein daraus unmittelbar die Frage, ob »p« einem Sinn zugehören kann.[171] Diese Frage untersucht somit nicht nur die Existenz des Satzzeichens »p«, sondern auch dessen »Wesentlichkeit«.

Dies könnte vermuten lassen, Wittgenstein sei nun bemüht, die wesentlichen Bestandteile von »p« zu erfassen. Diese werden jedoch als »ganz unwichtig« bezeichnet. Weshalb?

Eine mögliche Antwort auf diese Frage könnte lauten: Weil diese Abweichung zwischen der Möglichkeit von »p« und dem Sinn von »p« das pv (~) p zeigt. Das zeigt klar Wittgensteins Absicht: Er möchte von einer »unwesentlichen psychologischen Untersuchung« Abstand nehmen. Alles, was sich mit Seele, Subjekt und Psychologie be-

---

[168] Wittgenstein, Ludwig. TLP, 5.631.
[169] Wittgenstein, Ludwig. TLP, 3.12.
[170] Wittgenstein, Ludwig. TLP, 3.1.
[171] Wittgenstein, Ludwig. TB, 10.11.14.

schäftigt, wird von ihm, wie bereits erwähnt, als etwas beschrieben, das *keine tiefere* Untersuchung der Philosophie der Logik erlaubt. Satzformen wie »A glaubt, dass p der Fall ist.« oder »A denkt p.« usw. führen hier nicht weiter; sie sind nach Wittgenstein »*oberflächlich*, als stünde der Satz p zu einem Gegenstand A in einer Art von Relation«[172].

Man fragt sich nun, weshalb die Prinzipien der Psychologie so etwas überhaupt untersuchen und welche Alternative Wittgenstein vorschlägt. Seine Antwort lautet folgendermaßen: Das Problem sei »das Studium der Zeichensprache der Denkprozesse, welche die Philosophen für die Philosophie der Logik immer so wesentlich hielten«[173]. Auch wenn er sich mit dem Denken und den entsprechenden kognitiven Prozessen beschäftigt, vertritt Wittgensteins Theorie doch keinen psychologischen Standpunkt: Denkprozesse haben mit Logik nichts zu tun. Was er sucht und was er beweisen möchte – und hier zeichnet sich seine Alternative ab –, ist die *Realität des Sinnes des Satzes.* Diese ist aber »doch nichts anderes als seine Bestandteile, da wir doch alles Andere nicht wissen.«[174] Es wird also deutlich, weshalb die Realität des Satzes keinen Zusammenhang mit der Seele des Menschen hat: »[D]ie empirische Realität ist begrenzt durch die Gesamtheit der Gegenstände«[175], und selbstverständlich bezieht sie sich nicht auf etwas Geistiges oder Psychisches. Vielmehr bezeichnet sie »das Satzzeichen als Tatsache«. Dementsprechend nimmt Wittgenstein folgende Umwandlung vor: »›A glaubt, dass p, A denkt p, A sagt p‹ von der Form ›p‹ sagt p […] in die Zuordnung von Tatsachen durch Zuordnung ihrer Gegenstände.«[176]

Dass das Satzzeichen nicht wesentlich verschieden vom Wort ist,[177] stellt Wittgenstein als Freges und Russells Problem heraus. In den *Notes of Logic* von 1913 schreibt er: »Frege said ›propositions are names‹; Russell said ›propositions correspond to complexes‹. Both are false; and especially false is the statement ›propositions are names of complexes‹.«[178] Bei Wittgenstein kommt es zu keiner denotativen Namensbedeutung, vielmehr sind das Verb »bedeuten« und das Sub-

---

172 Wittgenstein, Ludwig. TLP, 5.541.
173 Ebd.
174 Wittgenstein, Ludwig. TB, 20.11.14.
175 Vgl. Wittgenstein, Ludwig. TLP, 5.5561.
176 Vgl. Wittgenstein, Ludwig. TLP, 5.542.
177 Vgl. Wittgenstein, Ludwig. TLP, 3.143.
178 Wittgenstein, Ludwig (1913) Appendix I, *Notes on Logic*, 97.

stantiv »Bedeutung« in unterschiedlicher Weise zu verwenden. Die »Bedeutung« hängt von Wahrheitsschemata ab, »wenn ›p‹, ›q‹, ›r‹, etc. nicht Elementarsätze sind«[179]. Dagegen wird »bedeuten« in seiner verbalen Form mit Bezug auf die Philosophie verwendet. So schreibt Wittgenstein, »das Wort ›Philosophie‹ muss etwas bedeuten«[180]. Gemäß dieser Nuancierung des Bedeutungsbegriffes bemüht sich Hülser zu zeigen, dass »Wittgenstein nach einer angemessenen Logiktheorie sucht und sie schließlich an der Aussage entfaltet«[181]. Hierbei kann der Psychologismus erneut keinen Platz finden, da er das »a priori« und den »transzendentalen« Zustand der logischen Gesetze negiert.[182]

Bekanntlich wendet sich auch Frege in seinen *Grundlagen der Arithmetik* von 1884 gegen den Psychologismus. Sein Vorwort enthält drei Grundsätze, aus denen sich die Untersuchung seiner Prinzipien strukturieren lässt:

A) Es ist das Psychologische von dem Logischen, das Subjektive von dem Objektiven scharf zu trennen;
B) nach der Bedeutung der Wörter muss im Satzzusammenhange, nicht in ihrer Vereinzelung gefragt werden;
C) der Unterschied zwischen Begriff und Gegenstand ist im Auge zu behalten.[183]

---

[179] Wittgenstein, Ludwig. TLP, 5.31.
[180] Wittgenstein, Ludwig. TLP, 4.115.
[181] Hülser, K. (1979), 43. Zur Vertiefung der Kritik Wittgensteins an Russell vgl. Gabrielli, Paolo (2004) *Sinn und Bild bei Wittgenstein und Benjamin*, Peter Lang, Frankfurt am Main. Gabrielli fasst Wittgensteins Kritik an Russell in drei Punkten zusammen: a) Alle Sätze der Logik sind gleichberechtigt und es gibt unter ihnen keine wesentlichen Grundgesetze und abgeleitete Sätze (TLP, 6.127); b) die Wirklichkeit enthält keine Hierarchie der Elementarsätze (Vgl. TLP, 5.556); c) Die Hierarchien sind von der Wirklichkeit unabhängig. Wittgenstein stellt fest, der extralogische Verweis sei überflüssig, da die Logik »für sich selber sorgen« müsse. (Vgl. TLP, 3.332)
[182] Medina, José (2003) *Wittgenstein and Nonsense: Psychologism, Kantianism, and the Habitus*, International Journal of Philosophical Studies 11, no. 3, 294. Wittgenstein selber wendet sich gegen die moderne Erkenntnistheorie, deren Vertreter Moore und Russell sind. Vgl. Wittgenstein, Ludwig. TLP, 5.541.
[183] Schulte, Joachim (2009) *Die Grundlagen der Arithmetik: Eine logisch-mathematische Untersuchung über den Begriff der Zahl*, Reclam, Stuttgart, X.

Wie gezeigt wurde, schließt sich Wittgenstein dieser Position an, wenngleich es wesentliche Differenzen zwischen Frege und Wittgenstein im Blick auf die Logik gibt.[184] Nichtsdestotrotz schält Jóse Medina sorgfältig folgende Ähnlichkeit zwischen beiden heraus: »[B]oth shared the view that logic is transcendental and its laws are constitutive of what is thinkable and expressible in language.«[185] Dieser Überlegung kann man sich anschließen und daran erinnern, dass es eine der Grundlagen des *Tractatus* darstellt, dass »das logische Bild der Tatsachen der Gedanke ist«[186]. Wenn aber zum Gedanken diese Eigenschaft gehört – nämlich ein logisches Bild der Tatsachen zu sein –, dann bedeutet dies, dass die Logik auch etwas mit der Wirklichkeit gemein haben muss,[187] da das Bild zugleich die Form der Wirklichkeit ist. Im Grunde bildet »das logische Bild auch die Welt ab«[188]. Eben dieses entspricht den Gedanken, insofern daraus nicht nur »die Sachverhalte« denkbar sind,[189] sondern auch die Gesamtheit des wahren Denkens, das als Bild der Welt erkennbar wird.[190]

---

[184] In *Sense and Reference* gründet Frege seine Unterscheidung zwischen Sinn und Bedeutung auf der Identitätsaussage. So beziehe sich die Beziehung zwischen a = b »only to its mode of designation«. Dennoch drückt sie ihre Bedeutung nicht aus. Im Grunde ist die Bedeutung eines Zeichens als »bezeichnet« zu verstehen, wodurch der Sinn die Modalität aufzeigt, der gemäß das Zeichen »das Bezeichnete« gibt. Damit lässt sich der Unterschied zwischen Frege und Wittgenstein als doppelseitig aufweisen. Wie Hülser betont, betrifft ein erster Punkt ihrer Differenz die Identitätsaussagen, die von Wittgenstein in die Bipolarität der Sätze transformiert ist: Die Sätze haben eine »Bedeutung«; »Nur der Satz hat Sinn; nur im Zusammenhang des Satzes hat ein Name Bedeutung« (TLP, 3,3). Anhand seines Napoleonbeispiels veranschaulicht Frege Folgendes: Ein Nebensatz hat für sich allein als »Sinn einen vollständigen Gedanken«. In seiner Bedeutung erkennt Frege einen Wahrheitswert; dennoch besagt das, dass der andere Teil des Satzes auch einer Falschheit entsprechen kann. Selbstverständlich grenzt sich Wittgenstein in seinem *Tractatus* von dieser Behauptung ab. Für ihn sind »die Wahrheitsmöglichkeiten der Elementarsätze die Bedingungen der Wahrheit und Falschheit der Sätze«. So kann nicht nur kein Nebensatz allein einem Sinn entsprechen, sondern er drückt auch immer entweder eine Wahrheit oder eine Falschheit aus. Diese stellen ihre Werte dar. Vgl. Gottlob Frege. *Sense and Reference, the philosophical Review*, vol. 57, No 3., May 1948, 209–230; Hülser, K. (1979), 40. Zu Wittgenstein und Frege vgl. Carl, Wolfgang (1982) *Sinn und Bedeutung: Studien zu Frege und Wittgenstein*, Philosophie: Analyse und Grundlegung, Hain, Königstein im Taunus.

[185] Medina, J. (2003), 294.

[186] Vgl. Wittgenstein, Ludwig. TLP, 3.

[187] Vgl. Wittgenstein, Ludwig. TLP, 2.18.

[188] Vgl. Wittgenstein, Ludwig. TLP, 2.19.

[189] Vgl. Wittgenstein, Ludwig. TLP, 3,01.

[190] Vgl. Wittgenstein, Ludwig. TLP, 3.02.

Darauf basierend lässt sich eine Parallele zu Heidegger vorschlagen.[191] Wie schon gezeigt, verfügt die Welt nach Wittgensteins Auffassung über einen onto-logischen Aufbau,[192] der zum Subjekt »auf seiner Grenze« gehört: »[D]ass die Welt meine Welt ist, zeigt sich darin, dass die Grenzen der Sprache (der Sprache, die allein ich verstehe) die Grenzen meiner Welt bedeuten.«[193] Dennoch ist die Untersuchung ihres Wesens – im Unterschied zu derjenigen des Subjektes – auf *ihre logische Struktur* zurückzuführen. So wird die Sprache mit der Welt gegeben und anhand ihrer Grenze die transzendentale Grenze der Welt definiert. Diesbezüglich besteht die Möglichkeit, eine Verbindung zwischen »Denken«, »Sprache« und »Welt« in Betracht zu ziehen, wodurch nicht nur Descartes' *cogito* zurückgewiesen, sondern auch eine Sinntheorie entfaltet wird, die den Sinn des Satzes durch die in der Sprache vorgestellte Welt wiedererkennbar macht.

Wittgensteins Auseinandersetzung mit Descartes wird durch die folgenden beiden Aspekte motiviert:

A) Die Sprachfunktion verbindet den Gedanken mit der Welt.[194]
B) Zwischen Subjekt und Welt entsteht eine Verbindung.[195]

Der erste Punkt (A) lässt sich wie folgt entwickeln: Fasst man das Denken als »eine Art Sprache« auf, so könnte man den Gedanken auch als logisches Bild des Satzes betrachten.[196] Daraus würde sich eine Korrespondenz zwischen Gedanken und Sprache ergeben, die eine Verbindung der Sprache zum *cogito* als *fundamentum inconcus-*

---

[191] Bekanntlich bedeutet nach Heidegger zu existieren, sich der Welt ›vorherzuwerfen‹; insofern lässt sie sich als eine Bestimmung des Seins des Daseins charakterisieren. Vgl. Heidegger, Martin. *Die Grundprobleme der Phänomenologie*, GA24, 239; 420.

[192] Vgl. Wittgenstein, Ludwig. TLP, 3,01.

[193] Vgl. Wittgenstein, Ludwig. TLP, 5.62.

[194] Vgl. Wittgenstein, Ludwig. TLP, 4.26 »Die Welt ist vollständig beschrieben durch die Angaben aller Elementarsätze plus der Angabe, welche von ihnen wahr und welche falsch sind;« Vgl. TLP, 5.4711 »Das Wesen des Satzes angeben, heißt, das Wesen aller Beschreibungen angeben, also das Wesen der Welt«.

[195] Vgl. Wittgenstein, Ludwig. TB. 2.8.16 »Wie das Subjekt kein Teil der Welt ist, *sondern eine Voraussetzung ihrer Existenz*, so sind Gut und Böse, Prädikate des Subjekts, nicht Eigenschaften der Welt.«; Vgl. TB. 02.09.16 »der menschliche Körper aber, mein Körper insbesondere, ist ein Teil der Welt unter anderen Teilen der Welt, unter Tieren, Pflanzen, Steinen etc. etc.«

[196] Vgl. Wittgenstein, Ludwig. TB. 12.09.16.

Manuela Massa

sum ausschließt. Wie Heidegger zu bedenken gibt, beansprucht Descartes, aus dem etablierten Unterschied zwischen *res cogitans* und *res extensa* die radikale Lösung für das Problem von »Ich und Welt« gefunden zu haben.[197] Das Verhältnis zwischen beiden – dem Ich und der Welt – wurde jedoch, wie im vorangehenden Abschnitt gezeigt, nicht gelöst. Vielmehr ergab sich eine Substanzialisierung sowohl der *res cogitans* als auch der *res extensa*, denen am Ende derselbe Seinssinn zugesprochen wird. Dagegen zeigt Heideggers Analyse, dass die Welt nicht als etwas fassbar ist, das die Eigenschaft des Vorhandenseins hat, sondern nur als etwas aufgewiesen werden kann, das sich in seiner *Erschlossenheit* zeigt.[198] Im Gegensatz dazu erfasst Descartes das Sein des Daseins auf dieselbe Weise wie das Sein der *res extensa*, nämlich als Substanz.[199]

Wittgenstein schließt sich Heideggers Überlegung an: Gedanken und die Welt als »Vorhandenheit« können nicht zusammengebracht werden. Die bestehenden Gedanken (*cogitationes*, Vorstellungen) entsprechen keinen seelischen Entitäten oder Vorkommnissen: »Gedanke« ist bei Wittgenstein der sinnvolle Satz.[200] Dieser stimmt mit angewandten gedachten Satzzeichen überein,[201] die sich wiederum zur Welt in einer *projektiven* Beziehung befinden.[202] Es geht also in keiner Hinsicht um Substanz. Man könnte demnach argumentieren, dass bei Descartes und Wittgenstein der Gedanke seine Vervollständigung erst in der Sprache erhält.

Obgleich eine oberflächliche Analyse zu diesem Ergebnis führen könnte, besteht zwischen Descartes' Maxime *cogito ergo sum* und dem Gedanken bei Wittgenstein ein wesentlicher Unterschied. Zwar könnte man behaupten, dass es im Blick auf den Zusammenhang zwischen »Gedanke« und »Sprache« eine Übereinstimmung gebe, da die Sprache das Wesen des Menschen anzeige: »Der Mensch besitzt die

---

[197] Vgl. Heidegger, Martin. Sein und Zeit, GA2, 98.
[198] Vgl. Heidegger, Martin. *Sein und Zeit*, GA2, § 28, 29. Auch Rentsch fokussiert sich auf Heideggers Analyse von Descartes und seine entsprechende Kritik. Vgl. Rentsch (2003), 105–108.
[199] Vgl. Heidegger, Martin. *Sein und Zeit*, GA2, 98.
[200] Wittgenstein, Ludwig. TLP, 4.
[201] Wittgenstein, Ludwig. TLP, 3.5. »Das angewandte, gedachte, Satzzeichen ist der Gedanke.«
[202] Wittgenstein, Ludwig. TLP, 3.12. »Das Zeichen, durch welches wir den Gedanken ausdrücken, nenne ich das Satzzeichen. Und der Satz ist das Satzzeichen in seiner projektiven Beziehung zur Welt.«

Fähigkeit Sprache zu bauen.«[203] Doch auch wenn diese Begegnung zwischen Gedanke und Sprache existierte –»das Zeichen, durch welches wir den Gedanken ausdrücken, nenne ich das Satzzeichen. Und der Satz ist das Satzzeichen in seiner projektiven Beziehung zur Welt«[204] –, übernimmt doch nach Wittgenstein die Sprache eine *aktive* Rolle, die Descartes übersieht: Für ihn bedeutet die menschliche Sprache lediglich eine Art äußerer Beweis für die Existenz eines Geistes. So dienen im *Discours* »les paroles«, »les signes«, genauer das sog. arbiträre Zeichen, als Argument für die Abgrenzung des Menschen von bloßen Automaten.[205] Wittgenstein schlägt jedoch eine andere Richtung vor. Das Zeichen, »durch welches wir den Gedanken ausdrücken […] ist als Satz-zeichen« erkannt.[206] Zum Satz gehört aber »alles, was zur Projektion gehört; aber nicht das Projizierte«, nämlich der Gedanke.[207] Der Satz als Bild der Wirklichkeit[208] beschreibt die Wirklichkeit nach seiner internen Eigenschaft.[209] Diese Annahme Wittgensteins ermöglicht es, weiter zu entwickeln, dass die Sprache eine Wiedergabe der äußeren Wirklichkeit sei. Descartes' *res cogitans* findet innerhalb dieses Systems keinen Platz: Das »denkende, vorstellende Subjekt [gibt] es nicht.«[210] Die Welt kann in ihrer empirischen Form nur Tatsachenbeschreibungen leisten; somit korrespondieren die Bedingungen ihrer Erkenntnis einer dualen Projektion auf die Welt, die das Subjekt als bevorzugtes »Mittel« nutzt, um sie zu erlangen. »[W]enn ich etwas bewege, so bewege ich mich […] wir fühlen uns sozusagen für die Bewegung verantwortlich.«[211] All dies geschieht jedoch durch den Willen des Subjekts in seinem Verhältnis zur Welt, »mein Wille greift irgendwo in der Welt an, und an anderen greift er wieder nicht an«[212]. Andererseits stellt sich eben

---

[203] Wittgenstein, Ludwig. TLP, 4.002.
[204] Wittgenstein, Ludwig. TLP, 3.12.
[205] Vgl. Descartes, René (1990) *Discours de la méthode Descartes: Texte Intégral.* Brauns, Eric (Hrsg), Profil: Textes Philosophiques 751. Hatier, Paris, BD5, 56. Zur Bedeutung von Descartes innerhalb der französischen Aufklärung vgl. Thern, Tanja (2003) *Descartes im Licht der französischen Aufklärung. Studien zum Descartes-Bild Frankreichs im 18. Jahrhunderts.* Palatina, Heidelberg.
[206] Vgl. Wittgenstein, Ludwig. TLP, 3.12.
[207] Wittgenstein, Ludwig. TLP, 3.13.
[208] Wittgenstein, Ludwig. TLP, 4.14.
[209] Vgl. Wittgenstein, Ludwig. TLP, 4.023.
[210] Vgl. Wittgenstein, Ludwig. TLP, 5.631.
[211] Vgl. Wittgenstein, Ludwig. TB, 04.11.16
[212] Ebd.

diese Weltstruktur selbst infrage: »[D]ie Welt ist durch die Angaben aller Elementarsätze vollständig beschrieben.«[213] Hier darf wiederum nicht vergessen werden, dass das Subjekt nicht zur Welt gehört, sondern auf ihrer »Grenze« positioniert ist.[214]

Deshalb (und dies betrifft den zweiten Punkt B: »Zwischen Subjekt und Welt entsteht eine Verbindung«) muss die Aufmerksamkeit nun auf die Frage gerichtet werden, was im *Tractatus* unter »Sprache« verstanden wird. »Die Sprache« gründet sich auf die Gesamtheit ihrer Sätze,[215] wobei diesen als Tautologien der Logik zu begegnen sei, was die Welt in ihrer formal-logischen Eigenschaft verlange.[216] Grundsätzlich stelle die logische Form ein Bild zur Verfügung, um die Falschheit oder Wahrheit eines Satzes sowie dessen Anknüpfung an die Wirklichkeit zu bewerten, wodurch sich die Möglichkeit ergebe, eine *Korrespondenz* zwischen beiden Elementen zu entfalten. Also könne ein (Elementar-)Satz entweder *falsch* oder *wahr* sein.[217] Eine Kongruenz zwischen Tatsache und Satz bestehe nur, wenn beide isomorph seien, d. h., wenn ihnen eine gemeinsame logische Form eigne. Die Gesamtheit dieser beiden Elemente sei in der Sprache ersichtlich.[218]

Infolgedessen findet man bei Wittgenstein genauso wie bei Heidegger noch eine weitere Abweichung, die zur Überwindung des car-

---

[213] Vgl. Wittgenstein, Ludwig. TLP, 4.26.

[214] Vgl. Wittgenstein, Ludwig. TLP, 5.632.

[215] Vgl. Wittgenstein, Ludwig. TLP, 4.001.

[216] Vgl. Wittgenstein, Ludwig. TLP, 6,12,

[217] »Die Angabe aller wahren Elementarsätze beschreibt die Welt vollständig. Die Welt ist vollständig beschrieben durch die Angaben aller Elementarsätze plus der Angabe, welche von ihnen wahr und welche falsch sind.« Vgl. Wittgenstein, Ludwig. TLP, 4.26.

[218] Trotz Russells Verdienst, gezeigt zu haben, dass eine scheinbar logische Form und ein Satz nicht mit der Wirklichkeit zusammenfallen – weshalb Namen als vollständige inhärente Symbole in der Wirklichkeit verwendbar sind –, vermag Wittgenstein Russells Position umgehend zu widerlegen; denn wenn es um Sätze gehe, so gebe es keine Notwendigkeit, über die Bedeutung eines Zeichens zu reden (Vgl. TLP, 3.331): Kein Zeichen kann über sich selbst sprechen, da es nicht in sich selbst enthalten ist. Demzufolge sei kein Satz in der Lage, etwas über sich selbst auszusagen. Würde man Russells Standpunkt folgen, könne man nicht begreifen, dass es keine Bedingung gibt, eine *neue logische* Sprache zu schaffen; sie sei bereits einzig, sie verkleide den Gedanken (TLP, 4.002) und sei mit-konstitutiv für unser Wesen (Vgl. TB, 14.05.15). Auch wenn ihre *interne* Relation zur Welt die logischen Möglichkeiten der Tatsache bestimme, seien es die Sätze, die den Zusammenhang mit dem Weltbild konstituieren und denen die Logik innewohnt.

tesianischen Dualismus führt. Es gibt keine Möglichkeit, eine Trennung zwischen *res cogitans* und *res extensa* vorzunehmen, denn »das philosophische Ich ist nicht der Mensch, nicht der menschliche Körper oder die menschliche Seele mit den psychologischen Eigenschaften, sondern das metaphysische Subjekt, die Grenze (nicht ein Teil) der Welt.«[219] Was möchte Wittgenstein damit sagen? Wie gewinnt man den Zusammenhang zwischen Welt und Subjekt, wenn dieses nicht zur Welt gehört? Und wie kann man schließlich einen Anknüpfungspunkt an Heidegger finden?

Wie bereits gezeigt, steht für beide die Sprache in einer Verbindung zur Welt. Alles, was den Sinn eines Satzes betrifft, ist aus Sätzen der gestalteten Sprache geformt. Das Ab-bilden der empirisch gegebenen Welt durch die Sprache erhält aus diesem Grund eine Bestätigung in der äußeren Wirklichkeit.[220]

Der nächste Abschnitt wird sich diesen Fragen widmen. Damit wird demonstriert, weshalb Heidegger und Wittgenstein überhaupt die Notwendigkeit verspüren, das vor-theoretische Sprachphänomen zu untersuchen. Es wird also nicht nur gezeigt, wie die Welt außerhalb der Subjektivität existieren kann – es werden zugleich die natürlichen Gesetze aufgewiesen, welche nach Wittgenstein das Vor-theoretische begründen.

---

[219] Wittgenstein, Ludwig. TB, 2.9.16.
[220] Wittgenstein, Ludwig. TLP, 4.021. »Der Satz ist ein Bild der Wirklichkeit: Denn ich kenne die von ihm dargestellte Sachlage, wenn ich den Satz verstehe. Und den Satz verstehe ich, ohne dass mir sein Sinn erklärt wurde.«

4. Das Vortheoretische bei Heidegger und Wittgenstein

Heideggers und Wittgensteins Kritik an Descartes ermöglicht es, ein neues Paradigma für das Verhältnis zwischen Subjekt und Welt zu gewinnen. Dieses befindet sich nach Wittgensteins Ansicht auf der Grenze der Welt. Man ahnt somit, dass es nur auf die Welt *projiziert* werden kann. Diese Vermutung wird durch folgende Worte bestätigt: »Trotzdem es ist wahr, dass ich das Subjekt nicht sehe. Es ist wahr, daß das erkennende Subjekt nicht in der Welt ist, daß es kein erkennendes Subjekt gibt. Ich kann mir jedenfalls *vorstellen*, daß ich den Willensakt ausführe.«[1] Diese Worte Wittgensteins bahnen erneut eine Parallele zu Heidegger: Das Subjekt entspricht keinem Vorhandensein in der Welt, wie es von Kant und in der Antike gedacht wurde. Es ist kein ὑποκείμενον, kein *subjectum*, dem der Charakter der οὐσία – was Heidegger mit »Anwesen« übersetzt –[2] zugehört.

Wie soll die Beziehung zwischen Subjekt und Welt aber interpretiert werden, wenn es kein »vorhandenes« Subjekt gibt? Heidegger und Wittgenstein vertreten in ihrer Antwort auf diese Frage dieselbe Position: Um von einem Subjekt sprechen zu können, muss zunächst die Rolle der Sprache überdacht werden. Dies ist aber nur unter Ausklammerung der Psychologie möglich – »gerade psychologische und historische Untersuchungen über die Sprache gehören nicht in eine Sprachphilosophie«[3]. Psychologie ist seit Descartes, so Heidegger, »wesentlich Wissenschaft vom Bewusstsein«.[4] Diese verfiel in der Entwicklung der neuzeitlichen Philosophie der naturwissenschaftlichen Methodik, so dass »von einem zweiten Einbruch der naturwissenschaftlichen Methoden in der Erforschung des Physi-

---

[1] Wittgenstein, Ludwig. TB, 20.10.16.
[2] Heidegger, Martin. *Die Grundprobleme der Phänomenologie*, GA24, 450.
[3] Heidegger, Martin. *Frühe Schriften*, GA1, 540.
[4] Heidegger, Martin. *Logik. Die Frage nach der Wahrheit*, GA21, 36.

schen gesprochen werden muß.«[5] Heidegger fügt noch hinzu, dass man »heute« die Aufgabe der Psychologie als klare Disziplin nicht mehr einheitlich fassen und umgrenzen könne.

Auf dieselbe Unklarheit der Psychologie weist auch Wittgenstein hin:

> Die Psychologie ist der Philosophie nicht verwandter als irgendeine andere Naturwissenschaft. Erkenntnistheorie ist die Philosophie der Psychologie. Entspricht nicht mein Studium der Zeichensprache dem Studium der Denkprozesse, welches die Philosophen für die Philosophie der Logik für so wesentlich hielten? Nur verwickelten sie sich meistens in unwesentliche psychologische Untersuchungen und eine analoge Gefahr gibt es auch bei meiner Methode.[6]

Diese Worte fassen die Überzeugung Wittgensteins unmissverständlich zusammen: Fragestellungen, die zur Gestaltpsychologie gehören, können keine Antworten im Blick auf Worte, Figuren oder Zahlen geben. Und diese sind die eigentlichen Untersuchungsobjekte in Wittgensteins frühem Denken.[7]

Welche Herangehensweise schlagen Heidegger und Wittgenstein vor, um das Problem des Psychologismus zu umgehen? Das nächste Kapitel wird die Antwort auf diese Frage zum Zentrum haben. Es wird gezeigt, dass und wie das Vor-prädikative eine erste Strategie zur Überwindung des Psychologismus bereitstellt. Strukturell gesehen wird dieses Problem somit vorerst in die Untersuchung der Sprache integriert.

4.1 Heideggers Weg zum »σημαίνειν«

> Wir stehen an der methodischen Wegkreuzung, die über Leben und Tod der Philosophie überhaupt entscheidet, an einem Abgrund: entweder ins Nichts, d. h. der absoluten Sachlichkeit, oder es gelingt der Sprung in eine andere Welt, oder genauer: überhaupt erst in die Welt.[8]

---

[5] Ebd.

[6] Vgl. Wittgenstein, Ludwig. TLP, 4.1121.

[7] Vgl. Kerger, Henry (2004) *Wille als Sprechakt und Entscheidung: Die psycho-physischen Grundlagen des Handelns bei Nietzsche*, Königshausen und Neumann, Würzburg, 372.

[8] Heidegger, Martin. *Zur Bestimmung der Philosophie*, GA56/57, 63.

Was hält Heidegger für so entscheidend für das Schicksal der Philosophie? Christian Stahlhut gibt uns einen wichtigen Hinweis: Heidegger habe sich schon als Student zu einer »energischen Abkehr vom Psychologismus«[9] bekannt. Was aber ist am Psychologismus so problematisch? Ein -ismus, so Heidegger, bedeute immer die Betonung eines berechtigten oder unberechtigten Vorrangs von etwas. So werde mit dem Psychologismus ein Vorrang der Psychologie zum Ausdruck gebracht, und zwar »im Hinblick auf die Logik und ihre Aufgabe«[10]. Heidegger ist also der Meinung, dass der bestehende Mangel an einer eindeutigen, einstimmigen Definition der Logik das Fortschreiten der Forschung in ihrem Gebiet nicht beeinträchtigen könne.[11] Diese Voraussetzung verlange jedoch eine »energischen Abkehr« vom Psychologismus, den Heidegger als eine »eigentümlich chaotische« Entwicklung innerhalb der Psychologie beschreibt, die ganz unterschiedliche Disziplinen wie Anthropologie, die sog. Parapsychologie, Psychopathologie usw. umfasse.

So stelle der Psychologismus »das Vorwalten psychologischer Prinzipien, Methoden und Begründungsweisen im Betrieb der Logik« dar. Denn die Logik handle vom Denken und dieses sei »einzuordnen in jenen Tatsachenkomplex, der als Gesamtheit der psychischen Vorgänge sich darstellt«[12]. Unter diesen Annahmen avanciert die Psychologie zu einer Art Grundwissenschaft der Logik. Dagegen betont Heidegger, die Logik sei als »Theorie der Theorie« zu identifizieren, nämlich als eine Wissenschaftslehre. Diese zeige neben dem Ur-theoretischen »die fundamentalen Begriffe (Kategorien), deren Beziehung und Systematik die logische Struktur der Einzelwissenschaften, die unterschiedenen Momente ihres Aufbaues und ihrer Methode auf«[13]. Die logischen Gebilde, so Heidegger im Anschluss an Duns Scotus, »haben eine eigene Wirklichkeit, wenn sie auch nicht sprachlich zum Ausdruck gebracht werden«[14]. Für ihre Geltung benötigen sie die Sprache nicht, da ihr Sinn als etwas »Früheres« bezeichnet werden könne, als etwas, das schon *vor* einer ausdrücklichen Aussage gegeben ist.[15] Wie können die logischen Gebilde aber dann »gewonnen« wer-

---

[9] Vgl. Stahlhut, C. (1986), 29.
[10] Vgl. Heidegger, Martin. *Logik. Die Frage nach der Wahrheit*, GA21, 34.
[11] Vgl. Heidegger, Martin. *Frühe Schriften*, GA1, 18.
[12] Vgl. a. a. O., 20.
[13] Vgl. a. a. O., 23.
[14] Vgl. a. a. O., 291.
[15] Vgl. a. a. O., 297.

den? Was sich »primär« identifizieren lasse, so Heidegger, sei die »Bedeutung im Vergleich mit dem Urteil«[16]. Um das zu erkennen, seien aber keine genetischen Prinzipien nötig, denn diese verhelfen nicht dazu, die Erkenntnis eines Gegenstandes zu gewinnen. Vielmehr kehre sich die Frage zu ihrem *teleologischen* Verstehen um. Vom Standpunkt der Logik aus könne man durchaus den Weg zu ihrem »wahren ›Ursprung‹ erreichen«[17].

Die Bedeutungsformen unter dem Gesichtspunkt der »logischen Dignitätsstelle« erweisen sich als Vehikel der Sprachgebilde; diese werden innerhalb der Naturwirklichkeit angenommen und als Projektionen auf die Gegenstandswelt verstanden. Ihre Struktur ermöglicht jedoch weder einen Anschluss an die Naturwirklichkeit noch an eine übersinnlichen Wirklichkeit.[18]

Daher gilt es nach Heidegger, »die Vorgriffe noch schärfer zur Abhebung zu bringen, zu Motiv, Sinn und Tragweite der Richtungsnahme auf sie vorzudringen«[19]. Aus diesem Grund wird ihr sprachlicher Gebrauch in der Form eines Ausdrucks hervorgehoben; diese Annahme hebt *möglicherweise* nicht sinngemäße Forderungen ins Bewusstsein. Indiziert ist zumindest, dass sie nicht auf ihre philosophische Relevanz und Ursprünglichkeit zu prüfen sind, um ihre immanenten Intentionen zu beurteilen. Allerdings ist klar, dass diese Vorgriffe überall in der faktischen Lebenserfahrung stattfinden. So bezeichnet Heidegger die Problematik des Vorgriffs als eine solche der »Methode«, nämlich je hinsichtlich seiner »Ursprünglichkeit«, Tendenz, regionalen Orientierung und Theoriestufe.[20] Diesbezüglich bemüht sich Mario Fischer zu zeigen, dass im Sinne Heideggers ein sprachlicher Ausdruck durch »Worte« erfolge. Wenn aber den Worten eine Bedeutung zukommt, dreht sich die Frage letztlich um Begriffe. Da diese wiederum den Charakter der Allgemeinheit tragen, lässt sich ihre Struktur als objektiv und theoretisch erkennen.[21] Ein »Sprachausdruck« dagegen bedürfe dieser Eigenschaften *gerade*

---

[16] Vgl. a.a.O., 292.

[17] Vgl. a.a.O., 305.

[18] Vgl. Stahlhut, C. (1986), 32.

[19] Vgl. Heidegger, Martin. *Wegmarken*, GA9, 9.

[20] Ebd.

[21] Vgl. Fischer, Mario (2013) *Religiöse Erfahrung in der Phänomenologie des frühen Heidegger*. Forschungen zur systematischen und ökumenischen Theologie 130, Vandenhoeck & Ruprecht, Göttingen, 173.

nicht, da er ursprünglich »erlebend«, vorwelthaft bzw. welthaft sei.[22] Innerhalb dieser »vor-welthaften« und »welthaften« Bedeutungs-funktionen gelange man zum »Wesentlichen an sich«, was zugleich besage, Ereignischaraktere auszudrücken, die »mit dem Erleben« mit-gehen, im Leben selbst ›mitleben‹.[23]

Die Funktion der »Bedeutung« erkennt Heidegger im λόγος. In-sofern ein Seiendes entdeckt ist – »aus dem Wozu seiner Dienlichkeit her« –, ist es schon »in eine Deutung gestellt – es ist be-deutet«[24]. Das besagt, dass die Deutung und die Bedeutung »zuerst« gegeben sind. Und dieses orientierte Sein zu den Dingen kann durchaus bestimmt werden. Die Menschen *bewegen* sich in dieser Struktur »des etwas als etwas«, die Heidegger als »Als-Struktur« bezeichnet und in der un-mittelbar eine Bezugnahme zur Prädikation ersichtlich ist. Im Grun-de lässt sich diese Struktur in ihrem vor-prädikativen Charakter er-kennen.

Folgendes Beispiel veranschaulicht,[25] was Heidegger mit dieser Als-Struktur meint: Man sitzt vor einer grünen Tafel. Spricht man *über* diese Tafel, wird ihre Farbe *als* grün bezeichnet. Heidegger er-kennt in diesem »als« keine Prädikation qua Prädikation, sondern etwas, dass *vor* ihr liegt. Dieses ermöglicht seiner Ansicht nach aller-erst die Prädikationsstruktur. Zur Prädikation gehört diese »Kon-struktion« in abgeleiteter Weise, da sie letztlich ein »Erfahren« ist.[26] Entsprechend sind die Dinge, mit denen wir zu tun haben, wie z.B. Tische, Stifte, Flaschen usw., in ihrer *ursprünglichen* Weise ein »Neh-men-als«, in welchem ihr Als-Charakter nicht ausdrücklich werden kann. Dem kann man entnehmen, dass die Als-Struktur nicht zum thematisch Erfassten gehört, auch wenn dieses im Zuge und in der Richtung nicht unmittelbar »ein Erfassen von Tisch, Stuhl und der-gleichen«[27] ist.

Damit visiert Heidegger die Ursprünglichkeit des schlichten Nehmens, des Habens von etwas im Zu-tun-Haben mit etwas »als

---

[22] Vgl. Heidegger, Martin. *Zur Bestimmung der Philosophie*, GA56/57, 117.
[23] Daher lässt sich ihre Tendenz nachvollziehen: Sie sind ›vorgreifend‹ und zugleich »rückgreifend« im Leben selbst. Woraus beziehen sie jedoch ihre Bedeutung? Heideg-gers Antwort ist lapidar: aus etwas Originärem, der Welthaftigkeit des »erlebten Er-lebnisses«. Vgl. Heidegger, Martin. *Zur Bestimmung der Philosophie*, GA56/57, 117.
[24] Vgl. Heidegger, Martin. *Logik. Die Frage nach der Wahrheit*, GA21, 144.
[25] A.a.O., 145.
[26] Ebd.
[27] Ebd.

etwas« an. Diese bedarf als freies Erfassen einer besonderen Umstellung, einer reinen Empfindung, die nur »reduktiv ist von als-haftem Erfahren«. Somit ist das als-hafte Erfahren das *Primäre*.[28] Kurz: Das Bedeuten kommt der Als-Struktur zu und vollzieht sich primär als ein Zu-tun-haben mit (etwas). Damit zeichnet sich der Zusammenhang zwischen Aussage und Bedeutung ab. Im als-haften Erfahren haben wir das Bedeutete schon immer ›als etwas‹ verstanden; es prägt unser Sein in der Welt, was nichts anderes ist als ein immer schon »verstehendes Sichbewegen« in diesen Weisen des Seins.[29] So *deutet* ein Wort *auf* etwas im Sinne des Be-deutens,[30] aber dieses bewegt sich im Ganzen der Daseinswelt, wie Heidegger festhält: »[D]as verstehende Bedeuten [richtet] sich primär weder auf Einzeldinge noch auf allgemeine Begriffe [...], sondern lebt in der nächsten Umwelt und Welt im Ganzen.«[31] Im verstehenden Bedeuten geschieht ein Aufschluss von Welt, der in sich verständlich ist und in dem sich das Dasein selbst bewegt. Dieser Aufschluss repräsentiert die Entdeckung der jeweiligen Bewandtnis, in der das Seiende *als* Seiendes anwesend ist, so dass man sagen kann: Der Aufschluss von Welt wird als Bedeutung ›besitzbar‹, nämlich in Form der Verständlichkeit, in der sich das Dasein bewegt.[32]

Diese Voraussetzungen lassen das Phänomen der Bedeutung hervortreten: Bedeutung hängt mit »Bewandtnis« zusammen. Das Seiende *zeigt sich* in der Welt des Daseins. Dennoch indizieren die Bedeutungen, in denen das Dasein lebt, *zugleich*, in welcher Bewandtnis die Möglichkeit besteht, dass ein Seiendes sich zeigt.[33] Der Mensch lebt in Bedeutungen, insofern er etwas *als* etwas in seiner Funktion des ›Wozu‹ versteht.[34]

Grundlegend für all das ist, dass Heidegger die Grundstruktur der Logik als »Wissenschaft der Rede« deutet, in der das Objekt der Untersuchung das menschliche Dasein in seinem In-der-Welt-sein

---

[28] Ebd.

[29] A.a.O., 146.

[30] Vgl. Heidegger, Martin. *Platon: Sophistes*, GA19, 417.

[31] Vgl. Heidegger, Martin. *Logik. Die Frage nach der Wahrheit*, GA21, 151.

[32] Stahlhut, C. (1986), 72.

[33] Heidegger, Martin. *Logik. Die Frage nach der Wahrheit*, GA21, 151.

[34] Stahlhut gibt zu bedenken, dass Heidegger mit der Betonung der »Jeweiligkeit« die Bedeutung bei Husserl attackiert, denn die Bestimmung von allgemeinen Begriffen ist unvereinbar mit der Beobachtung »eines im jeweiligen Dasein beruhenden Bedeutungszusammenhangs«. Stahlhut, C. (1986), 74.

ist. Die Welt, die sich für das logische Denken gewissermaßen ›fixiert‹, setzt eine vor-logische Erfahrung des Seins voraus, die wiederum auf einem vor-begrifflichen Verstehen basiert.[35] Hier wird zugleich deutlich, dass und inwiefern Heidegger sich vom Theoretischen distanziert: Die Dinge gewinnen ihre Bedeutung dadurch, dass wir mit ihnen zu tun haben. Dieses Zu-tun-haben-mit bleibt auf einer pragmatische Ebene angesiedelt.

Im nächsten Abschnitt wenden wir uns wieder Wittgenstein zu. Auch er betrachtet im *Tractatus* die Sprache auf einer vor-theoretischen Ebene.

4.2 Das Vor-theoretische bei Wittgenstein: Die natürlichen Gesetze

Wittgenstein tritt demselben Problem entgegen wie Heidegger: Das Theoretische und die reine logische Folgerung können sich nur dann entfalten, wenn ihnen eine ›semantische Fülle‹ vorausgeht, d. h., wenn sie auf die vortheoretische Sphäre der Sprache rekurrieren. Entsprechend hängt das theoretische Ergebnis von seinem logischen präpositionalen Umstand und dessen Bezug zur Welt ab. Aus diesem Grund bilden sich die Induktionsgesetze weder in einer logischen Form mit einem apriorischen Inhalt ab noch in der Form von logischen Gesetzen; stattdessen sind sie *offenbar* ein sinnvoller Satz.[36] Grundsätzlich fundieren die elementaren Sätze, trotz ihrer Unabhängigkeit vom logischen Formstatus, das, was man im Allgemeinen als »empirisch« bezeichnet.

Das folgende Beispiel soll diese Beziehung zwischen Sätzen und empirischer Form erläutern: Nimmt man die Mengen »P« und »Q« und verwendet sie als Faktoren der elementaren Sätze und der empirischen Form, zeigt sich, dass es nicht möglich ist, P von Q zu deduzieren. Aus diesem Grund stammt das Empirische nicht aus den elementaren Sätzen.

---

[35] »The word, as fixed and stabilized for purposes of logical thinking, presupposes a pre-logical experience of being as meaningful.« Vgl. Mohanty, J. (1988) *Heidegger on Logic*, Journal of the History of Philosophy 26, no. 1., 127.

[36] »[D]as sogenannte Gesetz der Induktion kann jedenfalls kein logisches Gesetz sein, denn es ist offenbar ein sinnvoller Satz. – Und darum kann es auch kein Gesetz a priori sein.« Vgl. Wittgenstein, Ludwig. TLP, 6.31

Offensichtlich kann sich die Beziehung zwischen P und Q unterschiedlich gestalten, daher ist P ≠ Q und die Funktion {»P«,»Q«}z realisierbar, wenn der Bezug »z« nach {»P«,»Q«} das Wahrheitsschema von »z« erfüllt. Jede Funktion, die die ∃{»P«, »Q«} nach {P, Q} zugibt, benötigt somit eine Wahrheitsfunktion von »z«, sofern sich die Elementarsätze als grundlegend und sich selbst als induktiv bestimmen.[37] Daraus ergibt sich die Möglichkeit, die Grenzen der empirischen Realität mit der Gesamtheit der Elementarsätze aufzuzeigen.[38]

Wittgensteins Überlegung lässt sich in vier Punkten zusammenfassen:

A) Elementarsätze sind »einzig« in dem Sinn, dass kein anderer auf sie folgen kann.

B) Das Bestehen einer Sachlage impliziert kein Bestehen einer weiteren Sachlage.

C) Es gibt keinen Kausalnexus zwischen den beiden Mengen »P« und »Q«.

D) »z« als nichtleere Menge ermöglicht es, ihre Wahrheitsfunktion im Satz zu haben.

---

[37] Vgl. Rosso, Marino (1981) *Wahrheitsbegriffe im Tractatus*, Sprache und Erkenntnis als soziale Tatsache. Beiträge des Wittgenstein-Symposiums von Rom 1979, Schriftenreihe Der Wittgenstein-Gesellschaft 5. Hölder, Pichler, Tempsky, Wien, 36.

[38] Heidegger untersucht den kritischen Realismus und Idealismus in ganz ähnlicher Weise. Der Realismus fragt: Wie komme ich von der »subjektiven Sphäre« der Empfindungsdaten zur Außenwelt-Erkenntnis? Der kritisch-transzendentale Idealismus nennt das Problem: Wie komme ich, in der subjektiven Sphäre verbleibend, zu objektiver Erkenntnis? Vgl. Heidegger, Martin. *Zur Bestimmung der Philosophie*, GA56/57, 80. Dementsprechend zeigt sich die theoretische Problemstellung in beiden Standpunkten auf unterschiedliche Weise. Eine Erklärung dafür findet man in der Generalherrschaft des Theoretischen, die diese Problematik in ihrer tieferen Bedeutung strukturiert. Wenn »Objektivität« und »Realität« Bewusstseinskorrelate sind, dann gehören sie zum erkenntnistheoretischen Subjekt. Daher erscheint ihre Verabsolutierung unzureichend bezüglich der Gegenstände zu sein, da sie nur den Realitätsbegriff und zwar den der mathematischen Naturwissenschaft betrifft. So verbindet sich die Untersuchung ›Idealismus und Realismus‹ sowie ihre Verknüpfung mit der Außenwelt mit dem »Dasein« selbst. Daher ist der Ausgangspunkt dieses Problems das Umwelterlebnis. In der Tat ist das gegebene theoretische Umweltliche ›verbraucht‹, »es ist von mir, dem historischen Ich abgedrängt«, so dass das »es weltet« bereits nicht mehr primär ist. Vgl. Heidegger, Martin. *Zur Bestimmung der Philosophie*, GA56/57, 88.

Diese vier Punkte machen sowohl die Unmöglichkeit des formalen Aspekts dieser Inferenzen aus einer Formalisierung von elementaren Sätzen deutlich als auch ihre Konstruktion innerhalb einer theoretischen Form. Geht es um eine Wahrheitsfunktion, so kann es sie geben, wenn die Gegenstände, die durch sie eine Darstellung erfahren, eine logische Beziehung mit einem anderen festhalten *können*, so wie es zwischen Namen und Satz geschieht.[39]

Diese Regeln folgen weder einer reinen Kausalität noch existieren sie in einer Abhängigkeit zwischen Wahrheitswerten und empirischen Sätzen,[40] insofern »[d]er Glaube an den Kausalnexus [...] der *Aberglaube*«[41] ist. Daraus ergibt sich, dass die als objektiv aufgestellten Regeln nicht imstande sind, die Beziehung der sprachlichen Phänomene aufzuzeigen, da sie nur in Bezug auf die Sätze verwendet werden dürfen. Infolgedessen rekurriert auch Wittgenstein – wie Heidegger – in einem gewissen Sinn auf einen »Ursprung«, der die *vor-theoretischen Aspekte des Erkennens in seinem Verhältnis zur Sprache* zum Zentrum hat. So darf bei einem logischen syntaktischen Zusammenhang die *Bedeutung* eines Zeichens keine Rolle spielen, sie muss sich aufstellen lassen; nur der Satz hat Sinn, nur im Zusammenhang des Satzes hat ein Name Bedeutung.[42] Als Resultat ergibt sich die von Wittgenstein formulierte Kritik bezüglich des Psychologismus, die sowohl als Prinzip gilt, bei dem »Denken und Sprache die gleiche[n] sind«[43], als auch betont, dass Wittgenstein nicht das tatsächlich vom Wort Angedeutete untersuchen möchte, sondern eher, worin die *Bedeutung* von Worten wie »Natur«, »Ding« oder »Gesetz« liegt. In diesem Sinne ist auch seine Kritik am Mentalismus sowie an jeder anderen psychologischen Theorie zu begreifen: Es wäre unmöglich, die Gedankenelemente vom Geist aus zu führen; da der Mensch fähig ist, »Sprachen zu bauen«[44], ist die Sprache immer etwas Konkretes. Daraus ergibt sich eine Verbindung zwischen folgenden »drei Faktoren« in einer isomorphen Beziehung zu den drei entsprechenden Ebenen:

---

[39] Rosso, M. (1981), 37.
[40] Vgl. Frongia, Guido (1985) *Wittgenstein, regole e sistema*, Franco Angeli, Milano, 210.
[41] Vgl. Wittgenstein, Ludwig. TLP, 5.1361.
[42] Vgl. Wittgenstein, Ludwig. TLP, 3.33.
[43] Vgl. Wittgenstein, Ludwig. TB, 12.09.16.
[44] Vgl. Wittgenstein, Ludwig. TLP, 4.002.

A. Die Sprache (präpositionales Zeichen)
B. Der Gedanke
C. Die Wirklichkeit[45]

Der erste Faktor A ist die Sprache. Warum steht sie an erster Stelle? Weil sich der Gedanke im Satz sinnlich wahrnehmbar ausdrückt (daraus folgt B).[46] Wittgenstein pointiert aber auch, dass der Gedanke der sinnvolle Satz »ist«.[47] Und weil die Gesamtheit der Sätze die Sprache ist,[48] und der Mensch die Fähigkeit besitzt, Sprache zu bauen,[49] bildet sich die Sprache. Die Sprache erhält eine Spiegelung in der abbildenden Eigenschaft der Wirklichkeit (C)[50] im logischen Bild der Tatsache, welches der Gedanke ist.[51] Daraus folgt, dass der Satz und der Bestandteil des Sachverhaltes in einer »bestimmten Relation« zueinander stehen.[52] Hiermit ergibt sich in der Satzdarstellung eines Sachverhaltes das, was sich selbst als *notwendig* erachtet, um seine Bestandteile darzulegen. Auf diese Weise wird die Verknüpfung zwischen beiden Elementen hergestellt. Diese ermöglicht, das Wesentliche am Satz zu bestimmen, in dem der Sinn für sie *gemeinsam* gilt: »Eine besondere Bezeichnungsweise mag unwichtig sein, aber wichtig ist es immer, daß diese eine *mögliche* Bezeichnungsweise ist. Und so verhält es sich in der Philosophie überhaupt: Das Einzelne erweist sich immer wieder als unwichtig, aber die Möglichkeit jedes Einzelnen gibt uns einen Aufschluß über das Wesen der Welt.«[53]

Die Bedeutungen von Ur-zeichen können durchaus nur mit »Erläuterungen« interpretiert werden: »Was in den Zeichen nicht zum Ausdruck kommt, das zeigt ihre Anwendung«[54]. Dann erfolgt ihr Verstehen nur in dem Fall, in dem die Bedeutung bekannt ist: Die Präpositionen folgen nur der *logischen* Form. Dafür benötigen sie keinen Mentalismus und keine Psychologie.

---

[45] Vgl. Glock, Hans-Johann (2000), 249.
[46] Vgl. Wittgenstein, Ludwig. TLP, 3.1.
[47] Vgl. Wittgenstein, Ludwig. TLP, 4.
[48] Vgl. Wittgenstein, Ludwig. TLP, 4.001.
[49] Vgl. Wittgenstein, Ludwig. TLP, 4.002.
[50] Vgl. Wittgenstein, Ludwig. TLP, 4.021.
[51] Vgl. Wittgenstein, Ludwig. TLP, 3.
[52] Wittgenstein, Ludwig. TB, 5.11.14.
[53] Wittgenstein, Ludwig. TLP, 3.3421.
[54] Wittgenstein, Ludwig. TLP, 3.262.

Auf den ersten Blick scheint es, als könne ein Satz in einem anderen auch auf andere Weise vorkommen. Besonders in gewissen Satzformen der Psychologie, wie »A glaubt, daß p der Fall ist«, oder »A denkt p«, etc. Hier scheint es nämlich oberflächlich, als stünde der Satz p zu einem Gegenstand A in einer Art von Relation. (Und in der modernen Erkenntnistheorie (Russell, Moore, etc.) sind jene Sätze auch so aufgefaßt worden.).[55]

Das Betrachten eines mentalen Zustandes spielt in diesem Zusammenhang keine Rolle: Die Erläuterung der Präposition erfolgt ausschließlich nach logisch-linguistischen Regeln. Somit liegt im Glauben selbst, und zwar dass »A glaubt, dass p der Fall ist.«, oder »A denkt p.« ein Widersinn, sofern er keiner inhaltlich-semantischen Form innewohnt. Die Zuordnung zu einer Tatsache und zu einem Gegenstand ist dagegen nicht gefragt.[56]

Ich weiß zwar nicht, *welches* die Bestandteile eines Gedankens sind, aber ich weiß, dass er solche Bestandteile haben muss, die den Wörtern der Sprache entsprechen. Die Art der Beziehung zwischen den Bestandteilen des Gedankens und der abgebildeten Tatsache ist wieder irrelevant. Diese zu entdecken, wäre eine Sache der Psychologie. […]
　　Besteht ein Gedanke aus Wörtern? Nein! Sondern aus psychischen Bestandteilen, die in einer gleichartigen Beziehung zur Wirklichkeit stehen wie die Wörter. Welches diese Bestandteile sind, weiß ich nicht.[57]

Der Gegenstand der Psychologie hilft für eine Verständigung im Blick auf eine Sprachtheorie nicht weiter.[58] Bedeutung erhält stattdessen die Anknüpfung an das Objekt, auf das sie sich selbst bezieht: »Der Name bedeutet den Gegenstand. Der Gegenstand ist seine Bedeutung (›A‹ ist dasselbe Zeichen wie ›A‹.)«[59] Man muss kein weiteres Zeichen oder keinen weiteren mentalen Inhalt heranziehen, um den Gegenstand zu verstehen, da es keinen Vermittler zwischen dem Zeichen und dessen Bezug zum Objekt gibt. Der Gegenstand findet sich folglich schon in sich selbst, deswegen enthält »A« alles, was verstanden werden kann.[60]

---

[55] Wittgenstein, Ludwig. TLP, 5.541
[56] Vgl. Wittgenstein, Ludwig. TLP, 5.542.
[57] Wittgenstein, Ludwig: *Brief an Russell, 19. August 1919*. Engelmann, Paul, Wittgenstein, Ludwig und MacGuinness, B. F. Ludwig Wittgenstein Briefe und Begegnungen (1970) Scientia Nova, Oldenbourg, Wien, 89 f.
[58] Vgl. Wittgenstein, Ludwig. TLP, 5.5421.
[59] Wittgenstein, Ludwig. TLP, 3.203.
[60] Vgl. Boncompagni, Anna (2002) *Wittgenstein: lo sguardo e il limite*, Mimesis, Milano, 66.

Wir kommen damit zu der Frage, wie dieses Verhältnis zwischen Bedeutung und Zeichen gelöst werden kann. Die Überlegung Wittgensteins hinsichtlich eines Urfundaments der Sprache bringt ihn in eine große Nähe zu Heidegger:

> Jedes definierte Zeichen bezeichnet *über* jene Zeichen, durch welche es definiert wurde; und die Definitionen weisen den Weg. Zwei Zeichen, ein Urzeichen, und ein durch Urzeichen definiertes, können nicht auf dieselbe Art und Weise bezeichnen. Namen *kann* man nicht durch Definitionen auseinanderlegen. (Kein Zeichen, welches allein, selbständig eine Bedeutung hat.)[61]

Man kann daraus schließen, dass eine *von uns* verliehene Bedeutung für ein Zeichen steht. Daher verwendet man die natürlichen Gesetze des Gedankens, die dem Kausalitätsprinzip folgen. Die kausalen Gesetze, die sich in ihrer Gesetzesform erkennen lassen, sind durchaus bestimmt: »Das Kausalitätsgesetz ist kein Gesetz, sondern die Form eines Gesetzes.«[62] »Kausalitätsgesetz« ist nach Wittgenstein ein »Gattungsname«, heißt es dann weiter, »[u]nd wie es in der Mechanik, sagen wir, Minimum-Gesetze gibt – etwa der kleinsten Wirkung –, so gibt es in der Physik Kausalitätsgesetze, Gesetze von der Kausalitätsform.«[63] So kann man davon ausgehen, dass Wittgenstein zwischen kausalen Korrelationen von Phänomenen und formalen Elementen unterscheidet. Während die Korrelationen in einer wissenschaftlichen Theorie formuliert sind und die Auslegungsform festlegen, auch wenn sie wechselnde Inhalte haben, gehört den *formalen* Elementen als Konstanten eine »universale« Gültigkeit zu, ganz einfach, weil sie überall gelten.[64] Damit wird deutlich, dass Wittgenstein nicht darauf verzichten kann, Formen und Inhalte, auf welche die Gesetze Bezug nehmen, zu unterscheiden, da sich eigentlich die gesamte moderne Weltanschauung als den Versuch betrachtet, Naturgesetze als Erklärungen für Naturerscheinungen aufzustellen: »So bleiben sie bei den Naturgesetzen als bei etwas Unantastbarem stehen, wie die älteren bei Gott und dem Schicksal. Und sie haben ja beide Recht, und Unrecht. Die Alten sind allerdings insofern klarer, als sie einen klaren Abschluß anerkennen, während es bei dem neuen

---

[61] Wittgenstein, Ludwig. TLP, 3.261.
[62] Wittgenstein, Ludwig. TLP, 6.32.
[63] Wittgenstein, Ludwig. TLP, 6.321.
[64] Vgl. Frongia, G. (1983), 213.

Manuela Massa

System scheinen soll, als sei *alles* erklärt.«[65] Dadurch verschärft sich die Notwendigkeit, sich dem vortheoretischen Aspekt der Erkenntnis zuzuwenden, da nur so ersichtlich werden kann, dass die natürlichen Gesetze ihre Gültigkeit nicht aus den von ihr dargelegten Phänomenen gewinnen. Die Folge davon ist die Überwindung des apriorischen Urteils und der von ihm etablierten Präpositionen. Diese Annahme Wittgensteins bezieht sich darauf, dass es »in der Logik [...] keine Überraschungen gibt«[66]. Genau deshalb ist sie auch in der Lage, zu beschreiben, *wie* die Welt ist, und nicht, *dass* sie ist. So kann man nur sagen, was gesagt ist, nämlich, dass die Welt ist – und zwar als das Unaussprechliche.[67] Aufgrund der bedeutungsstiftenden Bewegung der Sprache zwischen Sagbarem und Unsagbarem gibt es keine Möglichkeit, zu einer ostensiven Bestimmung der Sprache zu gelangen. Nur in einem Satz erhalten die Namen eine Bedeutung, da kein präpositionaler Akt existiert: »Die Projektionsmethode ist das Denken des Satz-Sinnes.«[68] Die »Bedeutung« gibt sich innerhalb der Verwendung eines Satzes zu erkennen, in dem es keine zusätzlichen Mittel gibt, um ihn zu verstehen.

Wenn der Bedeutung diese Eigenschaft zukommt, dann vertreten Heidegger und Wittgenstein einen gemeinsamen Standpunkt, und zwar einen, der letztlich auf Husserls *Erfahrung und Urteil* zurückweist, wo Husserl sich auf die »Frage nach dem Urteil innerhalb der Sprache« bezieht. Der nächste Abschnitt beschäftigt sich mit diesem Problem: Es gilt, die Rolle der Sprache innerhalb des Vorgangs des Urteilens zu untersuchen.

4.3 Die Revolution der Satzsemantik: Urteil und Sprache

Es gibt ein bekanntes posthumes Werk, in dem sich Husserl der Frage nach dem Urteil widmet. In diesem nimmt er in gewisser Weise Abstand von seiner in den *Ideen* und innerhalb der *Cartesianischen Meditationen* entwickelten Theorie. Dieses Werk ist *Erfahrung und*

---

[65] Wittgenstein, Ludwig. TLP,6.372.
[66] Wittgenstein, Ludwig. TLP, 6.1251. »Darum kann es in der Logik auch nie Überraschungen geben«.
[67] Vgl. Van Peursen (1965), 122.
[68] Wittgenstein, Ludwig. TLP, 3.11.

Urteil.[69] In ihm verfolgt Husserl das Ziel, sowohl eine Erklärung des Erkenntnisprozesses vorzulegen als auch einen Überblick über seine Einsichten zu geben, die er seit dem Erscheinen der *Logischen Untersuchungen* nur in Vorlesungen oder in Forschungsmanuskripten behandelt hat.[70] Es geht ihm darum, das prädikative Urteil in den vorprädikativen Evidenzen zu gründen – und dabei hat er die Logik im Blick.[71]

Auf die Evidenzen der Erfahrung sollen sich letztlich alle prädikativen Evidenzen gründen. Die Aufgabe der Ursprungsklärung des prädikativen Urteils ist, dieses Fundierungsverhältnis nachzuweisen und das Entspringen der vorprädikativen Evidenzen aus denen der Erfahrung zu verfolgen.[72]

Indessen bezeichnet Husserl den Erfahrungsbegriff als »leer« und »ungenügend«, um den Sinn des geforderten Rückgangs zu verstehen; insbesondere ist damit unklar, inwiefern eine solche Ursprungserklärung, die »die Fundierung der prädikativen Evidenz in Erfahrungsevidenz aufsucht«, eine vorprädikative Erfahrung haben kann. Vielmehr ist sie als Entfaltung der vorprädikativen Sinngehalte zu verstehen.[73]

Demnach legt sich die Wahrnehmung eines Gegenstandes als »ein Urteil in diesem weiteren Sinne« dar, auch wenn das Urteil im

---

[69] Vgl. Wahl, Jean (1951) *Notes sur la première partie de »Erfahrung und Urteil« de Husserl.* Revue De Métaphysique et de morale 56, no. 1, 6.

[70] Herausgegeben hat *Erfahrung und Urteil* Husserls Assistent Ludwig Landgrebe. 1928 hatte Husserl Landgrebe darum gebeten, einige Manuskripte wiederherzustellen und zu ordnen, die die transzendentale Logik zum Inhalt hatten. Ein von Husserl veranstaltetes Seminar 1919–1920 trug dazu bei, diese Zusammenfassung in Angriff zu nehmen. Landgrebe hat auf Manuskripte aus den Jahren 1910 bis 1914 sowie auf Konferenzen von 1920 zurückgegriffen und Husserl hat dann vervollständigt, was von Landgrebe angefangen wurde. Nachdem 1929 die *Formale und transzendentale Logik* publiziert worden war, wurde eine zweite Ausarbeitung erforderlich, die sich gleichzeitig auf die Manuskripte von 1919–1920 und die formale und transzendentale Logik beziehen sollte. Aufgrund ihrer Unterschiedlichkeit und Uneinheitlichkeit sollten sie nochmals revidiert werden. Dies ist wiederum von Landgrebe durchgeführt worden. Methodisch betrachtet wird das Urteilsproblem von Husserl auch in der V. und VI. *Logischen Untersuchung* behandelt. Meine Aufmerksamkeit richtet sich aber allein auf *Erfahrung und Urteil*, da hier die Logik als ein Phänomen betrachtet wird, das in Zusammenhang mit dem Urteil die Leistung der Erfahrung angeben kann.

[71] Vgl. Husserl E. (1972), 68.

[72] Husserl, E. (1972), 38.

[73] Vgl. Streubel, Thorsten (2011) *Wahrheit als Methodisches Problem der phänomenologischen Deskription,* in Husserl Studies 27, no. 2, 117.

Manuela Massa

Sinne der traditionellen Logik »immer als prädikatives« verstanden wird. So ist die Bezeichnung eines Dings mit einem Namen über das prädikative Urteil durchzuführen, da die vollzogenen Sinnesleistungen schon vorausgesetzt werden. Aus diesem Grund dreht sich die Frage nach Husserls Auffassung um das *Vor-Prädikative:* Dass ein Gegenstand als seiend vor uns steht, verweist auf ein Wahrnehmungsbewusstsein, wobei das Urteil im *weiteren* Sinne existiert. Der Begriff des Urteils befasst somit »unter sich« all diese sowohl vorprädikativen als auch prädikativen Modi.[74] Husserl bezeichnet das Urteil als »die Gesamtheit der objektivierenden Ichakte«. Selbstverständlich besteht ein Unterschied zwischen dem vorprädikativen Urteil als »einer niederen Stufe« der Aktivität des »Ich« und der »höheren Stufe« der Spontaneität des prädikativen Urteils. In diesem Sinne macht Husserl deutlich, dass das Urteilen in diesem weitesten Sinn der ichlichen Aktivität nicht mit dem »passiven *belief*« verwechselt werden dürfe.[75] Zum Urteil als »allgemeinem Wesen« gehört seiner Grundstruktur nach eine logische Leistung. Wie kann aber das Entspringen der prädikativen Urteilsformen aus der vorprädikativen Erfahrung verfolgt werden? Die schlichte Erfahrung, so Husserl, ist »die der sinnlichen Substrate, der Natursicht der ganzen konkreten Welt«[76]. Lebt das Ich konkret in seiner Umwelt, ist es »keineswegs« vor allem ein betrachtendes Ich; das *Betrachten* eines Seienden ist vielmehr als eine spezifische Haltung zu identifizieren.

Daraus folgt, dass das Wahrnehmen und das Urteil nicht nur auf eine Invariante in allem Wechsel und der Relativität der Umwelt bezogen sind, sondern das Ergebnis einer Modifikation darstellen. Diese schließt jede der Theoretisierung zugrunde liegende Idealisierung aus. Wie stellt sich aber die logische Leistung des in den Blick genommenen Aufbaus unserer Erfahrungswelt dar?[77] Zentrales Thema der Genealogie der Logik ist nach Husserl das Urteil; dieses hat aber weder etwas mit einer Geschichte der Logik zu tun noch mit einer genetischen Psychologie. Wenn aber das prädikative Urteil nicht die vor-

---

[74] Husserl E. (1972), 63.
[75] Ebd.
[76] A.a.O., 66.
[77] Husserl definiert einen Unterschied zwischen der transzendentalen Logik »der konstitutiven Phänomenologie im Ganzen« und der traditionellen formalen Logik, welche sich mit der Aufgabe einer Genealogie als Ursprungsanalyse und subjektive Begründung beschäftigt. Vgl. Husserl, E. (1972), 51.

prädikative Explikation abbildet, sondern eher seine Vollendung darstellt, ist es als höchste Stufe der Erkenntnis zu begreifen.[78]

Grundsätzlich sind die Gegenstände als Einheiten möglicher Substrate von Kenntnisnahmen[79] imstande, die »Beschreibung der Erfahrung« auf die Gegenwart zu beziehen:

[W]as uns vom jeweils passiv vorgegebenen Hintergrundbild her affiziert, ist nicht ein völlig leeres Etwas, irgendein Datum [...] noch ohne jeden Sinn, ein Datum absoluter Unbekanntheit. Vielmehr Unbekanntheit ist jederzeit zugleich ein Modus der Bekanntheit.[80]

Damit erfüllt jedes Eingehen auf die Bezeichnung der Wirklichkeit eine Horizontintention und die Frage kehrt sich vom »ist-Urteil« zum »hat-Urteil« um: Genetisch betrachtet kann das »hat-Urteil« auf keinen Fall in ein »ist-Urteil« umgewandelt werden, da dies eine Modifikation seines Sinns darstellen würde.[81] Die Gegenstände können in der prädikativen Sphäre substantiviert werden und treten so als Subjekte in ein neues Urteil ein. Andersherum aber kann ein »ist-Urteil« durchaus in ein »hat-Urteil« verwandelt werden (wenn auch nicht als konstitutiv-ursprüngliches), da es sich seiner Form nach als ein allgemeines Urteil erweist,[82] womit aus »ihrem genetischeren Ursprung die universale Bedeutung der Substantivität geklärt wird«[83]. Auf welche Weise ist aber der »Gegenstand überhaupt« zu konstruieren? Ursprünglich gibt es in der Passivität einen vorkonstruierten Sinn: Zu jedem Gegenstand gehört, nicht nur schlechthin Etwas überhaupt zu sein, sondern ein von vornherein und a priori explikables Etwas;[84] dieses ist ursprünglich und seinem allgemeinsten Typus nach durch einen Horizont unbestimmter Bestimmbarkeit konstituiert.[85] Darauf aufbauend ergibt sich, dass auf der Stufe der Spontaneität jedes Etwas als Substrat für Explikationen und Subjekte weiterhin ein prädikatives Urteil werden kann. Wie László Tengelyi in *Erfahrung und Ausdruck. Phänomenologie im Umbruch bei Hus-*

---

[78] Vgl. Streubel, T. (2011), 114.
[79] Husserl, E. (1972), 34.
[80] Ebd.
[81] A. a. O., 263.
[82] Scheier, Claus-Arthur (2000) *Russells Antinomie und der Herakliteische Anfang der Logik*. Enskat, Rainer (Hrsg), *Erfahrung und Urteilskraft*, Königshausen und Neumann, Würzburg, 43.
[83] Husserl, E. (1972), 263.
[84] Ebd.
[85] Ebd.

Manuela Massa

serl und seinen Nachfolgern bemerkt, greift Husserl in diesen Aufzeichnungen auf eine Erfahrung zurück, die der prädikativen Aussage und den logischen Bedeutungskategorien vorausliegt, auch wenn der Rückgriff auf das Vorprädikative selbst immer noch durch das Prädikative bestimmt wurde.[86] Nichtdestotrotz schrieb Husserl bereits in *Formale und transzendentale Logik. Versuch einer Kritik der logischen Vernunft:* »Dasselbe Urteil – ob geklärt und überhaupt zu klären, ob in Erkenntnis überzuführen oder nicht, nur wirklich aus der Evidenz der Deutlichkeit geschöpft und zu schöpfen – das ist das Thema.«[87]

Wenn aber die Evidenz von *individuellen Gegenständen* im weiteren Sinne den Begriff der Erfahrung ausmacht[88] – wobei die Umgebung »mit da« ist als »ein Bereich der Vorgegebenheit, einer passiven Vorgegebenheit, das heißt einer solchen, die ohne jedes Zutun, ohne Hinwendung des erfassenden Blickes, ohne alles Erwachen des Interesses immer bereits da ist« –, dann wird hierbei die alle Erkenntnisbetätigung erfassende Zuwendung zu einem einzelnen Gegenstand vorausgesetzt.

Infolgedessen zeigt Husserl, dass es in jeder prädikativen Formung die Bestimmung »als« gibt: Zeigt man das Wahrnehmungsurteil in der einfachen Form »p« in »s«, und ist »s« das Substrat, dann erfährt man seine Verengung in »p«, obwohl man »s« noch als Subjekt in einem prädikativen Urteil »p« gesetzt hat.[89] Dies ist, so Husserl, die Leistung »einer neuen Art von Aktivität«[90]. In dieser findet im rezeptiven Erfassen und Explizieren ein aktives Tun statt: So erfasst man in der aktiven Zuwendung das Substrat »s« in seiner ungeschiedenen Einheit und erst *dann* in der explikativen aktiven Synthese »p«. Dabei affizieren die Gegenstände ›zur Welt‹, die sich somit *vor* alle logischen Leistungen setzt.

Zudem unterteilt Husserl jede Erfahrung in aktive und passive Akte. Somit sind diese nicht als definitorisch festlegbare Termini zu betrachten, sondern als Mittel einer Beschreibung und Kontrastie-

---

[86] Tengelyi, L. (2007) *Erfahrung und Ausdruck: Phänomenologie im Umbruch bei Husserl und seinen Nachfolgern* (Phaenomenologica 180), Dordrecht, Springer, 18.
[87] Husserl, E. *Formale und transzendentale Logik: Versuch einer Kritik der logischen Vernunft*, HuA17, 55.
[88] Husserl, E. (1972), 21.
[89] A.a.O., 242.
[90] A.a.O., 243.

rung, die für intentionale Phänomene gelten.[91] Damit legt er zugleich die Gesetzmäßigkeit des retentionalen und protentionalen Vorgreifens dar, was es ermöglicht, sowohl von einer Aktivität in der Passivität als auch von einer Passivität in der Aktivität zu sprechen.[92]

Claus-Arthur Scheier zeigt in diesem Zusammenhang Folgendes: Wenn die explizierte Gestalt des prädikativen Urteils das »hat-Urteil« ist, ist dieses die allgemeine Form des prädikativen Denkens und auch die implizite logische Form der Erfahrung und folglich die aus dem phänomenologischen Blickwinkel betrachtete Logik der Welt.[93] In diesem System sind einfache und komplexe Präpositionen in Teilen artikulierbar: Sie können sowohl in ihrer Gesamtheit betrachtet werden als auch eine Vermittlungsfunktion erfüllen, und so bildet nicht jede Wortreihenfolge eine Präposition bzw. einen sinnvollen Ausdruck.[94] Im Zuge dessen ist die Gliederung in Haupt- und Nebensätze folgendermaßen zu konstruieren: Angenommen, dass *einfache* Subjekte und Prädikate existieren, kann das thematische Interesse an einer »s«-Form in den auftretenden Bestimmungen gebildet werden, die wir »p, q, r« nennen, und eben deshalb vermögen diese Prädikate die Grenze eines relativen Satzes zu bilden.[95] Das bedeutet aber: Wenn gesagt wird »Ein Stuhl ist.«, kann dieser Satz kein sinnierter Ausdruck sein, da die komplexen Bedeutungen, die Husserl untersucht, ihre Komposition in einer Einheit des Ganzen haben.[96]

4.3.1 Die Logik und ihre Aufgabenbereiche

Diese von Husserl präsentierte Argumentation in *Erfahrung und Urteil* lässt sich mit Heideggers früher Urteilskritik verbinden. In seiner Dissertation von 1914 *Die Lehre vom Urteil im Psychologismus* schließt Heidegger aus, dass die Problematik des Urteils aus einer

---

[91] A. a. O., 119.
[92] Vgl. Lohmar, Dieter (1998) *Erfahrung und kategoriales Denken. Hume, Kant und Husserl über vorprädikative Erfahrung und prädikative Erkenntnis*, Kluwer Academic Publisher, Dordrecht, 231.
[93] Scheier, C.-A. (2000), 44.
[94] Spinicci, Paolo (1985) *I pensieri dell'esperienza: interpretazione di »Esperienza e giudizio« di Edmund Husserl*. La Nuova Italia, Firenze, 91.
[95] Husserl, E. (1972): 271.
[96] Spinicci P. (1985), 92.

Klassifikation von psychischen Phänomenen resultieren könne.[97] Stattdessen erweist sich der formale Beweis als notwendig für die logischen Phänomene. Das Resultat sind die Beziehungen der Konstituenten und der Regeln aus den Inferenzprozessen in der gleichen Evidenz des logischen Subjekts.[98] Dies impliziert jedoch keine formelle Demonstration der Bedeutungen der Welt und Urteilsinhalte.

Heidegger vertritt in seiner Doktorarbeit folgende These: Nur die Logik kann ihr Wesen festlegen, denn »der Gegenstand der Logik soll ja gerade erst für eine nachfolgende logische Theorie des Urteils gefunden werden«[99]. Allerdings lässt sich die Logik aus dem Urteilsvollzug herausnehmen, und zwar anhand des Unterschiedes, der sich zwischen »Sein und Gelten« auftut. Diese Frage eignet sich dazu, den erkenntnistheoretischen Prozess zu deuten, der sich bei Heidegger und Husserl freilich dahingehend unterscheidet, dass Heidegger das Deskriptive in die normative Rede überführt. Trotzdem erkennt er Husserl das Verdienst zu, den psychologistischen »Bann gebrochen« und »eine Klärung der Logik und ihrer Aufgabe angebahnt«[100] zu haben. Zwar ist Heideggers Ziel die systematische Zergliederung und Grundlegung des Logischen mittels der Herausarbeitung der logischen Formen,[101] doch begründet diese Frage eine gewisse Ähnlichkeit zwischen Heidegger und Husserl.

Im Grunde kritisiert Heidegger die Urteilsauffassungen als psychologische bzw. verschiedene Arten von Psychologismen. Diesbezüglich erachtet er es für nötig, sich mit den Untersuchungen von Wilhelm Wundt, Heinrich Maier, Franz Brentano, Anton Marty und Theodor Lipps auseinanderzusetzen, da diese die Funktion des Urteils mithilfe des Psychologismus extrahiert haben, während Husserl bereits in den *Logischen Untersuchungen* den Unterschied zwischen Physischem und Logischem aufzeigt.

Heidegger geht aber auch in Opposition zu Husserl: Die Herausarbeitung des Unterschiedes von Logischem und Psychischem hat auf andere Momente abzuheben, und zwar auf solche, die gerade Husserl

---

[97] Heidegger, Martin. *Frühe Schriften*, GA1, 164.
[98] Das Problem des Urteils bei Heidegger wird ausführlich diskutiert in: Roderick, Stewart, M (1978) *Psychologism, Sinn and Urteil in the early writings of Heidegger*, Doktorarbeit, Michigan, 52.
[99] Heidegger, Martin. *Frühe Schriften*, GA1, 166.
[100] A. a. O., 64.
[101] Stahlhut, C., (1986): 28.

fremd geblieben sind.[102] In der Folge macht Heidegger darauf aufmerksam, dass »bei allen […] ›Modifikationen des Bewusstseins‹ im Augenblick der Urteilsfällung, bei aller Verschiedenheit des Zeitpunktes derselben«, doch jedes Mal ein »konstanter Faktor« existiert, wenn gesagt wird: »Der Einband ist gelb.«. Obwohl sich daraus keine wichtigen Erkenntnisse herleiten lassen, ist man über die psychologischen Verschiedenheiten der gefällten Urteile hinweg auf »etwas Beharrendes, Identisches gestoßen«[103]. Heidegger zeigt also, dass das Urteil außerhalb des ständigen psychischen Flusses zu stellen ist, in welchem dieselbe physische Bewusstseinslage nie wiederholt werden kann, weil jede spätere – wie Bergson zeigt – eine viel reichere, auf einer ausgedehnten Vergangenheit ruhende ist. Daher wird Folgendes zugestanden: In den besagten Urteilen wurde »das Gelbsein des Einbandes« in seiner »unverrückbaren Dasselbigkeit und Veränderungsfremdheit angetroffen«[104]. Dem kann man entnehmen, dass »das Urteil«, auch dann, wenn es in verschiedenen Bewusstseinslagen geäußert wird, unverändert bleibt.

Daher richtet sich die Untersuchung Heideggers auf das *reale* Statut einer Farbe, wie beispielsweise »das Gelb« des erwähnten Einbandes. Fraglich ist, ob mit »jenem identischen Faktor wirklich so etwas wie ein logischer Gegenstand gefunden«[105] wird; auch wenn der in Frage stehende Gegenstand kein physisch, räumlich und zeitlich determiniertes Ding ist, so fällt er doch mit dem psychischen Geschehen zusammen: Somit erweist sich dieses Ding als von der Wirklichkeit berührt. Hierin erkennt man das Gelten als Wirklichkeitsform des Logischen, insofern es als Inhalt des Urteilens bezeichnet wird:[106] Das Urteil der Logik ist somit der Sinn, und in ihn sollen die Grenzen des Geltens eingeschlossen werden. Für Heidegger kehrt sich die Frage von den psychischen Denkhandlungen daher zum Normieren des geltenden Sinnes um.[107] Aus diesem Grund ist in dem Satz »a ist gleich b.« »a« das Subjekt und »ist gleich b« das Prädikat,

---

[102] Vgl. Heidegger, Martin. *Frühe Schriften*, GA1, 114.

[103] A. a. O., 168.

[104] Ebd.

[105] A. a. O., 169.

[106] »Das Gelten erkannten wir als die Wirklichkeitsform des Logischen; der Sinn ist es, der gilt. Also ›verkörpert‹ er das Logische; und als das dem Urteilsvorgang Immanente kann er, der *Inhalt*, die logische Seite des Urteilens genannt werden.« Heidegger, *Frühe Schriften*, GA1, 172.

[107] A. a. O., 176.

die Kopula inbegriffen. Was ist aber der Sinn dieses sprachlich formulierten Urteils? Heideggers Antwort lautet: »Dem Gesagten zufolge; von a . . b (in Relation) gilt das Gleichsein.«[108] Dass im grammatischen Satz das Prädikat zu stehen kommt, rückt beim logischen Urteil in das »Subjekt« selbst. Die Kopula fungiert dabei als »dritter Bestandteil des Urteils« und repräsentiert den Zusammenhang zwischen Gegenstand und zu bestimmendem Bedeutungsgehalt. Daher ist die Funktion hier notwendig: Sie legt die Relation zwischen Gegenstand und bestimmtem Bedeutungsgehalt dar, weil sie als logisches Paradigma die Wirklichkeitsform des Geltens einnimmt.[109] In der Folge ist die nominalisierte Form[110] als semantisch sekundär im Verhältnis zur prädikativen Form zu verstehen: Dem Eigenschaftswort »blau« kann man durch die Nominalisierung »das Blau« entnehmen. Das bedeutet, dass es nicht nur versucht, einen Gegenstand aufzuzeigen, sondern zugleich Sinn und Logik enthält.

Dieses Problem entwickelt Wittgenstein weiter, wenn er schreibt: »Die richtige Erklärung der Form des Satzes ›A urteilt p‹ muss zeigen, daß es unmöglich ist, einen Unsinn zu urteilen. (Russells Theorie genügt dieser Bedingung nicht).«[111] Entsprechend lässt sich *urteilen*, dass alles (zwingend) einen Sinn haben muss. Die Bedingungen des Geltens sind nach Wittgenstein unter dem einen Satz, was »wahr ist«, auszuzeichnen. Wenn man darauf achtet, dekliniert er im *Tractatus* und in den Tagebüchern das Urteilsproblem[112] immer in Bezug auf den Satz durch, auch wenn selbstverständlich nicht alle Sätze als Urteile zu berücksichtigen sind.[113] Bereits hier lässt sich eine erste Parallele zu Husserl und Heidegger erahnen: Während für sie die Bedeutungen intentionale Leistungen erfüllen und von diesen ausgehend auch eine Erklärung erfahren, liegt Wittgensteins Absicht

---

[108] A.a.O., 177.

[109] A.a.O., 179.

[110] Vgl. Tietz, U. (2013), 76.

[111] Vgl. Wittgenstein, Ludwig. TLP, 5.5422.

[112] Für eine Auseinandersetzung mit Wittgensteins Deklination des Urteilsproblems im Anschluss an Meiong vgl. Plourde, Jimmy (2005) *Wittgenstein et les théories du jugement de Russell et de Meinong*. Dialogue 44. Jg., Nr. 2, 249–284. Zu Wittgensteins Beziehung zu Russell vgl. Pears, David (1977) *The Relation between Wittgenstein's picture theory of propositions and Russell's theories of judgment*. The Philosophical Review, 86. Jg., Nr. 2, 177–196.

[113] Goers, Ralf (2000) *Die Entwicklung der Philosophie Ludwig Wittgensteins unter besonderer Berücksichtigung seiner Logikkonzeptionen*, Königshausen & Neumann, Würzburg, 99.

darin, den Willen, d. h. die Intentionen des Sprechens, in einem unabhängigen Zustand zu gliedern.[114] Daher überrascht es nicht, dass
das Hauptproblem des *Tractatus* darin besteht,»das Wesen des Satzes
zu gründen«[115]. Die Bedeutung des Ausdrucks wird von Wittgenstein
in seinem Rahmen wiederum als Kopulafunktion hervorgehoben,
wobei gilt: Das Wort »›ist‹« erscheint »als Kopula, als Gleichheitszei-
chen und als Ausdruck der Existenz«[116].

Folgendes Beispiel kann dies veranschaulichen: Wenn wir die
Bezeichnung »grün« für etwas verwenden, etwa wenn »Grün grün
ist«, ist das erste Wort ein Personenname, während das letztere die
Funktion eines Eigenschaftswortes hat. Es bezeichnet nicht verschiedene Bedeutungen, sondern *verschiedene Symbole*. Dies führt zu
einem bestimmten Problem, und zwar zu dem des Urteils. Dieses wiederum vermag sich in Anknüpfung sowohl an sinnvolle Sätze als
auch an Sätze ohne Sinn zu konstituieren. Wittgenstein nutzt das
Sinnvolle von Sätzen, die »die Aufgabe« haben, die Wirklichkeit abzubilden und die sich dies auch zum Ziel setzen. Als sinn-los erweisen
sich gewisse Mängel in der Umgangssprache,[117] wenn man beispielsweise etwas als unverständlich *beurteilt* wie in dem Satz: »Ich weiß
z. B. nichts über das Wetter, wenn ich weiß, dass es regnet oder nicht
regnet.«[118] Deshalb sind aber Tautologien und Kontradiktionen »sinnig«, weil in ihnen etwas Bestimmtes erscheint und zwar etwas, das
als Satz gegründet ist und zum Symbolismus gehört. Hier stoßen wir
erneut auf die Elementarsätze, von denen Wittgenstein schreibt: »Ist
der Elementarsatz wahr, so besteht der Sachverhalt; ist der Elementarsatz falsch, so besteht der Sachverhalt nicht.«[119] Und: »Die Angabe
aller wahren Elementarsätze beschreibt die Welt vollständig.«[120] Folglich ist bezüglich des Bestehens und Nichtbestehens einer unbestimmten Menge von Sachverhalten innerhalb der Welt folgende
Funktion zu beschreiben: $Kn = \sum_{v=o}$; sie weist auf die Möglichkeiten
hin, gemäß derer »alle Kombinationen von Sachverhalten bestehen
oder nicht bestehen«[121] können. Sie besagt weiterhin, dass wahre

---

[114] Vgl. Tietz, U. (2003), 345 f.
[115] Vgl. Wittgenstein, Ludwig. TB, 22. 11. 1915.
[116] Vgl. Wittgenstein, Ludwig. TLP, 3.323.
[117] Vgl. Terricabras J. M. (1978), 238.
[118] Wittgenstein, Ludwig. TLP, 4.461.
[119] Wittgenstein, Ludwig, TLP, 4.25.
[120] Vgl. Wittgenstein, Ludwig. TLP, 4.26.
[121] Vgl. Wittgenstein, Ludwig. TLP, 4.27.

Manuela Massa

und falsche Kombinationen bestehen oder nicht bestehen können. Wittgenstein schreibt im *Tractatus* 4.431 nämlich:

Der Ausdruck der Übereinstimmung und Nichtübereinstimmung mit den Wahrheitsmöglichkeiten der Elementarsätze drückt die Wahrheitsbedingungen des Satzes aus. Der Satz ist der Ausdruck seiner Wahrheitsbedingungen. (Frege hat sie daher ganz richtig als Erklärung der Zeichen seiner Begriffsschrift vorausgeschickt. Nur ist die Erklärung des Wahrheitsbegriffes bei Frege falsch: Wären ›das Wahre‹ und ›das Falsche‹ wirklich Gegenstände und die Argumente in ~p etc., dann wäre nach Freges Bestimmung der Sinn von ›~p‹ keineswegs bestimmt.).

p	q	
W	W	W
F	W	W
W	F	
F	F	W

Hier werden die Wahrheitsbedingungen von Wittgenstein aufgegliedert. Formuliert man dies als Reihe, scheint (WWFW) (p, q) zu sein. Daraus ergeben sich zwei Folgerungen:

A) Der Satz betrachtet die Wahrheitsbedingungen und zeigt in sich eine Tautologie;
B) Der Satz stellt sich als falsch für die Wahrheitsbedingungen dar, d. h., dass seine Bedingungen kontradiktorisch zu interpretieren sind.

Wäre die Tautologie in Wirklichkeit der logische Raum, würden die Kontradiktionen »die Verantwortung« dafür tragen, den ganzen logischen Raum zu füllen: Keine von beiden wäre aber in der Lage, die Wirklichkeit zu bestimmen.[122] Sie stellen keine mögliche Sachlage dar, weil dies »die Aufgabe« des Satzes ist.[123] Demzufolge grenzt Wittgenstein damit die unsinnigen Sätze ab, die keine Bedeutung haben; somit ist der Unterschied zwischen sinnlos und unsinnig geklärt.

In dem Buch »Die Welt, welche ich vorfand« wäre auch über meinen Leib zu berichten und zu sagen, welche Glieder meinem Willen unterstehen etc.

---

[122] Vgl. Wittgenstein, Ludwig. TLP, 4.463.
[123] Vgl. Terricabras, J. M. (1978), 241.

Dies ist nämlich eine Methode, das Subjekt zu isolieren, oder vielmehr zu zeigen, dass es in einem wichtigen Sinne kein Subjekt gibt: von ihm allein nämlich könnte in diesem Buch nicht die Rede sein.[124]

Die operative Eigenschaft der Sprache tritt bei Wittgenstein demnach so zutage: Die von ihm erarbeiteten ostensiven Definitionen zur Sprache haben das Potenzial – wie bei Husserl und Heidegger –, den Satz zu revolutionieren. Danach befindet sich der Akt in der Realisierung des Satzes, aus der eine einwandfrei konstruierte Anwendung resultiert.[125] Diese reflektiert sich in der Sprache, die sich sowohl durch die Prädikativformen als auch für nominalisierte Konstanten entfaltet. Diesbezüglich gibt Annette Bosch in *Die Logik des Tractatus* zu bedenken, dass ein Satz β aus einem Satz α genau dann folgt, wenn das Konditional α → β eine Tautologie ist. Dadurch wird ein gültiger Satz bezeichnet, der keinerlei Informationen über die Existenz eines Sachverhaltes gibt.[126] Logische wahre Sätze und Tautologien gehören denselben Klassen zu. Dies drückt Wittgenstein wie folgt aus:

Dass z. B. die Sätze »p« und »~p« in der Verbindung »~(p . ~p)« eine Tautologie ergeben, zeigt, dass sie einander widersprechen. Dass die Sätze »p ⊃ q«, »p« und »q« in der Form »(p ⊃ q) . (p) :⊃: (q)« miteinander verbunden eine Tautologie ergeben, zeigt, dass q aus p und p ⊃ q folgt. Dass »(x) . fx :⊃: fa« eine Tautologie ist, dass fa aus (x) . fx folgt. Etc. etc.[127]

Die Elemente der logischen wahren Sätze sind als »Sätze der Logik« oder »Tautologien« definiert, in der die logische Wahrheit entsprechend gebildet werden kann.[128] Der Hinweis Wittgensteins, um eine Tautologie zu erkennen, impliziert eine ideale Notation, in der sich die Gültigkeit von Beweisen und Ableitungen zeigt. Diese lässt sich auf keiner einfachen grammatikalischen Syntax gründen, da der *relative* Satz zu einer möglichen Welt wahr ist.[129] Deswegen haben die von ihm aufgezeigten ostensiven Definitionen der Sprache zwei Möglichkeiten in Bezug auf das Verhältnis zur Welt: entweder die Welt ist konstant und ändert den Satz oder der Satz ist konstant und

---

[124] Vgl. Wittgenstein, Ludwig. TB, 23.5.1915.

[125] Vgl. Wuchterl, K. (1971), 15.

[126] Vgl. Brosch, A. (1995) *Die Logik des Tractatus: eine logisch-semantische Untersuchung dessen, »was der Fall« sein kann*, Peter Lang, Frankfurt am Main, 84.

[127] Vgl. Wittgenstein, Ludwig. TLP, 6.1201.

[128] Vgl. Brosch A. (1995), 122; Wittgenstein, Ludwig, TLP, 6.133.

[129] Brosch, A. (1995), 123.

Manuela Massa

ändert die Welt.[130] Die Sprache zeigt sich sowohl durch die Prädikativformen als auch durch nominalisierte Konstanten. Der Satz
enthält aber nur die Form seines Sinnes,[131] die Normalform des Zeichens, die zur Projektion bereitliegt. Der Sinn gilt daher als Maßstab
dafür, dass etwas *als* etwas bedeutet. »Ein Satz ist eine Norm, im Hinblick auf die sich Tatsachen verhalten«[132]; »Sinn bedeutet weiter wissen was der Fall ist, wenn der Satz wahr ist«. Deswegen erweist sich
die Projektionsmethode als Denken des Satzsinnes:[133] Dem Satz kann
demzufolge alles zugehören, was auch der Projektion zugehört, da
diese auf einer intentionalen Ebene beim Zeigen bleibt – nicht aber
das Projizierte, also die Tatsache an sich. Dieser Hinweis Wittgensteins auf die Funktion der Projektionsmethode lässt erahnen, dass
er (wie Heidegger und Husserl) den »Regeln« der phänomenologischen Methode nachgeht, und zwar ausgehend von der reinen Tatsache. Der nächste Abschnitt wird einen weiteren gemeinsamen
Punkt von Heideggers und Wittgensteins Sprachüberlegungen zum
Zentrum haben: die Verknüpfung *intentio* und *intentum*.

4.4 *intentio/intentum* in der »Sprache«: (k)eine Kongruenz, aber/oder eine Übereinstimmung?

Grundsätzlich bezeichnet Heidegger die Intentionalität als Grundstruktur des λέγειν;[134] daraus folgt, dass sich der Zusammenhang
zwischen *intentio* und *intentum* im λόγος abzeichnen muss: Der
λόγος ist als λόγος τινός zu begreifen. Diese Entdeckung sei das Verdienst Husserls, der somit in der Intentionalität erstmals die Strukturen des λόγος wieder verständlich werden lasse.[135] Analog dazu versteht Heidegger jede Rede als ein Aufdecken von etwas. Der
aufdeckende Aspekt der Rede interessiert in gewissem Sinne auch
Wittgenstein, der sich um einen Begrenzungsversuch der metaphysischen Sprache bemüht, was die folgenden Worte aus dem *Tractatus*
bestätigen: »Die richtige Methode der Philosophie wäre eigentlich

---

[130] Ebd.
[131] Vgl. Wittgenstein, Ludwig. TLP, 3.3
[132] Vgl. Wittgenstein, Ludwig, TB, 198.
[133] Vgl. »Die Projektionsmethode ist das Denken des Satz-Sinnes.« Wittgenstein,
Ludwig. TLP, 3.11.
[134] Vgl. Heidegger, Martin. *Platon: Sophistes*, GA19, 425.
[135] A. a. O., 598.

die: Nichts zu sagen, als was sich sagen läßt [...] und dann immer, wenn ein anderer etwas Metaphysisches sagen wollte, ihm nachzuweisen, dass er gewissen Zeichen in seinen Sätzen keine Bedeutung gegeben hat.«[136] Es geht also um ein Aussprechen von Tatsachen und das Schweigegebot, falls etwas über die Tatsache hinausgeht. Peter Kampits gibt an dieser Stelle zu bedenken, dass diese Trennung und Grenzziehung, die dazu dient, den Bereich des Unsagbaren zu wahren und unangetastet zu lassen, als eine »Art der Verdinglichungskritik der Metaphysik verstanden werden kann, die ihre spezifischen Themenbereiche in das Sagbare eingehen lässt, sie aber gerade damit innerhalb der Welt ansiedelt und verfälscht.«[137] Dass das Erkenntnisproblem – wenn auch anders gewichtet – bei beiden Philosophen aus dem Bereich der Psychologie ausgeklammert und der Philosophie zugeordnet wird, indiziert, dass ein für sie zentrales Argument für die Verständlichkeit einer Aussage zuständig bleibt. Diese Annahme lässt vermuten, dass es nicht nur um die Korrelation *intentio/intentum* geht, sondern auch um ihre Vermittlung in der Wahrnehmung. Im Grunde folgt die Rechtfertigung dieses Problems dieser Möglichkeit. Dementsprechend spiegelt sich die Struktur der Intentionalität in Wittgensteins These von der wechselseitigen Beziehung zwischen Kongruenz oder Nicht-Kongruenz eines Arguments wider,[138] »nur kann man eben nicht sagen, dieser Komplex ist mit jenem kongruent (oder dergleichen), sondern zeigt sich«[139]. Entscheidend ist dabei, wie man beispielsweise ein Bild von zwei Menschen, die miteinander kämpfen oder nicht kämpfen, wahrnehmen kann. Man kann sich bemühen, dieses Bild durch Worte bzw. durch die Sprache darzustellen, um das *intentum* des Bildes zu beschreiben, also die Menschen als nicht kämpfend oder aber kämpfend auszudrücken, da es eben um eine graphische Darstellung geht. Doch wenn es zu dieser Darstellung kommt und das Argument sich *vermutlich* als kongruent erweist, da die Leute nicht kämpfen, wie ursprünglich vermeint, *zeigt* das Bild, wie es sich *nicht* verhält.[140] An dieser Stelle ist es wichtig,

---

[136] Vgl. Wittgenstein, Ludwig. TLP, 6.53.

[137] Vgl. Kampits P. (1991), 99 f.

[138] McManus, Denis (2002) *Bedingungen der Möglichkeit und Unmöglichkeit Wittgenstein, Heidegger, Derrida* in: Andrea Kern, Christoph Menke (Hrsg.): *Philosophie der Dekonstruktion. Zum Verhältnis von Normativität und Praxis*, Suhrkamp Verlag, Frankfurt am Main, 47.

[139] Wittgenstein, Ludwig. TB, 1.11.14.

[140] Ebd.

Heideggers Standpunkt zur der Korrelation *intentio/ intentum* in Augenschein zu nehmen, um herauszufinden ob diesbezüglich ein möglicher Vergleich mit Wittgensteins These naheliegt. Heidegger schreibt:

Wir haben so eine eigentümliche Zugehörigkeit zwischen der Weise des Interdiertseins, der *Intentio*, und dem *Intentum*, wobei Intentum, das Intendierte, zu verstehen ist in dem herausgestellten Sinne, nicht das Wahrgenommene als Seiendes, sondern das Seiende im Wie seines Wahrgenommenseins, das Intentum in Wie seines Intendiertseins. Erst mit dem zu jeder Intentio als solcher gehörigen Wie des Intendiertseins ist überhaupt, obzwar nur vorläufig, die Grundfassung der *Intentionalität* in den Blick gekommen.[141]

Diese Zeilen legen nahe, dass er in einem gewissen Sinne die Analyse Wittgensteins weiterentwickelt. Die eigentliche Bedeutung der *intentio* stellt sich in dem Vermeinen dar, das in einem Zusammenhang mit dem Vermeinten steht, und diese Beziehung ist primär als Verbindung zwischen *noesis* und *noema* zu begreifen. In dieser stellt das νοεῖν das Vernehmen selbst dar, welches das Sich-richten-auf enthält. Kurz: Das *intentum* bzw. das Seiende in seinem Wahrgenommensein, was im Fall von Wittgenstein das Seiende des Bildes darstellt (die nicht kämpfenden Menschen), weist mit der *intentio* der Korrelation die Struktur der Intentionalität zu, die sich stets in ihrer ursprünglichen Form ergibt.

Wittgenstein beschäftigt sich mit dieser Korrelation von *intentio* und *intentum* weiter, folgt dabei jedoch grundsätzlich dem Ansatz Heideggers:

Auch wenn die Welt unendlich komplex ist, so daß jede Tatsache aus unendlich vielen Sachverhalten besteht und jeder Sachverhalt aus unendlich vielen Gegenständen zusammengesetzt ist, auch dann müßte es Gegenstände und Sachverhalte geben.[142]

In dieser Konfiguration treten die Namen jedoch innerhalb eines Satzes auf, genauer: Der Name kommt in einem Satz nur im Zusammenhang des Elementarsatzes vor,[143] auch wenn einfache Gegenstände in einem Sachverhalt zusammenhängen. Wittgenstein unterstellt jedoch, dass »die logische Form des Satzes schon durch die Formen sei-

---

[141] Heidegger, Martin. *Prolegomena zur Geschichte des Zeitbegriffs*, GA20, 60.
[142] Wittgenstein, Ludwig. TLP, 4.2211.
[143] Vgl. Wittgenstein, Ludwig. TLP, 4.23.

ner Bestandteile gegeben ist«[144]. Wie ist dann aber der Zusammenhang zwischen Sprache und Wirklichkeit gegeben? Eine mögliche Antwort auf diese Frage könnte lauten: Die Betrachtungsweise richtet sich an der Aussage zur Realität mit ihrer Sinnhaftigkeit aus. Dementsprechend

Es muß ja die Abbildungsmethode vollkommen bestimmt sein, ehe man überhaupt die Wirklichkeit mit dem Satze vergleichen kann, um zu sehen, ob er wahr oder falsch ist. Die Vergleichsmethode muß mir gegeben sein, ehe ich vergleichen kann.[145]

So lässt sich auch die Wahrheit oder Falschheit eines Satzes betrachten – »ob ein Satz wahr oder falsch ist, muß sich *zeigen*«[146]. Das heißt, wenn man einen Ausgleich zwischen Wirklichkeit und Aussage herstellt, erhält man keine sofortige Einigung mit der Realität an sich, sondern stößt zunächst auf das Sagen, das durch einen Satz geschieht, und hier kann die Realität nur *gezeigt* werden. Im Grunde kann man dadurch ausschließen, dass Wittgensteins Heranziehung des »Satzes« lediglich danach strebt, eine Theorie der sprachlichen Intentionalität zu liefern, welche die Akte oder einen sinnlosen Mentalismus hervorhebt; betont wird zugleich, dass zur Tatsache keine Erlebnisse gehören. Ist diese Bedingung erfüllt, kann sie sich nicht mit einem intentionalen Objekt vereinigen. Auch hier können wir eine Parallele zu Heidegger erkennen, der schreibt, dass »[j]edes Etwas, das im Sagen von etwas gesagt ist, *ein* Etwas«[147] ist. Damit ist »das Beschreiben« schon im Satz enthalten. Wittgenstein stellt zugleich fest, dass es eine »Analogie« zwischen Satz und Beschreibung gibt: »Der Komplex, welcher mit diesem Zeichen kongruent ist.«[148] Tatsächlich entsteht eine Relation zwischen Bild und Wirklichkeit insofern, als dasselbe Bild mit der Wirklichkeit übereinstimmen oder nicht übereinstimmen kann, »je nachdem, wie es darstellen soll«[149]. Im Grunde kann man daraus schließen, dass ihre Realitätsvoraussetzungen die Wirklichkeit gründen *können*. Obwohl sich die Verständlichkeit als Aussage der Wirklichkeit bezeichnen lässt, sind die Wahrheitselemente

---

[144] Vgl. Arkadiusz, Chrudzimsk (2007) *Gegenstände und Theorie der Intentionalität bei Alexius Meinong*, Springer Verlag, Berlin, 286.
[145] Wittgenstein, Ludwig. TB, 1.11.14.
[146] Ebd.
[147] Vgl. Heidegger, Martin. *Platon: Sophistes*, GA19, 420.
[148] Wittgenstein, Ludwig. TB, 1.11.14.
[149] Wittgenstein, Ludwig. TB, 1.11.14.

jene Objekte, nach denen es zu suchen gilt. McManus verdeutlicht diesen Zusammenhang zwischen Aussage und Realität wie folgt: »In dem Vergleich zwischen Aussage mit der Realität kann das Erlernen der Vergleichsmethode nicht selbst ein Vorgang des Etwas-aus-der-Realität-Ablesens sein.«[150] Man kann also vermuten, dass Wittgenstein seine Wahrnehmungsbegründung einer Aussage im »Verhältnis« zwischen Rechtfertigung und Verständlichkeit ansiedelt.[151]

Wenn aber, wie Heidegger betont, die Intentionalität in ihrem relationalen Charakter (Wozu- und Worauf-Struktur) in einer Verbindung zum Aufmerken steht, könnten sich durchaus »Erschütterungen« des im εἴδωλον (Bild) erstarrten Sinnes von Sein ergeben. Der Grund dafür wird von Heidegger im Anschluss an Platons *Theaitetos* genannt: Auch wenn dieser keinen positiven Begriff vom Sein des Bildes hat, erkennt er doch, »daß das Bild ist, und zwar πώς ›irgendwie, in bestimmtem Sinne‹«[152]. Darauf aufbauend erläutert Heidegger, dass ein Bild etwas »sein« müsse, um den Unterschied zu dem, »was nicht ist« aufzeigen zu können. Diese Analyse, die das Sein des Bildes in eine Verbindung zur Intentionalität bringt, lässt sich in einem gewissen Sinne auch bei Wittgenstein im Blick auf die anderen Worte des Ausdrucks finden. Selbstredend verbirgt diese Konstellation die intentionale Wesenheit, die notgedrungen zwischen Name und Sache liegt, das Satzeichen einer Tatsache, die ihre eigenen Elemente bzw. die aneinandergesetzten Worte ausrichtet. Daher ist es vielleicht sinnvoll, sich diese Beziehung durch die Mengenlehre $\nexists I = P \cap K$ *vor Augen zu führen*, die die Relation zwischen Tatsachen (P) und Gegenständen (K) und die Sachlage (I) in Wittgensteins *Tractatus* vereinfacht. Es ist möglich, zwischen den beiden Faktoren (P) und (K) gemeinsame Elemente zu finden, und deshalb könnte man durch P (Tatsachen) K (die Gegenstände) *rekonstruieren*, insofern (K) die Möglichkeit von (I) enthält.[153] Folgende Sätze aus dem *Tractatus* belegen diese Behauptung:

---

[150] McManus, D. (2002), 47.
[151] Abermals fordert dieses Argument einen Vergleich mit Heideggers Widerlegung der klassischen Phänomenologie (Husserl) heraus, welche dieser einen neuen Blickwinkel hinzufügt, der aus der durch das Seins-Problem entstehenden problematischen Beziehung zwischen *intentio–intentum* herausführt.
[152] Heidegger, *Martin. Platon: Sophistes*, GA19, 429.
[153] Die Gegenstände enthalten die Möglichkeit aller Sachlagen. Vgl. Wittgenstein, Ludwig. TLP, 2.014.

1.2 Die Welt zerfällt in Tatsachen.

2 Was der Fall ist, die Tatsache, ist das Bestehen von Sachverhalten.

3 Der Sachverhalt ist eine Verbindung von Gegenständen. (Sachen, Dingen.)

3.142 Nur Tatsachen können einen Sinn ausdrücken, eine Klasse von Namen kann es nicht.

3.22 Der Name vertritt im Satz den Gegenstand.

Die Formel f_i / pi = fi (ai), $\forall$pi$\in$ P,$\forall$ai$\in$ K., die zwischen die Tatsachen (P), die Gegenstände (K) und die Sachlage (I) gestellt werden kann, hilft uns somit weiter, um »ai« durch die Funktionen »pi«, die an »K« angewendet werden, zu erreichen. Auf diese Weise besteht die Möglichkeit, dass die Konfiguration der einfachen Zeichen im Satzzeichen der Konfiguration der Gegenstände in der Sachlage entspricht.[154] Parallel dazu entscheidet Wittgenstein, dass der Gedanke so ausgedrückt werde, dass den Gegenständen des Gedankens Elemente des Satzzeichens entsprechen.[155] Aus diesem Grund sind die Sachlagen »I« (Namen gleichen Punkten, Sätze Pfeilen) nur beschreibbar und nicht benennbar[156] (ihr Seinszustand drückt sich folglich durch eine Negativität aus), was zur Folge hat, dass das Bestehen der internen Eigenschaft einer möglichen Sachlage nicht durch einen *simplen* Satz ausgedrückt wird, sondern in dem sie darstellenden Satz durch eine interne Eigenschaft eben dieses Satzes. Im *Tractatus* steht allerdings fest, dass sich der Gedanke im Satz aufgrund der logischen Weltstruktur sinnlich wahrnehmbar deutet.[157] Dies entspricht einer ab-bildenden Beziehung, wodurch die Gegenstände einen Vorrang behalten. Die wahrnehmbaren Sätze erhalten ihren Sinn somit aus der sogenannten Wirklichkeit. Aus diesem Grund ist auch für Wittgenstein die Intentionalität grundlegend, insofern sich die Verbindung zwischen Gedanken und Satzzeichen in der Verknüpfung *intentio/ intentum* wiederfinden lässt – es scheint somit einen untrennbaren relationalen Zusammenhang zu geben.

Dennoch weist der Satz eine projektive Beziehung zur Welt auf, d. h. er gibt eine neue Richtung vor.[158] Sein definiert sich demnach als

---

[154] Vgl. Wittgenstein, Ludwig. TLP, 3.21.

[155] Vgl. Wittgenstein, Ludwig. TLP, 3.2.

[156] Vgl. Wittgenstein, Ludwig. TLP, 3.144.

[157] Vgl. »Im Satz drückt sich der Gedanke sinnlich wahrnehmbar aus.« Wittgenstein, Ludwig. TLP, 3.1.

[158] Vgl. »Das Zeichen, durch welches wir den Gedanken ausdrücken, nenne ich das Satzzeichen. Und der Satz ist das Satzzeichen in seiner projektiven Beziehung zur

Bild-Sein, insofern die Bilder das Bild-Sein der Welt erfassen. Damit
ist die Welt selbst in ihrem wahren Sein bestimmt. Freilich sind die
Tatsachen in ihrer eigenen Bildlichkeit nicht zu bezeichnen:[159] Das
Bild kann sich nicht außerhalb seiner Form der Darstellung stellen,
da die Tatsachen als zugehörige Strukturen der Wirklichkeit nichts
Sagbares sind – sie zeigen sich vielmehr im Bild selbst. Nichtdestotrotz gibt es in der Welt kein Subjekt, das eine Abbildung intendieren könnte; daher taucht die Frage auf, wie sich die abbildende Beziehung der Bilder zur Wirklichkeit strukturieren lässt. Dieses Problem
hat bereits Gunter Gebauer in seinem Buch *Wittgensteins anthropologisches Denken* benannt, und seine Aufmerksamkeit auf die Projektion des Sinnes als Antwort befriedigt den Leser. Gebauer hebt an
dieser Stelle hervor, dass die Projektion ihren Ausgang von den Gedanken nimmt. Durch seine Analyse begreift man, dass Wittgenstein
den Gedanken als eine Konfiguration von geistigen Elementen denkt,
welche den möglichen Sachverhalt beschreiben, der zugleich den Sinn
des Gedankens ausmacht. Gleichzeitig kann damit die Konfiguration
von Wirklichkeitselementen bezeichnet werden.[160] Das besagt aber
auch, dass »der Sinn des Gedankens« hineingedacht ist, wie es auch
Malcom in *Nothing is hidden: Wittgenstein's criticism of his early
thought* behauptet.[161] Wittgenstein entscheidet, dass ein denkbarer
(vorstellbarer) Sachverhalt bedeutet, dass wir uns ein Bild von ihm
machen können,[162] und das Denken und Sprechen dasselbe seien, insofern »das Denken eine Art Sprache ist«[163]. Man kann diesbezüglich
erkennen, weshalb die Projektion als geistiger Akt ein materielles

---

Welt«. Wittgenstein, Ludwig. TLP, 3.12. Diesbezüglich und im Anschluss an Heideggers Analyse der Sorge verweist Thomas Rentsch darauf, dass »die Rede von einem
»Sich-vorweg-sein« eine existenziale sei, eine auf die Lebensform des Menschen Bezug nehmende Interpretation der Rede von der menschlichen Intentionalität. Was
auch immer intendiert werden kann, kann nur in der Welt intendiert werden. Das ist
die zweite Komponente. Das Intendieren in der Welt ist ein Sein-bei innerweltlich
begegnendem Seienden, es intendiert »Seiendes«. Vgl. Rentsch (2003), 204. Im vorliegenden Buch wird der Versuch unternommen, Rentschs Analyse zu erweitern.
[159] Vgl. Wittgenstein, Ludwig. TLP, 2.174.
[160] Vgl. Gebauer, Gunter (2009) *Wittgensteins anthropologisches Denken*, C. H.
Beck, München, 51.
[161] Malcolm, N. (1986) *Nothing is hidden: Wittgenstein's criticism of his early
thought*, Oxford, Blackwell.
[162] Vgl, Wittgenstein, Ludwig. TB, 1.11.14
[163] Vgl, Wittgenstein, Ludwig. TB, 12.9.16.

Substrat benötigt, um ›verwickelt‹ zu werden:[164] »Nur Tatsachen können einen Sinn ausdrücken, eine Klasse von Namen kann es nicht«[165]. Daraus folgt: »Dass das Satzzeichen eine Tatsache ist, wird durch die gewöhnliche Ausdrucksform der Schrift oder des Druckes verschleiert. Denn im gedruckten Satz z. B. sieht das Satzzeichen nicht wesentlich verschieden aus vom Wort. (So war es möglich, dass Frege den Satz einen zusammengesetzten Namen nannte).«[166] Dementsprechend kann das Wesen des Satzzeichens auch aus räumlichen Gegenständen zusammengesetzt werden, wobei die räumlichen Lage der Dinge den Sinn des Satzes ausdrückt.[167] Folglich stellt der durch Gegenstände determinierte Sinn eine Notwendigkeit dar; und ist die Zusammengesetztheit eines Gegenstandes für den Sinn eines Satzes bestimmend, muss sie soweit im Satz abgebildet sein, wie sie seinen Sinn bestimmt.[168] Aus der logischen Klärung der Gedanken in Entsprechung zu den philosophischen Zwecken geht somit letztlich eine richtige Weltauffassung hervor. Denn der Gedanke strebt nicht nach einer Erklärung der »philosophischen Sätze«, sondern nach der Klärung von Sätzen: »Das Resultat der Philosophie sind nicht ›philosophische Sätze‹, sondern das Klarwerden von Sätzen.«[169]

Hier liegt der Verbindungspunkt zwischen Sprache und Welt. Beide – Heidegger und Wittgenstein – vertreten somit einen Standpunkt, der keines Subjektes bedarf. Dieses könnte weder die Abbildung erfassen noch selbst ein Bild der Wirklichkeit sein.

---

[164] Gebauer G. (2009), 52.
[165] Wittgenstein, Ludwig. TLP, 3.142.
[166] Wittgenstein, Ludwig. TLP, 3.143.
[167] Wittgenstein, Ludwig. TLP, 3.1431.
[168] Vgl. Wittgenstein, Ludwig. TB, 18. 6. 15.
[169] Wittgenstein, Ludwig. TLP, 4.112.

5. Sprache und Welt

Die bisherige Untersuchung über die Natur der »Sprache« bei Heidegger und Wittgenstein erfordert es, ihre Verbindung zur Welt einer weiteren Analyse zu unterziehen. Die Entscheidung, sich diesem Zusammenhang zuzuwenden, liegt in der Struktur der Sprache begründet: Für beide Philosophen sind Sprache und Welt nur schwer voneinander zu trennen. Wittgenstein deutet diese Verbindung durch die Logik: »Die Logik erfüllt die Welt; die Grenzen der Welt sind auch ihre Grenzen. Wir können also in der Logik nicht sagen: Das und das gibt es in der Welt, jenes nicht.«[1] Demnach weist die Sprache eine intentionale Eigenschaft auf, insofern nach Wittgenstein »der Satz [...] das Satzzeichen in seiner projektiven Beziehung zur Welt« ist.[2] Heidegger erklärt, die Welt begegne immer in einer bestimmten Weise des Angesprochenseins, des Anspruchs (λόγος).[3] Auch bei ihm kann in einem gewissen Sinne innerhalb der Sprache ein solches *intentionales* Charakteristikum gefunden werden, da »die Sprache offenbar« macht, inwiefern es keineswegs so ist, dass »der λόγος zunächst isoliert vorkäme als ein Sprechen und daß dann beiläufig ein Gegenstand vorkäme, der mit ihm von Fall zu Fall [...] verbunden werden könnte«[4]. Demnach handelt es sich nach Heidegger vielmehr um ein Sprechen, das sich in seinem eigenen Sinn als Aufdecken von etwas präsentiert. Hierbei gibt es eine κοινωνία, die jeden λόγος mit dem ὄν zusammenbindet. Wittgenstein verständigt sich mit dieser Überlegung Heideggers durch folgendes Vorgehen: Wenn zur Sprache die Fähigkeit gehört, »Sachen« darzustellen, dann macht »die Ge-

---

[1] Wittgenstein. Ludwig. TLP, 5.61.
[2] Wittgenstein. Ludwig. TLP, 3.12. t
[3] Vgl. Heidegger, Martin. *Phänomenologische Interpretationen zu Aristoteles. Anzeige der hermeneutischen Situation (Natorp-Bericht)* Frithjof Rodi (Hrsg) Dilthey-Jahrbuch für Philosophie und Geschichte der Geisteswissenschaften, 1922, 22.
[4] Vgl. Heidegger, Martin. *Platon: Sophistes*, GA19, 598. überprüft

samtheit der Sätze«[5] die Sprache aus. Im Satz als Bild der Wirklichkeit[6] spiegelt sich diese Eigenschaft in der Welt eben dadurch wider, dass sich der Satz als Resultat der Welt darstellt.

Aber sind diese Behauptungen ausreichend, um zu behaupten, dass bei Heidegger und Wittgenstein die Sprache gleichermaßen eine phänomenologische Funktion erfüllt? Die nächsten Abschnitte werden die Beziehung zwischen Sprache und Welt aus einem phänomenologischen Blickwinkel zum Zentrum haben.

5.1 Wittgenstein: Welt und Sprache durch die Phänomenologie?

Worin liegt für Wittgenstein das eigentliche Problem der Beziehung zwischen Sprache und Welt? Auf den ersten Blick besteht die »Aufgabe« darin, alle wahren Elementarsätze, die Welt vollständig zu beschreiben.[7] Diese ordnen sich durch ihr projektives Verhältnis der Tatsache mittels ihrer isomorphen Beziehung zu. Jeder komplexe Satz kann folglich auf Elementarsätze zurückgeführt werden. Die Elementarsätze bestehen aus Namen,[8] aber der Name bedeutet soviel wie der Gegenstand.[9] Dieser Zusammenhang zwischen Name und Gegenstand ließe sich dahingehend weiterentwickeln, dass die Formen des Satzes »a-priori« existieren,[10] insofern sie die möglichen Gegenstandsverbindungen enthalten.

Auf jeden Fall scheint diese Untersuchung insofern erfolglos zu bleiben, als die Anzahl der Namen von verschiedenen Bedeutungen nicht angegeben werden kann. Ebenso wenig lässt sich der quantitative Umfang der Gegenstände bestimmen, die in der Welt präsent sind, da ihre Gesamtheit auf eine Überabzählbarkeit weist.[11] Die Gegenstände sind aber zugleich dafür verantwortlich, die Substanz der Welt zu bilden,[12] in der die Verbindung zwischen Gegenständen und

---

[5] Wittgenstein. Ludwig. TLP, 4.001.

[6] Vgl. Wittgenstein. Ludwig. TLP, 4.01.

[7] Vgl. Wittgenstein, Ludwig. TLP, 4.26.

[8] Vgl. Wittgenstein, Ludwig. TLP, 5.55.

[9] Vgl. Wittgenstein, Ludwig. TLP, 3.023.

[10] Vgl. Wittgenstein, Ludwig. TLP, 5.5571 »Wenn ich die Elementarsätze nicht a priori angeben kann, dann muß es zu offenbarem Unsinn führen, sie angeben zu wollen.«

[11] Vgl. Frey, G (1981) *Die transzendentale Deutung Wittgensteins.* R. Haller (Hrsg.), Sprache und Erkenntnis als soziale Tatsache. Beiträge des Wittgenstein-Symposiums von Rom 1979, Wien, 101 f. (Schriftenreihe der Wittgenstein-Gesellschaft) Bd. V, 102

[12] Vgl. Wittgenstein, Ludwig. TLP, 2.021.

Sachverhalten zustande kommt,[13] auch wenn die materiellen Eigenschaften sprachlich sind; denn »diese werden erst durch die Sätze dargestellt – erst durch die Konfiguration der Gegenstände gebildet«[14]. Die Logik räumt dabei der Zufälligkeit keinen Platz ein, da, um »die Dinge in Sachverhalten vorkommen lassen zu können«, diese schon in ihr enthalten sein müssen.

Wittgenstein argumentiert in diesem Zusammenhang folgendermaßen: »Wie wir uns räumliche Gegenstände überhaupt nicht außerhalb des Raumes, zeitliche nicht außerhalb der Zeit denken können, so können wir uns *keinen* Gegenstand außerhalb der Möglichkeit seiner Verbindung mit anderen denken«[15]. Dies impliziert, dass man die innere Verfassung dieser Verbindung untersuchen muss, um die Gegenstände zu begreifen.[16] Ist der Gegenstand durch seine interne Eigenschaft erkennbar, versteht man folglich alle möglichen Sachverhalte.[17]

Die Gesamtheit der bestehenden Sachverhalte aber ist die Welt.[18] Damit bleibt die Ansicht von Dingen ein möglicher Sachverhalt, der aus Dingen zusammengesetzt ist, da gilt: »Die Gegenstände enthalten die Möglichkeit aller Sachlagen.«[19] Darauf aufbauend können sie nicht zusammengesetzt sein,[20] auch wenn der Sachverhalt ein Zusammenhang von Gegenständen (Sachen, Dingen) ist.[21] Damit wird der Raum zu einem wichtigen Thema bei Wittgenstein, denn die Verbindung zwischen Sachverhalten und Gegenständen verlangt eben nach ihrer Struktur: »Die Tatsachen im logischen Raum sind die Welt«[22]; außerdem ist »[j]edes Ding [...], gleichsam, in einem Raume möglicher Sachverhalte«[23]. Zu den Formen von Gegenständen, Raum, Zeit und Farbigkeit[24] gehört eine logische Prägung, denn nur dann, wenn sich Gegenstände angeben lassen, ist eine feste Form der

---

[13] Vgl. Wittgenstein, Ludwig. TLP, 2.01.
[14] Wittgenstein, Ludwig. TLP, 2.0231.
[15] Vgl. Wittgenstein, Ludwig. TLP, 2.0121.
[16] Vgl. Funke, Gerhard (1968), 9.
[17] Vgl. Wittgenstein, Ludwig. TLP, TLP. 2.01231; TLP, 2.0124.
[18] Vgl. Wittgenstein, Ludwig. TLP, 2.04.
[19] Wittgenstein, Ludwig. TLP 2.014.
[20] Vgl. Wittgenstein, Ludwig. TLP, 2.021.
[21] Vgl. Wittgenstein, Ludwig. TLP, 2.01.
[22] Vgl. Wittgenstein, Ludwig. TLP, 1.13.
[23] Wittgenstein, Ludwig. TLP, 2.013.
[24] Vgl. Wittgenstein, Ludwig. TLP, 2.01.

Welt gegeben.[25] Allerdings bezieht Wittgenstein den Farbenraum auf die Gegenstände und verwendet damit den Raumpunkt als Argumentationsscharnier, und zwar nicht metaphorisch, sondern um zu betonen, dass er ein vom logischen Raum abhängiger Modus ist.[26] Was aber ebenso einen logischen Raum indiziert, sind die Vektoreninterpretationen der Wahrheitsmatrizen, insofern das destruierende Aufweisen von Zeichen nach der logischen Form den äußeren Sinn ausdrückt.[27] In Frage steht der Sinn des Raumes, denn »[e]twas Logisches kann nicht nur-möglich sein«[28]. Damit betont Wittgenstein, dass eine Abbildtheorie nicht die Beschreibung einer Mehrheit von Differenzierungsmöglichkeiten voraussetzt, sondern den Raum selbst, und zwar als einen begrenzten Ort. Dennoch konzentriert er sich in diesem Zusammenhang auf die daraus zu entfaltende Progression der Substanz der Welt.

Welche Eigenschaften können aber der räumlichen Welt zugehören? Diese ist nicht als Ding zu begreifen, sondern vielmehr als ein Verweisungszusammenhang, der sich als logisches Fundament präsentiert.[29] Der Bezug, der auf diese Deklination hinweist, impliziert zudem, dass die Sachverhalte *mögliche* sind, während die Tatsache bereits existent ist.[30] Und doch wird unter Betrachtung des Verhältnisses zwischen Raum und Zeit, zwischen Sachverhalten und Gegenständen, ihre Funktion untersucht, denn wenn Raum und Zeit

---

[25] Vgl. Wittgenstein, Ludwig. TLP, 2.2026.

[26] Vgl. Lang, Martin (1971) *Wittgensteins philosophische Grammatik: Entstehung und Perspektiven der Strategie eines radikalen Aufklärers,* Inaugural-Dissertation zur Erlang des Doktorgrades der Philosophischen Fakultät der Universität zu Köln, 106.

[27] Ebd.

[28] Wittgenstein, Ludwig. TLP, 2.0121.

[29] Selbstverständlich lässt sich hier eine Parallele zu Husserls »reiner Grammatik« erkennen. Für Wittgenstein ist die Logik mit der Sprache verbunden, allerdings geht es bei ihm nicht darum, eine empirische Grammatik darzulegen, sondern eine reine Grammatik zu ergründen. Daher schließt er auf die Gesetze der Bedeutungskomplexion als reine logisch-grammatische Formenlehre, was dazu dient, der Lehre vom Wesensbau der Bedeutungen und den Gesetzen ihrer Formenbildungen das notwendige Fundament zu geben. Vgl. Husserl, E. *Logische Untersuchungen,* HuA18, 336. Für eine ausführliche Interpretation den Zusammenhäng zwischen Grammatik und Intentionalität bei Husserl, Vgl. Benoist, Jocelyn (2008) *Grammatik und Intentionalität* in *Edmund Husserl: Logische Untersuchungen,* (Hrsg) Verena Mayer, Akademie Verlag, Berlin, 123–137.

[30] Stenius, Erik (1964) *Wittgenstein's Tractatus: A Critical Exposition of Its main lines of thought,* Repr. ed. Blackwell, Oxford, 32.

als interne Eigenschaften von Gegenständen zu interpretieren sind,[31] wird jede Möglichkeit ihrer Darstellung durch Sätze ausgeschlossen. Das bedeutet, dass diese die Wirklichkeit der Gegenstände nicht vorwegnehmen können.[32]

Seit Kants Begrifflichkeit des Raumes weiß man, dass die rechte und die linke Hand zwei »inkongruente Gegenstücke« darstellen, die voneinander zu unterscheiden sind. Demnach wird durch ihren Vergleich eine Inkongruenz zwischen beiden Teilkörpern greifbar, sodass »der vollständige Bestimmungsgrund einer körperlichen Gestalt nicht leidlich auf dem Verhalten und Lage seiner Teile gegen anderen beruhe, sondern noch überdem auf eine Beziehung gegen den allgemeinen absoluten Raum«[33] hinweist. Wittgenstein stellt sich dieser Absolutheit des Raumes entgegen, da in ihr die reine Anschauungsform der Relativitätstheorie nicht berücksichtigt werde: Kants Problem ergibt sich intuitiv schon im eindimensionalen Raum.[34] Daher sollte man eine hinzukommende Möglichkeit durch abhängige Räume im Verhältnis dieser Analogie mitbedenken.[35] Es stellt sich nun die Frage, ob die Sprache für Wittgenstein diese Eigenschaften übernimmt: Wenn es eine Korrespondenz zwischen Sprache und Wirklichkeit gibt, dann ist ein Satz dann sinnvoll, wenn der von ihm dargestellte Sachverhalt gedacht werden kann. Folglich erkennt man bei der Abbildung der Welt die verwendeten Symbole, die Darstellungsweise, das Netz, mit dem man zuletzt die Welt selbst begreift, im Sinne einer kaum vermeidbaren Willkür. Dementsprechend muss die Abbildung außerhalb der Gegenstände stehen und sich von ihnen unterscheiden, damit auch die Möglichkeit ihrer Falschheit besteht. Daran wird deutlich, dass man nicht nur von einer einzigen Abbildung der Welt sprechen sollte, sondern dass die Welt in mehreren Zeichensystemen begriffen werden kann. Zur Sprache gehört, dass

---

[31] Vgl. Wittgenstein, Ludwig. TLP, 2.0251; TLP, 4.123; TLP, 4.124.
[32] Vgl. dagegen Kant, Immanuel. Proleg. §9
[33] Kant, Immanuel. AA. II, S. 378 f.
[34] Vgl. Wittgenstein, Ludwig. TLP, 6.36111 »Das Kantsche Problem von der rechten und linken Hand, die man nicht zur Deckung bringen kann, besteht schon in der Ebene, ja im eindimensionalen Raum, wo die beiden kongruenten Figuren a und b auch nicht zur Deckung gebracht werden können, ohne aus diesem Raum […] herausbewegt zu werden.«
[35] Vgl. Wallner, Friedrich (1989) *Die Umgestaltung von Begriff und Rolle der Philosophie durch Ludwig Wittgenstein,* in Miscellana Bulgarica, (Hg) Herta Nagl-Docekal. *Ludwig Wittgenstein und die Philosophie des 20. Jahrhunderts,* 64.

sie »hier die nötige Anschauung liefert«[36]. Das gleiche Vorgehen zieht Wittgenstein auch für den Aufbau der Welt heran: »Die Gegenstände enthalten die Möglichkeit aller Sachlagen« und »[d]ie Möglichkeit seines Vorkommens in Sachverhalten ist die Form des Gegenstandes«[37]. Das Vorkommen eines Gegenstandes zusammen mit einem anderen in einem Sachverhalt weist auf einen ihnen gemeinsamen Faktor hin, nämlich die logische Form. Diese ist wiederum die Form des Gegenstandes.[38] Außerdem geht Wittgenstein davon aus, dass die Substanz der Welt keine materiellen Eigenschaften bestimmen kann, insofern sie nur eine *Form* der Welt ist: »Die Substanz ist das, was unabhängig von dem was der Fall ist, besteht.«[39] Hierbei lassen sich auch materielle Eigenschaften erkennen, wenn die Sachverhalte in Verbindung zu elementaren Sätzen[40] stehen: »Der einfachste Satz, der Elementarsatz, behauptet das Bestehen eines Sachverhaltes«[41] (und dabei indiziert er die allgemeine Form der Wirklichkeit). Weiter kann behauptet werden, dass die Struktur des Satzes dazu fähig ist, der Wirklichkeit logische Züge zuzuweisen. »Daß es eine allgemeine Satzform gibt, wird dadurch bewiesen, daß es keinen Satz geben darf, dessen Form man nicht hätte voraussehen (d. h. konstruieren) können.« Allenfalls ist »Es verhält sich so und so.«[42] die allgemeine Form des Satzes. Diese beschreibt demnach das Wesen »des einen und einzigen allgemeinen Urzeichens der Logik«[43], denn: »Die Eine logische Konstante ist das, was *alle* Sätze, ihrer Natur nach, mit einander gemein haben.«[44]

Wie setzt sich aber die Form eines Satzes zusammen? Wittgenstein antwortet auf diese Frage mit folgenden Worten: »Die allgemeine Satzform ist das Wesen des Satzes«[45], aber das impliziere, »das Wesen aller Beschreibung angeben, also das Wesen der Welt.«[46]. Somit liegt seine Absicht darin, die logischen extensionalen Kontexte durch die wahrheitsfunktionelle Zusammensetzbarkeit aufzuzei-

---

[36] Wittgenstein, Ludwig. TLP, 6.233.
[37] Vgl. Wittgenstein, Ludwig. TLP, 2.014; 2.0141.
[38] Vgl. Terricabras, J. M. (1975), 92.
[39] Vgl. Wittgenstein, Ludwig. TLP, 2.024.
[40] Vgl. Stenius, E. (1964), 33 ff.
[41] Wittgenstein, Ludwig. TLP, 4.21.
[42] Wittgenstein, Ludwig. TLP, 4.5.
[43] Wittgenstein, Ludwig. TLP, 5.472.
[44] Vgl. Wittgenstein, Ludwig. TLP, 5.47.
[45] Vgl. Wittgenstein, Ludwig. TLP, 5.471.
[46] Vgl. Wittgenstein, Ludwig. TLP, 5.4711.

gen,[47] um im Satz seine Funktion als Form des Sinnes darzulegen.[48] Aber: »Nur Tatsachen können einen Sinn ausdrücken«[49], daher verschleiern die Ausdrucksform oder der Schriftdruck. Die Satzteile erfüllen die Funktion, den Sinn des Satzes auszudrücken. Als Bedingungen der Möglichkeit sinnvoller Sätze nennt Wittgenstein »logische Eigenschaften«; im *Tractatus* werden sie auch als »formale« oder »interne Eigenschaften« oder »Eigenschaften der Struktur« bezeichnet. Die logischen Eigenschaften führen, wie Karlheinz Hülser in *Wahrheitstheorie als Aussagetheorie* zu bedenken gibt, stets zu einem sinnvollen Satz, da jeder Satz, der keine logischen Eigenschaften besitzt, als undenkbar bezeichnet wird. Demgemäß sind die logischen Eigenschaften mit den Sätzen auch dann gegeben, wenn sie nicht ausgesagt, sondern nur »gezeigt« werden können.[50] Dies beeinflusst die Konstitution der Welt, insofern wir »nämlich von einer ›unlogischen‹ Welt nicht sagen können, wie sie aussähe«[51]. Der Satz bestimmt »einen Ort im logischen Raum«. Die Existenz dieses logischen Ortes ist durch »die Existenz der Bestandteile allein verbürgt, durch die Existenz des *sinn*vollen Satzes«[52]. Und doch darf man dabei nicht übersehen, dass das, »was sich in der Sprache ausdrückt, […] nicht durch sie ausgedrückt werden [kann]«[53]. Wie lässt sich dieses Problem der Unaussprechbarkeit lösen? Hier gilt es zu bedenken, dass die Irreflexivität der Sprache das *Zeigen* als Medium zwischen Syntax und Semantik kennt.[54] Aus diesem Grund kann der Sinn dem Satz eine intentionale Bedeutung verleihen.

Aber ist es vor diesem Hintergrund sinnvoll, zu behaupten, die Sprache erfülle bei Wittgenstein eine phänomenologische Funktion? Um diese Frage zu beantworten, muss man den Blick darauf lenken, dass es die (zumeist nicht ganz einfache) Aufgabe des Menschen ist, das »Wesen« der Welt zu begreifen. Also richtet Wittgenstein seine Aufmerksamkeit auf dieses, um die Verknüpfung zwischen Sprache

---

[47] Die Logik als Theorie der Wahrheitsfunktionen ist außerstande, die Existenz der Elementarsätze zu rechtfertigen. Vgl. Lenk, Hans (1968) *Kritik der logischen Konstanten: Philosophische Begründungen der Urteilsformen vom Idealismus bis zur Gegenwart*, De Gruyter, Berlin. Wittgenstein, Ludwig. TLP, 5.2341.
[48] Wittgenstein, Ludwig. TLP, 3.13.
[49] Wittgenstein, Ludwig. TLP, 3.142.
[50] Vgl. Hülser, K. (1979), 50; Wittgenstein, Ludwig. TLP, 6.12; TLP, 4.122; TLP, 4.13
[51] Vgl. Wittgenstein, TLP, 3.301.
[52] Vgl. Wittgenstein, TLP, 3.4
[53] Vgl. Wittgenstein, TB 19.4.1915.
[54] Vgl. Brosch, A. (1994), 156.

und Welt aufklären zu können. Wie schon gezeigt (und für Wittgenstein entscheidend), steht die Sprache in einer abbildenden Beziehung zur Welt. Dass die Tatsachen der Welt beschrieben werden können, eröffnet zugleich die Möglichkeit, über andere sinnvolle Welten zu sprechen. Aus diesem Grund verfolgt Wittgensteins Identifikation des Gedankens mit der Sprache[55] zusätzlich die Annahme, dass das Denken, genauer das Bewusstsein, mit der Sprache gleichsetzt werden könne.[56] Dies würde bedeuten, dass die Sprache nicht mehr die Funktion eines vermittelnden Elements zur Darlegung des Bewusstseins innehat, sondern zum Kern und Medium der Zugangsart jeder philosophischen Reflexion wird.[57]

Hiermit ließe sich zugleich ein möglicher Schwachpunkt in Wittgensteins Sprachtheorie aufdecken, nämlich, dass die Grenzen der Sprache – der Sprache, die man versteht – letztlich nicht überwunden werden können.[58] Folgt man dieser Behauptung, lässt der Zusammenhang zwischen Welt und Sprache auf eine eher widersinnige Weise Folgendes erkennen: Die Grenzen meiner Sprache bleiben die Grenzen meiner Welt. Die der Welt durch die Sprache auferlegte Grenze zieht es zwingend nach sich, dass wir uns, wenn wir von der Welt reden, bereits in der Sprache befinden, was impliziert, dass man nicht über die Sprache hinausgehen kann.

Lassen sich diese Grenzen bei Heidegger überschreiten? Der nächste Abschnitt wird sich mit dieser Frage auseinandersetzen. Es wird gezeigt, dass und inwiefern in der Analytik des Daseins die Rede die Artikulation von Verständlichkeit ist.

5.2 Die Rede: Artikulation der Verständlichkeit

Heidegger bestimmt das »Sein-bei« den Dingen bekanntlich als ein Existenzial. Dies meint kein gemeinsames Vorhandensein von Dingen bzw. ein bloßes Nebeneinander in der Welt. Vielmehr zeigt Hei-

---

[55] Vgl. Wittgenstein, Ludwig. TLP, 4.

[56] Vgl. Unia, A. (1997) *Husserl, Wittgenstein e gli atti intenzionali* (L'alingua 136), Spirali, Milano, 35 ff.

[57] Vgl. Ulfig, Alexander (1997) *Lebenswelt, Reflexion, Sprache: Zur Reflexiven Thematisierung der Lebenswelt in Phänomenologie, Existenzialontologie und Diskurstheorie*, Epistemata Reihe Philosophie 213, Königshausen und Neumann, Würzburg. Vgl. Apel K. O. (1976), 311 ff.

[58] Vgl. Wittgenstein, Ludwig. TLP, 5.6.

degger, dass das Dasein sich »als Seiendes herausstellt, das in seiner Welt ist, aber zugleich aufgrund der Welt ist, in der es ist«[59]. Eben dies mache die Weltlichkeit der Welt aus.

Die Welt aber, so Heidegger weiter, begegnet im Charakter der Bedeutsamkeit,[60] in der die Alltäglichkeit die bestimmten Bezüge der Verweisungszusammenhänge durchherrscht.[61] Als Grundstruktur des menschlichen Seins legt die Alltäglichkeit die Voraussetzungen für die Grundverfassung des Gelichtetseins des Seienden fest; doch als Existenzial bestimmt sie zugleich die *conditio humana*, in der der Bedeutungs- und Verweisungscharakter der Welt ›zusammenläuft‹. Dadurch gibt der Grundcharakter des »Wegen« am Womit des Umgangs in dem Begegnenden das »Was« der Auslegung« zu verstehen.[62]

Dieses Phänomen begreift man nur im Zusammenhang mit dem »In-der-Welt-sein« als Grundverfassung des Daseins. Der Verweisungszusammenhang lässt sich dabei als formale Relation innerhalb der Sprachstruktur identifizieren. Die Welt ist weder ein raumartiges Behältnis noch ein Aggregatzustand, da nicht die Körper oder Dinge die Raumstruktur vorgeben. Vielmehr hat das Dasein »selbst ein eigenes ›Im-Raum-sein‹, das aber seinerseits nur möglich ist *auf dem Grunde des In-der-Welt-seins überhaupt*«[63]. Folglich möchte Heidegger mit dem Ausdruck des »In-Seins« des Daseins »in der Welt« nicht das »Ineinander« von Vorhandenem betonen, sondern den existenzialen Charakter des Seinsverhältnisses: Zum Dasein gehört die wesenhafte Verfassung des In-der-Welt-seins.

Der Raum befindet sich nicht im Subjekt, noch betrachtet dieses die Welt, »als ob« sie in einem Raum sei, sondern das ontologisch wohlverstandene »Subjekt«, das Dasein, ist in einem ursprünglichen Sinn räumlich.[64]

Dem kann man entnehmen, dass das Dasein sich nicht als vorhandenes Seiendes in der Welt befindet, sondern in einer »Räumlichkeit«, welche sich durch »die Charaktere der *Ent-fernung* und *Ausrich-*

---

[59] Heidegger, Martin. *Prolegomena zur Geschichte des Zeitbegriffs*, GA20, 276.
[60] Vgl. Heidegger, Martin. *Phänomenologische Interpretation ausgewählter Abhandlungen des Aristoteles zu Ontologie und Logik*, GA62, 353.
[61] Vgl. Heidegger, Martin. *Ontologie. Hermeneutik der Faktizität*, GA63, 99.
[62] Vgl. Heidegger, Martin. *Phänomenologische Interpretation ausgewählter Abhandlungen des Aristoteles zu Ontologie und Logik*, GA62, 409.
[63] Heidegger, Martin. *Sein und Zeit*, GA2, 56 (75)
[64] Vgl. Heidegger, Martin. *Sein und Zeit*, GA2, 111 (149).

tung«[65] offenbart. Heidegger bezeichnet das Seiende *innerhalb* der Welt als Dinge, und zwar als »Naturdinge und ›wertbehaftete‹ Dinge«[66], was ihre Dinglichkeit als Problem erkennen lässt. Insofern der fundierende Seinscharakter der Naturdinge traditionell die Substanz ist, scheint durch dieses Sein der Naturdinge und eben der Natur als solcher eines der zentralen Themen in Heideggers Untersuchung angezeigt zu sein.

Wie kann nämlich, so Heidegger, aus der Perspektive der Substanzialität der ontologische Sinn der Welt dargestellt werden?[67] Dem Seienden stehen die ontische Beschreibung der Welt und die ontologische Auslegung des Seins entgegen, insofern die »Welt‹ […] ontologisch keine Bestimmung *des* Seienden, das wesenhaft das Dasein *nicht* ist, sondern ein Charakter des Daseins selbst«[68] ist. Das Dasein hat, wie gesagt, »als In-der-Welt-sein jeweilig schon eine ›Welt‹ entdeckt. Dieses in der Weltlichkeit der Welt fundierte Entdecken wurde charakterisiert als Freigabe des Seienden auf eine Bewandtnisganzheit.«[69] Dass die Welt aus dem Sein des Seienden heraus ausgelegt wird, impliziert zugleich, dass das Dasein als ein Seiendes ontisch ausgezeichnet ist:[70] Es hat sich selbst in seinem Sein zum ›Gegenstand‹. Zu dieser Seinsverfassung gehört weiterhin, dass sich zwischen beiden – dem Sein und dem Seienden – ein Verhältnis begründet, da es dem Dasein aufgegeben ist, sich in irgendeiner Weise und Ausdrücklichkeit in seinem Sein zu verstehen. Und hier stoßen wir wieder auf die Sprache, die sich als ontologische Struktur des Seins in der Welt entfaltet.

Die Sprache als Phänomen der existenzialen Verfassung der Erschlossenheit des Daseins bezieht sich wiederum auf die Rede als ihr existenzial-ontologisches Fundament.[71] Zur Rede als »Artikulation der Verständlichkeit«[72] gehört somit eine spezifische weltliche Seinsart: »Die befindliche Verständlichkeit des In-der-Welt-seins *spricht sich als Rede aus.*«[73] Die Struktur des redenden Daseins wird dabei

---

[65] A.a.O., 105. (140)
[66] A.a.O., 63. (85)
[67] Ebd.
[68] A.a.O. 64. (87)
[69] A.a.O., 110. (147)
[70] Vgl. a.a.O., 12 (16f.).
[71] Vgl. a.a.O., 160. (212f.)
[72] A.a.O., 161. (214)
[73] A.a.O., (214)

folgendermaßen freigelegt: Die Erschlossenheit des Daseins ist bedeutungsmäßig artikuliert; es ist die Seinsweise der Geworfenheit, die dabei auf das In-der-Welt-sein verweist. Weil die Rede konstitutiv für das Existieren des Daseins ist, bringen die Worte des (sich) aussprechenden Daseins dessen durch Bedeutungen *vermittelte* Welt hervor, ohne dass es aktiv an deren Produktion mitwirkt.

Wie ist dieser Zusammenhang von Sprache und Welt-Artikulation genauer zu fassen? Ausgehend von der Überlegung Heideggers, dass die Sprache die Seinsmöglichkeit des Daseins sei, bei der es sich in seiner Entdecktheit und auch auslegungsmäßig offenbart,[74] deutet sich eine Grundstruktur des Daseins an, die als Apriori auch den Strukturen der Sprachwissenschaft zugrunde liegt.[75] Heidegger bestimmt das Sprechen als ein Sichaussprechen des In- und Mitseins – *als* Rede. Diese erweist sich als konstitutives Element für die Existenz des Daseins in der Welt. Demzufolge untersucht Heidegger die Rede in ihrer Hinausgesprochenheit und die Weltlichkeit als eine Tätigkeit – ἐνέργεια –, also als etwas, das sich als ein Sprechen identifizieren lässt.[76]

Aus diesem Vorgehen Heideggers könnte man zunächst auf eine Trennbarkeit von Sprache und Welt schließen, da doch Subjekt und Sprache nicht voneinander getrennt werden können. Was die Sprachwissenschaft als »Strukturalismus« bezeichnet, verleiht der Sprache eine statische, von der Welt unabhängige subjektive Struktur.[77] Diese Überlegung wird auf den ersten Blick durch die Annahme untermauert, dass der Sprache das Phänomen der Rede zugrunde liegt. Anders ausgedrückt scheint Heidegger damit doch zu sagen, dass die Sprache *als* Rede imstande ist, eine Welt zu entfalten, die als *Phänomen* nicht zu logischen Präpositionen oder Operationen zusammengezogen werden kann.[78] In diesem Zusammenhang drängt sich die Frage auf, wie Welt, Rede und Sprache zusammenspielen, wenn doch nur Welt und Rede als Existenzialien bezeichnet werden und die Sprache in der

---

[74] Vgl. Heidegger, Martin. *Prolegomena zur Geschichte des Zeitbegriffes*, GA20, 361.
[75] Vgl. Ebd.
[76] Stassen, Manfred (1973) *Heideggers Philosophie der Sprache in Sein und Zeit und ihre philosophisch-theologischen Wurzeln*, Abhandlungen zur Philosophie, Psychologie und Pädagogik 84, Bouvier, Bonn, 135.
[77] Powell, Jeffrey L. (2010) *Heidegger and the communicative world*, Research in Phenomenology, 40. Jg., Nr. 1, 60.
[78] Dieses Verfahren ist natürlich gegen Wittgensteins Konzeption des Weltaufbaus im *Tractatus* gerichtet (Vgl. pf3)

Welt demnach nur vom Dasein spricht.[79] Das hier angedeutete Problem entwickelt seine Brisanz im Blick auf die Forderung nach Wahrheit, zu der das Dasein doch gelangen will, wenn es spricht. Nach Jeffrey Powell gilt es daher, eine Zäsur zu machen zwischen den Aussagen und dem, was mit den Aussagen jeweils gemeint ist.[80] »Die primäre Form aller Auslegung als der Ausbildung des Verstehens ist *das Ansprechen von etwas aus seinem ›Als-was‹ her, das Ansprechen von etwas als etwas*«[81] – mit meinen Worten: ein besprechendes Präsentieren. Dieses weist die grammatikalische Form des Satzes nur als Ausdrucksform des primären und eigentlichen Satzes aus, der dieses »Ansprechen von etwas als etwas« ist.

Die Begegnung des Daseins mit der Welt bezeichnet Heidegger aber auch deswegen als »primär«, weil sich aus der gemeinsam besorgten Welt die Daseinsauffassung und seine Ziele bestimmen, so dass die für das Dasein fundamentalen Begriffe zuvor im Hinblick auf die Welt vermittelt werden: »Der eigentliche Weg ist aber der, daß man hinter die grammatischen Kategorien und Formen zurückgeht und aus den Phänomenen selbst heraus den Sinn zu bestimmen versucht. […] Man muß beachten, daß der Sinn des ›Hier‹, ›Da‹ und ›Dort‹ ebenso problematisch und schwierig ist wie der des ›Ich‹, ›Du‹ und ›Er‹.« Das zeige, »daß gegenüber solchen Phänomenen die Grammatik einfach versagt«, da diese »in Hinsicht auf eine bestimmte Aussageform, den theoretischen Satz«[82], gewonnen wurde.

Die grammatischen Kategorien wurden also aus einer bestimmten Sprachauffassung, nämlich der »Theorie des Logos« und somit aus »der Logik« gewonnen, und bestimmen damit die Auffassung der Sprache. Dies widerspricht nach Heidegger jedoch der Einsicht, dass sich »im alltäglichen Sichaussprechen das Dasein […] aus der Räumlichkeit [an]spricht, wobei Räumlichkeit in dem früher charakterisierten Sinn der entfernenden Ausrichtung des In-seins zu nehmen ist.[83] Wenn dem Dasein diese Eigenschaft existenzial zukommt, muss die Form des Aussagens neu betrachtet werden: Die Sprache in ihrem Sich-Aussprechen ist dann nämlich wesentlich als Rede zu deuten. Rede ist aber immer »Rede über etwas«, auch wenn das

---

[79] Vgl. Stassen, M. (1973), 133.
[80] Powell J. L. (2010), 134.
[81] Heidegger, Martin. *Prolegomena zur Geschichte des Zeitbegriffes*, GA20, 360.
[82] A. a. O., 344.
[83] Ebd.

»Worüber« nicht »notwendig, zumeist sogar nicht den Charakter des Themas einer bestimmenden Aussage«[84] hat. Deshalb ist davon auszugehen, dass das Verhältnis zwischen Dasein und Welt besonders problematisch ist; *insbesondere dann, wenn ein sprechendes Subjekt im Zentrum steht.* Der Grund dafür lässt sich in der Rolle erkennen, die Heidegger der Rede zuschreibt, nämlich ein Offenbarmachen, welches nicht »eigens« und »thematisch« ist, sondern den Sinn der auslegenden Appräsentation der besorgten Umwelt hat. Da das »Worüber« die Rede charakterisiert, *muss* in jeder Rede etwas über etwas gesagt werden. Das Beispiel vom gepolsterten Stuhl, das Heidegger heranzieht, führt in das zweite Strukturmoment des Gesagten ein: Spricht jemand über einen Stuhl, den er als »gepolstert« erkennt, und äußert demnach: »Der Stuhl ist gepolstert.«, wird in dem Gesagten das Worüber des *Besprochenen* ersichtlich, und dieses, so Heidegger, fällt nicht mit dem Stuhl zusammen! Warum? Weil sich die Rede stets an den *Anderen* richtet und sich eben darin die Aneignung der Welt vollzieht. Darüber hinaus charakterisiert Heidegger die Rede als ein Sichaussprechen über etwas aus einem jeweiligen Vorverständnis, weshalb das Dasein immer nur *von einem subjektiven Standpunkt* aus die Dinge auslegt.

Wenn aber das Offenbarmachen eine Eigenschaft des menschlichen Daseins ist, wie lässt sich dann die Aufgedecktheit eines Seienden bezeichnen? Nach Heidegger stellt dieses die *Wahrheit* die Seienden dar. Dabei übernimmt die Logik eine zentrale Funktion, da sie »das Reden durchforscht – das bestimmte Denken – sofern es entdeckt; im Thema steht für sie die Rede, und zwar im Hinblick auf Wahrheit«[85]. Nichtdestotrotz macht Heidegger deutlich, dass die Rede »nicht der primäre und einzige Träger des ἀληθές ist; sie ist etwas, in dem das ἀληθές vorkommen kann, aber nicht vorkommen muß«[86]. Diese methodische Herangehensweise finden wir gleichermaßen auch bei Wittgenstein: »Der Satz ist der Ausdruck der Übereinstimmung und Nichtübereinstimmung mit den Wahrheitsmöglichkeiten der Elementarsätze.«[87]

Daraus kann man folgern, dass und wie die Ontologie, die zwischen Sprache und Welt entsteht, zur Seinsfrage führt – mit einem

---

[84] Heidegger, Martin. *Sein und Zeit*, GA2, 162 (215)
[85] Heidegger, Martin. *Logik: die Frage nach der Wahrheit*, GA21, 7.
[86] Heidegger, Martin. *Platon: Sophistes*, GA19, 182.
[87] Wittgenstein, Ludwig. TLP, 4.4.

Durchbruch zur wahren Wirklichkeit. Ist aber bei Heidegger und Wittgenstein gleichermaßen so etwas wie eine »ontologische Differenz« (zwischen Sein und Seiendem) gegeben? Und kann diese weiterhelfen, um die Beziehung zwischen Sprache und Subjekt nachzuvollziehen und zu klären? Sofern es diese Differenz gibt, kann nicht darauf verzichtet werden, auch die Metaphysikkritik bei Heidegger und Wittgenstein einzubeziehen.

5.2.1 Ontologische Differenz und Metaphysikkritik: Begründet Heideggers und Wittgensteins Sprachauffassung ein neues Seinsverständnis?

Wie ist die Sprach*funktion* des Subjekts in Heideggers und Wittgensteins Frühphilosophie genauer zu bestimmen? Die Antwort auf diese Frage ist bei beiden Denkern in der Struktur der Sprache verankert. Beiden gilt es als zentrale Aufgabe, das Verhältnis zwischen Satz und Wirklichkeit abgrenzend auszuloten. Die projektive Beziehung des Satzzeichens auf die Welt – ein Gewinn der bisherigen Auseinandersetzung mit dem *Tractatus* – ermöglicht eine Sprachkonstruktion, in der sich das *Sein* des Satzes erkennen lässt. Dieses ἀληθεύειν, um es mit Heidegger auszudrücken,[88] legt die Wahrheit dar, die es zu *gewinnen* gilt. Dem lässt sich weiter entnehmen, dass das, was bei Wittgenstein als *Seiendes* erkannt werden kann, aus einer logischen Form besteht, in der sich der Satz widerspiegelt.[89] Diese Annahme findet ihre Entsprechung bei Heidegger darin, dass es nach seiner Auffassung der Logik gerade nicht gelingt, die »Vorhandenheit« als Nivellierung des Seienden zum bloßen Gegenstand zu erkennen,[90] um einen Sachverhalt in der Welt zu beschreiben. Deshalb überrascht es nicht, dass »das Verstehen von etwas« bei beiden etwa Folgendes be-

---

[88] Vgl. Heidegger, Martin. *Platon: Sophistes*, GA19, 17. *Aletheuein* meine »ein *aufdeckendsein*, die Welt aus der Verschlossenheit und Verdecktheit herausnehmen«, was sich zunächst »im Sprechen, im Miteinanderreden, im λέγειν« zeigt.

[89] Vgl. auch Wittgenstein, Ludwig. TLP, 4.12. »Der Satz kann die gesamte Wirklichkeit darstellen, aber er kann nicht das darstellen, was er mit der Wirklichkeit gemein haben muss, um sie darstellen zu können – die logische Form. Um die logische Form darstellen zu können, müssten wir uns mit dem Satze außerhalb der Logik aufstellen können, das heißt außerhalb der Welt.«

[90] Vgl. Heidegger, Martin. *Logik. Die Frage nach der Wahrheit*, GA21, 77 f.

deutet: Wittgenstein spricht vom Bild der Tatsache,[91] in dem der Satz die Wirklichkeit abbildet – hier ist in einem gewissen Sinn durchaus ein Verstehen gegeben. Nach Heidegger ist das Verstehen »*die Entdecktheit des Woran-seins mit etwas*, die Entdecktheit der Bewandtnis, die es mit der Umwelt, mit meinem eigenen Dasein und mit dem Sein der Anderen hat«[92]. Für beide ist »Wahrheit« innerhalb der Sprache daher zunächst in der ontologischen Struktur des Seins suchen. Wenden wir uns zunächst Heideggers Standpunkt zu.

5.3 Eine Aussage kann nur gemacht werden, wenn sie es vermag, die »Wahrheit« zu offenbaren

Heidegger schließt aus, dass das Seinsverständnis, in dem wir uns schon immer bewegen, seine eigentliche Bedeutung beinhaltet. Spricht man »Sein« aus, hat man ein Verständnis des »ist«, ohne begrifflich fixieren zu können, worin dieses genauer besteht.[93] Dazu gehört – zumindest in wesentlichen Teilaspekten – Heideggers Feststellung, dass dieses durchschnittliche und vage Seinsverständnis ein Faktum ist,[94] in dem »das Verstehen in den einzelnen faktischen Vollzugsstufen scheinbar vom sich selbst Verstehen absehen kann, aber nur solange als es gilt, einen schon entdeckten Bezirk von Tatbeständen im Einzelnen genauer zu bestimmen.«[95]

Stattdessen erkennt man die Struktur des »etwas *als* etwas«, welche die vorprädikative Gegliedertheit des Verstehens aufweist.[96] Zwar wird damit betont, dass die Entwicklungsrichtung des Seins des Daseins vom Verstehen ausgeht. Doch impliziert dies zugleich, die Sicht des Daseins in ihrem existenzialen Entwurfscharakter zu erhellen. Folglich gehört zum Verstehen eine Vor-struktur, die die Auslegungen determiniert, welche das Verständnis ermöglichen sollen, weshalb man davon ausgehen muss, dass die Auslegung ein weiteres Moment des Verstehens darstellt: »Alle Auslegung [...] muß schon das Auszulegende verstanden haben.«[97] Bezogen auf das Da-

---

[91] Vgl. Wittgenstein, Ludwig. TLP, 2.1
[92] Heidegger, Martin. *Prolegomena zur Geschichte des Zeitbegriffes*, GA20, 357.
[93] Vgl. Heidegger, Martin. *Sein und Zeit*, GA2, 5 (6 f.)
[94] Ebd.
[95] Vgl. Heidegger, Martin. *Prolegomena zur Geschichte des Zeitbegriffes*, GA20, 358.
[96] Barth. 359.
[97] A. a. O., Heidegger, Martin, *Sein und Zeit*, GA 2, (202)

sein bezeichnet das Verstehen das primäre Verhältnis zur Welt, obwohl es in keiner Weise einen Erkenntnismodus darstellt.[98] Der von Heidegger thematisierte Begriff des Verstehens drückt somit die existenziale Vor-struktur des Daseins selbst aus: Das Verstehen liegt in seinem »Seinkönnen« beschlossen.[99]

Das »Entstehen« und »Gewinnen« seiner Voraussetzung kann zugleich die Grundstruktur des Satzes freilegen: Er ist in der *derivativen* Prägung der Voraussetzung enthalten. Die Aussage »gilt«, solange sie etwas in ihrem Ausdruck offenbaren kann,[100] nämlich die Wahrheit. Im Grunde stellt Heidegger zwischen Aussage und Wahrheit eine Beziehung her, welche einen Einfluss auf die Sprache nimmt. Und aufgrund des Einbezugs dieser Sprachkonzeption in die Wahrheit erkennt man auch ihre enge Verkoppelung mit dem Sein. Die Instanz, die sich auf diese Weise herausschält, wird von Heidegger nach den von ihm benannten drei Bedeutungen der Aussage entwickelt. Zum einen ist sie in ihrer Bedeutung als *Aufzeigung* mit der Zuhandenheit verknüpft, zum anderen meint sie *Prädikation:* »Von einem ›Subjekt‹ wird ein ›Prädikat‹ ›ausgesagt‹, jenes wird durch dieses *bestimmt*.«[101] Ausschlaggebend für die Sprachtheorie ist jedoch die dritte Bedeutung der Aussage, die *Mitteilung;* damit können Subjekt und Prädikat *nur* in der Aufzeigung entstehen, da jede Prädikation den Modus der Aufzeigung hat: Aussage und Mitteilungsfunktion sind miteinander verbunden.[102] Die Aussagen aber, so Heidegger, »halten sich zunächst und zumeist innerhalb eines bestimmten Zutunhabens mit, d. h. sie vollziehen sich auf dem Grund des In-der-Welt-seins.«[103] Nichtsdestotrotz verhält sich das Dasein als existierendes zu einer erschlossenen Welt. Sein Selbstverständnis wird faktisch »auf dem Wege des Sichverstehens aus den in irgendeinem Sinn

---

[98] Vgl. Heidegger, Martin. *Prolegomena zur Geschichte des Zeitbegriffes*, GA20, 286.

[99] Vgl. Heidegger, Martin. *Sein und Zeit*, GA2, 152. (201 f.)

[100] Vgl. Fay, Thomas A. (1991) The ontological difference in early Heidegger and Wittgenstein, Kant-Studien, 82. Jg., Nr. 3, 320. Zur Bedeutung der Aussage für die Daseinsanalyse vgl. Heidegger, Martin. *Sein und Zeit*, GA2, 154 (204 f.)

[101] Vgl. Heidegger, Martin. *Sein und Zeit*, GA2, 154 (205).

[102] Vgl. Heidegger, Martin. *Logik: die Frage nach der Wahrheit*, GA21, 134. »Aussage kann drittens bedeuten soviel wie Mitteilung – Heraussage; und diese Bedeutung des Ausdrucks steht im Zusammenhang mit der ersten und dadurch mit der zweiten. Nur ist jetzt gegenüber der ersten Bedeutung nicht so sehr gemeint das Aufweisen einer Sache, Aufzeigen als solches, sondern die Mitteilung einer Sache als einer aufgewiesenen.«

[103] Vgl. Heidegger, Martin. *Logik: die Frage nach der Wahrheit*, GA21, 213.

entdeckten Dingen«[104] gewonnen. Dass Heidegger das Wahrsein als ein Enthüllen betrachtet, welches auf das Ich zurückgeht, erinnert zunächst an die aristotelische Auffassung, nach der das Wahrsein nicht in den Dingen, sondern im Verstand zu lokalisieren sei. Gleichwohl kritisiert Heidegger diesen Ansatz, da Verstand und Denken nicht erklären könnten, warum die Wahrheit der Sphäre des Subjekts zugehört. Der Verstand sei vielmehr als »enthüllendes Aufzeigen von etwas« in sich selbst durch das Wahrsein als Enthüllen bestimmt.[105] In dieser Weise nimmt man das Denken im Sinne eines freien Verhaltens des Menschen als Enthüllen eines vorgegebenen Seienden, welches adäquat erkannt wird. Daraus lässt sich auf die Bedeutung der *wahren* Aussage schließen, da ja die Aussage in sich selbst eine Verhaltung des Daseins ist. Infolgedessen entspricht das Wahr-sein dem Entdeckt-sein: Beide Bedingungen gibt es nach ihrer ontologischen Struktur nur im Zusammenhang mit der Welt.

Von diesem Grundprinzip ausgehend zeigt sich die Sprachfunktion als das, was »sagt«, und zwar, wie das Seiende sich verhält.[106] Dieselbe Wahrheitskonstitution liegt aber der theoretischen Begriffsbestimmung zugrunde;[107] diese impliziert innerhalb ihrer Struktur die Möglichkeit, über sie zu sprechen. Dabei muss die »*Kraft der elementaren Worte*« bewahrt werden, in denen sich das Dasein ausspricht; eingeschlossen in diese Betrachtung ist die Behauptung, dass »[d]*ie existenzial-ontologischen Fundamente des Entdeckens selbst* [...] *erst das ursprünglichste Phänomen der Wahrheit*«[108] zeigen.

Verfolgt man die Verbindung von Entdecken und Wahrheit konsequent weiter, kann man folgern, dass Heidegger die Entdecktheit des Seienden mit der Ausgesprochenheit der Aussage verbindet, weil er so behaupten kann, dass die Wahrheit sich als Folge einer vorhandenen Beziehung zwischen vorhandenen Gegenständen herstelle.[109] Eine auf solche Weise zustande gekommene Wahrheit erweist sich

---

[104] Vgl. Heidegger, Martin. *Grundprobleme der Phänomenologie*, GA24, 308.
[105] A. a. O., 309.
[106] Vgl. Heidegger, Martin. *Sein und Zeit*, GA2, 219 (289)
[107] »Die Übersetzung durch das Wort ›Wahrheit‹ und erst recht die theoretischen Begriffsbestimmungen dieses Ausdrucks verdecken den Sinn dessen, was die Griechen als vorphilosophisches Verständnis dem terminologischen Gebrauch von ἀλή-θεια ›selbstverständlich‹ zugrunde legten«. Heidegger, Martin. *Sein und Zeit*, GA2, 219.
[108] Vgl. Heidegger, Martin. *Sein und Zeit*, GA2, 220 (291)
[109] Vgl. Heidegger, Martin. *Sein und Zeit*, GA2, 297. (395 f.)

als derivativer Modus des Ausgesprochenen. Obgleich das Seinsverständnis das ursprüngliche Phänomen der Wahrheit verdeckt, gehört sie doch zur Grundverfassung des Daseins. Dafür muss sie auf ihre vor-ontologische Ebene zurückgeführt werden.[110] Dabei ist ihre Verortung sehr wichtig: »Die ursprünglichste ›Wahrheit‹ ist der ›Ort‹ der Aussage und die ontologische Bedingung der Möglichkeit dafür, daß Aussagen wahr oder falsch (entdeckend oder verdeckend) sein können.«[111] Die Wahrheit einer Aussage ist somit als etwas Sekundäres zu betrachten, da die Existenz von etwas ein *primärer* Sinn ist, nämlich der Zugang zum Seienden, der von jeder ›theoretischen‹ Aussage und jedem ›schlichten Sehen‹ ermöglicht wird. Sobald die Aussage als Aneignungsmodus der Entdecktheit imstande ist, die Erschlossenheit des Daseins zu konstituieren, ist die Wahrheit in ihrer ontologischen Konstitution vom Dasein in seinem ontischen Verhalten gegründet.[112]

Die Aussage als anvisierter Ort der Wahrheit wird aber in der Rede ersichtlich. Daraus folgt weiterhin, dass das, was man als Situierung der Verständlichkeit von Dasein und Rede bezeichnet, auf die Gleichursprünglichkeit der Existenzialien Befindlichkeit und Verstehen verweist; wenn die Verständlichkeit auch schon vor der zueignenden Auslegung ihre Grundlage findet, dann ist die Rede eine Artikulation der Verständlichkeit, weil sie der Auslegung und der Aussage zugrunde liegt.[113] Steht diese Verbindung zwischen Sprache und Auslegung unter der ontologischen Bedingung der konstitutiven Rolle der Sprache für die Erschlossenheit, scheint damit der methodische Verlauf von *Sein und Zeit* – der Entwurf einer Fundamentalontologie – deutlicher hervorzutreten.[114] Dieser schreibt der Daseinsverfassung eine Unterscheidung zwischen ontologisch und

---

[110] Mit dieser Behauptung stellt sich Heidegger gegen Aristoteles. Trivialerweise ist der λόγος die »Seinsweise des Daseins, die entdeckend oder verdeckend sein kann« (GA2, 299; 396). Weiterhin erkennt Heidegger in dieser Bestimmung eine doppelte Möglichkeit des Wahrseins des λόγος, welches zugleich die Verdeckung des Wahrseins impliziert. Diese Implikation führt zu keiner Erweiterung des λόγος, den Heidegger als reines νοεῖν konzipiert, weil das ursprüngliche Entdecken jene wesensmäßige Bestimmung ist. Umgekehrt schlägt Heidegger vor, dem λόγος eine Entdeckungsfunktion zuzusprechen.

[111] Vgl. Heidegger, Martin. *Sein und Zeit*, GA2, 226

[112] Vgl. Fay T. (1991), 231.

[113] Vgl. Heidegger, Martin. *Sein und Zeit*, GA2, 161. (214)

[114] Vgl. Lafont, Cristina (1993) *Die Rolle der Sprache in »Sein und Zeit«*, Zeitschrift für philosophische Forschung, Bd. 47, 53.

ontisch zu. Allein schon deshalb entwickelt Heidegger diesen Unterschied im Kontext der Analyse der Bedeutsamkeit, etwa darin, dass sich die Rede als ontologisches Fundament der Sprache erweist. Innerhalb der überwiegenden Einflüsse der Bewusstseinsphilosophie, von denen sich Heidegger lösen will,[115] findet sein »System« ein Fundament, wobei die Sprache nicht identisch mit der Gesamtheit der in einem Wörterbuch aufgelisteten Wörter zu sein scheint – sie ist, »sowie das Dasein ist«, und verfügt somit über eine geschichtliche Struktur. Diese Anmerkung lässt sich durch die folgenden Worte Heideggers ergänzen: »[D]as Sein der Welt ist im Sprechenden als Daseiendes da, aufgezeigt von Grund aus, an ihm selbst ergriffen.«[116] Wie kann man dies im Blick auf Wittgenstein explizieren? Erweist sich auch bei ihm die Wahrheit als mit der Sprache verbunden?

5.3.1 Sprache und Ausdruck bei Wittgenstein

Unter denselben Voraussetzungen argumentiert auch Wittgenstein in seiner Konzeption der Sprache: Sie ist als Funktion der in ihr enthaltenen Ausdrücke aufzuweisen.[117] So lässt sich die Wahrheit hier als *primärer* Grund bezeichnen.[118] Nun hat Wittgenstein ein Problem, das sich auf all jene Sätze bezieht, die den Zustand von etwas, »was richtig ist«, annehmen können. Denn wenn der Satz eine Wahrheitsfunktion der Elementarsätze ist, sind diese als seine Wahrheitsgründe zu betrachten.[119] Die Voraussetzungen für die Wahrheitsbedingungen im Satz sind folgende: »Der Satz *zeigt* seinen Sinn. Der Satz *zeigt*, wie es sich verhält, *wenn* er wahr ist. Und er *sagt*,

---

[115] Im Gegensatz zu Husserl bezeichnet Heidegger die Wahrnehmung als immer schon interpretiert, während Husserl die nicht sinnliche Wahrnehmung als kategoriale Anschauung fasst. Vgl. dazu Lafont, C. (1993), 45; und Martin Heidegger, *Phänomenologischen Interpretation von Kant Kritik der reinen Vernunft*, GA25.

[116] Vgl. Heidegger, Martin. *Einführung in die phänomenologische Forschung*, GA17, 24.

[117] Vgl. Wittgenstein, Ludwig. TLP, 3.318. »Den Satz fasse ich – wie Frege und Russell – als Funktion der in ihm enthaltenen Ausdrücke auf.«

[118] Vgl. Wittgenstein, Ludwig. TLP, 5.101. »Diejenigen Wahrheitsmöglichkeiten seiner Wahrheitsargumente, welche den Satz bewahrheiten, will ich seine *Wahrheitsgründe* nennen.«

[119] Vgl. Wittgenstein, Ludwig. TLP, 5.11. »Sind die Wahrheitsgründe, die einer Anzahl von Sätzen gemeinsam sind, sämtlich auch Wahrheitsgründe eines bestimmten Satzes, so sagen wir, die Wahrheit dieses Satzes folge aus der Wahrheit jener Sätze.«

daß es sich so verhält.«[120] Daraus folgt, dass man, um Wahrheit zu gewinnen, *den Sinn eines Satzes* kennen muss. Das folgende Beispiel, das Wittgenstein im Blick auf die Beziehung zwischen Satz und Wahrheit einbringt, kann diese Überlegung verdeutlichen: Wenn wir einen schwarzen Fleck auf einem weißen Papier sehen, dann ist die Form dieses Flecks *beschreibbar,* so dass prinzipiell für jeden Punkt die Möglichkeit bestünde, seine Farbe als weiß oder als schwarz zu bestimmen. Nehmen wir nun an, es wäre möglich, die Farbe – das Weiß oder das Schwarz – unterschiedlich zu bewerten: Wollten wir den schwarzen Punkten einen negativen und den weißen einen positiven Wert zusprechen, wäre es demnach notwendig, bereits ein *Vorverständnis* von ihnen zu haben. Wir müssten also bereits wissen, welcher *Wahrheitswert* existiert, d. h. den Punkt als entweder weiß oder aber schwarz erkannt haben. Im Grunde kann man das gleiche Verfahren auf die zwei Variablen »p« oder »q« auf den zu attribuierenden Wert eines Satzes anwenden: »p« erfüllt eine Wahr- bzw. Falschbedingung in Abhängigkeit von den Umständen, die man als wahr betrachtet. Folglich geht es zunächst um die Entscheidung über den bestimmten Wert, den man »p« zuerkennt; sie wird von Wittgenstein als Kriterium aufgefasst, um den Sinn des Satzes zu bestimmen.[121]

Wittgenstein versucht also, ganz wie Heidegger, zu zeigen, dass in dem Satz etwas *entdeckt* werden kann und zwar sein Wahrsein, das von seinem Sinn abhängt. Dennoch können Sätze, die keinen Sinn

---

[120] Vgl. Wittgenstein, Ludwig. TLP, 4.022.

[121] »Ein Bild zur Erklärung des Wahrheitsbegriffes: Schwarzer Fleck auf weißem Papier; die Form des Fleckes kann man beschreiben, indem man für jeden Punkt der Fläche angibt, ob er weiß oder schwarz ist. Der Tatsache, dass ein Punkt schwarz ist, entspricht eine positive – der, dass ein Punkt weiß (nicht schwarz) ist, eine negative Tatsache. Bezeichne ich einen Punkt der Fläche (einen Fregeschen Wahrheitswert), so entspricht dies der Annahme, die zur Beurteilung aufgestellt wird, etc. etc. Um aber sagen zu können, ein Punkt sei schwarz oder weiß, muss ich vorerst wissen, wann man einen Punkt schwarz und wann man ihn weiß nennt; um sagen zu können: ›p‹ ist wahr (oder falsch), muss ich bestimmt haben, unter welchen Umständen ich ›p‹ wahr nenne, und damit bestimme ich den Sinn des Satzes. Der Punkt, an dem das Gleichnis hinkt, ist nun der: Wir können auf einen Punkt des Papiers zeigen, auch ohne zu wissen, was weiß und schwarz ist; einem Satz ohne Sinn aber entspricht gar nichts, denn er bezeichnet kein Ding (Wahrheitswert), dessen Eigenschaften etwa ›falsch‹ oder ›wahr‹ hießen; das Verbum eines Satzes ist nicht ›ist wahr‹ oder ›ist falsch‹ – wie Frege glaubte –, sondern das, was ›wahr ist‹, muss das Verbum schon enthalten«. Vgl. Wittgenstein, Ludwig. TLP, 4.063.

haben, keinem Wahrheitswert entsprechen. Daher führt Wittgenstein im Gegensatz zu Frege die Wahrheit auf das Verb »sein« zurück: »[D]as Verbum eines Satzes ist nicht ›ist wahr‹ oder ›ist falsch‹ – wie Frege glaubte –, sondern das, was ›wahr ist‹, muß das Verbum schon enthalten.«[122] Dies besagt weiterhin, dass der Satz einen ontologischen Status haben muss, um seiner Wahrheitsbedingung nachzukommen. Sobald das Sein des Satzes betrachtet wird, erhält man auch sein Seiendes, welches der Vorhandenheit entspricht, nämlich, in Heideggers Worten, »dem Ontischen«. Allein dadurch ist ein Satz als solcher jedoch noch kein *sinnvoller* Satz. Er kann nur sagen, wie ein Ding ist, nicht, was die Bestimmtheit seines Sinns ist,[123] so dass er als *derivativer* Modus der Sprache bezeichnet werden muss, da er nur einen Ort des logischen Raums darlegt.[124] Folglich kann die *ontologische* Ebene durch den Gedanken gewonnen werden, da dieser den sinnvollen Satz darlegt,[125] insofern der Satz in ihm seinen eigenen Sinn projiziert.[126]

Bei einem sinnvollen Satz ist es daher möglich, sein »Wie-sich-etwas-verhält«, das zur Wahrheit führt, zu ergreifen. Die Bedingungen des Satzes ergeben sich durch einen Vergleich mit der Wirklichkeit. Dadurch besteht die Möglichkeit, Kenntnisse über seine Falschheit oder Wahrheit zu gewinnen. Dass der Satz die Wirklichkeit beschreibt, zieht zweierlei nach sich: seine Bedeutung und das Verstehen der Wirklichkeit. Lässt man das aber gelten – und man *muss* es nach dem Vorangegangenen gelten lassen –, ist die kurz zuvor aufgestellte Behauptung des Verhältnisses zwischen Satz und Wirklichkeit (wenn man diese Beziehung als Grundbedingung des Satzes aufgrund seines Zeigens der logischen Form als Modell der Wirklichkeit sieht) hinfällig. Denn dafür ist keine reale Entsprechung zur Wirklichkeit nötig. Wenn in »p« nicht mehr und nicht weniger zu erkennen ist als in »p«,[127] und wenn dies besagt, dass die »Faktizität« von »p« wiederum selbstverständlich einen positiven oder negativen Wert hat, dann verstößt eben das Operieren mit Negationen gegen die Überzeugung, dass eine möglicherweise ambivalente Sprache sich

---

[122] Wittgenstein, Ludwig. TLP, 4.063c.
[123] Vgl. Wittgenstein, Ludwig. TLP, 3.221.
[124] Vgl. Wittgenstein, Ludwig. TLP, 3.42.
[125] Vgl. Wittgenstein, Ludwig. TLP, 4.
[126] Vgl. Funke, G. (1968), 15.
[127] Vgl. Wittgenstein, Ludwig. TB, 20.12.14.

wechselseitig mit einer positiven Wirklichkeit herausstellt.[128] Sobald sich der Satz auf einer ontischen Ebene bewegt, geht man seines Wesens verlustig. Die Spaltung, die sich zwischen Wahrsein und Falschsein ergibt, ist demnach nur deshalb erforderlich, weil man auf diese Weise ein Tatsachenpaar beschreiben kann und damit (um es mit Heidegger auszudrücken) »das Sein des Satzes«, nämlich sein Wesen, erfasst wird. Der Wahrheitswert vermeidet den Dualismus zwischen bestehenden Tatsachen, sodass das Bestehen als einseitig und nicht als etwas Wirkliches resultiert.[129] Indem man das Wahrsein des Wertes »p« zugrunde legt, zeigt sich parallel seine negative Variante, und zwar »nicht p«, deshalb kann in dem wahren Satz p dennoch ein falscher Satz enthalten sein.[130] Dies zeigt erneut, dass die Wahrheitsbedingungen eines Wertes einen bestimmten Aspekt voraussetzen, und zwar das Entdecktsein, welches sich nach der Wahrheit des Gedankens ausrichtet: »Ein a priori richtiger Gedanke wäre ein solcher, dessen Möglichkeit seine Wahrheit bedingte.«[131] Wenn sich der Gedanke im Satz sinnlich wahrnehmbar ausdrückt, dann ist das, was gewonnen werden soll, sein Sinn. Wittgenstein behauptet aber, dass »ein Satz […] nur sagen [kann], wie ein Ding ist, nicht was es ist«[132]. Gewissermaßen kann die mögliche Sachlage unter sprachlichen Bedingungen beschrieben, aber nicht *benannt* werden. Dafür überrascht es an dieser Stelle nicht, dass die Zeichen die Gegenstände vertreten, wenn der Name im Satz dem Gegenstand entspricht.[133] Dies impliziert zudem, dass nur für die Gesamtheit der wahren Sätze die Möglichkeit besteht, durch Beschreibungen ein vollständiges Bild der Welt zu geben.[134]

Bei der Bildung der Wahrheit durch den Satz tritt daher ein Objektivismus ein, der »die gesamte Wahrheit« darstellt und dennoch eine Grenze markiert, da der Satz die logische Form der Wirklichkeit aufweist, welche nur außerhalb der Welt erlangt wird.[135] Dennoch wird damit die »Erschließungs«-Funktion der Sprache offenkundig:

---

[128] Hrachovec, Herbert (1981) *Vorbei. Heidegger, Frege, Wittgenstein: Vier Versuche,* Stroemfeld, Basel, 284.

[129] A.a.O., 248.

[130] Vgl. Wittgenstein, Ludwig. TB, 27.11.14.

[131] Wittgenstein, Ludwig. TLP, 3.04.

[132] Wittgenstein, Ludwig. TLP, 3.221.

[133] Vgl. Wittgenstein, Ludwig. TLP, 3.221.

[134] Funke G.(1968), 14.

[135] Vgl. Wittgenstein, Ludwig. TLP, 4.12.

Der Satz ist der Ausdruck seiner Wahrheitsbedingung,[136] wobei die Elementarsätze das Wahrheitsargument konstituieren.[137] Somit lässt sich die »ontologische Differenz« bei Wittgenstein durch die Annahme erklären, dass das, was im Satz *vorhanden* ist, seinen ontischen Status überwinden muss, um einen ontologischen Status zu erreichen. Jeder Teil des Satzes, der seinen Sinn kennzeichnet, wird demnach als Ausdruck bezeichnet. Parallel zu Heidegger könnte man sagen, dass auch für Wittgenstein die Sprache somit die Funktion eines Instrumentes erfüllt: Der Satz ist imstande, die Welt mithilfe eines *logischen*[138] Gerüstes zu konstruieren.[139]

Schließlich gilt alles, was mit der Wahrheit zu tun hat, nur für die Logik und nicht für die Weltwirklichkeit. Obwohl es hier einen fundamentalen Unterschied zu Heidegger gibt, verweist doch der Sachverhalt als ganzer auf eine Ähnlichkeit zwischen beiden Philosophen.

---

[136] Vgl. Wittgenstein, Ludwig. TLP, 4.431.
[137] Vgl. Wittgenstein, Ludwig. TLP, 5.01.
[138] Selbstverständlich verwendet Heidegger nicht die Logik, um die Welt aufzubauen.
[139] Vgl. Wittgenstein, Ludwig. TLP, 4.023.

6. Metaphysik und »Missverständnisse«

> Du siehst in die Nebelwolken und kannst
> dir daher einreden, das Ziel sei schon nahe.
> Aber der Nebel zerrinnt, und das Ziel
> ist noch nicht in Sicht!
>
> (Ludwig Wittgenstein)

Unbestreitbar besitzt die Logik die Fähigkeit, eine Wirklichkeitsstruktur zu gründen, schlicht deshalb, weil das logische Bild die Welt abbilden kann.[1] Sie schließt jedoch eine Entsprechung zwischen Sprache und Wirklichkeit aus, da die Onto-logie die Grenze zwischen dem, was »sinnig« ist, und dem, was keinen Sinn hat, so definiert, dass sich das Subjekt bestimmte Ansichten als Ausdrucksformen konstruiert (wie z. B. »Sprache und Bedeutungen«), die auf eine anti-metaphysische Form verweisen.

Angesichts der Tatsache, dass sich im *Tractatus* einige Sätze finden, die als metaphysisch betrachtet werden können, und zwar in der von Wittgenstein formulierten Annahme, dass es doch eine Korrespondenz zwischen Sätzen und Sachverhalten bzw. zwischen Sprache und Welt gebe,[2] erbringt dieses Prozedere den Beweis einer Korrespondenz zwischen Wirklichkeit und Sprache: »Der Satz kann die gesamte Wirklichkeit darstellen, aber er kann nicht das darstellen, was er mit der Wirklichkeit gemein haben muß, um sie darstellen zu können – die logische Form.«[3]

Damit ist von vornherein ausgeschlossen, was Richard Rorty in Opposition zu dieser Position behauptet, dass nämlich die Philosophie

---

[1] Vgl. Wittgenstein, Ludwig. TLP, 2.19.
[2] Röd, W. (1981) *Der vorgebliche Mißbrauch der Sprache in metaphysischen Aussagen*, in *Sprache und Erkenntnis als Soziale Tatsache: Beiträge des Wittgenstein-Symposiums von Rom 1979*, Schriftenreihe der Wittgenstein-Gesellschaft 5, Hölder, Pichler, Tempsky, 88.
[3] Wittgenstein, Ludwig. TLP, 4.12.

der Sprache bei Wittgenstein »die Bedingungen der Beschreibbarkeit liefern«[4] soll. Rorty geht davon aus, dass die Sprache, falls sie die Bedingungen des Beschreibens angibt, dazu diene, »apodiktische Wahrheiten«[5] zu konstruieren. Ein solches Vorgehen würde aber Wittgensteins Absicht missinterpretieren, insofern Wittgenstein erklärt, dass die »Philosophie der Sprache« gerade keine Beschreibung sein kann: »Das Resultat der Philosophie sind nicht ›philosophische Sätze‹, sondern das Klarwerden von Sätzen.«[6] In diesem Zusammenhang darf nicht vergessen werden, dass nach Wittgenstein einer beliebigen Person, die etwas Metaphysisches sagen wollte, nachgewiesen werden müsste, dass sie gewissen Zeichen in ihren Sätzen keine Bedeutung gegeben hat.[7] So behauptet Wittgenstein die prinzipielle Unmöglichkeit eines sinnvollen Sprechens über die »Welt« und das »Ich«, weil derartige Ausdrücke zu metaphysischen Annahmen führen. Bei näherem Hinsehen könnte sich eine solche Abstandnahme als radikal erweisen. Wittgenstein führt die Metaphysikkritik in die Sprache ein, weil eben die von der Philosophie gestellten Probleme »das Einzelne« »immer wieder als unwichtig« erweisen, jedoch die »Möglichkeit jedes Einzelnen«, uns »Aufschluß über das Wesen der Welt«[8] zu geben, in einem Missverständnis der Logik resultiert. Nichtdestotrotz ist die Philosophie die Lehre von der logischen Form wissenschaftlicher Sätze.[9] Darüber hinaus lässt sie sich als »Tätigkeit« erkennen,[10] sodass schon das Wort »Philosophie« etwas bezeichnet, was »über« oder »unter«, aber nicht neben den Naturwissenschaften steht.[11] In der Tat ist die Philosophie nicht imstande, Bilder der Wirklichkeit zu zeigen; daher kann sie *naturwissenschaftliche* Untersuchungen weder bestätigen noch widerlegen. Eher besteht sie aus Logik und Metaphysik, und die Logik erweist sich als ihre Grundlage.[12] Peter Kampits gibt hier zu bedenken, dass Wittgenstein aus dem Horizont seiner

---

[4] Vgl. Rorty, Richard (1991) *Wittgenstein, Heidegger und die Hypostasierung der Sprache*, MacGuinness Brian, Habermas Jürgen, Apel Karl-Otto, Symposion Anlässlich des hundertsten Geburtstags von Ludwig Wittgenstein, *Der Löwe spricht ... Und wir können ihn nicht verstehen*, Suhrkamp, Frankfurt am Main, 74.

[5] Vgl. Rorty, R. (1991), 75.

[6] Vgl. Wittgenstein, Ludwig. TLP, 4.112.

[7] Vgl. Wittgenstein, Ludwig. TLP, 6.53.

[8] Wittgenstein, Ludwig. TLP, 3.3421.

[9] Wittgenstein, Ludwig. Viertes Manuskript, 207.

[10] Vgl. Wittgenstein, Ludwig. TLP, 4.112

[11] Wittgenstein, Ludwig. Viertes Manuskript, 207.

[12] Vgl. Wittgenstein, Ludwig, Notebooks, 1914–1916, Chicago 1979, 82.

Sprachkritik im *Tractatus* nie einen Zweifel daran gelassen habe, dass die Sätze der Metaphysik in die Unsagbarkeit weisen, da sie auf einem Missverständnis der Logik beruhen.[13]
Welche Rolle spielt dann aber die Philosophie? Wittgenstein beantwortet diese Frage so: »Die Philosophie begrenzt das bestreitbare Gebiet der Naturwissenschaft«[14]; sie soll »das Denkbare abgrenzen und damit das Undenkbare. Sie soll das Undenkbare von innen durch das Denkbare begrenzen.«[15] Wenn man allerdings unterstellt, dass die Philosophie sich die logische Klärung von Gedanken zum Ziel setzt, so lässt sich auch diese Aufgabe aus unseren Überlegungen herleiten, und zwar in Form eines Klärens von Sätzen.[16] Dieses definiert die Grenzen des Denkbaren und Undenkbaren, insofern die Philosophie das Undenkbare bedeuten kann, indem sie das, was das Sagbare ist, darstellt.[17] Natürlich müsste man sich fragen lassen, ob in diesem Vorgehen das Nichtssagende zu einem Absurdum wird, da für die *traditionelle* Philosophie kein Raum bleibt. Und natürlich ließe sich der betreffende Satz nur mit Bezug auf die Metaphysik anwenden, weil das, was Wittgenstein vermeiden will, eben die Rückkehr zu der *metaphysica specialis* ist, auf der, wenigstens zum Teil, die Methode Husserls gründet. Hierbei ist die Beschränkung auf die Beschreibung von Gegebenheiten gefragt sowie der Verzicht auf die Explikation eines philosophischen Systems, da dieses auf einem ursprünglichen Inhalt basiert.[18] Überhaupt ist davon auszugehen, dass der Husserlschen Rückkehr zu den »Sachen selbst« keine empiristische Epistemologie der bereits *gegebenen* Wirklichkeit vorausgeht – die Position des Subjekts in der Welt bleibt vielmehr in Husserls wie in Wittgensteins Argumentation unstrukturiert. Kurz: Die »Sache selbst« ist mit jener Phänomenstruktur verknüpft, die dem Urteil entspricht. Hier hilft Husserls reine Grammatik weiter, die apriorischen und objektiven Möglichkeiten zu untersuchen und Wittgensteins Gesetze des Sagbaren und des Unsagbaren voneinander abzugrenzen.[19] Die

---

[13] Vgl. Kampits, P. (1976), 100.
[14] Wittgenstein, Ludwig. TLP, 4.113.
[15] Wittgenstein, Ludwig. TLP, 4.114.
[16] Vgl. Wittgenstein, Ludwig. TLP, 4.112.
[17] Vgl. Wittgenstein, Ludwig. TLP, 4.114.
[18] Vgl. Wuchterl, K. (1971), 13
[19] »Die apriorischen Gesetze, welche zur Konstitution der wesentlichen Bedeutungsformen gehören, lassen es ganz offen, ob die in solchen Formen zu bindenden Bedeutungen ›gegenständlich‹ oder ›gegenstandslos‹ sind, ob sie, wenn es sich um Satzfor-

Manuela Massa

Grundlage des *Tractatus* auf einer phänomenologischen Ebene zu betrachten, zieht die Unterscheidung von Philosophie und Naturwissenschaft nach sich, weil die Philosophie den abbildenden Satz ausspricht und dessen Inhalt meint, auch wenn »ein philosophisches Werk [...] wesentlich aus Erläuterungen«[20] besteht. Dennoch ist das Wirklichkeitselement im Satz zu erkennen. Dies betrifft die eingehende Beschäftigung mit den sich-zeigenden Elementen des Bewusstseins des Philosophen, da er das Sich-zeigende sieht und als notwendige Bedingung des Inhaltlichen anerkennt.[21] Der Kern dieser phänomenologischen Spuren ist wieder die Satzkonstitution, die dem *Tractatus* zugrunde liegt. Diesbezüglich schreibt Wittgenstein

Meine Sätze erläutern dadurch, daß sie der, welcher mich versteht, am Ende als unsinnig erkennt, wenn er durch sie – auf ihnen – über sie hinausgestiegen ist. (Er muß sozusagen die Leiter wegwerfen, nachdem er auf ihr hinaufgestiegen ist.) Er muß diese Sätze überwinden, dann sieht er die Welt richtig.[22]

Dadurch führt Wittgenstein die Absurdität einer Reduktion herbei; zu dem philosophischen Ansatz gibt es keine Alternative außer einem negativen Ergebnis: das θεωρεῖν zu kritisieren.[23] Und ganz so ist die Philosophie nach Wittgenstein zu konzipieren; als Vermittlerin von Erkenntnis bietet sie eine transzendenzfreie, naturalistische Einsicht, die sich gleichwohl nicht als Theorie verstehen lässt,[24] da sie sonst durch metaphysische Elemente eingeschränkt würde. Ausdrücke wie »Ich«, »Welt« oder »Freiheit«, die im Bereich des Unsagbaren verbleiben, werden damit umgangen.[25] Folglich ergibt sich ein Unterschied zwischen dem Aussprechen der Tatsache und dem, was primär über die Tatsache ausgesagt werden kann. Was in den Bereich des Unsagbaren fällt, wohnt dem »Transzendentalen« inne, insofern verbleiben

men handelt, mögliche Wahrheiten ergeben oder nicht«. Vgl. Husserl E., Logische Untersuchungen. HuA19, 342. Für einen Vergleich zwischen Husserl und Wittgenstein vgl. die Interpretation von Peursen, C. A. (1959), 181 ff.

[20] Wittgenstein, Ludwig. TLP, 4.112.
[21] Vgl. Wuchterl, K. (1971), 12
[22] Vgl. Wittgenstein, Ludwig. TLP, 6.54.
[23] Röd, W. (1981) 89: »Da er offensichtlich überzeugt war, daß es zu seinem Ansatz keine Alternative gebe, mußte er sein negatives Resultat verallgemeinern [...] Das heißt, er mußte eine Philosophie, die den Charakter einer Theorie hat, aufgeben.« Dazu vgl. Venezia (2013), 113 f.
[24] Rorty, R. (1991), 72.
[25] Vgl. Kampits, P. (1978), 100.

bestimmte Disziplinen wie Ethik, Ästhetik oder Logik in der Sphäre des Unaussprechlichen bleiben. Daraus resultiert die Logik als Spiegelbild der Welt[26] – »Transzendentalität« gleicht sich dem Ethischen und Ästhetischen an. Wenn die Tatsachen herrschen, kann Sinn nur vorliegen, insofern die Wissenschaft etwas zu ihnen zu sagen hat; der »Sinn der Welt« muss also »außerhalb ihrer liegen«[27]. In diesem wissenschaftlichen Lehrinhalt ist das Transzendentale als Bedingung der Möglichkeit von etwas nicht inbegriffen;[28] dieses gibt nur die Bedingung von etwas Möglichem und die Auseinandersetzung damit gehört in den Bereich der Philosophie, da sie die Grenzen innerhalb der Sprache zieht.[29] Dabei verfährt sie primär pragmatisch, insofern Wittgenstein ihr die logische Klärung des Gedankens zuerkennt.[30] Dennoch dürfte die Philosophie wohl zur deskriptiven Aussage ermächtigt werden, wenn sie die Kontur der Logik übernimmt. Geht man von der deskriptiven Aussage aus, die Wahrheit für sich beanspruchen kann, wird deutlich, dass sie ihren Wahrheitsgehalt nicht durch die logische Form gewinnt, in der sie sich präsentiert. Auch die Perspektive der Welt impliziert Voraussetzungen, die einem anderen Bereich als dem der Logik zugehören, nämlich dem Mystischen.[31] Auch darüber gibt es nichts mehr zu sagen.[32]

Heideggers Kritik der Metaphysik im Ausgang von der »Vorhandenheit« legt einen anderen Schwerpunkt.[33] Wird die Kritik der Metaphysik als »Seinsvergessenheit« mit dem Dasein des Menschen verbunden, zeigt ein Wiederaufnehmen der Frage nach der Metaphysik, dass es um erste Gründe und Ursachen geht, das heißt um eine Grundwissenschaft, die nach dem traditionellen Verständnis des abendländischen Denkens allen anderen Wissensbereichen zugrunde liegt,[34] da sie nicht auf Erkenntnis eines bestimmten Etwas zielt, son-

---

[26] Vgl. Wittgenstein, Ludwig. TLP, 6.13.

[27] Wittgenstein, Ludwig. TLP, 6, 41.

[28] Dastur, Françoise (2010) *Langage et métaphysique chez Heidegger et chez Wittgenstein*, in Les Études philosophiques, Nr. 3, 326

[29] Vgl. Wittgenstein, Ludwig. TLP, 4.114.

[30] Vgl. Wittgenstein, Ludwig. TLP, 4.112.

[31] Vgl. Wittgenstein, Ludwig. TLP, 6.33.

[32] Röd, W. (1981), 90.

[33] Zum Problem der Metaphysik vgl. die fundamentale Auslegung durch Jean Beaufret; vgl. Beaufret, Jean (1985) *Qu'est-ce que la métaphysique?* in Heidegger Studies, Vol. 1, 101–117

[34] Bucher, Alexius J. (1972), *Martin Heidegger: Metaphysikkritik als Begriffsproblematik*, Bouvier, Bonn 24.

dern auf eine Klärung von Sein und Denken. Eine Thematisierung
der Metaphysik als »Seinsvergessenheit« kommt also auf die ursprüngliche Erfahrung der φύσις, der ἀλήθεια und des λόγος zurück.
Was Heidegger dabei an der überlieferten Metaphysik kritisiert, ist
ihre ausschließliche Konzentration auf Anwesenheit, die es verhindere, den Unterschied zwischen Sein und Seiendem zu erfahren.[35] Das
thematische Feld der Phänomenologie des reinen Bewusstseins zielt
darauf ab, diese fundamentale Unterscheidung innerhalb des Seienden zu lokalisieren, ja im Grunde die Seinsfrage zu beantworten,[36]
bevor sie ausdrücklich gestellt wurde. Heidegger behauptet also, es
werde versucht, einen »radikalen« Unterschied zwischen Sein und
Seiendem zu ziehen, ohne dass zuvor nach dem Sinn des Seins gefragt werde. Dadurch komme es zu einer »Seinserörterung« im Sinne
einer Unterscheidung von seienden Regionen, die es im Hinblick auf
ihr Sein zu strukturieren gelte. Im Grunde soll also die Seinsart des
Bewusstseins nach dem Sinn von Sein gegliedert werden.[37] Dass Heidegger hiermit Abstand von Husserl nimmt, zeigt seine Metaphysikkritik, welche – wie bei Wittgenstein – vor allem eine sprachliche
Komponente hat, was im Kontext des Problemkreises des Seins und
der Rolle der Philosophie zu bedenken ist, nämlich der Übereinstimmung von »λόγος« und »ὄν«. Es darf zudem nicht übersehen werden,
dass im Rahmen dieser Kritik der Mensch nicht mehr wesensmäßig
als *animal rationale* zu betrachten ist und das Sein nicht mehr die
Funktion eines Urgrundes erfüllt; insofern kann es auch nicht mehr
wie ein Gegenstand ausgesagt werden.[38] Die Merkmale des Seienden
und der Aussage können wissenschaftlich verifiziert oder falsifiziert

---

[35] Vgl. Winter, Stefan (1993) *Heideggers Bestimmung der Metaphysik*, Karl Alber,
Freiburg/München, 76.

[36] Vgl. Heidegger, Martin. *Prolegomena zur Geschichte des Zeitbegriffes*, GA20, 157.

[37] Wie bereits in der Einleitung bemerkt, beschränke ich mich auf eine Interpretation
des frühen Heidegger. Dieser bekundet bekanntlich in *Sein und Zeit* die Notwendigkeit, die Frage nach dem Sinn von Sein zu stellen, welche »heute« in Vergessenheit
geraten sei, da sich die Zeit den »Fortschritt anrechnet, die Metaphysik wieder zu
bejahen« (Heidegger, Martin. Sein und Zeit, GA2, 2). In derselben Weise lässt sich
seine Kritik an der griechischen Interpretation des Seins als οὐσία verstehen, welche
das Sein als Vorhandenheit begreift, sowie am modernen Sprachgebrauch der Ontologie, welcher soviel bedeutet wie Gegenstandstheorie, und zwar zunächst formale;
»sie kommt in dieser Hinsicht mit der alten Ontologie (Metaphysik) überein«. (Heidegger, Martin. Ontologie. Hermeneutik der Faktizität, GA63, 2).

[38] Vgl. Gerlach, Hans-Martin (1989) *Heidegger und das Problem der Metaphysik*,
Deutsche Zeitschrift für Philosophie, September Vol. 37(9), 824–833.

werden – metaphysische Fragestellungen können jedoch unter diesen Bedingungen keinen Wahrheitsanspruch erheben.[39] Die »Sprache der Metaphysik« kann so durchaus zur Sprache des Seienden avancieren, nicht jedoch zur Sprache des Seins, denn »ein anderes ist es, über *Seiendes* erzählend zu berichten, ein anderes, Seiendes in seinem *Sein* zu fassen. Für die letztgenannte Aufgabe fehlen nicht nur meist die Worte, sondern vor allem die ›Grammatik‹«[40]. Die philosophische Forschung muss sich also – und hier können wir eine erste Parallele zu Wittgenstein erkennen – »einmal entschließen zu fragen, welche Seinsart der Sprache überhaupt zukommt«. Die Philosophie erweist sich hier erneut eher als Tätigkeit denn als Wissenschaft (von etwas).

Neben dieser Abgrenzung von Sprache und Sein wird Heideggers Intention offenkundig, die Ursprünglichkeit des Phänomens des Seins zurückzugewinnen, durch die sich die Notwendigkeit seines Denkweges ergibt, eine ursprüngliche Zugangsweise zum Sein zu entfalten.[41] Wesentlich dabei ist, dass dieser Leitfaden nicht den von der Metaphysik abgeleiteten Bedingungen folgen kann. Der λόγος steht nun unter anderen Voraussetzungen als den von der antiken Ontologie vorgegebenen der Tradition. Denn hier wird der λόγος in gewisser Weise als *vorhanden* erfahren, weshalb auch das Seiende den Sinn der Vorhandenheit hat. Dagegen geht Heidegger vom λόγος in seiner hermeneutisch-ontologischen Konstitution aus sowie seiner Fähigkeit, die Struktur des »Als« herauszubilden, die sich zugleich als seine originäre Möglichkeit erweist.

Tatsächlich bleibt das Phänomen des »Als« – wie Heidegger es in *Sein und Zeit* herausstellt – dort verdeckt, wo es als hermeneutisches »Als« verhüllt bleibt, das hinter der Instanz des Seins als Kopula steht. So umfasst die Frage nach der Metaphysik eine formale Konstitution, bei der die Kopula keine Verbindungsfunktion erfüllt.[42] Andererseits ist es eben die Als-Struktur, die zurück auf das Relationssystem der Sprache führt.[43]

Um den Rückgang auf die ontische Grammatik der Metaphysik zu vermeiden, muss das existenzial-ontologische Fundament der Sprache in der Rede erfasst werden. Damit kann man auch in Heideg-

---

[39] Ebd.

[40] Vgl. Heidegger, Martin. *Sein und Zeit*, GA2, 39 (52)

[41] Melcic, Dunja (1986) *Heideggers Kritik der Metaphysik und das Problem der Ontologie*, Königshausen & Neumann, Würzburg, 63.

[42] Vgl. Heidegger, Martin. *Sein und Zeit*, GA2, 160.

[43] Melcic, D. (1986), 64.

gers Denken die praktische Kehrseite seiner Metaphysikkritik erahnen: Die Fundamentalontologie begründet die Struktur des Seins
als transzendentale Vorrangigkeit gegenüber der transzendentalen
Vernunft.[44] So ist die grundlegende Struktur des metaphysischen
Denkens die Aussage, die sich »in einer durchgängigen Verwechse-
lung von Seiendem und Sein« bewegt: Die Metaphysik »meint das
Seiende im Ganzen und spricht vom Sein. Sie nennt das Sein und
meint das Seiende als das Seiende«[45]. Die Philosophie erhält ihr wis-
senschaftliches Fundament in der kritischen Erkenntnistheorie. In
allen Disziplinen führt »die kritische Besinnung auf letzte Werte, absolute Gültigkeiten zurück, deren Gesamtheit sich in einem eingeord-
neten System erkennen lässt«[46]. Hier stehen einander nach Heidegger zwei Möglichkeiten gegenüber: Entweder arbeitet die Philosophie
auf eine wissenschaftliche Weise, die Heidegger als »inkongruent«
bezeichnet, oder sie wächst sich in Richtung einer Weltanschauung
aus, die nichts anderes sein will als »die Deutung des Sinnes menschlichen Daseins und menschheitlicher Kultur«[47].

Dass die Philosophie ein Problem für die Wissenschaft ist, hängt
damit zusammen, dass sie, wie Wittgenstein im *Tractatus* behauptet,
keine Erkenntnis generieren kann, da sie die Frage nach dem Sinn der
Erkenntnis stellt. Das besagt weiterhin, dass das Problem der theoretischen Erkenntnis nicht durch eine Erkenntnistheorie gelöst werden kann. Das betrifft für Heidegger auch die Geltung bestimmter
kognitiver Vorgänge, welche die Bedingungen eines psychischen
Subjekts voraussetzen. In erster Linie soll so die Grundannahme de-
montiert werden, dass es ein psychisches Subjekt in der Welt gebe,
welches Erkenntnisse erwirbt. Weder gibt es physische Objekte noch
ein erkennendes psychisches Subjekt; zweitens – und das stellt erneut
ein Vergleichsmoment zwischen Heidegger und Wittgenstein dar –
bedarf es eines Systems, welches die Frage nach dem Subjekt als Bedingung jeder Theorie zum Zentrum hat.

Im nächsten Abschnitt möchte ich die α-subjektivistische Verfassung des Subjekts erläutern.

---

[44] A.a.O. Zum spezifischen Charakter der Metaphysik in Abhebung von anderen
Arten des Wissens vgl. Wiplinger, Fridolin und Kampits, Peter (1976) *Metaphysik:
Grundfragen ihres Ursprungs und ihrer Vollendung*, Alber, Freiburg, 89 f.
[45] Vgl. Heidegger, Martin. *Wegmarken*, GA9, 11.
[46] Heidegger, Martin. *Zur Bestimmung der Philosophie*, GA56/57, 9.
[47] Ebd.

6.1 »Makrokosmos«, »Mikrokosmos« und das α-Subjekt

Voraussetzungen

Die Metaphysikkritik Heideggers und Wittgensteins mündet glei-chermaßen in das Problem des Subjekts. Dieses gibt sich beiden Phi-losophen auf eine ähnliche Weise zu erkennen. Wittgenstein geht von der Überzeugung aus, dass das, was die Philosophie bestimmt, nicht unter den Voraussetzungen des Erlebnisses steht, da sie sonst in einem sprachlichen Nonsens verwurzelt wäre.[48] Die Trennung zwi-schen Psychologie und Philosophie – »[d]ie Psychologie ist der Philosophie nicht verwandter als irgendeine andere Naturwissen-schaft«[49] – resultiert in der tragenden Rolle der Philosophie. Diese verweist zuallererst auf ihre Verbindung mit dem Subjekt, insofern »[d]as Ich [...] in die Philosophie dadurch ein[tritt], dass die ›Welt meine Welt ist‹«[50]. Diese Auffassung rechtfertigt Wittgenstein mit dem vorangegangenen Satz: »Es gibt wirklich einen Sinn, in welchem in der Philosophie nicht-psychologisch vom Ich die Rede sein kann.«[51] Wenn sich das Ich außerhalb der Psychologie befindet, lässt es sich nicht wissenschaftlich erfassen.[52] Also ist es primär und auto-matisch frag-würdig.

Heidegger zieht ähnliche Schlussfolgerungen: Wir können we-der auf das »Ich« der Psychologie noch der Bewusstseinsphilosophie rekurrieren. Eine Aufklärung, die sich gegen eine (wissenschaftlich-psychologische) Objektivierung der Lebenserkenntnis wendet, zielt auf die Unmöglichkeit ab, das »Ich« überhaupt als Element des Be-wusstseins zu fassen. So erklärt Heidegger im Anschluss an Avenari-us, dass er auf die Frage, was das »Ich« sei, zunächst nur antworten würde: »[D]as Ich ist ein sprachlicher Ersatz, eine hinzeigenden Geste – ein Wort.«[53]

Anders als Wittgenstein geht es Heidegger jedoch darum, ein handelndes »Ich« bzw. »Subjekt« durch den λόγος zu entwickeln; die-ser prägt – wie mehrfach erläutert – nicht nur das Dasein selbst, son-

---

[48] Vgl. Röd, W. (1981), 85.
[49] Wittgenstein, Ludwig. TLP, 4.1121
[50] Wittgenstein, Ludwig. TLP, 5.641.
[51] Wittgenstein, Ludwig. TLP, 5.641.
[52] Vgl. Wittgenstein, Ludwig. Viertes Manuskript, 206.
[53] Vgl. Heidegger, Martin. *Grundprobleme der Phänomenologie*, GA58, 156.

dern auch die Welt.[54] Im Grunde wird in diesem Vorgehen der Frage der Psychologie die »Ursprungsproblematik« beigelegt, in der die »Tendenz auf ein ganz eigentümliches Gegenstandsgebiet, in dem Erlebnishaftes irgendwie *mitbeschlossen* liegen soll«, mitschwingt.[55] Hiermit wird deutlich, dass das Dasein *existiert* und nicht wie ein Gegenstand einfach vorhanden ist.[56] So lässt sich auch Heideggers Kritik an der Naturwissenschaft verstehen, welche sich auf das Phänomen des Psychischen bezieht. Erfragt werden dabei die physischen Phänomene, während man das Ich als Bewusstseinskorrelat setzt, wobei zuletzt dieselbe Welt beeinflusst wird.[57]

Fakten

A) Thomas Rentsch macht in seinem Buch *Heidegger und Wittgenstein* auf einen wichtigen Punkt aufmerksam, nämlich darauf, dass *Sein und Zeit* und der *Tractatus* einen Fragehorizont zurückgewonnen hätten, der durch die Aufklärung und ihre Folgen verdeckt wurde. Das Ereignis der Rückgewinnung »der Authentie« erkennt Rentsch in Fragen, die ›nach Gott‹ wieder möglich, d. h. in ihrem Status beurteilbar werden, nämlich im Zuge einer radikalisierten Metaphysikkritik und Transzendentalphilosophie. Durch Rentschs Analyse wird deutlich, dass man unter der Annahme der Hypothese, dass die verdoppelte Welt der Metaphysik die verdinglichte Welt des Szientismus in sich berge, mit beiden Philosophen (Heidegger und Wittgenstein) einverstanden sein und dadurch erkennen kann, dass allein das Philosophieren den *circulus vitiosus* der Illusionen und Desillusionen der Neuzeit zu durchbrechen vermag. »Der Abschluß der Aufklärung zeigt sich in *Sein und Zeit* als die existentiale Interpretation der Metaphysik und der erkenntnistheoretischen Tranzendentalphilosophie«, während er im *Tractatus* in der transzendentalsprachkritischen Interpretation der Metaphysik wie des Szientismus zu erkennen ist.

---

[54] Vgl. Heidegger, Martin. *Logik. Die Frage nach der Wahrheit*, GA21, 169.
[55] Vgl. Heidegger, Martin. *Grundprobleme der Phänomenologie*, GA58, 154.
[56] Vgl. Heidegger, Martin. *Die Grundprobleme der Phänomenologie*, GA24, 90.
[57] Vgl. Heidegger, Martin. *Grundprobleme der Phänomenologie*, GA58, 243.

B) Simona Venezia beginnt ihre Argumentation bezüglich einer Kritik des subjektiven Paradigmas mit einer Analyse des erkennend-logischen Subjekts, dessen Eigenschaften seine Natur erhellen. Heidegger und Wittgenstein, so Venezia im Anschluss, stellen sich der Position des Theoretizismus entgegen. Im *Tractatus* und dann im *Braunen Buch* assoziiert Wittgenstein mit der logischen Form »den Nachweis« einer Wahrheit, die nicht weiter analysierbar ist. Das Subjekt muss also etwas Vorausliegendes sein. Wittgensteins Gedanke des »Sprachspiels« bildet hier nach Venezia den nächsten Schritt: einen, der einen *pragmatischen* Horizont erkennbar werden lässt. Währenddessen baut der *Tractatus* das logische Subjekt ab; auch die *Philosophischen Untersuchungen* ›zerlegen‹ das ontologische Subjekt. Parallel dazu interpretiert Venezia Heideggers Bestimmung des »Daseins« als eine »Antwort« auf das metaphysische Subjekt im *Tractatus*. Der Subjektivität müssen, so Venezia, nach Heideggers Auffassung die Aspekte des theoretischen Solipsismus sowie technischen Funktionalismus radikal entzogen werden.[58]

Ein dritter Weg

Es ist unbestritten, dass sich Heideggers und Wittgensteins Kritik an der Metaphysik gegen bestimmte Ausdrücke der metaphysischen Sprache richtet. Aber warum? Weil die Metaphysik in den Bereich des »Unsagbaren« zurückkehrt. Folglich entspricht auch das Subjekt keinem klassisch-syntaktischen und semantischen Paradigma mehr wie z. B. dem »Ich«; zudem wird grundsätzlich auf so etwas wie Bewusstseinskorrelate verzichtet. Dieser Ansicht entspricht Wittgensteins Satz: »Das philosophische Ich ist nicht der Mensch, nicht der menschliche Körper, oder die menschliche Seele, von der die Psychologie handelt, sondern das metaphysische Subjekt, die Grenze – nicht

---

[58] Venezia (2013), 113 und 118. Das unbestrittene Verdienst Venezias besteht in der Einsicht, dass weder Heidegger noch Wittgenstein eine Philosophie des Subjekts entwickelt haben [Nessuno dei due ha elaborato una filosofia del soggetto]. Außerdem betont sie, dass Heideggers Dasein die Antwort auf das metaphysische Subjekt des *Tractatus* sei, und somit eine Antwort auf die Notwendigkeit, das Thema Subjektivität von jedem solipsistischen Theoretismus und jeder technischen Funktionalität zu befreien [Il Dasein di Heidegger è la risposta all'esigenza di sottrarre la tematica della soggettività a ogni teoreticismo solipstico e a ogni funzionamento tecnico; Übers. M. M.]

Manuela Massa

ein Teil der Welt.«[59] Wie ist das zu verstehen? Was für Wittgenstein das »Subjekt« bestimmt, bleibt das logisch Ordnende, bei dem es aber nicht als »Subjekt« anwesend ist, sondern in dem nur Objekte und ihre Relationen ausgemacht werden können: »Wenn ich ein Buch schriebe ›Die Welt, wie ich sie vorfand‹, so wäre darin auch über meinen Leib zu berichten und zu sagen, welche Glieder meinem Willen unterstehen und welche nicht etc., dies ist nämlich eine Methode, das Subjekt zu isolieren, oder vielmehr zu zeigen, dass es in einem wichtigen Sinne kein Subjekt gibt: Von ihm allein nämlich könnte in diesem Buche *nicht* die Rede sein. –«[60] Diesbezüglich ist es nur *logisch* greifbar, da »die Logik […] die Welt [erfüllt]; die Grenzen der Welt sind auch ihre Grenzen«[61], und es sind dieselben Grenzen, in denen sich das Subjekt befindet. Dem Subjekt »gehört« die Welt also nur, insofern sie unter einer logischen Ordnung steht: Wenn die Logik endet, verschwindet auch die Welt.[62] Auch wenn »das Ich das tief Geheimnisvolle ist«[63], bleibt es dennoch in der Welt verankert, insofern es sich als Handelndes und Träger des Ethischen – eines guten oder bösen Willens[64] – zu erkennen gibt: »Gut und Böse treten durch das Subjekt ein. Und das Subjekt gehört nicht zur Welt, sondern ist eine Grenze der Welt.«[65] Das Subjekt ist Voraussetzung für die Existenz der Welt, insofern es diese ohne das logische Subjekt nicht gäbe. Eben deswegen darf das Subjekt die Grenze der Welt nicht überschreiten: »Die Welt ist unabhängig von meinem Willen.«[66] Die Welt, auf die das Subjekt Zugriff hat und in der sich unabhängige Objekte befinden, ist ein Makrokosmos. Dieser unterscheidet sich vom Mikrokosmos, dem das metaphysische Subjekt eine Ordnung verleiht.[67] Damit

---

[59] Wittgenstein, Ludwig. TLP, 5.641.
[60] Wittgenstein, Ludwig. TLP, 5.631.
[61] Wittgenstein, Ludwig. TLP, 5.61.
[62] Dies könnte man auf Kants *metaphysica generalis* beziehen, da die Logik in diesem Sinn eine Aussage über die Gegenstände möglicher Erfahrungen wäre. Daraus würde folgen, dass es sich bei der Metaphysik um eine *metaphysica specialis* handelt, und diese hat laut Kant keinen wissenschaftlichen Status. Paul Hübscher weist diese Folgerung allerdings zurück; vgl. Hübscher P. (1985), 177.
[63] Vgl. Wittgenstein, Ludwig. TB. 5.8.1918.
[64] Vgl. Puhl, Klaus (1999) *Subjekt und Körper: Untersuchungen zur Subjektkritik bei Wittgenstein und zur Theorie der Subjektivität*, Mentis, Paderborn 34.
[65] Vgl. Wittgenstein, Ludwig. TB. 2.8.16.
[66] Wittgenstein, Ludwig. TLP.6.373.
[67] Vgl. Wittgenstein, Ludwig. TLP. 6.53.

können wir eine Schneise zu Heideggers Subjektkonzeption schlagen: Heidegger zeigt, dass in der Metaphysik »[n]ach der Zertrümmerung des ursprünglichen Phänomens des In-der-Welt-seins [...] auf dem Grunde des verbleibenden Restes [...], des isolierten Subjekts, die Zusammenfügung mit einer ›Welt‹ durchgeführt«[68] wird. Daher ersetzt er das »Subjekt« durch das »Dasein«.[69] Die Parallele zu Wittgenstein ergibt sich, weil das »Ich« nicht Teil der Welt ist, insofern es sich auf ihrer Grenze befindet.[70] Das heißt aber nicht, dass es gar kein Subjekt in Wittgensteins *Tractatus* gibt, sondern, dass es nicht über *extendierende* Tatsachen sprechen kann.[71] Dem lässt sich entnehmen, dass eben darin nach Wittgensteins Ansicht der Grundsinn des Subjekts besteht, konkret in der Unmöglichkeit, eine Aussage über die Welt zu machen.[72]

Folglich gibt es auch kein Subjekt, das Erkenntnisse über die Welt erwirbt, weil, wie Heidegger betont, »faktisches Existieren des Daseins [...] nicht nur überhaupt und indifferent ein geworfenes In-der-Welt-sein-können [ist], sondern [...] immer auch schon in der besorgten Welt aufgegangen [ist].«[73]

Aus diesen beiden Überlegungen lassen sich folgende Motive herausschälen: Wittgenstein möchte die Sprache von Definitionen befreien. Hier setzt er methodisch vor allem am Leitfaden der Frage nach der Bestimmung sinnvoller Sätze an, weshalb es unmöglich ist, beide Grenzen zu überschreiten, wenn die Grenzen der Welt den Grenzen der Sprache entsprechen.[74]

Bei Heidegger steht die Welt nicht unter einer logischen Ordnung, sondern ist in ihrer »ontologischen Charakterisierung« eine Bestimmung des Daseins selbst: »Welt ist ontologisch keine Bestimmung des Seienden, das wesenhaft das Dasein nicht ist, sondern ein Charakter des Daseins selbst.«[75] So lässt sich in Heideggers früher Weltauffassung als »Selbstwelt« – ganz wie bei Wittgenstein – eine Art »Mikrokosmos« erkennen. Die Welt bildet sich nicht durch aneinandergereihte Erlebnisse, sondern durch das Ich selbst, das »eine

---

[68] Heidegger, Martin. *Sein und Zeit,* GA2, 206.
[69] Ebd.
[70] Vgl. Wittgenstein, Ludwig. TLP, 5.6.
[71] Vgl. Röd, W. (1981), 84.
[72] Ebd.
[73] Heidegger, Martin. *Sein und Zeit,* GA2, 192
[74] Vgl. Röd, W. (1981), 87.
[75] Vgl. Heidegger, Martin. *Sein und Zeit,* GA2, 64.

bestimmte Zuständlichkeit«[76] hat. Demnach lebt »das Selbst [...] in immer neuen und neu sich durchdringenden, für alle folgenden unverlierbaren Situationen. Und die Lebenswelt, die Umwelt, Mit- und Selbstwelt ist gelebt in einer Situation des Selbst.«[77] Man kann also festhalten, dass sich das Leben nur durch das Selbst erfährt; Landschaften, Gegenstände, Städte (Wittgensteins Begriff des »Makrokosmos«) legen sich in der »Selbstwelt« aus, sofern »das gerade mir so und so begegnet und meinem Leben gerade diese meine personale Rhythmik verleiht«[78]. Des Weiteren gibt es die »Mitwelt«, in die Eltern, Geschwister und Freunde gehören.[79] All dies widerspricht dem ›leeren Ich-Punkt‹ Husserlschen Ursprungs[80] sowie der Auffassung seiner selbst wie auch der Welt als Objekten der Erkenntnis: »Ich habe mich selbst in faktischer Lebenserfahrung, nicht im Anstarren eines Objektes, das in einem Objektzusammenhang steht, durch Beziehungen in ihm eindeutig seine Ordnungsstelle und damit letzte Bestimmtheit erfährt.«[81] Es geht vielmehr um die Erfahrungen, die das Subjekt macht. *De facto* umreißt dieses Prozedere Heideggers Neufassung der phänomenologischen Methode, Phänomene zum Thema zu machen, die zum Sein und zum Sich-an-sich-selber-Zeigen gehören und als ›Fundamente‹ des Seienden zunächst verdeckt worden sind.[82] Sie verdeutlichen sich im faktischen Leben, in dem sie wieder gehoben werden können. Aus der voranstehenden Überlegung – dass bei der Phänomenologie aus dem »Was« die sogenannten Phänomene entspringen –,[83] wird zugleich die Philosophie als Wissenschaft, und zwar als »Urwissenschaft« offenkundig.[84] Dies wird zu einem späteren Zeitpunkt natürlich auch Heideggers Überlegungen zur Seinsfrage beeinflussen, weil sich die vergangene Philosophie aus der »Idee« der Philosophie nährte, die der philosophischen Tradition entstammte, und nicht als »Urwissenschaft« ergriffen wurde. Es fällt daher nicht schwer zu verstehen, dass Heidegger das Problem des

---

[76] Vgl. Heidegger, Martin. *Grundprobleme der Phänomenologie*, GA58, 46.

[77] A.a.O., 62.

[78] A.a.O., 33.

[79] Ebd.

[80] Vgl. Hoffmann, Gisbert (2005) *Heideggers Phänomenologie. Bewusstsein, Reflexion, Selbst (Ich) und Zeit im Frühwerk*, Königshausen & Neumann, Würzburg, 197.

[81] A.a.O., 168.

[82] Vgl. Richter, Ewald (2010) *Heideggers Thesen zu den Fundamenten der Wissenschaften*, Heidegger Studies 26, 47 f.

[83] Vgl. Heidegger, Martin. *Zur Bestimmung der Philosophie*, GA56/57, 126.

[84] A.a.O., 24.

Seins, welches zumindest in den frühen Freiburger Vorlesungen im SS 1919 als induktive Metaphysik identifiziert wurde, konsequent aus den Naturwissenschaften zu befreien versucht. Die entscheidende Abstandnahme ist noch nicht als formale Kritik ausgeführt, sondern gilt zunächst als Hinweis darauf, dass die Metaphysik eben keine rein formale Urwissenschaft sei. Stellt sich die Frage nach der Wissenschaft von der Selbstwelt aus, muss und kann diesem Problem nicht mit Mitteln der Psychologie und der Naturwissenschaft begegnet werden. Die Welt ist vielmehr zu *erfahren*. Darum können wir einen Unterschied zu Wittgensteins Weltstruktur ausmachen, insofern Heidegger deutlich macht, dass die Welt nicht als Gesamtheit der in ihr vorhandenen Gegenstände zu verstehen ist, sondern als Bedeutsamkeit, als Verweisungsganzheit.[85] Wittgenstein dagegen denkt die Welt als Summe der bestehenden Sachverhalte.[86] Die *Bedeutung* steht aber auch im Zentrum der Argumentation Wittgensteins, auch wenn sie nur logische Sätze einbezieht. Diese »beschreiben das Gerüst der Welt, oder vielmehr, sie stellen es dar. Sie ›handeln‹ von nichts. Sie setzen voraus, daß Namen Bedeutung, und Elementarsätze Sinn haben: Und dies ist ihre Verbindung mit der Welt.«[87]

Aufgrund der Unsagbarkeit, in der sich das Subjekt befindet, kann es als α-Subjekt bezeichnet werden, d. h. es erhält einen privativen Charakter (α-privativum). Was folglich die Welt bezeichnet, ist auf keinen Fall ein Bewusstseinsprädikat des α-Subjekts, sondern eine neue Gestalt, welche die Grundlage seines Verhältnisses zur Welt darstellt. Diese Verkopplung zwischen Sprache, Welt und α-Subjekt einigt Heidegger und Wittgenstein trotz ihrer systematischen philosophischen Unterschiede.

Der dargestellte Entwicklungsprozess von Heideggers und Wittgensteins früher Philosophie findet eine weitere wesentliche Verknüpfung durch die Vorstellung, die beide Philosophen bezüglich der »Ethik« hegen: Beide vertreten den Standpunkt, dass eine Philosophie der Werte – also die Ethik als Wissenschaft allgemeingültiger Werte – keine Antwort geben kann,[88] da die Ethik außerhalb der Welt liegen muss.[89] Im nächsten Kapitel soll geklärt werden, inwie-

---

[85] A. a. O., 102 f.
[86] Vgl. Wittgenstein, Ludwig. TLP, 2.04. »Die Gesamtheit der bestehenden Sachverhalte ist die Welt.«
[87] Wittgenstein, Ludwig. TLP, 6.124.
[88] Vgl. Heidegger, Martin. *Grundprobleme der Phänomenologie*, GA58, 73.
[89] Vgl. Wittgenstein, Ludwig. TLP, 6.42.

fern die Ethik, genauer: die *existierende Verbindung zwischen Intentionalität und Normativität,* Heideggers und Wittgensteins frühe Philosophie prägt.

Hier ergibt sich die Notwendigkeit, zunächst zu Husserl zurückzukehren. Dabei möchte ich die Aufmerksamkeit insbesondere auf die Erkennbarkeit der Werte sowie die Funktion des Willens lenken, welche es ermöglichen, die Welt durch eine ethische Handlung in ihrer Richtigkeit in den Blick zu bekommen.

6.2 Ethik innerhalb der Sprache?

Die meisten Interpreten von Heideggers und Wittgensteins Frühwerk eint der Entschluss, ethische und rechtsphilosophische Motive in ihrer Philosophie auszuschließen. Dennoch lässt sich beider Denken durch die Überlegung charakterisieren, dass der Mensch als Lebewesen in der Lage ist, nach Sittengesetzen zu leben. Und das, obwohl es zwischen dem Erfassen von moralischen Prinzipien und ihrer Umsetzung in einem pragmatischen Kontext einen wesentlichen Unterschied gibt. Selbstverständlich sind ethische Prinzipien schwer zu finden, wenn subjektivistische Paradigmen fehlen oder keine Wissenschaft der Werte möglich ist, da auf diese Weise sowohl jedes ethische Reglement als auch jede objektive Bedeutung eines Wertes (im Sinne einer Ethik als Wissenschaft der Werte) ausgeschlossen bleibt. Nicht selten wird das zu der Schlussfolgerung enggeführt, in Heideggers und Wittgensteins Denken gebe es keine Ethik.

Obgleich es hierzu ein großes Feld an Sekundärliteratur gibt, entbehrt die angebliche Unmöglichkeit einer Ethik bei Heidegger und Wittgenstein jeder Grundlage. Dass es kein Subjekt im traditionellen Sinne mehr gibt und dass die Ethik keine wissenschaftliche Disziplin ist und auch nicht wissenschaftlich ›gestiftet‹ werden kann, ist noch kein Beleg dafür, ihr eine Rolle im Frühwerk Heideggers und Wittgensteins abzusprechen. Zwar ist die Ethik kein spezielles Thema ihrer Philosophie, da sie sich nach Wittgensteins *Tractatus* »nicht aussprechen lässt«[90] und auch Heidegger keine »moralisierende Kritik des alltäglichen Daseins«[91] im Sinn hat. Trotzdem lässt sich ein ethischer Ansatz in ihrem Denken erkennen. Wo könnte er liegen?

---

[90] Vgl. Wittgenstein, Ludwig. TLP, 6.421.
[91] Vgl. Heidegger, Martin. *Sein und Zeit,* GA2, 167. (222)

Und was könnte die Aufgabe der Ethik sein, sofern es dieses Ethische gibt? Die Ethik, so könnte man im Sinne einer ersten Antwort formulieren, fungiert gemäß ihrer *phänomenologischen* Auffassung als *Mittel*, um *zu einer Bestimmung der Bedeutung des Lebens* zu gelangen.

Einen Beleg dafür findet man darin, dass Heidegger bis ins Jahr 1929 die Möglichkeit einer Ethik auf keinen Fall ausschließen möchte. Er diskutiert lediglich eine bestimmte Verwendung, die Disziplinen wie Psychologie, Anthropologie oder Biologie von ihr machen, da in dieser die Ethik dazu tendiere, die eigentlich Bedeutung des Menschseins zu vergessen. So lege die Auffassung des Menschen als ζῷον sein bloßes Vorkommen unter anderen ›vorhandenen‹ Lebewesen nahe.[92] Die Seinsweise des Menschen jedoch liege im existierenden Dasein, das »zu sein hat«: »Das Wesen des Daseins liegt in seiner Existenz.«[93] So gilt das Dasein »als Seiendes, das zu besorgen ist, welches Besorgen den Sinn der ›Wertverwicklung‹ bzw. ›Normerfüllung‹ hat.«[94]

Nach Christian Stahlhut findet man hier einen unterschwelligen »Appell für ein Ethos der Verschwiegenheit«; dieses betreffe nicht nur die Philosophie, vielmehr sei die in Aussicht gestellte Eigentlichkeit eine Grundmöglichkeit *jeden* Daseins. Die in den Grundmöglichkeiten freigelegte Eigentlichkeit ist mit traditionell positiv besetzten Phänomenen wie Gewissen, Sinnfülle, Freiheit oder Selbstständigkeit verbunden, die einer ethischen Dimension angehören. Alles, was die Ethik betrifft, gehört in eine Sprache, die die Worte nicht terminologisch festzurrt, sondern sie im Zentrum ihrer Bedeutungsdimension durchsichtig werden lässt.[95] Sprache und Ethik sind folglich eng miteinander verknüpft.

Bei Wittgenstein finden wir eine ganz ähnliche Überlegung: Auch hier ist in der Ethik eine Dimension der Sprache präsent. Die ethischen Sätze sind auf keinen Fall Tautologien oder Widersprüche, wenn sie »einem Sinn« entsprechen.[96] Sie müssen vielmehr eine Bedeutung haben, die sich im logischen Aufbau der Welt widerspiegelt. Dieses Kriterium muss unbezweifelbar gelten, da sonst ethische Sätze

---

[92] A. a. O., 48 (64 f.)
[93] A. a. O., 42.
[94] A. a. O., 293 (389)
[95] Stahlhut, C. (1986), 189; 191.
[96] Vgl. Wittgenstein, Ludwig. TLP, 6.421; 6.43; 6.422; 6.423.

Manuela Massa

lediglich Beschreibungen wären, die sich wiederum in der Psychologie, in der Soziologie oder Ökonomie wiederfinden. Damit würde der spezifische Anspruch fehlen, den die Ethik im Blick auf das Leben des Menschen hat. Was nach Wittgenstein vermieden werden soll, ist, sprachlich sinnlose Thesen über Ethik zu formulieren; somit steht auch im Zentrum seiner Überlegung die Verbindung zwischen Ethik und Bedeutung. Aus diesem Grund es ist nicht möglich, *über* die Ethik zu sprechen; der Mensch vermag vielmehr »den Ruf« des Gewissens über das Sollen zu erfahren, sobald er ethische Gesetze aufstellt. Dies widerlegt auch die Annahme, die Ethik könne wissenschaftlich Werte begründen in dem Sinn, dass sie ein moralisch ausgestattetes Erkenntnisvermögen bereitstellt. Vielmehr besteht ihre Aufgabe darin, das Ethische in die Tatsache, die die Welt begründet, hineinzulegen.

Damit möchte ich mich im nächsten Kapitel zur »Ethik« befassen. Hier wird es insbesondere darum gehen, dass und wie Heidegger und Wittgenstein das Ethische nicht durch bestimmte Prädikate einengen (etwa das »Gute« oder das »Böse«), sondern es von einem phänomenologisch-normativen Zugang aus betrachten, was bedeutet, dass sie die *Orientierung* am Leben zum Ausgangspunkt nehmen. Außerdem wird ersichtlich, warum und in welchem Umfang die Ethik – genauer: die *existierende Verbindung zwischen Intentionalität und Normativität* – Heideggers und Wittgensteins frühe Philosophie prägt.

Hierbei sind wir auf eine Argumentation Husserls angewiesen, der sich sowohl mit der Erkennbarkeit der Werte als auch mit dem Willen auseinandersetzt. Beide Aspekte ermöglichen es, die Welt im Rahmen eines ethischen Handelns in ihrer Richtigkeit zu erkennen.

Folgen Heidegger und Wittgenstein dieser Argumentation Husserls? Der nächste Abschnitt wird diese Frage beantworten.

7. Ethik: ein phänomenologisch-normativer Zugang

Die erste Aufgabe, die zu bewältigen ist, wenn man sich dem Problem des Ethischen bei Heidegger und Wittgenstein zuwendet, ist die, sich zu fragen, wie man dieses überhaupt erörtern kann. Wo hat es seinen Ort? Die Topologie einer Ethik in ihrem Denken ergibt sich – so meine These – aus einer Normativität, die ihre Wirksamkeit entfaltet, wenn man auf Alterität im *praktischen weltlichen* Umfeld stößt. Hier können wir auf eine ethische Überlegung Husserls zurückgreifen, in der die Verbindung des praktischen Horizontes mit der Norm ebenfalls bei »den Anderen« angetroffen wird.[1] Dieses pragmatische Umfeld wandeln Heidegger und Wittgenstein um, wenn sie der Ethik als Wertphilosophie widersprechen; beide Philosophen weisen über die Entsprechung von Wert und Moralität hinaus. Dass die Ethik nicht als Wertewissenschaft betrachtet werden kann, zieht die Behauptung nach sich, dass die Sprache, die Heidegger in § 35 von *Sein und Zeit* als »Gerede« und Modus des Verfallens des Daseins bezeichnet, keine Wertbeschreibung impliziert. Aus diesem Grund mutiert die Ethik zur Moralität, wenn sich ihre Entsprechung aus dem ergibt, was gesagt wird. Denn was mit »der Ethik« zu tun hat, berührt einen bestimmten sittlichen Anstand, der das Leben des Menschen beeinflusst.[2] Im Grunde könnte man bei Heidegger eine Gesinnungsethik

---

[1] Vgl. Husserl, Edmund. *Grenzprobleme der Phänomenologie. Analysen des Unbewusstseins und der Instinkte. Metaphysik. Späte Ethik (Texte aus dem Nachlass 1908–1937)*, HuA 42, 315.

[2] Um mögliche Missverständnisse zu vermeiden, sollte man zwischen Ethik (als kritischer Moral) und Moral (im Sinne positiver Moral) unterscheiden. Wie Dietmar von den Pfordten zu bedenken gibt, ist die positive Moral zum einen eine soziale Tatsache, die empirisch ermittelt werden kann. Daher lassen sich die Normen der *Moral* und das moralische Verhalten von bestimmten Personen in bestimmten Gesellschaften beschreiben. Diese Normen leiten somit unser Handel primär und unmittelbar. Dagegen sei die *Ethik* nicht als soziales Faktum zu betrachten, sondern eher als geistiges Erzeugnis oder Ideal mit einem Anspruch, der sich als universell bezeichnen lässt. So leitet die Ethik primär nicht unser Handeln, sondern rechtfertigt und kritisiert die

ausmachen, die sich auf Wahrheit und das seine Freiheit liebende Dasein ausrichtet; sie wäre durch die Offenheit gegenüber der eigenen Endlichkeit fundiert, genauer in der Bereitschaft zum Gewissen, das jeder praktischen Wahl vorausgeht. In ihr vollzieht sich das Handeln, denn »als entschlossen handelt das Dasein schon«[3]. Die Gesinnung dieser Distinktion, die Zuschreibungen wie »gut« oder »böse« vornehmen kann, muss sich daher von der Darstellung der Sachverhalte befreien, da ihr Sinn einem Werturteil entsprechen soll. Da die Prädikate durchaus Werturteile implizieren können, bringen Heidegger und Wittgenstein ihre Wertkritik auf eine ganz ähnliche Weise zum Ausdruck, da beide auf der Suche nach Gesetzen sind, die das *wahre* Denken bestimmen. Werte sind, so Heidegger, Phänomene, die zu einer radikalen Ungenauigkeit in der ontologischen Bestimmung des Menschen führen, weil sie die Seinsart der Vorhandenheit voraussetzen.[4] Parallel dazu schränkt auch Wittgenstein die Welt nicht durch wertende Prädikate ein und die »Welt ist dann an sich weder gut noch böse«[5]. Wenn die Welt nicht durch Werte bestimmbar ist, ändert sich die Funktion, die sie innerhalb der Welt ausüben: Werte sind nach Wittgensteins Auffassung nur im Rahmen des subjektiven Handelns zu verstehen, da sie keine Eigenschaften der Welt sind.[6] Heidegger schließt sich dieser Überlegung an, wenn er behauptet, Werte seien keine Produkte eines positiven Entwicklungsdenkens, sondern im Blick auf ihre historische Genese zu betrachten.[7] Demnach ist der Sinn des Wertproblems und der Wertgeltung im Anschluss an das Dasein herauszuarbeiten: Auch wenn wir Menschen uns als historische Individuen in einem Prozess befinden, bleibt, insofern wir selbst einem gestalterischen Kulturprozess zugehören, die Ausbildung von Werten eng an unsere individuelle Entwicklung gebunden.[8] Innerhalb der Ethik ergibt sich aber eine Unterscheidung zwischen Werten, die *erfahren*, und solchen, die *gewusst* werden. Diesbezüglich birgt

---

primären Normen der Moral. Daraus lässt sich schließen, dass alles was »mit der Ethik« zu tun hat, auf eine Art Sittlichkeit verweist, die das Leben des Menschen beeinflusst. Vgl. von der Pfordten, D. (2008). *Was ist Recht? Ziele und Mittel,* Juristen Zeitung, 641 f.

[3] Vgl. Heidegger, Martin. *Sein und Zeit,* GA2, 300.

[4] A. a. O. 99.

[5] Vgl. Wittgenstein, Ludwig. TB, 2.8.16.

[6] Ebd.

[7] Vgl. Heidegger, Martin. *Phänomenologie der Anschauung und des Ausdrucks. Theorie der philosophischen Begriffsbildung,* GA59, 13.

[8] A. a. O., 69.

die Vereinigung der Prädikatbestimmung im Blick auf ein Ding (beispielsweise einen zu bewertenden Tisch) gewisse Fragen in sich, z. B. hinsichtlich seiner Qualität. Die Beurteilung von gutem und schlechtem Verhalten bei Menschen ist davon streng zu unterscheiden. Betrachten wir zunächst das Beispiel eines »guten« Tischs; dieser lässt sich vermutlich an der hohen Qualität des Holzes erkennen, aus dem er hergestellt wurde. Wird er als solcher bewertet und die *gute* Qualität des Holzes hervorgehoben, drückt sich dies in Form einer Bewertung aus, und zwar als »Tatsache«: Der Tisch ist aufgrund der hohen Holzqualität gut. Dieses Urteil zieht eine ganze Reihe von Erwartungen nach sich, zum Beispiel die, dass er im Laufe der Jahre gewiss nicht auseinanderbrechen wird.

Etwas anderes ist aber das menschliche Verhalten; wird einem Menschen geraten, keine »böse« Handlung zu vollziehen, da er auch gemäß dem »Guten« agieren könne, ist diese Bestimmung begriffsmäßig von der »guten« Qualität des Tisches zu unterscheiden.

Obwohl es in beiden dargelegten Beispielen um das »Gute« geht, sind sie doch zu differenzieren: Im ersten geht es darum, eine »Tatsache« mitzuteilen – nämlich »Der Tisch ist aus gutem Holz.« –, während im zweiten Fall eine Norm das Kriterium bildet, nach der ich mich zu richten habe.[9]

Daraus ist weiter zu schließen, dass die Beschreibung einer Tatsache auf keinen Fall einen normativen oder gar *ethischen Sinn* haben kann: Weder ist sie als etwas »Gutes« noch als etwas »Böses« zu bewerten.[10] So gibt Heidegger zu bedenken, »daß ich von *Werten rede*, ist ganz akzessorisch und hilft für die Aufklärung«[11]. Wittgenstein ergänzt diese Bemerkung in seinen Tagebüchern wie folgt: »[W]enn ich Recht habe, so genügt es nicht zum ethischen Urteil, daß eine Welt gegeben sei.«[12] Dementsprechend lässt sich ein Zustand, der sich auf eine bestimmte Gegebenheit bezieht, nicht als etwas »Gutes« oder »Böses« beurteilen,[13] denn es geht darum, die Ethik nicht mit der Tatsachenwelt zu vermischen. Sie kann nur, wie Wittgenstein be-

---

[9] Vgl. Heidegger, Martin. *Grundprobleme der Phänomenologie*, GA58, 73; Wittgenstein, Ludwig. TB. 30. 7. 16
[10] Vgl. Bělohradský, V. (1971). *Interpretazioni italiane di Wittgenstein* (Studi sul pensiero filosofico e religioso dei secoli XIX e XX 21). Milano, Marzorati, 277.
[11] Vgl. Heidegger, Martin. *Grundprobleme der Phänomenologie*, GA58, 73.
[12] Vgl. Wittgenstein, Ludwig. TB, 2. 8. 16.
[13] Vgl. Bělohradský, V. (1971), 277.

hauptet, mit der Welt als Ganzer verglichen werden *(sub specie aeternis)*, und zwar unter der Perspektive ihres »Sinns«. Und dies ist durch die Philosophie möglich, da diese als Tätigkeit die Welt »richtig« zu sehen vermag und dem Menschen die Möglichkeit an die Hand gibt, ein ethisches Leben zu führen.[14] Auch Heidegger geht davon aus, dass das »echte« Philosophieren sich immer wieder im Rückzug vom Gegebenen in die schweigende Selbstbesinnung auf die eigenen existenziellen Voraussetzungen besinnt.[15] Wittgensteins Schlussparagraph im *Tractatus* lautet: »Meine Sätze erläutern dadurch, daß sie der, welcher mich versteht, am Ende als unsinnig erkennt, wenn er durch sie – auf ihnen – über sie hinausgestiegen ist. (Er muß sozusagen die Leiter wegwerfen, nachdem er auf ihr hinaufgestiegen ist.) Er muß diese Sätze überwinden, dann sieht er die Welt richtig.«[16] Wittgenstein sieht die Welt also durch die Ethik »richtig« und bezieht sie dennoch auf den inneren Bereich des Unsagbaren. Daher drückt diese Leitmetapher aus, was unter Ethik verstanden wird: Die ethischen Pseudo-Sätze haben keine Begriffsverwendung, da jeder Versuch der Ausdrücklichmachung (Sagbarmachung) eine Regelverletzung impliziert, die durch die logische Syntax begründet wird.[17] Wenn sich dies jedoch als ein Hinweis herausstellt, dem wir folgen sollten, um eine Vermischung von Logik und Ethik zu vermeiden, dann lässt sich Wittgensteins Bemühen verstehen, eine ganze Reihe von als werthaft geltenden Gegenständen auszuschließen. Er möchte mit seiner Weltkonstitution deutlich machen, dass sie als Tatsache *im logischen Raum* besteht. Daher haben Werte in der Welt keinen Ort. Das zieht zweierlei nach sich:

A) Eine vollständige Weltbeschreibung enthält kein Urteil über Ethik.

B) Alles was mit dem Naturalismus zu tun hat, betrifft nicht die Ethik.

---

[14] Vgl. Grieco, Agnese. (1996). *Die ethische Übung: Ethik und Sprachkritik bei Wittgenstein und Sokrates.* Lukas Verlag, Berlin, 112.

[15] Vgl. Stahlhut, C. (1986) 188; Heidegger, Martin. *Prolegomena zur Geschichte des Zeitbegriffs*, GA20, 188.

[16] Vgl. Wittgenstein, Ludwig. TLP, 6.54.

[17] Vgl. Hacker, Peter Michael Stephan (1978) *Einsicht und Täuschung: Wittgenstein über Philosophie und die Metaphysik der Erfahrung*, Suhrkamp, Frankfurt am Main, 117.

Der erste Punkt lässt sich wie folgt begründen: Die Beschreibung der Welt kann keine ethischen Urteile fällen, und »[d]arum kann es auch keine Sätze der Ethik geben«[18]. Demnach ist jede Aussage, die als Tatsache formuliert wird, nicht unter ethischen Voraussetzungen darzulegen, da eben kein Werturteil vorausgesetzt werden kann. Was die Sprache betrifft, gilt allein die Tatsache, dass sich die ›unaussprechbare‹ Ethik am Bereich des ›Übernatürlichen‹ (keine Tatsachen) erkennen lässt.[19] Faktisch verhindert dieses Verfahren die Möglichkeit, eine Theorie der Ethik über Werte zu formulieren.

An dieser Stelle greift der zweite Punkt (B), da die von der Psychologie formulierten Gesetze, die nach Wittgenstein einer *unwesentlichen Untersuchung* folgen, nicht mit Ethik und Philosophie verglichen werden können.[20] Die Psychologie ist der Philosophie und folglich der Ethik (da beide Disziplinen für Wittgenstein die gleiche Ausrichtung haben) »nicht verwandter als irgendeine andere Naturwissenschaft«[21], auch wenn die Philosophie die Aufgabe hat, die Psychologie zu umgrenzen. Hier erkennt man eine Differenz zu Heidegger: Wenn Heidegger die von der Psychologie gewonnenen »Tatsachengesetze« untersucht (GA58), welche das Gesetz des Sollens für das Denken nur dann erfüllen, wenn man den Wahrheitszustand einer Norm erkennt, dann verlangt die Norm durch ihren Anspruch auf Ausführung in der Welt eine Wahrheit, die sich wiederum als Wert zu erkennen ergibt. Worauf, so Heidegger, gründen diese »Sollensgesetze« wahren Denkens? »Ich soll so denken, sagt man, weil die Wahrheit eine ›Norm‹ für mich ist, darnach ich mich zu richten habe, wenn ich zu haltbaren Erkenntnissen kommen soll.«[22]

Bei Heidegger und Wittgenstein wird also nach einer Ethik gefragt, die Werte, die von wissenschaftlichen Bestimmungen abhängen bzw. aus »Tatsachengesetzen« folgen, zurückweist. Hat die Ethik demnach eine ontologische Grundposition zurückzugewinnen, um sich als ›Wert der Wahrheit‹ zu etablieren?

Heideggers und Wittgensteins Herangehensweise ähnelt sich in der Beantwortung dieser Frage: Die »Philosophie von den Werten, die Wertphilosophie als Wissenschaft von den allgemeingültigen Werten

---

[18] Wittgenstein, Ludwig. TLP, 6.42.
[19] Vgl. Hacker, P. (1978), 118.
[20] Vgl. Wittgenstein, Ludwig. TB, 10.11.14.
[21] Vgl. Wittgenstein, Ludwig. TLP, 4.1121.
[22] Vgl. Heidegger, Martin. *Grundprobleme der Phänomenologie*, GA58, 73.

Manuela Massa

[kann] keine Antwort« darauf geben, »warum [die] Wahrheit ein *Wert*«[23] ist (Heidegger); und in der Welt ist kein Wert, der den »Sinn der Welt« bestimmen kann,[24] und selbst wenn es einen solchen Wert gäbe, müsste er »außerhalb alles Geschehens und So-Seins liegen«[25] (Wittgenstein). Denn im Blick auf die Frage, was »gut« oder »böse« ist, findet der Wert eine Auskunft nur und ausschließlich durch »das Subjekt«[26]. Entsprechend orientiert sich auch sein Handeln.

Hier gilt es auch der impliziten Forderung beizupflichten (zumindest lässt sich Wittgensteins Argumentation so verstehen), dass »gut« oder »böse« Prädikate des Subjekts sind und keine »Eigenschaften in der Welt«[27]. Sie weisen auf die Existenz des α-Subjekts zurück. Daher lässt sich eine begangene Tat weder ungeschehen machen noch ignorieren, und der Fokus liegt dabei auf der Bedeutung »des Willens«, der nach Auffassung beider Philosophen nach der Ethik strebt. Dieser tritt in der Welt auf, kann aber nicht in einem sprachlichen Ausdruck gefasst bzw. dingfest gemacht werden.[28] Wenn Wittgenstein schreibt: »Vom Willen als dem Träger des Ethischen kann nicht gesprochen werden. Und der Wille als Phänomen interessiert nur die Psychologie«[29], und am 21. Juli 1916 in seinen Tagebüchern weiter ausführt: »Ist aber ein Wesen denkbar, das nur vorstellen (etwa sehen), aber gar nicht wollen könnte? In irgendeinem Sinn scheint dies unmöglich. Wäre es aber möglich, dann könnte es auch eine Welt geben ohne Ethik«[30] – dann ist erneut dieser Vorsatz hinter der Ethik als einer ›Wissenschaft der Werte‹ zu erblicken.

Die Rolle des »Wollens« eines α-Subjekts ist daher gefragt, um der von Wittgenstein betonten Irrelevanz der Ethik für die sprachlich erfassbare Welt und der Absage an einen »ethischen Träger« Rechnung zu tragen: »Wenn das gute oder böse Wollen die Welt ändert, so kann es nur die Grenzen der Welt ändern, nicht die Tatsachen; nicht das, was durch die Sprache ausgedrückt werden kann. Kurz, die

---

23 Ebd.
24 Vgl. Wittgenstein, Ludwig. TLP, 6.41.
25 Vgl. Wittgenstein, Ludwig. TLP, 6.41.)
26 Vgl. Wittgenstein, Ludwig. TB, 2.8.16.
27 Vgl. Wittgenstein, Ludwig. TB, 2.8.16.
28 Vgl. Wallner, Friedrich (1983) *Die Grenzen der Sprache und der Erkenntnisanalysen im Anschluss an Wittgensteins Philosophie*, Braumüller, Wien, 162.
29 Wittgenstein, Ludwig. TLP, 6.423.
30 Wittgenstein, Ludwig. TB, 21.7.16.

Welt muß dann dadurch überhaupt eine andere werden.«[31] Die Frage nach den Grenzen darf nach Wittgenstein nicht im Blick auf die Welt der Tatsachen behandelt werden. Grenzen bilden keine negative Einschränkung, sie ermöglichen vielmehr eine *Beurteilung.* Wittgenstein betont so das Maß der Grenze weder, um die Bedeutung der Welt hervorzuheben, noch, um über die Wirklichkeit zu sprechen, sondern, um der dem Menschen eigenen Fähigkeit des *Wollens* Nachdruck zu verleihen.[32] Hier geht es nicht um die Folgen einer Handlung (in der Welt) – sie sind nach Wittgenstein »belanglos«[33] –, sondern um »eine Art von ethischem Lohn und ethischer Strafe«; die »in der Handlung selbst liegen«[34]. Doch die ethische Auszeichnung einer Handlung ist nicht beschreibbar, sondern kann nur durch die Handlung selbst aufgezeigt werden.[35]

Auch Heideggers ethische Frage zielt auf das »Handeln«, auf die existenzialen Handlungsmöglichkeiten des jeweiligen Daseins.[36] Demnach ist es möglich, das Ethische durch die Bedingungen nach der Möglichkeit der Existenz überhaupt zu hinterfragen und zu strukturieren – hinsichtlich der Eigentlichkeit und des Selbstseinkönnens des α-Subjekts. Jede Umkehrung der Rangordnung zwischen ontologisch-ontisch oder existenzial-existenziell, d.h. jedes Übersehen dieses wesentlichen Unterschiedes, erweist sich als etwas, was die konkreten Handlungsmöglichkeiten einschränkt. Heidegger entwickelt dies über die »Verfallenheit« des Daseins an die Welt, bei der der Sinn der Existenz aus dem Besorgen entspringt. Die Grundstruktur des Daseins ist dagegen durch den »Ruf des Gewissens« ausgezeichnet, der das Handeln des Menschen ausrichtet: »*Das Gewissen-haben-wollen ist* [...] *die ursprünglichste existenzielle Voraussetzung für die Möglichkeit des faktischen Schuldigwerdens.* Rufverstehend läßt das Dasein das eigenste Selbst aus seinem gewählten Seinkönnen *in sich handeln.* Nur so kann es verantwortlich sein.«[37] Jedes Handeln des Menschen »ist faktisch notwendig ›gewissenlos‹, nicht nur weil es faktische moralische Verschuldung nicht

---

[31] Wittgenstein, Ludwig. TLP, 6.43.
[32] Ebd.
[33] Wittgenstein, Ludwig. TLP, 6.422.
[34] Ebd.
[35] Vgl. Terricabras, J. M. (1978), 294.
[36] Vgl. Minca, Bogdan (2014) *Heidegger und die Ethik. Die Vollbringung der Anderen*, Studia Universitatis Babes-Bolyai-Philosophia, Nr. 1, S. 79–95.
[37] Vgl. Heidegger, Martin. *Sein und Zeit*, GA2, 288 (382).

vermeidet, sondern weil es auf dem nichtigen Grunde seines nichtigen Entwerfens je schon im Mitsein mit Anderen an ihnen schuldig geworden ist.«[38]

Der *positive* Ruf ist die Möglichkeit, nach der der Mensch zu handeln hat, insofern »[d]en Ruf eigentlich zu hören bedeutet, sich in das faktische Handeln [zu] bringen.«[39] Heideggers Argumentationszusammenhang zeigt, dass dieser »Ruf«, sofern man ihn versteht, eben als ein Gewissen-haben-Wollen beschrieben werden kann. Im Grunde situiert sich hier das »In-sich-Handeln«, welches das Selbst aus sich selbst heraus charakterisiert. Die Wertprädikate und ihr Verhältnis zueinander sind somit im Rahmen des existenziellen Verhaltens nach einer existenzialen Interpretation der Grundstruktur des Daseins in der Welt zu entwickeln. Diese macht deutlich, dass das Einheitliche des Entwurfs zur Seinsverfassung des Daseins gehört.[40] Was von Heidegger gesucht wird, ist die Wahrheit der Existenz, die sich fundamentalontologisch im Dasein entdeckt: Man erreicht sie in ihrer Ursprünglichkeit nicht durch Worte, sondern eben im Schweigen, genauer in der Todesgewissheit.[41]

Zur Erhellung dieses Wahrheitsbegriffs und der inneren Wertproblematik begründet Heidegger deshalb prioritär ein ontologisches Fundament: »Sein ›gibt es‹ nur, wenn Wahrheit, d. h. wenn Dasein existiert.«[42] Diese Aussage lässt erahnen, dass sowohl die Ansprechbarkeit des Daseins als auch eine aufgeschlossene Welt unumgänglich für sein Sein sind. Wenn man dieser Frage genauer nachgeht und auch weitere Werke Heideggers in Betracht zieht, fällt auf, dass im Blick auf die Wahrheit auch der Sprache eine solche Problematik zugeordnet wird. Bereits in GA17 bestimmt Heidegger das Seiende als erkanntes dort, wo es ausdrücklich als »besprochenes« da sein kann. Folglich lässt sich das *gesprochene aufgedeckte Seiende* als Satz identifizieren. Die Gültigkeit eines Satzes kann in seiner Richtigkeit erkannt werden, d. h., wenn er sich als richtig »ausweisen« kann, und dieser eigentümliche Charakter wird als im Blick auf den Ursprung »ausdrücklich zugeeignet«[43] beschrieben. Das schreibt dem Satz eine

---

[38] Ebd.
[39] A. a. O., 294 (390).
[40] Vgl. Kuhn, A. (1968), 110.
[41] Vgl. Stahlhut, C. (1986), 183.
[42] Heidegger, Martin. *Grundprobleme der Phänomenologie*, GA24, 25.
[43] Vgl. Heidegger, Martin. *Einführung in die phänomenologische Forschung*, GA17, 125.

verbindliche Eigenschaft zu: Sofern er gültig ist, muss er im Sinne eines *Gesollten* betrachtet werden. Heidegger vervollständigt diese Analyse durch den Hinweis, dieses Gesollte sei ein »Wert«. Wörtlich behauptet er: »Nimmt man den Satz in der Weise des Gesollten und bestimmt man das Gesollte als Wert, so bezeichnet man die Wahrheit als Wert.«[44]

An diese Vorgehensweise lassen sich folgende Fragen richten: Verbindet Heidegger in seiner Theorie vom Sein mit den anzuerkennenden Werten und dem Sollen einen Gedanken des Ethischen?[45] Soll die Wahrheit dazu verhelfen, den »Sinn des Seins« zu erhellen? Zweifellos gibt es in *Sein und Zeit* – einem Werk, das wieder zum »Sein« vordringen möchte – eine ursprüngliche Verbindung zwischen Sein und Wahrheit.[46] Wenn Heidegger auf die »Wahrheitsbeziehung« hinweist, deren Gefährdung in der Verborgenheit lauert, behauptet er zugleich, dass in ihrer Verknüpfung mit dem Sein dessen Existenz indiziert sei: »Die Wahrheit (Entdecktheit) muß dem Seienden immer erst abgerungen werden. Das Seiende wird der Verborgenheit entrissen.«[47] Dem kann man entnehmen, dass es innerhalb der Dimension der Wahrheit die Möglichkeit gibt, vom Sein zu sprechen.[48] Kurz: Der λόγος ist die Aneignung des Seienden als Wahrheit.[49] Wenn aber diese entscheidende Beziehung zwischen Sein und Wahrheit möglich ist, scheint klar zu sein, dass auch die Ethik im

---

[44] Ebd. Hier ließe sich ein Vergleich mit Adolf Reinachs phänomenologischer Analyse des Rechts durchführen. Reinach geht davon aus, dass soziale Akte in sprachliche Akte eingebettet sind. Auf diese Weise ist auch das Verhältnis von Anspruch und Verbindlichkeit determiniert, welches einer Hierarchie von sittlichen Verpflichtungen folgt. Daher gibt es so etwas wie Verbindlichkeiten zwischen Menschen. Reinach, A. (1953). *Zur Phänomenologie des Rechts: Die apriorischen Grundlagen des bürgerlichen Rechts*. München: Kösel und Burkhardt, A. (1986). *Soziale Akte, Sprechakte und Textillokutionen: A. Reinachs Rechtsphilosophie und die moderne Linguistik* (Reihe Germanistische Linguistik 69). Tübingen, Niemeyer.

[45] Vgl. Heidegger, Martin. Platon: *Sophistes*, GA19, 26: »In der neuesten Erkenntnistheorie wurde noch ein Schritt weitergegangen. Erkennen ist Urteilen, Urteil ist Bejahen und Verneinen, Bejahen ist Anerkennen, anerkannt wird ein Wert, ein Wert ist präsent als ein Sollen, also ist der Gegenstand der Erkenntnis eigentlich ein Sollen«.

[46] Vgl. Heidegger, Martin. *Sein und Zeit*, GA2, 220 (289 f.).

[47] A. a. O., 222 (294)

[48] A. a. O., 216 (286). »[F]ür die Aufklärung der Wahrheitsstruktur genügt es nicht, dieses Beziehungsganze [die *adaequatio*] einfach vorauszusetzen, sondern es muß in den Seinszusammenhang zurückgefragt werden, der dieses Ganze als solches trägt.« (GA 2, 286)

[49] Vgl. Heidegger, Martin. *Platon: Sophistes*, GA19, 21 ff.

Manuela Massa

Rahmen dieses Zusammenhanges zu klären, ja dass jede andere Möglichkeit zu ihrer Erörterung ausgeschlossen ist. In einem wissenschaftlichen Gewand kann die Ethik nur zur Vergessenheit des Seins führen. Eben deshalb rückt die Bedeutung des Seins, welches vom Sollen beschränkt zu werden scheint, in Heideggers frühen Werken ins Zentrum. Seine Untersuchung in *Sein und Zeit* stellt im Anschluss an das Gewissen und das Phänomen der Schuld die Frage nach dem daseinsmäßigen Seinkönnen bzw. nach dem existenziellen Verhalten des Menschen hinsichtlich einer Wertung[50] heraus. Dennoch ist das Gewissen des Selbstseinkönnens des Daseins in seine Erschlossenheit zurückzubinden: »Die Erschlossenheit des Da erschließt gleichursprünglich das je ganze In-der-Welt-sein, das heißt die Welt, das In-Sein und das Selbst, das als ›ich bin‹ dieses Seiende ist.«[51] Das Gewissen taucht nicht als besonderer Fall der Erschlossenheit auf und nicht als empirisches ontisches Faktum, dessen die ontologische Analyse zur Demonstration der Richtigkeit ihrer Bestimmung der Erschlossenheit als Sein des Daseins bedarf,[52] weil es die Ursprünglichkeit der Erschlossenheit selbst ist. Von hier aus kann man den Begriff der Person entwickeln, deren Autonomie insofern nicht aufgehoben wird, als die ausgezeichnete Situation wiederum die Möglichkeit des geschichtlichen Freiseins ist,[53] von der aus das Sein des Daseins untersucht wird. In diesem Sinne gelangt das Dasein im Zusammenhang des Gewissens zu seinem eigenen Sein, woraus ein moralisches Gut bzw. Böse entspringt: »Das gute Gewissen ist weder eine selbständige noch eine fundierte Gewissensform, das heißt überhaupt kein Gewissensphänomen«[54]. Das Gewissen selbst ist aber als negatives Phänomen zu bestimmen: Es ist primär ein ›böses‹ Gewissen.[55] Im Folgenden muss noch betont werden, dass das Gewissen in Heideggers Auslegung nicht darin aufgeht, ein spezifisches Phänomen einer allgemeinen Daseinsstruktur zu sein, da es sich primär nicht als Phänomen erkennen lässt,[56] sondern »die im Grunde des Daseins beschlossene Seinsart« ist, »in der es sich selbst – das eigenste Seinkön-

---

[50] Vgl. Kuhn, A. (1968), 110.
[51] Vgl. Heidegger, Martin. *Sein und Zeit*, GA2, 297.
[52] Vgl. Dieter Misgeld (1966) *Schuld und Moralität*, Doktorarbeit, Heidelberg, 48.
[53] Vgl. Kuhn, A. (1968), 125.
[54] Vgl. Heidegger, Martin. Sein und Zeit, GA2, 292.
[55] Ebd.
[56] Vgl. Dieter Misgeld (1966), 64.

nen bezeugend – seine faktische Existenz ermöglicht«[57]. Das gute Gewissen sei demnach als eine Privation des schlechten zu interpretieren, sofern man dem weiter entnehmen kann, dass das Sein des Menschen sich aus dem Sollen – und zwar den gesellschaftlich vorgeschriebenen Normen, die es prinzipiell zu befolgen gilt – befreien muss.

Der nächste Abschnitt wird sich aus diesem Grund mit der Frage auseinandersetzen, ob die Moral bei Heidegger die Offenheit des Dasein miterschließen kann.

7.1 Die moralische Offenheit des Menschen bei Heidegger

Wie können diese *formalen* Bedingungen der Ethik aufgezeigt werden? »Uneigentlichkeit« ist nach Heideggers bekanntlich der primäre Modus des Daseins, da dieses sich stets bei dem Besorgen von *anderem* aufhält. Von hier aus ergibt sich umgekehrt eine Antwort auf die eingangs gestellte Frage: Die formalen Bedingungen des Ethischen bei Heidegger lassen sich anhand der »Eigentlichkeit« des Daseins herausarbeiten.

Wenn das Dasein »eigentlich« ist, begreift es sich in seinem eigenen Seinkönnen. Dennoch kann es seine Möglichkeiten auch dann abrufen, wenn es sich besorgend beim innerweltlichen Seienden aufhält und fürsorgend im Mitsein,[58] d. h. es kann sich aus der »Verlorenheit in das Man« zurückholen. Dies verweist auf ein Wählenkönnen, ein »Sichentscheiden für ein Seinkönnen aus dem eigenen Selbst. Im Wählen der Wahl *ermöglicht* sich das Dasein allererst sein eigentliches Seinkönnen«[59]. Die Folgen dieses Verfahrens drehen das Problem des Aufweises der existenzialen Möglichkeiten des eigentlichen Ganzseinkönnens des Daseins in gewisser Weise um.

Negativ aufgefasst erhält das Dasein, wenn es der alltäglichen Seinsart der Erschlossenheit anheimfällt – in »Gerede«, »Neugier« und »Zweideutigkeit« – seine Prägung durch die Verfallenheit. Kann es nicht sein »Selbst« sein,[60] verliert es zugleich seinen ursprüng-

---

[57] Vgl. Heidegger, Martin. Sein und Zeit, GA2, 300.
[58] Vgl. von Herrmann, F.-W. (1967) 158 ff. sowie Vetter, Helmuth (2014) *Grundriss Heidegger: Ein Handbuch zu Leben und Werk.* Meiner, Hamburg, 75.
[59] Vgl. Heidegger, Martin. *Sein und Zeit,* GA2, 268 (356).
[60] Vgl. Kuhn, A. (1968), 104

lichen Bezug zur Sozialität. Denn die Sozialität des Daseins und der Charakter des In-der-Welt-seins sind gleichursprünglich, insofern Mitsein und In-der-Welt-sein gleichermaßen konstitutive Seinscharaktere des Daseins sind.[61]

Das Dasein ist aber »zunächst« und »zumeist« nicht es selbst: »Das Nicht-es-selbst-sein fungiert als *positive* Möglichkeit des Seienden, das wesenhaft besorgend in einer Welt aufgeht. Dieses *Nichtsein* muß als die nächste Seinsart des Daseins begriffen werden, in der es sich zumeist hält.«[62] Es drückt sich im »Man« bzw. »Verfallen« aus; die Befreiung aus der Verfallenheit bzw. der Schritt zum Selbstseinkönnen lassen das Dasein dagegen »existential«[63] sein. Dies kann innerhalb der Struktur des Um-willen als eine Art *voluntarischer* Akt zugunsten der Verpflichtungen des Menschseins angesehen werden. Da das eigentliche Selbstseinkönnen eine Möglichkeit des Daseins ist, ist dies nicht als moralische Aufforderung zu betrachten, sondern im Grunde als eine verpflichtende Ausrichtung in Bezug auf sich selbst.

Im Hinblick darauf verhält sich das Dasein in seiner Erschlossenheit gemäß seinen eigenen Möglichkeiten. Hier stoßen wir wieder auf die Welt und die Anderen bzw. auf das Mitsein als existenziales Konstituens des In-der-Welt-seins. Das Mitsein erweist sich als eigene Seinsart des innerweltlich begegnenden Seienden. Sofern das Dasein überhaupt ist, hat es die Seinsart des Miteinanderseins.[64] Dabei muss beachtet werden, dass »in den genannten Modi seiend [...] das Selbst des eigenen Daseins und das Selbst des Andern sich noch nicht gefunden bzw. verloren [haben]. Man ist in der Weise der Unselbständigkeit und Uneigentlichkeit.«[65] Damit kann die Frage nach dem Wer des alltäglichen Daseins beantwortet werden, das sich jedoch nicht anders denn als das »Niemand« vorstellen lässt.

Heidegger schreibt dazu: »*Die durchschnittliche Alltäglichkeit des Daseins* kann demnach bestimmt werden als *das verfallend-erschlossene, geworfen-entwerfende In-der-Welt-sein, dem es in seinem Sein bei der ›Welt‹ und im Mit-sein mit Anderen um das eigenste Seinkönnen selbst geht.*«[66] Folglich kann man davon ausgehen,

---

[61] Vgl. Heinemann, W. (1970) 68.
[62] Vgl. Heidegger, Martin. *Sein und Zeit*, GA2, 176 (232).
[63] Vgl. Garbrecht, Oliver (2002) *Rationalitätskritik der Moderne: Adorno und Heidegger*, Herbert Utz Verlag, München, 255.
[64] Vgl. Heidegger, Martin. *Sein und Zeit*, GA2, 125 (167).
[65] A.a.O., 128 (171).
[66] A.a.O., 181. (241).

dass die Alltäglichkeit im Mittelpunkt des Seinkönnens des Daseins steht: »Die existentiale Analytik deutet keinen ›externen‹ Halte- oder Standpunkt, sondern die Immanenz des Selbstbezüglichen, das sich im sorgenden ›faktischen‹ Leben ausdrückt.«[67] Nichtdestotrotz darf man nicht vergessen, dass »[a]lle Explikate, die der Analytik des Daseins entspringen, im Hinblick auf seine Existenzstruktur gewonnen sind. Weil sie sich aus der Existenzialität bestimmen, nennen wir die Seinscharaktere des Daseins Existenzialien. Sie sind scharf zu trennen von den Seinsbestimmungen des nicht daseinsmäßigen Seienden, die wir Kategorien nennen«[68]. Wenn die Existenzialien die Struktur der Existenz auszeichnen, dann bestehen die Bedingungen für den Menschen »zunächst und zumeist« in der Alltäglichkeit; diese beschreibt dann die normale ›Bewusstseinslage‹.[69]

Befreit sich das Dasein vom »Man«, bringt es eine Zäsur in seine Alltäglichkeit ein, ohne dass diese dadurch aufgehoben würde. So enthält die Existenzialanalytik des Daseins Heideggers formale Ethik. Auch wenn seine Analyse des »Rufs« des Gewissens eine Verpflichtung des Menschen gegenüber sich selbst betont, kommen doch in allen »Gewissensauslegungen« Prädikate wie »gut« oder »schlecht« ins Spiel. Wenn sich das Dasein vom »Man« befreit, befreit es sich auch von den Wirkungen der Sozialität der Masse. Daher gehört zum Gewissen sein formalisierter Charakter: Heidegger beschreibt es als »Ruf«, welcher im Modus des Schweigens geschieht. Demnach könnte man den Rufer dieses Rufes mit dem Dasein selbst identifizieren, da im Ruf des Gewissens »ein Anrufen des Man-selbst« geschieht, und zwar in dem Sinne, dass er das eigenste Selbst zu seinem Seinkönnen aufruft, und zwar als Dasein, d. h. als »besorgendes In-der-Welt-sein und Mitsein mit Anderen«[70]. Innerhalb dieser formalisierten Eigenschaft des Rufs kann kein moralischer Verpflichtungscharakter aufgewiesen werden – das eigentliche Selbstseinkönnen bleibt vielmehr innerhalb des ontologischen Rahmens zu erklären.

Die Problematik des Gewissens berührt und ›koordiniert‹ somit die Problematik von Eigentlichkeit und Uneigentlichkeit, wenngleich dies nichts mit »Gut« oder »Böse« zu tun hat: Was im Ruf des Gewis-

---

[67] Vgl. Rentsch, T. (2001) Martin Heidegger: Sein und Zeit (Klassiker Auslegen 25). Akademie Verlag, Berlin, 64.
[68] Vgl. Heidegger, Martin. Sein und Zeit, GA2, 44 (59)
[69] Vgl. Heinemann, W. (1970), 68.
[70] Vgl. Heidegger, Martin. Sein und Zeit, GA2, 280 (372)

sens geschieht, ist *vice versa* mit der Uneigentlichkeit des Daseins verknüpft, sodass es nicht darum geht, dieses in eine gewissermaßen ›überdaseinsmäßige‹ Ordnung aufzuheben. Betrachtet man aber diese Voraussetzungen genauer, könnte man einwenden, das Dasein könne nur in solipsistischer Weise gefasst werden.[71] Obwohl dies in der Rezeption von Heideggers Gewissensanalyse nicht selten geschieht, möchte ich hier den Ruf des Daseins im Gewissen eher mit einer moralischen Offenheit des Menschen verbinden, da im Gewissensruf an die »Sorge« des Menschen hinsichtlich seines eigensten Seinkönnens appelliert wird.[72] »Die Sorge liegt als ursprüngliche Strukturganzheit existenzial-apriorisch ›vor‹ jeder, das heißt immer schon *in* jeder faktischen ›Verhaltung‹ und ›Lage‹ des Daseins.«[73] Deshalb findet die Sorge ihren Ausdruck nicht ausschließlich in einem ontischen Zustand des Menschen, sondern ist auch als Fürsorge – trotz Uneigentlichkeit – als »in sein Sein zu bringendes ergriffen«[74]. Im Lichte dieser Konsequenz schließt Heidegger ein, dass zum Wollen ein Gewolltes gehört, welches sich aus dem Worumwillen bestimmen lässt. Aus der ontologischen Möglichkeit des Wollens entspringt die Erschlossenheit des Worumwillen von Besorgbarem sowie des verstehenden Sichentwerfens des Seinkönnens: Allein sie kann die Normen festlegen, anhand derer das Sein des Menschen seine ursprüngliche Bedeutung gewinnt.

Der Bezug des Daseins zur Welt impliziert jedoch zugleich die Erschlossenheit, in der sich das Dasein im Anderen und in sich selbst vorfindet. Heideggers zumindest angedeutete Konzeption der Gesellschaft enthält somit den durch das Verstehen gegebenen Horizont des Mitseins. Dieses zeigt sich ebenfalls als ein das In-der-Welt-sein fundierender Modus des Daseins – nicht im subjektiven Sinne, sondern in Form der Welt, welche die Begegnung zwischen dem Dasein und dem Anderen umfasst.[75] Damit könnte eine Art moralischer Offenheit des Menschen zum Ausdruck kommen, insofern Heidegger andeutet, Dasein als Seiendes, »dem es um sich selbst geht«, sei »*gleichursprünglich* Mitsein mit Anderen und Sein bei innerweltlichem

---

[71] Garbrecht, Oliver (2002), 255.
[72] Vgl. Heidegger, Martin. *Sein und Zeit*, GA2, 317 (420).
[73] A.a.O. 193 (257).
[74] Vgl. Heidegger, Martin. Sein und Zeit, GA2, 194.
[75] Vgl. Sitter, Beat, *Dasein und Ethik: Zu einer ethischen Theorie der Eksistenz*, Alber, Freiburg, 1975, 87.

Seienden«[76]. Und in der Fortsetzung all dieser Erwägungen heißt es dann, dass die Welt, innerhalb deren dieses Seiende begegnet, existiere, *weil* jedes Dasein von sich her als existierendes Mitsein mit Anderen die Form einer *geteilten* Welt annehme. Wenn aber Heidegger diese Eigenschaft ›zur Welt‹ anerkennt und zugesteht, dass »das Mit- und Zueinandersein im Dasein qua daseinsmäßiges immer auch schon Mit- und Zueinandersein, und so ein Miteinander und Füreinanderbesorgen der Welt ist«[77], dann folgt daraus, dass sich das Miteinandersein stets an einer bestimmten äußeren Grenze des Zueinanderseins aufhält, in »Abstand und Reserve«[78]. Nichtsdestoweniger entscheidet Heidegger, dass sich dieses Miteinandersein *umgekehrt* auch aus dem eigenen Dasein bestimmen könne. Die primäre Verbundenheit im Miteinandersein aus dem Dasein selbst ergibt sich, weil das Dasein mit den Anderen *existiert*. Diesbezüglich betont Dieter Misgeld in *Schuld und Moralität*, Dasein könne gar nicht anders sein als in der Weise der besorgenden Fürsorge, da diese durchaus mehr sei als ein nachträgliches Zugeständnis an den Anderen, den man ja auch einmal brauchen könnte.[79] Obschon die Konstitution des Anderen nicht von dem existierenden Selbst abstrahiert werden kann, da sie die Voraussetzung dafür darstellt, dass dieser zu einem möglichen Du wird,[80] wird durch das Dasein als Mitsein deutlich, dass Heidegger die Aufmerksamkeit auf die Struktur des In-der-Weltseins lenkt, in der Selbst und Welt einbehalten sind, um die Bedeutung des Selbst als Du für einen Anderen hervorzuheben. Aus diesem Verbundensein mit Anderen kann das »rechte Besorgen derselben Sache entspringen, und von hier aus erwächst, was wir heute als Kommunikation bezeichnen«[81].

Heidegger erkennt im »Mitsein« des Daseins ein »Existenzial«, so dass die Existenzstruktur als spezifischer Charakter des Daseins festzuhalten bleibt. Damit zieht er zugleich eine terminologische Differenz zu den Kategorien, da die Existenzialien von »den Seinsbestimmungen des nicht daseinsmäßigen Seienden«[82] wie gesagt zu trennen sind. Im Anschluss an Aristoteles erklärt Heidegger den

---

[76] Vgl. Heidegger, Martin. *Die Grundprobleme der Phänomenologie*, GA24, 421.

[77] Vgl. Heidegger, Martin. *Logik. Die Frage nach der Wahrheit*, GA21, 224.

[78] A. a. O.

[79] Misgeld, D. (1966), 127.

[80] Vgl. Heidegger, Martin. *Die Grundprobleme der Phänomenologie*, GA24, 422.

[81] Vgl. Heidegger, Martin. *Logik. Die Frage nach der Wahrheit*, GA21, 224.

[82] Vgl. Heidegger, Martin. *Sein und Zeit*, GA2, 44 (58).

Menschen als ζῷον πολιτικόν; das Sein des Menschen als Miteinandersein wird in seinem τέλος ausdrücklich gemacht, genauer: »dieses Miteinandersein als dieses konkrete Sein in seiner πόλις«[83]. Durch dieses Konzept gewinnt in seinen Augen auch die Sozialität an Bedeutung. In der Tat begreift man nun, dass das Ich-Du-Verhältnis als ein ausgezeichnetes *Existenzverhältnis* zu verstehen ist: Die Selbstheit wird zur Voraussetzung von Selbstlosigkeit; das Dasein verhält sich in einem existierenden Ich-Du-Verhältnis zum Anderen. Da Heidegger im Blick auf die Welt eine solche Pluralität von Subjekten voraussetzt, ermöglich dies eine gesellschaftliche Perspektive, die einen Vergleich mit Husserls Auffassung von menschlicher Sozialität nahelegt.

Obwohl Husserl im 20. Jahrhundert das Subjekt über mitteilende Akte feststellt, gewinnt es sein »personales Bewusstsein« doch in der dualen Beziehung, die sich zwischen Ich und Du, also dem Subjekt und seiner gespiegelten Alterität, herstellt.[84] Grundsätzlich bestimmt Husserl, dass die Nächstenliebe auf der Fürsorge für den Anderen basiert, dennoch lässt sie sich als Wesenszug und für die ganze Menschheit im Sinne einer ›Gesinnung füreinander‹ identifizieren.

Im Zentrum der Argumentation Husserls kommen in Bezug auf die Gemeinschaft die *personalen* Verhältnisse zu sich selbst. Was zu betrachten bleibt, ist die personale Handlung, die einem Subjekt-Objekt-Paradigma zugeordnet wird.[85] Außerdem versucht Husserl in mehreren Werken, unter denen insbesondere *Ideen* II sowie die V. *Cartesianische Meditation* erwähnt werden sollen, den Standpunkt des *solus ipse* zu überwinden. Ein Thema von *Ideen* II ist die Konstitution von realen Dingen; hier präsentiert Husserl *die Anderen* als innerweltliche Einheiten im Sinne der Beschreibung von Bewusstseinsarten. Allerdings stellt seine V. *Meditation* die Konstitution der Intersubjektivität als Brücke dar, um die Erkenntnis vorzubereiten, durch welche die egologische Phänomenologie zur Objektivität ge-

---

[83] Heidegger, Martin. *Grundbegriffe der aristotelischen Philosophie*, GA18, 48.

[84] Vgl. Husserl, E. MS A V 23 10a, 16: »Jedes Subjekt in personaler Weise in das Leben und Tun des anderen ergreift, in ihm also mitlebt, sich mit ihm als Person einigt in mannigfaltigen Ich-Du-Beziehungen; kurzum eine Einheit, ein Ganzes ist konstituiert, gebaut aus Ich-Subjekten, die sich verbindend durchdringen, sofern das Leben des einen Ich in dem Leben des anderen mitlebt, in ihm mitbeteiligt ist; die Ichheit des einen ist nicht neben der des anderen, sondern lebt und wirkt in der anderen.«

[85] A. a. O., 10a, 17.

langt.[86] Im Anschluss daran erklärt Antonio Aguirre in *Natürlichkeit und Transzendentalität*, dass sich der Andere nach Husserl in mir durch ein System ›geordneter Anzeichen‹ konstituiere. Dabei appräsentiert der Körper des Anderen seine psychische Innerlichkeit, wodurch er zu einer psychophysischen Einheit wird.[87] Auf diese Weise macht Husserl deutlich, dass die Ich-Akte durch das Medium der appräsentierenden Fremderfahrung in das andere Ich hineinreichen. Diese spezifischen ichlich-personalen Akte haben den Charakter von sozialen Akten, und auf diesem Wege kommt auch die menschliche personale Kommunikation zustande.[88] Dieser Aspekt von Husserls Argumentation hat insbesondere Karl Schuhmann interessiert, in dessen Studie *Husserls Staatsphilosophie* die Kommunikation in erster Linie die »Bestrebungen und Absichten« der verschiedenen Personen zum Inhalt hat.[89] Untersucht man die Frage nach den sozialen Akten bei Husserl weiter, erkennt man, dass das erste Phänomen der Sozialität bei ihm die Sitte darstellt. Diese »schafft eine erste Stufe der Rechtseinheit […], einer Einheit von Pflichten, welche den Willen der Einzelnen und ihr Handeln normierend begrenzen«[90]. So gründet sich »die menschliche Gemeinschaft ›staatlich und kirchlich‹ als Einheit und strukturiert sich durch Normen, und zwar bewusst geltende Normen, die das Handeln des Menschen binden«[91]. Rechtsregeln, so Husserl, sind Zwangsregeln, Normen, die jede Person, die Teil einer Gemeinschaft ist, anerkennt, insofern sich die Rechtsgemeinschaft als Einheit durch solche Regeln konstituiert. Daher müssen sie respektiert werden. Der Rechtsbegriff repräsentiert für

---

[86] Vgl. Husserl, E. (1969) *Ideen zu einer reinen Phänomenologie und phänomenologischen Philosophie*, HuA4; Husserl, E. (1950) *Cartesianische Meditationen und Pariser Vorträge*, HuA1. Mit der Vervollkommnung des transzendentalen Idealismus durch die Intersubjektivität befasst sich Aguirre, A. (1968) *Natürlichkeit und Transzendentalität: Der skeptisch-genetische Rückgang auf die Erscheinung als Ermöglichung der Epoché bei Edmund Husserl*. Inaugural Dissertation, Köln.

[87] Aguirre, A. (1968), 65 f.

[88] Vgl. Husserl, E., *Cartesianische Meditationen und Pariser Vorträge*, HuA1, 159.

[89] Selbstverständlich muss man betonen, dass nach Husserls Auffassung »natürlich-instinktiv erwachsende personale Verbände« zu ihrem Zustandekommen »noch keiner sozialen Akte« bedürfen. Vgl. Husserl, E. Zur Phänomenologie der Intersubjektivität, HuA14. Schuhmann, Karl (1988) *Husserls Staatsphilosophie* (Alber-Reihe praktische Philosophie 29), Alber, Freiburg, 58.

[90] Husserl, E., *Zur Phänomenologie der Intersubjektivität. Texte aus dem Nachlass*, HuA14, 106.; Schuhmann (1988), 69.

[91] Ebd.

Husserl ein festes Gemeinschaftsband. Man kann also davon ausgehen, dass das Verhältnis von Dasein zu Dasein, d. h. von Mensch zu Mensch, eine »Aneignung« zwischen Mit-Menschen impliziert, welche durch »Einfühlung« erreicht werden kann.[92] Das Problem tritt auf, wenn versucht wird, das Verhältnis zwischen Menschen durch »Kategorien« darzustellen.

Bei Wittgenstein liegt ein ganz ähnliches Verständnis des »Ethischen« vor. Wenn auch in einer anderen Terminologie, so findet sich im *Tractatus* eine ethische Konzeption, die sich mit denjenigen Husserls und Heideggers vergleichen lässt. Wittgenstein erkennt in der Ethik eine intentionale Leistung, welche auf Akten basiert. Dabei gibt das Subjekt eine ethische Sicht auf die Welt frei, durch welche es diese bewertet. In einem weiteren Schritt lässt sich zeigen, dass und wie Wittgensteins ethischer Ansatz aus der inneren und äußeren Struktur der Welt eine Handlungstheorie begründet.

7.2 Vorgriff auf eine Handlungstheorie und Willensreglementierung bei Wittgenstein und Husserl

Dieselbe methodische Herangehensweise wie bei Heidegger liegt im Prinzip auch bei Wittgenstein vor. Wird bei Heidegger das Verhalten des eigentlichen Daseins durch die von ihm zu ergreifenden Möglichkeiten definiert, soweit diese es als »Seinkönnen« bestimmen, so ist dies bei Wittgenstein das Handeln. Nach Wittgenstein impliziert das Handeln eine Willensfreiheit, da »zukünftige Handlungen jetzt nicht gewußt werden können«[93]. Das besagt nicht mehr, aber auch nicht weniger, als dass Menschen Handlungen begehen, die als *ethisch* bezeichnet werden *können*. Die Instanz des Ethischen ist nach Wittgenstein der Wille des Menschen[94] – auch wenn über diesen nicht gesprochen werden kann. Auch hier können wir eine gewisse Ähnlichkeit zu den Überlegungen Husserls erkennen. Für Husserl gilt: »[Z]um ethischen Wollen und Tun gehört es vor allem, dass es nicht ein naives Tun ist, auch nicht ein naives vernünftiges Wollen, sondern dasselbe vernünftige im Bewusstsein seiner Normhaftigkeit ge-

---

[92] Fahrenbach, Helmut (1970) *Existenzphilosophie und Ethik.* Philosophische Abhandlungen 30. Klostermann, Frankfurt am Main, 133.

[93] Wittgenstein, Ludwig. TLP, 5.1362.

[94] Vgl. Wittgenstein, Ludwig. TLP, 6.423.

wollt und durch die Normhaftigkeit auch zu motivieren ist.«[95] Husserls Worte lassen vermuten, dass das ethische Wollen im Prinzip ein Grundcharakter des menschlichen Wesens ist, sofern dieses sein Tun und Wollen *bewusst* wahrnimmt. Welche Rolle spielt dabei aber die Handlung? Nach Husserl verfügen Handlungen über einen ethischen Charakter: Der Mensch ist ein »wertender und praktisch handelnder«[96]. Dabei sind alle Werte auf die Idee eines Selbst bezogen. Um diese Eigenschaft der Handlung bei Husserl zu begreifen, muss man sich zunächst Augen führen, dass »ideal gesprochen« von einer Vielheit von Personen auszugehen ist, die durch personale Beziehungen zu Gemeinschaften verbunden sind. Husserl bemerkt, dass durch Vorbilder, deren Tun erkenntnismäßig aufgefasst wird, einzelne Normen im Sinne von allgemeinen Sollensvorschriften entstehen, welche zu normativen Regeln und schließlich Gesetzen werden. Damit werden sie als allgemeine Erkenntnisse und zugleich Willensgesetze postuliert. In diesem Zusammenhang haben die Grundbegriffe und Grundsätze der Ethik zur gesamten Lebenspraxis eine analoge Stellung wie die logischen Begriffe zur Etablierung der Wissenschaft: Sie geben sich als absolut gültige prinzipielle Normen zu erkennen, an die jede vernünftige Praxis gebunden ist.[97] Schuhmanns Anmerkung bezüglich der ethische Sphäre als aktuell gegebener Anschauung personaler Beziehungen ermöglicht es weiter, auch die ethische Funktion der Handlung bei Husserl nachzuvollziehen. Als *Teleologie* der Intersubjektivität überschreitet sie diese auf ein Ideal hin: Der Bereich des Ethischen stellt sich als universal im Horizont des Unendlichen dar.[98] Daher bestimmt die Ethik als praktische Lehre des richtigen Handelns[99] nicht nur »Wollungen« und »Handlungen« in ihren Zielen, sondern auch die bleibende Gesinnung einer Persönlichkeit als habituelle Willensausrichtungen, die auf die praktischen Vernunft bezogen sind.

Jeder Mensch, so Husserl, »findet sich in einer endlosen offenen Werte-Welt, und zwar Welt praktischer Werte, die in ›in infinitum‹ zu übersteigern, die in Steigerungen menschlich erwachsen sind«[100]. Deshalb lässt sich »die höchste axiologische Gestalt« einer Gemein-

---

[95] Husserl, E., *Einleitung in die Ethik*, HuA37, 247.
[96] Husserl, E., MS F I 24, XII.
[97] Husserl, E. *Erste Philosophie* 1923–24 HuA7, 86.
[98] Schuhmann, K. (1988), 140.
[99] Husserl, E., *Einleitung in die Ethik*, HuA37, 7.
[100] Husserl, E., *Zur Phänomenologie der Intersubjektivität*, HuA 15, 405.

schaft als eine Gemeinschaft identifizieren, die diese Vernunft-
erkenntnis selbst in sich trägt, die absolute Wertung in sich selbst
vollzieht, und sich daher ihres absoluten Wertes bewusst ist, woraus
der absolut wertvoll aus dem Willen heraus wäre, eine absolut werte
zu sein.[101]

Diesbezüglich merkt Husserl im MS M III 3 auch an:

Des Anderen Tat ist [...] mittelbar auch meine Tat, und ist das Verhältnis
ein wechselseitiges, so ist meine und seine Tat zugleich für mich eine komplexe Tat, die nur zu einem Teil von ihm und zu einem von mir unmittelbar
getane und tuende. Die gesamte Handlung und Leistung ist meine Handlung und ist auch seine Handlung im höheren fundierten Sinn, während
jeder für sich »an seinem Teil« unmittelbar an der Sache handelt und eine
primäre Handlung vollzieht, die ausschließlich die ihm eigene ist, die aber
Teil der sekundären fundierten ist, die die volle eines jeden von uns ist. So
bei allen Gemeinschaftswerken.[102]

Auf diese Weise wird die Funktion der Werte offenkundig: Sie richten
sich nach denen eines gegenwärtigen Subjekts und werden zugleich
von folgenden Subjekten übernommen. Die Intentionen, die durch
die Übernahme vorangegangener Werte erfüllt werden, gewinnen so
an Bedeutung und gelangen zu dem Ziel, auf das sie im Grunde immer schon ausgerichtet waren: das Wohl der Gemeinschaft.[103] Da den
Individuen soziale Gegenständlichkeiten in der sozialen Erfahrung
gegeben sind, in der zugleich verschiedene Werte realisiert werden,
welche spürbare Veränderungen hervorbringen, begreift man eine
Gemeinschaft letztlich nur als *tätig anteilnehmende* Willensgemein-
schaft. Von Willen des Einzelnen müssen die Normen gebilligt werden, unter denen sich das Leben (auch der Anderen) *lebenswert* führen lässt. »Sein als Mensch ist Sein in einer Habitualität von
selbstnormierenden Wollungen«, schreibt Husserl in *Zur Phänomenologie der Intersubjektivität*, »freilich mannigfaltigen sozialen
im besonderen rechtlichen, Schicklichkeit, Normen, ethischen Normen«[104]. Diese Normen gehören, wie Veauthier in seinem Aufsatz
»Vom sozialen Verantwortungsapriori im sozialphänomenologischen

---

[101] Vgl. Husserl, E., *Erste Philosophie (1923/4)*, HuA8, 200.

[102] Husserl, E., MS. M III 3 IX 1, 3–4.

[103] Vgl. Ponsetto, A. (1978). *Die Tradition in der Phänomenologie Husserls: Ihre Bedeutung für die Entwicklung der Philosophiegeschichte* (Monographien zur philosophischen Forschung 157), Hain, Meisenheim am Glan, 157.

[104] Husserl, E. (1973). *Zur Phänomenologie der Intersubjektivität*, HuA 14, 422 f.

Denken Edmund Husserls« erklärt, »konstitutiv« zu den Personen, zu den Einzelnen wie zu den Gesamtpersonen, ja zur »Allpersonalität«, durch die allererst die konkrete Person gegeben ist.[105] So verwundert es nicht, dass auch eine *staatliche* Gemeinschaft, ganz wie die menschliche, »bewusste und geltende Normen« benötigt, »die das Handeln der Menschen binden, die Wollungen der einzelnen nach Willenssparen der Freiheit gegenüber der Verbotenheit«[106] umgrenzen. Das Motiv für diese Äußerung findet sich in der Verbindung, die Husserl zwischen Willen und Normen herstellt: Danach steht jeder Willensakt als objektivierender oder positioneller Akt unter bestimmten Normen, die die Sphäre der praktischen Vernunft bilden.[107] Der § 139 von *Ideen* I ist in dieser Hinsicht entscheidend für die Frage, inwiefern »der Vernunftcharakter« der »Charakter der Rechtheit ist«[108]. Diesbezüglich behauptet Thomas Nenon in seinem Aufsatz »Husserl s conception of Reason as Authenticity«, dass die Vernunft als Objekt der Rechtheit *jenseits* der theoretischen Sphäre zu verorten sei, wo auch die axiologische, die ästhetische, aber auch die praktische Sphäre liegen. In jeder von ihnen soll der Charakter der Vernunft jenen der Rechtheit bzw. Richtigkeit markieren. Die Absicht von etwas (wenn auch nur als Ideal) ist entsprechend auf eine Erfahrung gerichtet, die bestätigt, dass dieses Objekt tatsächlich schön, angenehm oder bewundernswert ist und nicht umgekehrt, oder dass diese oder jene Tat tatsächlich gut und nicht schlecht ist.[109]

---

[105] Veuthier, Frank Werner (1991) *Vom sozialen Verantwortungsapriori im sozial-phänomenologischen Denken Edmund Husserls,* in: *Husserlian Phenomenology in a New Key,* Dordrecht, Springer, 185.

[106] Husserl, E. (1973). *Zur Phänomenologie der Intersubjektivität,* HuA 13, 107.

[107] Vgl. Peucker, H. »Grundlagen der praktischen Intentionalität«, 2008. Hyperlink: http://www.dgphil2008.de/fileadmin/download/Sektionsbeitraege/13-2_Peucker. Pdf:2.

[108] Husserl, E., *Ideen zu einer reinen Phänomenologie und phänomenologischen Philosophie,* HuA3, 322.

[109] In § 139 Husserl then continues by expanding this notion of evidence and, correspondigly of reason as the rightness of positing an object, beyond the theoretical sphere into what he terms the axiological or aesthetics sphere and the practical sphere as well. In each of them, the character of reason is said to be the character of rightness whereby the intention of something is directed towards the fuillment of that intention (even if only as an ideal) in the appropriate kind of experience that confirms that this object is indeed beautiful, pleasant or admirable instead of the opposite, or that this action is indeed a good than a bad action Vgl. Nenon, Thomas (2003). Husserl's Conception of Reason as Authenticity. *Philosophy Today,* 47, 63–70.

Manuela Massa

Da es für Husserl prinzipiell um eine Stellungnahme des Individuums durch sein Handeln in der Welt geht, liegt es nahe, dass echtes Menschsein stets aktive Stellungnahmen und Entscheidungen (und keine bloße Passivität) beinhaltet, da dies ein Entscheiden aus Selbstverantwortung erkennen lässt.[110] Die Sitten müssen deshalb »das ganze Leben formende« sein, aber zugleich auch »Gewohnheiten des Einzelnen und jedes sinnlichen normalen Einzelnen« ebenso wie Gewohnheiten ihres Seins im Miteinander und in der Lebensgemeinschaft als Nation. Sitten entwachsen wie Gewohnheiten im Horizont von Mitsubjekten, die nicht nur kollektiv, sondern *intentional* in ihrem Leben aufeinander bezogen sind.[111] Sie verlangen zugleich Normen und schaffen eine ethische Einheit,[112] die den Willen des Einzelnen und sein Handeln normiert und begrenzt. Es geht Husserl also darum, zu beweisen, dass es eine Einheit der Willensregelung gibt, die von den Individuen als Norm des Willens anerkannt und überindividuell ist, ja deren Träger das Volk ist.

Folglich ist die Intentionalität ein grundlegendes Prinzip auch der Husserlschen Analyse des Ethischen, da ein Subjekt in konstituierenden Verbänden – in einem gesellschaftlichen Kontext – nicht nur tätig ist, sondern zugleich Subjekt seiner personalen Handlungen, die durch intentionale Absichten ausgerichtet werden. Dabei ist der »Gehalt« der Handlung das Subjekt selbst.[113] Die praktischen Intentionen eines Subjekts begründen sein Verhalten: Der Ethik werden praktische Wahrheiten zugeschrieben, also das, was praktisch wahr ist, was wahrhaft »praktische Intentionen« erfüllt. In MS F I 24 bestimmt Husserl weiterhin, dass die Ethik von richtigen praktischen Zielen und Mitteln sowie praktischem Wählen und Handeln nach Prinzipien oder »Normen der praktischen Richtigkeit« handle, und stellt auf diese Weise den Zusammenhang zwischen *Intentionalität und Normativität* her.

Diese von Husserl aufgeworfene Problematik ermöglicht einen Vergleich mit der Funktion des Wollens in Wittgensteins *Tractatus.*

---

[110] Vgl. Diemer, Alwin (1956) *Edmund Husserl: Versuch einer Darstellung seiner Phänomenologie*, Hain, Print, Meisenheim am Glan, Monographien zur Philosophischen Forschung 15, 353 f.

[111] Husserl, E., MS. B I 15/II.

[112] »Sitte schafft eine erste Stufe der Rechtseinheit, man konnte sagen, der ethischen Einheit«. Husserl, E., *Zur Phänomenologie der Intersubjektivität*, HuA13, 106.

[113] Vgl. Husserl, E., MS A V 23, 17.

Seine Analyse erlaubt es zu erklären, inwiefern der Wille nach Wittgenstein die ethische Handlung fundiert. Dies wird zweitens im Rückgriff auf Husserls Überlegungen zum Ethischen entwickelt. Wenngleich sich nicht zweifelsfrei nachweisen lässt, dass Husserl und Wittgenstein einander kannten und beeinflusst haben,[114] kann man doch nicht übersehen, dass Husserl ein ethisches System errichtet, in dem die prädizierten Akte der logischen Vernunft ein Bezugsobjekt (Wertträger) zum Sollen, den Werten und dem Wollen im Rahmen ihrer Urteile sind.[115] Der nächste Abschnitt wird dieses Problem in den Mittelpunkt stellen. Wittgenstein lässt im *Tractatus* keine Vorhersehbarkeit in seiner Handlungstheorie erkennen, weil er implizit auf die Grenzen unserer Einflüsse setzt: Wenn der Wille nach einer ethischen Auffassung »gut« oder »böse« sein kann und diese Prädikate als interne Eigenschaften unserer Handlungen fungieren, muss unser Agieren in diesen Prädikaten liegen.[116] Zudem gilt es zu beachten, dass die Menschen nicht Hersteller ihrer Handlungen in der Welt sind, da Wittgenstein ihr Verhältnis über die Korrespondenz zwischen *fremdem* Willen und der Abhängigkeit von diesem fundiert, in der die Menschen diesbezüglich stehen.[117]

7.3 Der ethische Wille

Wie ist das Verhältnis zwischen Wille und Intentionalität zu verstehen? Eine mögliche Antwort findet man bei Wolfgang Freitag. In seinem Aufsatz »Sollen und Wollen« macht er uns auf Folgendes aufmerksam: Wenn wir zwei Faktoren betrachten, welche man als H und S bezeichnen kann, wobei H jeweils eine Handlung und S ein Subjekt darstellt, und behauptet, dass die Handlung H des Subjekts S einer Norm genau dann unterliegt, wenn *gewollt* wird, dass S H vollzieht, dann kann eine Norm unter dieser Annahme ihre Wirksamkeit durch

---

[114] Man geht jedoch davon aus, dass Husserl den *Tractatus* mit hoher Wahrscheinlichkeit kannte. Vgl. Mayer, V. (2011), 184.
[115] Vgl. Loidolt, Sophie (2008) *Anspruch und Rechtfertigung: eine Theorie des rechtlichen Denkens im Anschluss an die Phänomenologie Edmund Husserls,* Springer-Verlag, Berlin, 124.
[116] Vgl. Wittgenstein, Ludwig. TLP, 6.422. »Es muss zwar eine Art von ethischem Lohn und ethischer Strafe geben, aber diese müssen in der Handlung selbst liegen.«
[117] Vgl. Wittgenstein, Ludwig. TB, 8.7.16. »Die Welt ist mir gegeben d.h. mein Wille tritt an die Welt ganz von außen als an etwas Fertiges heran.«

Internalisierung gewinnen. Eine solche internalisierte Norm gibt S einen Handlungsgrund vor und ist, wenn wir von Willensschwäche usw. absehen, auch handlungsleitend.[118] Den anderen, *ethischen* Gesichtspunkt dieser Fragestellung betrachtet Wittgenstein im *Tractatus*, wenn er festhält, dass es keine Vorhersehbarkeit im Blick auf das Handeln gibt, da unseren Einflüssen Grenzen gesetzt sind. Wenn Wittgenstein die Prädikate »gut« oder »böse« als innere Eigenschaften unserer Handlung bezeichnet, dann müssen so etwas wie ein »ethischer Lohn« oder eine »ethische Strafe« »in der Handlung selbst liegen«[119]. Darüber hinaus gilt: »Die Welt ist mir gegeben d. h. mein Wille tritt an die Welt ganz von außen als an etwas Fertiges heran.«[120] Die Existenz der Welt setzt also keinen Willen voraus;[121] die Richtung, aus der dieser herantritt, ist somit nicht auf etwas gerichtet, das sich *in* der Welt, sondern das sich *jenseits* der Welt befindet.[122] Diese Eigenschaft des Willens lässt uns eine Parallele zur Logik ziehen: Beide werden unter der Perspektive der Ewigkeit behandelt, und die Bedeutung der Logik für das metaphysisch erkennende Subjekt weist darauf hin, dass Werte für das wollende Subjekt grundsätzlich eine ethische Funktion haben. Erklären kann man das damit, dass die Welt dem metaphysischen Subjekt apriorisch zugeordnet ist, womit das wollende Subjekt ›Umstände‹ einbringt, durch die die Welt einen Wert erlangen *könnte*.[123]

Die Grunderfahrung, dass es so etwas wie einen menschlichen Willen und ein auf ihm beruhendes menschliches Handeln gibt, basiert auf der berechtigten Annahme, dass der der Welt fremde Wille mit dem Subjekt übereinstimmt. Sofern es diese Entsprechung zwischen Willen und Subjekt gibt, die aus ihrer gegenseitigen Abhängigkeit resultiert, wird die Handlung von Wittgenstein mit der Vollendung des Willens Gottes zusammengedacht.[124] Im Anschluss an Schopenhauer geht er davon aus, dass der Welt keine moralischen

---

[118] Vgl. Freitag, Wolfgang (2018) *Sollen und Wollen*, Deutsche Zeitschrift Für Philosophie, 66(5), 626–649.
[119] Vgl. Wittgenstein, Ludwig. TLP, 6.422.
[120] Vgl. Wittgenstein, Ludwig. TB, 8.7.16.
[121] »Die Welt ist unabhängig von meinem Willen.« (TLP, 6.373)
[122] Neumer, Katalin (2000) *Die Relativität der Grenzen: Studien zur Philosophie Wittgensteins.* Studien zur österreichischen Philosophie 29. Rodopi, Amsterdam, 39
[123] Ebd.
[124] Zu den theologischen Aspekten im Denken Wittgensteins gibt es zahlreiche Sekundärliteratur. Da diese nicht Gegenstand dieser Arbeit sind, wird die Forschung hier nicht herangezogen.

Eigenschaften zugesprochen werden können: »[D]ie Welt ist dann an sich weder gut noch böse«[125]. Dennoch führt der Mensch Handlungen aus Einsichten aus, durch die eben diese Prädikate in die Welt gelangen. Diese Herangehensweise mündet in Wittgensteins Solipsismustheorie,[126] die ihre Grundlage in dem Unterschied zwischen dem denkenden und dem metaphysischen Selbst hat. In dieser Trennung spiegeln sich die zwei Bedeutungen des Willens wider: Als Phänomen interessiert er nur die Psychologie, und doch unterscheidet er sich vom ethischen Willen.[127] So kann man weiter behaupten, dass das Ethische im metaphysischen Willen zu finden ist. »Gut« und »Böse« sind als Prädikate verschieden und dennoch verankert sich der Wille im Handeln: »[D]er Willensakt ist nicht die Ursache der Handlung, sondern die Handlung selbst.«[128] Allein die Selbstvergewisserung zeigt, dass der Wille bereits einen Akt voraussetzt: »Man kann nicht wollen ohne zu tun.«[129] So verleiht ihm seine Intentionalität ein Objekt, nach dem er sich richten kann. Dabei ist hier die Handlung selbst zu betrachten: Der Wille ermöglicht es, die Welt zu ergreifen, aber das ethische Handeln erfüllt sich bezüglich des Subjekts, auch wenn dieses suggeriert, diese Möglichkeit läge darin beschlossen, dass es Tatsachen in der Welt gibt. Allerdings ist die Individualität des Menschen, sein Solipsismus, absolut entscheidend; und entsprechend reglementiert sich der Wille des Menschen, der solche Vorgänge relegiert, selbst: »Dass ich einen Vorgang will, besteht darin, dass ich den Vorgang mache, nicht darin, dass ich etwas Anders tue, was den Vorgang verursacht.«[130]

Diese Überlegung lässt sich so weiterentwickeln, dass sich die Betrachtung des Wollens deshalb nicht unter der Grundlage von Erfahrungen vollzieht, weil es eben nicht um die Erfahrungswelt geht.

---

[125] Vgl. Wittgenstein, Ludwig. TB. 2.8.18.

[126] Wie im letzten Abschnitt des zweiten Kapitels gezeigt wurde, ist das Subjekt im *Tractatus* abwesend; es erweist sich lediglich als Bedingung des Sinns von psychologischen Aussagen. Diese Auffassung spiegelt sich in der Welt als Gesamtheit der Tatsachen wider. Dennoch sind, wie Klaus Puhl in *Subjekt und Körper* behauptet, zahlreiche Interpreten davon überzeugt, dass Wittgenstein damit eine Solipsismusdoktrin vertritt. Zweifellos ist eine solche Identifizierung des ichlosen transzendentalen Solipsismus, welcher entweder mit dem reinen Realismus gleichgesetzt wird, oder mit etwas, das mit dem Solipsismus zusammenfällt, möglich.

[127] Vgl. Wittgenstein, Ludwig. TLP, 6.423.

[128] Vgl. Wittgenstein, Ludwig. TB, 4.11.16.

[129] Vgl. Wittgenstein, Ludwig. TB, 4.11.16.

[130] Vgl. Wittgenstein, Ludwig. TB, 4.11.16.

Wittgenstein möchte vielmehr zeigen, dass man die Prinzipien der Individualisierung zurückweisen muss; die Perspektive der Erfahrung muss von ihrer Subjektgebundenheit gelöst werden: »Was für eine Bewandtnis hat es eigentlich mit dem menschlichen Willen«[131], dass man ihn »als den Träger von Gut und Böse« bezeichnet? Man tut dies, weil er es ist, der den Unterschied zwischen Gut und Böse festlegt. (Der menschliche Wille ist aktiv, wenngleich er als wünschender zugleich eine negative Möglichkeit besitzt: »Der Wunsch geht dem Ereignis voran, der Wille begleitet es.«[132]) Mittels der Intention, die dem Willen eines Subjekts unterliegt, wird eine »Handlung« vollzogen, der das Subjekt die Prädikate »gut« und »böse« zuspricht. Von ihm bzw. seinem Willen aus werden diese Prädikate in die Welt getragen, auch wenn ein Unterschied zwischen diesem Willen und dem, der durch eine Handlung einen Körper in Bewegung setzt, bestehen bleibt. Wittgenstein unterstützt diesen Gedanken durch folgende Anmerkungen: »Ist nun ein prinzipieller Unterschied zwischen diesem Willen und dem, der den menschlichen Körper in Bewegung setzt? Oder liegt hier der Fehler darin, daß auch schon das Wünschen (resp. Denken) eine Handlung des Willens ist? (Und in diesem Sinne wäre allerdings der Mensch ohne Willen nicht lebendig?).«[133] »Wenn aber der Wille sich immer auf eine Vorstellung beziehen zu müssen scheint, dann können wir uns z. B. nicht vorstellen, daß wir einen Willensakt ausgeführt hatten, ohne gespürt zu haben, daß wir ihn ausgeführt haben.«[134] Dementsprechend stellt sich der Wille als eine Art Schatten dar, da er nicht als Vorläufer der Tatsache bestimmt werden kann.[135] Um dieses Verhältnis zwischen Wille und Handlung zu vereinfachen, gibt uns Wittgenstein den Hinweis, dass die Gefühle, die ein Subjekt von dem Vorgang eines Willens überzeugen, keine besondere Eigenschaft haben, in der sie sich von anderen Vorstellungen unterscheiden. Bestünde diese Möglichkeit, wäre etwa die Vorstellung denkbar, dass ein Sessel direkt durch unseren Willen verschoben würde, und das ist nach Wittgenstein selbstverständlich nicht möglich: »Mein Wunsch bezieht sich z. B. auf die Bewegung

---

[131] Vgl. Wittgenstein, Ludwig. TB, 21.7.16.
[132] Vgl. Wittgenstein, Ludwig. TB, 4.11.16.
[133] Vgl. Wittgenstein, Ludwig. TB, 21.7.16.
[134] Vgl. Wittgenstein, Ludwig. TB, 4.11.16.
[135] Vgl. Zemach, Eddy (2013) Wittgenstein's Philosophy of Mystical, in Copi, I. M., & Beard, R. W. (Hrsg.) *Essays on Wittgenstein's Tractatus*. Routledge, 372.

des Sessels, mein Willen auf ein Muskelgefühl.«[136]. Wie Eddy Zemach in »Wittgenstein's Philosphy of Mystical« zu Recht bemerkt, ist das Den-Sessel-Verschieben nicht durch den Willen, sondern durch das Wünschen begleitet. Nichtdestotrotz betont Wittgenstein in seinen Tagebüchern: »Wünschen ist nicht tun. Aber wollen ist tun.«[137] Auch wenn das Subjekt gegenüber den Geschehnissen der Welt vollkommen machtlos ist, da ich, wie Wittgenstein schreibt, »die Geschehnisse der Welt [nicht] nach meinem Willen lenken [kann]«[138], sind »Gut und Böse wesentlich nur das Ich, und nicht die Welt.«[139]

Wenn es also einen Menschen gäbe, der seinen Willen nicht betätigen könnte, weil er beispielsweise von keinem seiner Körperglieder Gebrauch machen kann, so wäre er trotzdem in der Lage, zu denken, sich etwas zu wünschen und einem Anderen seine Gedanken mitzuteilen. Vom Subjekt werden die Prädikate von Gut und Böse durch den Willen in die Welt getragen, obwohl ein Unterschied besteht zwischen diesem Willen und dem, der durch eine Handlung den Körper bewegt. Dies ergibt als Resultat eine ethische Form.[140] Dennoch könnte dieser Mensch beispielsweise durch den Anderen gute oder böse Handlungen vollziehen. Daraus folgt, wie Wittgensteins erklärt, dass die Ethik auch für diesen Menschen Gültigkeit besäße und er im ethischen Sinne dennoch Träger seines Willens wäre. Ein existierendes Wesen, das sich lediglich etwas vorstellen, dieses jedoch nicht wollen könnte, kann es für Wittgenstein in der Welt nicht geben. Die Konsequenz aus dieser schwierigen Überlegung ist, dass die Ethik in der Welt existieren muss.[141] Deshalb muss auch der Wille einen reglementierenden Charakter haben, da meine Handlungen von ihm abhängen.

Zwischen Wille und Welt gibt es, wie gesagt, (zunächst) keine Beziehung: Die Existenz der Welt ist von meinem Willen unabhän-

---

[136] Vgl. Wittgenstein, Ludwig. TB, 4.11.16.
[137] Vgl. Wittgenstein, Ludwig. TB, 4.11.16.
[138] Vgl. Wittgenstein, Ludwig. TB, 11.6.16.
[139] Vgl. Wittgenstein, Ludwig. TB, 5.8.16.
[140] Weiterhin führt dieser Gedankengang zu der Dichotomie zwischen »Wesen« und »Vorstellen«: Eben diese Variation kann ein Wesen nicht auffassen, welches anstrebt, nur eine Vorstellung zu sein, denn sobald dieses Verfahren möglich wäre, würde sich eine Welt ohne Ethik – ohne die Praxis, die hinter der Handlung steht – ergeben.
[141] »Ist aber ein Wesen denkbar, das nur vorstellen (etwa sehen) aber gar nicht wollen könnte? In irgendeinem Sinne scheint dies unmöglich. Wäre es aber möglich, dann könnte es auch eine Welt geben ohne Ethik.« Vgl. Wittgenstein, Ludwig. TB, 21.7.16

gig. [142] In derselben Weise kann nur der Wunsch, nicht aber der Wille auf eine vergebliche Art und Weise versuchen, die Welt zu verändern. [143] Wie Wittgenstein sagt, »kann [ich] die Geschehnisse der Welt *nicht* nach meinem Willen lenken, sondern bin [...] vollkommen machtlos« [144]. Was aber könnte einen *Wunsch* eines Subjekts darstellen? »Sich unabhängig von der Welt machen.« Nur in dieser Weise kann ein Subjekt die Welt in einem gewissen Sinne beherrschen, nämlich, indem es sich von den Geschehnissen der Welt distanziert. [145] Das gute oder das böse Wollen wirkt nur auf der Grenze der Welt und nicht auf ihre Tatsachen bzw. nur auf das, »was durch die Sprache nicht abgebildet, sondern in der Sprache *gezeigt* wird« [146].

Folgt man Wittgensteins These genauer, verspürt man die Unmöglichkeit, sich die Ausführung eines Willensaktes vorzustellen, ohne gespürt zu haben, dass *wir* ihn ausgeführt haben. In dieser besonderen Bewusstseinsbildung, die Wittgenstein dem Menschen zuschreibt, erhält der Wille eine gesonderte Funktion »Er ist die Stellungnahme des Subjekts in der Welt« [147], und doch bleibt die Welt als »tote Materie« für ein Lebewesen an sich indifferent. [148] Folgendes Beispiel bietet eine Möglichkeit, sich Wittgensteins ethischer Auffassung des Willens anzunähern: Als gut erzogener Mensch weiß man (durch die *mores*), dass es falsch ist, Fahrräder zu klauen. Stiehlt jemand ein Rad, so tut er dies in voller Absicht: Er sieht ein Fahrrad, *will* es haben, kann es sich selbst jedoch nicht leisten oder will die entsprechende Summe nicht bezahlen, und entscheidet sich somit bewusst dazu, das Fahrrad zu stehlen. Was passiert hier? Es passiert genau das, was Wittgenstein im *Tractatus* beschreibt: Die Tat des Fahrraddiebstahls ändert nichts an der *Tatsache*, dass genau dieses Subjekt ein Fahrrad gestohlen hat. Was sich vielmehr durch die begangene Tat ändert, ist die ethische *Haltung*, da man gegen die entsprechenden Normen verstoßen hat. Daher kann sich zwar die Welt ändern, nicht aber die Tatsache der Welt selbst. Aus diesem Grund können das böse

---

[142] Vgl. Wittgenstein, Ludwig. 6.373.

[143] Zemach, Eddy (2013), 372

[144] Vgl. Wittgenstein, Ludwig. TB, 11.6.16.

[145] Vgl. Wittgenstein, Ludwig. TB, 11.6.16.

[146] Vgl. Wittgenstein, Ludwig. TB, 5.7.16.

[147] Wittgenstein, Ludwig. TB, 4.11.16.

[148] »Und es ist klar, daß eine Welt, in der nur tote Materie ist, an sich weder gut noch böse ist, also kann auch die Welt der Lebewesen an sich weder gut noch böse sein«. Vgl. Wittgenstein, 2.8.16.

oder das gute Wollen lediglich auf den Grenzen der Welt wirken, nicht jedoch auf das, was sich durch die Sprache ausdrücken lässt: Der sprachliche Ausdruck »stehlen« bleibt ebenso bestehen wie das Faktum, dass jemand gegen seinen moralischen Kodex verstoßen hat. Folgende Worte Wittgensteins fassen diese Überlegung zusammen: »Wenn das gute oder böse Wollen die Welt ändert, so kann es nur die Grenzen der Welt ändern, nicht die Tatsachen; nicht das was durch die Sprache ausgedrückt werden kann. Kurz, die Welt muß dann dadurch überhaupt eine andere werden. Sie muß sozusagen als Ganzes abnehmen oder zunehmen. Die Welt des Glücklichen ist eine andere als die des Unglücklichen.«[149] Dieser Gedanke Wittgensteins lässt sich erneut als *ethischer Gedanke* beschreiben, wenn man sich an seinen Satz erinnert: »Seinen Nächsten lieben, das hieße wollen.«[150]

Darüber könnte man nun spekulieren und behaupten, dieser Satz gehöre in den biografischen Hintergrund einer religiösen Erfahrung und finde sich aus diesem Grund auch in den Tagebüchern. Zweifellos ist der Satz Teil von Wittgensteins Leben, so wie jeder von uns durch seine Geschichte und seine Erfahrungen in der Welt geprägt ist. Trotzdem kann man nachvollziehen, dass das »absolut« Gute, an das Wittgenstein denkt, welches kein Gegenstand und kein Sachverhalt in der Welt ist und somit die allgemeine Bedingung sinnvoller Sätze transzendiert,[151] auch als eine Beziehung zwischen zwei Menschen betrachtet werden *kann*. So zeigt sich bei Wittgenstein eine praktische Liebesgesinnung, wie Husserls es ausdrücken würde, die nahelegt, dass der Begriff des Willens (auch) ethisch sein könnte. Man kann daher vermuten, dass sich die Verbindung zwischen Ich und Welt durch die Beziehung zwischen Ethik und Welt entfaltet,[152] aufgrund derer sich der Wille auch im Rahmen eines ethischen Gesetzes erkennt. Die intentionale Leistung, die sich hinter der Beurteilung einer Person verbirgt, ergibt sich infolge des menschlichen Versuches, gemäß einer guten Handlung zu agieren, falls sie den ethischen Gesetzen folgt.

---

[149] Vgl. Wittgenstein, Ludwig. TLP, 6.43.
[150] Wittgenstein, Ludwig. TB, 29.07.16.
[151] Vgl. Majetschak, S. (2000). *Ludwig Wittgensteins Denkweg* (Symposion 114). Alber, Freiburg, 113.
[152] A. a. O., 184.

7.3.1   Die Willensakte

Husserl zielt darauf, die Phänomenologie als Wissenschaft a priori zu bestimmen. Dies spiegelt sich auch im Blick auf die Ethik wider, so dass seine der Ethik gewidmeten Vorlesungen aus den Jahren 1908 bis 1911 eine gewisse Ähnlichkeit zu den ethischen Überlegungen[153] im *Tractatus* aufweisen. Bei Wittgenstein zeigt sich dies nicht nur in dem von ihm durchgeführten Vergleich zwischen Ethik und Logik – »die Ethik muss eine Bedingung der Welt sein wie die Logik«[154] –, sondern auch in der Struktur des Willens, da dieser, wie im *Tractatus,* die Form einer moralischen[155] Handlung übernimmt.

Zum Willen gehört eine intentionale Bedingung, welche zu dem allgemeinen Guten führt. Deshalb fällt in der Vorlesung Husserls die

---

[153] Husserls Forschungen zum Gefühl richten sich nach einer ursprünglichen Struktur im Sinn eines authentischen objektiven Werts aus: Im Grunde geht es um die Verbindung zwischen einem reinen Gefühl und seinem moralischen Inhalt, die die Bewertung der phänomenologischen Objektivität ermöglicht. Diese Objektivität unterscheidet sich von Kants Auffassung, da es keine noumenale Bezugnahme bei Husserl gibt; es geht vielmehr darum, die unterschiedlichen Wahrnehmungen zu konjungieren. In dem MS F I 28, S. 301 f. finden wir folgende Worte:»Dasselbe gilt für die Gefühlssphäre, die nur nicht so durchforscht ist und deren Gefühlslogik als Analogen der Urteilslogik oder in unserer Sprache deren formale Axiologie noch nicht begründet ist oder mindest erst jetzt in Zusammenhang mit der Phänomenologie im Entstehen ist. Im concreto, im einzelnen Fall scheidet Jedermann deutlich genug zwischen vagen Gefühlsmeinungen, die keinen erwiesenen Anspruch auf objektive Zuverlässigkeit und Gültigkeit haben, und solchen, die in sich selbst diese wohlbegründete Gewissheit tragen.« Obwohl Husserl wie Kant die Ethik durch einen logisch-moralischen Nexus gliedert, kann seine Ethik nicht mit dem Kantischen Formalismus verglichen werden, da in diesem die Bedeutung des Gefühls und der Lebensakte fehlt. Außerdem hat Kant lediglich den Normgehorsam vorgeschrieben, der in Bezug auf das moralische Verhalten erklärbar ist: *Kategorischer Imperativ.* Vgl. dazu Bianchi, Irene Angela. *Etica husserliana. Studi sui manoscritti inediti degli anni 1920–1934,* Franco Angeli, Milano, 1999, 79.

[154] Vgl. Wittgenstein, Ludwig. TB. 24.7.16.

[155] An dieser Stelle ergibt sich erneut die Notwendigkeit, zwischen Ethik und Moral zu unterscheiden. Was die Moral betrifft, so zeichnet sie sich durch eine Bezugnahme auf normative Regeln aus. Sie lässt sich daher als Objekt der Ethik begreifen, welche sich wiederum als Theorie der Moral verstehen lässt. Dagegen wird der Ethik die Begründung moralischer Normen zugeordnet, insofern das ihr praktisches, auf das Handeln gerichtete Ziel ist. Vgl. dazu Loidolt, S. (2008), 48. Dazu auch Vgl. Pieper, Annemarie (1985) *Ethik und Moral. Eine Einführung in die praktische Philosophie,* Beck'sche Elementarbücher, München,

Forderung: »Wolle das Beste und tue das Beste.«[156] Im Fortgang bezeichnet Husserl die ethische Frage als: »Was soll ich tun?« Die Antwort lautet: »Ich soll so tun, dass mein Handlungswille dabei der Beste ist.«[157] So wird das, was sich *de facto* als das Beste zeigt, hier von Husserl mit dem *formalen* Gesetz identifiziert und präzisiert, dass sich das, was inhaltlich das Beste ist, im Bereich des Erreichbaren befindet. Hiermit ist der Wille, der sich auf die Welt richtet, gefragt, da es seine Aufgabe ist, ›das Beste‹ zu übernehmen. Dies aber ist nur möglich, wenn der Wille *einsichtig* ist, d. h., wenn alles in jeder Wertungshinsicht begründet ist. Daraus folgt, dass die Wertbestimmung des Willens nicht die Bestandstriade des höchsten *praktischen* Gutes determiniert.

Stattdessen schält sie sich als Korrelat des thetischen Willens heraus,[158] der die intentionale Sicht der Willenstheorie begründet: Das Wollen *muss* seine Werte ausweisen.[159] Die Ethik kann demnach nach Husserl als wissenschaftliche Disziplin keine Einzelheiten darlegen, weil sie die gesetzlichen Regeln enthält, denen jedes singuläre ethische Urteil untersteht. Auf diese Weise etabliert Husserl eine Rangordnung,[160] welche einen Vergleich zwischen den Werten ermöglicht. Weiterhin kann festgehalten werden, dass man in Schwierigkeiten gerät, wenn man versucht, die Werte von der *doxa* – dem Glauben bzw. dem ›nicht gewiss Glauben‹ – zu trennen. Dabei gibt es für Husserl vier Arten von Werten:

1) Absolute Werte (die nicht bloß als Wertfolgen, sondern in sich selbst werthaft sind)
2) Abgeleitete Werte (Wertfolgen aus absoluten Werten)
3) Relative Werte (die absoluten Werten zu folgen haben, aber nicht selbst werthaft sind, andererseits aber auch keine Unwerte)
4) Hypothetische Werte (die Werte wären, wenn das, woraus sie abgeleitet werden, Werte wären)

---

[156] Husserl, E. »Beilagen zu den Grundproblemen der Ethik (insbesondere der formalen Ethik)«, WS 1908/1909 und SS 1911 MS F 1 21, 18.

[157] A. a. O., 19

[158] Was mit thetischem Willen gemeint ist, erklärt Husserl folgendermaßen: »Der tethische Wille ist der Akt, das praktische Gut ist der Inhalt«, Vgl. Husserl, MS F 1 21, 20.

[159] A. a. O., 21.

[160] Hier bezieht sich Husserl auf Brentano. Vgl. Brentano, Franz (1889) *Vom Ursprung sittlicher Erkenntnis*, Leipzig, Duncker und Humblot.

Die reine Ethik ist somit auf einer Axiologie errichtet, da die Werte Prädikate von Sachen oder Personen sind.[161] Dies ist für Husserl das Motiv, eine Wertegleichung vorzunehmen, in der ihre Position in der Wertreihe beachtet werden muss. Das heißt: »Besteht irgendeine Wertrelation, so bleibt sie erhalten, wenn für einen Wert ein gleicher gesetzt wird.«[162] Im Grunde soll das Willensgebiet dem Gebiet des Glaubens bzw. der *doxa* das Bewusstsein entsprechen, dass »etwas für das Sein spricht«[163]. Die Beziehung des Willensaktes eröffnet unterschiedliche Modalitäten, bei denen das *seiner selbst gewisse* Wollen von einem *handelnden* Wollen zu unterscheiden ist: Von hier aus kann der positive Wille erkannt werden, der sich auf die Handlung richtet.

Wie in Wittgensteins *Tractatus* rückt auch für Husserl an dieser Stelle der »Wunsch« ins Zentrum, der nicht als ein Wollen einzustufen ist. Als Grund dafür wird angegeben, dass das Wollen vor allem eine andere Gradualität des Aktes selbst besitze, obwohl es »unvernünftig« wäre, etwas zu wollen, »was nicht in sich selbst oder um eines anderen willen wünschenswert ist«[164]. Dementsprechend liegt die Abgrenzung zwischen Wünschen und Wollen darin, dass das Wünschen mit einem »So möge es sein!« identifiziert werden kann, während das Wollen sich durch ein »So soll es sein!« auszeichnet. Anhand dieser Differenzierung kann aufgewiesen werden, wie der Wille in die Verwirklichung der moralischen Handlung eingeht, und zwar mit dem Ziel, zu zeigen, dass der Wille nicht von der zu definierenden zukünftigen Möglichkeit abhängt, sondern seinerseits imstande ist, diese zu begründen. Daher konzentriert sich Husserl auf das *fiat*,[165] dessen erste Phase schöpferisch ist und das sich zudem als Geschaffenes charakterisieren lässt.[166] Der Wille ist nichts Statisches,

---

[161] Vgl. Husserl, E., MS, F I 21, 104 f.

[162] Vgl. Husserl, E., MS F 1 21, 120.

[163] A. a. O., 126.

[164] A. a. O., 130.

[165] Diesen Begriff übernimmt Husserl von William James, dessen Untersuchungen eine reduktionistische Tendenz aufweisen: Danach ist die Reduktion des Willens auf die prävalierende Vorstellung und Aufmerksamkeit zurückzuführen, aber er weist auch einen »act of mental consense« auf. Auch Chr. von Ehrenfels Überlegungen haben Einfluss auf Husserl. Vgl. Melle, Ullrich (1992) *Husserls Phänomenologie des Willens, Tijdschrift voor filosofie*, 1992, 280 f.

[166] Vgl. Sancipriano, Mario (1988) *Edmund Husserl: l'etica sociale*. Tilgher, Genova, 138.

sondern dynamisch;[167] wird ihm das *fiat* als Charakteristikum beigefügt, besagt dies, dass der Wille »vollbracht ist«[168]. Er kann also etwas *schaffen*. In der Willenssetzung ist eine dreiteilige Struktur erkennbar: der *Vorsatz*, das *fiat* und der *Handlungswille*. Jede Handlung besitzt einen anfänglichen Willensimpuls, das *fiat*, welcher die Handlung selbst auslöst. Sein Fundament findet sich in der Handlungsvorstellung,[169] insofern das Wollen das *fiat* zur Folge hat, wie etwas, das stetig in das Wollen als Handeln übergeht. Diese Struktur verleiht beidem eine Abstraktivität, beide treten voneinander getrennt auf.[170] Während die Handlung demnach dem Wollen eine Struktur verleiht, weil sich jede Handlungsphase als Punkt des aktuellen Schaffens charakterisieren lässt, bleibt der Handlungswille etwa Kreatives, weil er aus dem *fiat* heraustritt.[171] Dieses generiert eine Zeitstrecke, wobei es möglich ist, einen doppelten Horizont von eigentümlichen Willenswandlungen zu unterscheiden, der das schöpferisch Vergangene und das Schöpferische der Zukunft konstituiert. Die eigentümliche Struktur des Wollens stößt auf das Schöpferische des *fiat* und führt auf diese Weise den Endpunkt auf den Charakter des *Vollbrachten* zurück. Zu den unterschiedlichen Zeitpunkten besteht die Möglichkeit, das schöpferische »Es werde« zu erkennen, welches sich im Rahmen des Bewusstseins konstituiert.

Denn es sind das *Erledigte*, das *Vergangene* und die *Zukunft*, die das kontinuierliche Wollen gründen. Zu achten ist in diesem Zusammenhang auch auf die Subjektivitätskonstitution, da sich an ihr die gleiche Stufung der Wirklichkeit zeigt: Die Erfahrung fundiert das Gemüt, dennoch baut sich das Reich der Zwecke auf dem Bereich der Gegenständlichkeit auf und ordnet die Akte der Person einem Gegenstand zu. Allerdings ergeben sich Wert und Zweck in einem Fundierungszusammenhang, in dem sich der Wert als fundierter Gegenstand gründet, für dessen Konstitution ein Träger notwendig ist, welcher im erfahrenen Bewusstsein entsteht.[172] Zuletzt ist im Rah-

---

[167] Dies fließt auch in Husserls Zeitkonzeption ein: »Jedes reine Willenskontinuum im Übergang vom jetzt zu neuen jetzt fließt aus dem vorigen nicht bloß so hervor […] vielmehr entquillt es aus ihm vermöge der eigenen Willensschöpfung.« Vgl. MS F 1 21, 145.

[168] A. a. O. 144.

[169] Melle, U. (1992), 292.

[170] Husserl, E., MS F 1 21, 145.

[171] Husserl, E., MS, F I 24, 142

[172] Vgl. Husserl, E., *Ideen zu einer reinen Phänomenologie und phänomenologischen*

men des Willens zu beachten, dass das Subjekt als Wertendes und Handelndes in der Welt zu denken ist; dennoch sind das, was den Menschen auszeichnet, soziale Akte, insofern der Wille sich auf Andere bezieht.[173] Dies verbindet das Menschsein mit einer ethischen Gesinnung, wobei sich die Einheit von einer ethischen Willensrichtung aus ergibt.

Die Individuen führen also ein ethisches Leben, dessen Potenzialität in ihrer Fähigkeit zum Sprechen liegt, genauer in der Kommunikation untereinander, deren Zentrum das Leben bildet. Ihr Handeln verläuft parallel zu der Verantwortung, die sie füreinander tragen.[174]

Da sich die Frage nach der Konstitution des Ethischen als immer dringlicher erweist, soll im nächsten Abschnitt geklärt werden, wie es bei Heidegger und Wittgenstein verstanden werden kann.

Philosophie, HuA3, 309. Dazu noch vgl. Roth, Alois (1960) *Edmund Husserls ethische Untersuchungen: Dargestellt anhand seiner Vorlesungsmanuskripte*, Nijhoff, Den Haag, 113.

[173] Vgl. Husserl E., MS F I 24, 128 »Formale Ethik und Probleme der praktischen Vernunft« (1909/1911, 1914, 1920, 1922/1923)

[174] Vgl. Husserl E., MS F I 24, 130

8. Die Bedingung der Welt: die Ethik

Der zugrunde liegende methodische Leitfaden erlaubt es, Heideggers und Wittgensteins ethische Frage im Anschluss an Husserl zu rekonstruieren. Den Grund dafür sehen wir darin, dass weder Heidegger noch Wittgenstein eine ausdrückliche Überlegung zum Theoriestatus einer Ethik vorlegen. Trotzdem sind beide davon überzeugt, dass die Ethik als individuelle Disziplin die Menschen lehrt, wie sie handeln sollen. Daher begründen sie ein reich ausgestattetes ethisches System von Normen, indem sie die Prinzipien des moralischen Denkens deuten. Dabei lässt sich ein ontologisches Verfahren erkennen, das die Bedingungen der Welt prägt. Dieses folgt, wie gezeigt wurde, Husserls phänomenologischer Herangehensweise, da die Ethik sich sowohl für Heidegger als auch für Wittgenstein zwischen dem phänomenologischen Inhalt der externen Wirklichkeit und den Regeln bewegt, denen die Lebensgemeinschaft folgt.

Obgleich Heidegger, Wittgenstein und Husserl in Bezug auf die Ethik unterschiedliche Standpunkte vertreten, da Heidegger 1928 das Aufkommen von Disziplinen wir Logik, Ethik und Physik mit dem Ende des *ursprünglichen* Denkens in Zusammenhang bringt,[1] während Husserl und Wittgenstein (wie gezeigt) beide Disziplinen – Logik und Ethik – als Bedingungen der Welt verstehen, übernehmen Heidegger und Wittgenstein von Husserl die Kritik an Kants Transzendentalismus (vgl. den folgenden Abschnitt 8.1). Ohne sich auf den Kategorischen Imperativ zu beziehen, erklären die drei folgenden Abschnitte die Notwendigkeit der Ethik in der Welt: Sie ermöglicht es dem Menschen als *praktische* Disziplin, die Welt richtig zu sehen (8.2). Damit kann man nicht nur authentisch (»eigentlich«) werden – auch die Kritik der Orientierung in der Bestimmung des mora-

---

[1] »Auch die Namen wie Logik, Ethik, Physik kommen erst auf, sobald das ursprüngliche Denken zur Ende geht«. Heidegger Martin, *Metaphysische Anfangsgründe der Logik im Ausgang von Leibniz*, GA26, 282.

Manuela Massa

lischen Selbst an einem Gesetz des Sollens ist inbegriffen. Im Zuge dessen treten Gesetze hervor, die das menschliche Verhalten gründen.

8.1 Ist es *unsittlich*, Kalbsbraten zu essen? Ein Bespiel der Kritik Husserls an Kants Kategorischem Imperativ

Wie kann ein vernünftiges Lebenswesen – ein Mensch – seine Maxime als praktisch allgemeines Gesetz denken? Husserl beantwortet diese Frage mit der Überzeugung, dass es diese Möglichkeit für ein Subjekt nur durch den Ausschluss der »Materie des Begehrens« gibt. Es zeichnen sich daher zwei Wege ab:

A)   Die bloße Form einer allgemeinen Gesetzgebung muss die Bestimmung des Willens sein.
B)   Ein Individuum *kann* nicht seine jeweilige Maxime als ein allgemeines praktisches Gesetzt denken; falls doch, eignet sich diese Maxime zu einer Gesetzgebung und dann muss in dieser Eignung der Bestimmungsgrund des Willens liegen.

Nach Husserls Ansicht verschafft ihr diese Eignung bei Kant die gesetzmäßige Gültigkeit und bildet den Rechtsgrund für das aus ihr folgende Handeln. Fehlt sie, wird das Wollen als unsittlich betrachtet. Daher lässt sich das Wollen als Kategorischer Imperativ definieren, als ein Faktum der reinen Vernunft. Durch die Wiedergabe der Maxime Kants »Handle so, daß die Maxime deines Willens jederzeit zugleich als Prinzip einer allgemeinen Gesetzgebung dienen könnte«, zeigt Husserl, dass es eine Übereinstimmung gibt zwischen dem Grundgesetz der praktischen Vernunft und dem Sittengesetz. Im Blick auf den »abstrusen Formalismus« Kants meldet Husserl jedoch in zwei Fällen Zweifel an: a) im Blick auf die Unsittlichkeit eines Handelns, welches nach einer Maxime erfolgt, die für eine allgemeine Gesetzgebung taugt; b) im Blick auf die betreffende Verallgemeinerung der Maxime, die nach seiner Ansicht *rein formal* zu einem Widerspruch führt.

Zur Verdeutlichung dessen, worauf die Kritik Husserls an Kant zielt, kann man folgendes Beispiel betrachten: Jemand ist hungrig und es wird Kalbsbraten angeboten. Selbstverständlich, »wer sich mit Hunger zu Tisch setzt, auf dem Kalbsbraten vorbereitet ist, der ißt ihn«. Kann nun diese Tatsache, so Husserl, als ein allgemein gültiges Gesetz gefasst werden? Was passiert, wenn es »intelligente Lebewesen« gibt, die von Natur aus Pflanzenfresser sind? Husserls Antwort lautet, dass, wenn es Pflanzenfresser gäbe, diese sich den Magen verderben und zugrunde gehen würden.[2] Demzufolge lässt sich die Maxime »*Es ist unsittlich, den Kalbsbraten nicht zu essen.*« nicht als *allgemeines Gesetz* fassen. Da dieses Prinzip der Idee nach für jedes Nahrungsmittel formuliert werden könnte, müsste man in jedem einzelnen Fall verhungern, um das formale Gesetz der Sittlichkeit nicht zu verletzen. Umgekehrt könnte die Maxime auch wie folgt gefasst werden: »Wer hungrig ist, will essen.« Hierbei aber wird der formale Charakter des Gesetzes fraglich, was Husserl wie folgt fasst: »Nun könnte man ja die Maxime anders fassen, z. B.: Wer hungrig ist, der mag essen. Aber da stoßen wir sofort auf ein mit dem formalen Charakter des Gesetzes und der Methode der Bestimmung der Fähigkeit zur Verallgemeinerung zusammenhängendes Gebrechen desselben: Offenbar läßt sich mit diesem Satz alles machen.«[3]

Dieses Beispiel wird von Husserl herangezogen, um zu demonstrieren, »dass die Möglichkeit einer Verallgemeinerung zu einem Naturgesetz dem Menschen völlig gleichgültig ist und nie und nirgends den Bestimmungsgrund des Willens des Menschen bilden kann«[4]. Das Problem liegt darin, dass das Naturgesetz die Bedeutung des Gefühls nicht berücksichtigt. Welches Gefühl lässt sich daher als Triebfeder erkennen? Das Gefühl der Achtung vor dem Kategorischen Imperativ. Der Grund dafür ist, dass dieses Gefühl das Begehrungsvermögen in Bewegung setzen muss. Das Zugestehen der Ethik hängt auch von den Emotionen ab, denn wenn sie nicht beachtet würden, würde sich kein Interesse an der Befolgung des Gesetzes ergeben. Im Grunde kann man daraus folgern, dass Husserl eine Gefühlsethik entwickelt. Husserl schreibt:

Es ist nur an der Zeit, an diesen Grundzug anknüpfend den Kontrast zwischen Verstandes- und Gefühlsethik in den Mittelpunkt der Betrachtung zu stellen und damit zugleich schon den Übergang zur Behandlung der Gefühlsethik zu vollziehen, die es zu viel inhaltsreicheren systematischen Entwürfen gebracht hat. Die beiden ethischen Richtungen entwickeln sich in wechselseitiger Motivation, im Geisteskampf gegeneinander, und diese Motivation bestimmt beide zu gegensätzlichen Einseitigkeiten, denen sie so

---

[2] Vgl. Husserl, E., *Vorlesungen über Ethik und Wertlehre. 1908–1914*, HuA28, 415.
[3] A. a. O., 415.
[4] A. a. O., 416.

sehr unterliegen, dass keine zu einem guten Ziel, zu einer wahren Ethik kommt, obschon jede etwas Gutes im Auge hat.[5]

Da der Begriff der Sittlichkeit *Normativität* umschreibt und jedem praktischen Wesen Richtigkeit vorgibt, verlangt die Sittlichkeit Gesetze. In dem Sollen, welches die Handlung des Subjekts anleitet, erkennt man einen objektiven Charakter, dem jedes Individuum unter gleichen Umständen untersteht, so dass sich eine Korrespondenz zwischen objektiver Geltung und gesetzmäßiger Geltung ergibt. Daher kann man mit dem Prinzip, dass die Maxime des Willens »allgemein fassbar« sei, Husserl Argumentation zustimmen. Nichtsdestotrotz schließt Husserl die Möglichkeit aus, dass rein formal auf eine Verallgemeinerungsfähigkeit geschlossen werden könne, denn dadurch ließe sich *keine ethische Richtigkeit* begründen.

Dasselbe Problem berühren auch Heidegger und Wittgenstein, da auch ihre theoretischen Systeme ein Interesse an der Bedeutung des Ethischen bekunden, welches in der menschlichen Erfahrung von Normativität hervortritt.

8.2 Normative Systeme und Regelsysteme

Wie kann ein Subjekt *authentisch* werden? Sowohl Heidegger als auch Wittgenstein stellen diese Frage. Die Authentizität des Menschen und seine entsprechende Disposition zur Gesellschaft können dann gelingen, wenn Menschen bestimmte Normen einhalten, und zwar die *ethischen* Gesetze. Für beide Philosophen gewinnt die Ethik daher eine privilegierte Stellung: Wenn wir in der Lage sind, die ethisch vorgeschriebenen Prinzipien zu befolgen, kann unser Leben »gut« werden. Das bedeutet aber nicht, die Ethik durch bereits vorgegebene Werte zu begründen. Im Kapitel § 6 wurde bereits gezeigt, dass für Heidegger und Wittgenstein jede Objektivität von Werten, die sich auf die Welt beziehen, ausgeschlossen ist. Die Kritik an Werten, die als gesellschaftliche Kriterien bzw. als allgemeine Normen gelten,[6] gleicht die ethischen Betrachtungen Heideggers und Wittgensteins einander an. Werte haben nichts mit allgemeinen Prädika-

---

[5] Vgl. Husserl E., MS F I 28, 200.
[6] Vgl. Lozano Díaz, V. (2015). »La cuestión de la moral en *Ser y tiempo* de Martin Heidegger«. *Arbor*, 191 (774): a255. doi: http://dx.doi.org/10.3989/arbor.2015.774n40 10

ten in der Welt zu tun – in der Welt gibt es keinen Wert. Sie entspringen vielmehr der inneren Verfassung des Menschen und beeinflussen
sein Leben.[7] Wir gewinnen also eine ethische Haltung zur Welt,
wenn wir *authentisch* werden, und zwar durch die selbstbestimmten
und faktischen Möglichkeiten unseres Handelns. Zugleich begründet
sich darin die Rolle des *öffentlichen* Gesetzes, welches das Miteinander regelt.[8] In diesen Kontext fügt sich Heideggers Begriff der »Eigentlichkeit« ein: Das Dasein kann »eigentlich sein« gesetzt den Fall,
dass es sich *zu eigen wird*. Es geht folglich um eine Weise des Existierens, die sich von der Uneigentlichkeit befreit, allerdings nicht im
Sinne einer Alternative. Vielmehr dient eine ausführliche Untersuchung des Selbstseins aus der Triade Gewissen, Schuld und Verantwortungsübernahme bzw. deren Modifikationen der Alltäglichkeit[9]
dazu, eine *ursprüngliche* ethische Sichtweise auf die Welt zu gewinnen. In der Begegnung mit den Anderen soll das Dasein den Akt erfüllen, durch den es sich selbst als *Person* aneignet; und seine eigene
Möglichkeit besteht somit darin, seine Identität innerhalb der Kollek-
tivität zu finden.[10] So ist das »Eigentlichsein« nur als »Modifikation«
zu interpretieren, da es keine totale Überwindung der Uneigentlichkeit darstellt: Das Dasein kann eine Verbindlichkeit in sich selbst entdecken, die gegen die dem Man *vorgeschriebenen* Normen verstößt.
Im Anschluss an Heidegger kann man jedoch behaupten, dass die
fundamentalontologische Erklärung des Daseins als »Selbstsein« eine
Ethik nach sich zieht, die sich entsprechend als Individualethik gestaltet. An dieser Stelle macht Matthias Kaufmann darauf aufmerksam,
dass das Dasein in seiner Entscheidungsfindung durchaus eingeschränkt ist. Darüber hinaus sei »die Geworfenheit des Menschen in
seiner jenseitigen Situation des Lebens, die Tatsache, daß er mit jeder
von ihm getroffenen Wahl wieder eine ganze Palette zukünftiger
Wahlmöglichkeit eliminiert, […] eine Grunderfahrung des Da-

---

[7] Vgl. Wittgenstein, Ludwig. TLP, 6.41; Heidegger, Martin. *Phänomenologie der Anschauung und des Ausdrucks. Theorie der philosophischen Begriffsbildung*, GA59,
24 ff.

[8] Maihofer W. (1955), 18. Dazu noch Vgl. Wittgenstein, TB 30.7.16 und Heidegger,
Sein und Zeit, GA2, 218.

[9] Vgl. Luckner, Andreas (2015) *Wie es ist, selbst zu sein. Zum Begriff der Eigentlichkeit*, in Thomas Rentsch (Hrsg), *Martin Heidegger – Sein Und Zeit*. De Gruyter, 141–
160.

[10] Hodge, Joanna (2012) *Heidegger and ethics*, Routledge, Oxford, 191.

seins«[11]. Dadurch ergeben sich »Situationen« wie die Verfallenheit in das »Man«, in der sich der Mensch von gängigen Verhaltensmustern leiten lässt.

Dasselbe Problem nimmt Wittgenstein im Rekurs auf das »Gewissen« in Angriff. »Eigentlichkeit« wird dadurch erreicht, dass der Mensch auf sein Gewissen achtet. »Das gute Gewissen ist das Glück, welches das Leben der Erkenntnis gewährt.«[12] Wenn sich das Subjekt dessen bewusst ist, dass es als ethischer Träger in der Welt ethische Prädikate hervorbringt, kann es sich gegenüber der Welt auch entsprechend verhalten. Dennoch ist sein gutes Gewissen ein »Glück«, das dem Menschen mit dem »Hinweis« bewusst wird, wie er sich »in« der Welt verhalten könnte. Die ethische Haltung entfaltet sich wie bei Heidegger durch das Subjekt; dieses ist imstande, die Welt zu beurteilen und die Dinge zu bemessen.[13] Ebenso kritisiert Wittgenstein (wie Heidegger) die Nivellierung des Menschen zu dem, was Heidegger als »Man« bezeichnet: »Was andere mir auf der Welt über die Welt sagten, ist ein ganz kleiner und nebensächlicher Teil meiner Welt-Erfahrung.«[14] Auch in diesem Fall teilt Wittgenstein Heideggers Auffassung, dass nur das Subjekt selbst berichten kann, wie es die Welt vorfindet.[15] Im Grunde genommen will Wittgenstein zeigen, dass das Subjekt sich nicht auf das »Man« zurückführen soll, da es in der Welt immer um die Erfahrungen einzelner Menschen geht. Bei Heidegger übersetzt sich dies in folgende Überlegung: »Die Verständigkeit des Man kennt nur Genügen und Ungenügen hinsichtlich der handlichen Regel und öffentlichen Norm.«[16] Das Man nimmt dem Dasein das Ergreifen von Seinsmöglichkeiten schon immer ab, als könnte dies mehr als nur »Teil« einer Erfahrung sein.[17] Es bestimmt das Verhalten des Daseins auch in moralischer Hinsicht: Das Individuum handelt so und so, weil ›man‹ das tut. Nichtsdestotrotz wird das »Man« von Heidegger als »ein wesenhaftes Existenzial«[18] aufgewiesen.

---

[11] Kaufmann, M. (1988) *Recht ohne Regeln? Die philosophischen Prinzipien in Carl Schmitts Staats- und Rechtstheorie*, Alber, Freiburg/München, 109.

[12] Wittgenstein, Ludwig. TB, 13.8.16.

[13] Vgl. Wittgenstein, Ludwig. TB. 2.9.16.

[14] Vgl. Wittgenstein, Ludwig. TB. 2.9.16.

[15] Vgl. Wittgenstein, Ludwig. TB. 2.9.16.

[16] Vgl. Heidegger, Martin. *Sein und Zeit*, GA2, 288. (382)

[17] Kreiml, Josef (1987) *Zwei Auffassungen des Ethischen bei Heidegger. Theorie und Forschung*, Roderer, Regensburg, 42.

[18] Vgl. Kaufmann, Matthias (1988), 164.

Das »Eigentlichwerden«, die Befreiung vom Man, zielt also bei Heidegger und Wittgenstein darauf, normative und regulative Gesichtspunkte herauszuarbeiten: Wie lassen sich aber die »Verfallenheit«, der keine moralisch abwertende Bedeutung zugesprochen werden kann,[19] und eine Ethik, die sich nicht aussagen lässt,[20] miteinander vereinbaren?

Nach Heidegger tritt die Bestimmung des Daseins nur innerhalb einer Verantwortungsübernahme hervor: durch das »Gewissen« und das in seinem »Ruf« geforderte eigentliche »Selbstseinkönnen«. »Das ›Man-selbst‹ [ist] eine ›existenzielle Modifikation des eigentlichen Selbst‹«[21], da dieses dem Dasein jede Seinsmöglichkeit abnimmt. Die einzige Möglichkeit, die das Dasein hat, um sich aus dem Man zu befreien, ist somit das Nachholen seines Wählenkönnens. Wenn das Dasein sich aus dem Man zurückholt, wird es zum eigentlichen Selbstsein,[22] indem es unter das einfache Gesetz »Werde du selbst« tritt.[23] Nur wenn es sich als eigenstes Seinkönnen begreifen kann, wird es »frei«. Heideggers Bestimmung des menschlichen Willens im Sinne eines möglichen freien Handelns nimmt ihren Ausgang also vom »Dasein«: Dieses macht durch den Entwurf, der sein erschlossenes In-der-Welt-sein betrifft, die Welt zu »seiner« und ergreift sich in seiner Geworfenheit.

Auch in Wittgensteins Modell finden wir ein solches Wählenmüssen: Wir müssen das Glück wählen, um ein gutes Leben führen zu können. Dies ist aber nur möglich, wenn man in »Übereinstimmung« mit der Welt ist. Man kann dafür keine Gründe angeben, weil sich das glückliche Leben durch sich selbst rechtfertigt. Welche Regeln aber sind nötig, um dieses glückliche Leben zu leben? Die Antwort kann nur lauten: sich aus der »Beschränkung« des Seins durch das Sollen zu befreien. Ethische Gesetze in der Form »du sollst« dürfen das Leben des Menschen nicht bestimmen bzw. ihr Sein vom Sollen abhängig machen.[24] Dabei steht erneut die Handlung des Menschen im Zentrum, weil sie die ethische Sichtweise des Menschen auf die Welt problematisiert. Immer gilt es dabei zu beachten, dass die durch das Subjekt bewertete Welt außerhalb der Welt erörtert

---

[19] Vgl. Heidegger, Martin. *Sein und Zeit*, GA2, 295. (391)
[20] Vgl. Wittgenstein, Ludwig. TLP, 6.421.
[21] Vgl. Kreiml, J. (1987), 43.
[22] A. a. O., 44.
[23] Vgl. Maihofer, W. (1955), 18.
[24] Vgl. Wittgenstein, Ludwig. TB, 20.7.16.

wird: »[D]ie Lösung des Rätsels des Lebens in Raum und Zeit liegt außerhalb von Raum und Zeit.«[25] Im Zuge dessen kann man mit Felix Baritsch behaupten, die Ethik bei Wittgenstein handle von der Welt des Subjekts außerhalb und innerhalb der Welt.[26] Nicht zufällig ist die Welt der Glücklichen eine andere als die der Unglücklichen.[27]

Wenn für Heidegger »das Gewissen-haben-wollen […] *die ursprünglichste existenzielle Voraussetzung für die Möglichkeit des faktischen Schuldigwerdens*«[28] ist, dann ist eben das Verstehen des Gewissensrufes das, was das Dasein »aus seinem gewählten Seinkönnen *in sich handeln*«[29] lässt. Das Dasein muss handeln, um seine Verantwortung übernehmen zu können. Obwohl es sich als ›gewissenlos‹ auszeichnet – nicht nur aufgrund einer moralischen Verschuldung, sondern »weil es auf dem nichtigen Grunde seines nichtigen Entwerfens je schon im Mitsein mit Anderen an ihnen schuldig geworden ist«[30], – ist das Gewissen-haben-wollen zur Übernahme der wesenhaften Gewissenlosigkeit innerhalb der Möglichkeit, das *Gut*sein zu übernehmen. Kann aber damit vom Dasein das »Gute« erreicht werden? Dieser Wertgedanke und das, was Platon als ἀγαθόν bezeichnet, haben in Heideggers Herangehensweise so keine Gültigkeit mehr: Nicht der Wert gilt als das *absolute* Gute, sondern die Indifferenz der Modifikation von Gut und Böse im ursprünglichen Seinsgrund, welche die existenzielle Modifikation ermöglicht. Folglich fügt die Modifikation sich nicht in einen transzendenten Seinssinn ein, welcher ein verborgenes, lichtendes Maß für die besten und guten Möglichkeiten und für das ethisch richtige In-Sein offenbart.[31] Heidegger zeigt vielmehr, dass sich das ethische Verhalten nicht durch Gut und Böse einschränken lässt. Man sagt: »Wo gehobelt wird, da fallen Späne«: Das Dasein *kann* sich also entscheiden kann, seinen eigenen Weg zu nehmen. Nur auf diese Weise gelangt es zu der eigensten Bedeutung seiner Existenz.

---

[25] Vgl. Wittgenstein, Ludwig. TLP, 6.4312.

[26] Baritsch, F. (2016), *Sprache, Erkenntnis und Ethik bei Wittgenstein und Nagarjuna. Eine Untersuchung in komparativer Sprachphilosophie*, Diplomica Verlag, Hamburg, 23.

[27] Vgl. Wittgenstein, Ludwig. TLP, 6.43.

[28] Heidegger, Martin. *Sein und Zeit*, GA2, 288 (382)

[29] Ebd.

[30] Ebd.

[31] Vgl. Kuhn, A. (1968), 126

8.3 Normen und Intentionalität

Zur subjektiven Einrichtung der Norm als »Regel« und zwar als Tatbestand, der den beteiligten Individuen einer Gesellschaft innewohnt, gehört eine intentionale Leistung, da unter einer »Intention« jedes geistige willensmäßige Gefühl und jede triebartige »Richtung« der Individualität auf Basis der Willensgegebenheit die Norm zu einer Norm-*für* macht.[32] Diese verleiht dem Menschen aufgrund der verschiedenen Arten von Regelbeständen, die die Regel mit der Subjektivität des Menschen verbinden, eine moralische und juristische Richtung. Das Recht, wie Gerhart Husserl in seinem Aufsatz »Recht und Welt« erklärt, ist ein Willenswerk, und zwar »ein willentliches gewirktes Etwas, das selbst wirkender Wille ist«[33]. Daher bedarf es, allgemein gesagt, »eines willentlichen Verhaltens der beteiligten Subjekte, die unter der zu schaffenden Norm rechtlich verbunden und ihr hinfort unterworfen sein sollen«[34].

Welche Funktion können Regeln in einem juristischen System ausüben? H. L. A. Hart gibt in *Der Begriff des Rechts* zu bedenken, dass wo immer es »Erkenntnisregeln« gibt, auch »Kriterien« zur Verfügung stehen, um einfache Verpflichtungsregeln zu identifizieren. Selbstverständlich ist in einem modernen Rechtssystem, in dem unterschiedliche Rechtsquellen existieren, eine Erkenntnisregel entsprechend kompliziert. Aus diesem Grund fragt man nach den Identifizierungskriterien gemäß dem Recht. Zu ihnen gehören eine positive Verfassung, das legislative Erfassen von Sachverhalten sowie richterlich bereits entschiedene Präzedenzfälle.[35] Im alltäglichen Leben fallen diese Identifizierungskriterien zumeist weg, mit anderen Worten: Die Erkenntnisregeln werden nur selten ausdrücklich als »Regeln« formuliert. Matthias Kaufmann greift in seinem Buch *Recht* auf die Kritik der Befehlstheorie durch Hart zurück. In seiner Analyse stellt er heraus, dass Hart zwischen extensionalen und inhaltlichen Unterschieden von Rechtsnormen und Befehlen differenziert. Während sich staatliche *Befehle* auf einen allgemeinen Verhal-

---

[32] Vgl. Husserl, G. (1964). *Recht und Welt*, Husserl, E. (1929). *Festschrift Edmund Husserl zum 70. Geburtstag gewidmet* (Jahrbuch für Philosophie und phänomenologische Forschung Ergänzungsband). Halle a. d. Saale: Niemeyer, 121.

[33] Ebd.

[34] Ebd.

[35] Vgl. Hart, H. L. A. *Der Begriff des Rechts*. Theorie. Suhrkamp, Frankfurt, 1973, 123.

Manuela Massa

tenstypus beziehen und von der allgemeinen Personenklasse zu interpretieren sind, werden im Gegensatz dazu Rechtsregeln ohne unmittelbaren Zwang befolgt. Zum einen erteilen Normen private Befugnisse, zum anderen regeln sie die Zuständigkeit von Behörden, Gerichten und Gesetzgebungsorganen. Nach Kaufmann bzw. Hart lassen sie sich als sekundäre Regeln klassifizieren; unter der Bezeichnung der primären Regeln stehen dagegen solche, die Gebote oder Verbote aussprechen.[36]

Dieser kleine Exkurs kann die Funktion der Norm bei Heidegger und Wittgenstein vertiefen: Auch in ihrem Normverständnis lässt sich eine Doppelstruktur erkennen. Die Norm als transzendentaler Ort ermöglicht es dem Subjekt nicht nur, »eigentlich« zu sein,[37] indem sie die Funktion einer Erkenntnisregel ausübt, sondern auch, ihre normative Entfaltung innerhalb der Gesellschaft herbeizuführen. Auch wenn beide Philosophen vermutlich niemals eine solche Ausdrucksform verwendet hätten, kann man in ihrer Analyse eine Verbindung von Normen (denen ein intentionaler Gehalt zugeschrieben werden kann) und dem Ethischen konstatieren. Der Grund dafür ist folgender: Dem Charakter des Sollens, der im »Wert« eine Beschränkung des Seins zur Folge hat, wie Heidegger betont,[38] entspringt zugleich der »subjektive Ausdruck«, dessen normativer Charakter kein »Gebot« oder »Verbot« zum Ausdruck bringt. Man

---

[36] Vgl. Kaufmann, Matthias. *Recht*, De Gruyter, Berlin, 2016, 24.

[37] Dies bedeutet aber nicht, dass man daraus eine Ethik der Eigentlichkeit konstruieren könnte. Dies würde für Heidegger zu einer Anthropologisierung der Daseinsanalytik führen. Vgl. dazu Aurenque, Diana (2014) *Ethosdenken: auf der Spur einer ethischen Fragestellung in der Philosophie Martin Heideggers*, Herder Verlag, Freiburg, 84.

[38] Meine Interpretation folgt aus der Analyse, die sich implizit in Heideggers und Wittgensteins Wertkritik verbirgt. Beide richten sich gegen gegebene Werte mit einem Anspruch auf Wahrheit. So wird beispielsweise dann, wenn jemand Schönheit als Wert anerkennt, dieser ein ›werthafter Zustand‹ zugesprochen, der in Verbindung mit ihrem Sein steht. Von Werten zu sprechen ist nach Heidegger und Wittgenstein lediglich akzessorisch; vgl. Heidegger: »Inwiefern soll aus dem Wertcharakter der Wahrheit folgen, daß der Satz vorn Widerspruch befolgt werden muß? Das folgt sucht aus dein Wertcharakter als solches. Denn Schönheit soll ja auch ein Wert sein, und warum ist nicht unter dessen Normgesetzen der Satz des Widerspruchs? Das liegt nicht am Wert, sondern an dem Wert Wahrheit. Also ist das Entscheidende, zu erfahren, was Wahrheit bedeutet und ob mit ihrem Sinn die Forderung, wie sie im Satz des Widerspruchs formuliert werden kann, notwendig mitgegeben ist. Daß ich von Werten rede, ist ganz akzessorisch und hilft für die Aufklärung der eigentlichen Probleme nichts«. Heidegger, Martin. Grundprobleme der Phänomenologie, GA58, 73.

---

erfährt ihn vielmehr, wie Gerhart Husserl zu bedenken gibt, wenn das Verhalten des Subjekts mit dem *Schaffen* einer Norm zusammengebracht wird.[39] Deren intentionale Struktur lässt sie gewissermaßen zur Handlung des Menschen zurückkehren. Zentral ist dabei die Verbindung zwischen Intentionalität und Normativität, die sich bei Heidegger und Wittgenstein ethisch erklären lässt.[40] Die Welterfahrung, für deren Struktur der Vollzug des Handelns grundlegend ist, bedarf des »Wollens« des Subjekts. Dieses ist im Rahmen des menschlichen Tuns selbst zu betrachten, welches empirisch *inhaltslose* ethische Postulate setzt.[41]

Daher haben Werte nach Heidegger keinen metaphysischen Ort;[42] sie sind im Blick auf Orientierung im Leben des Subjektes formuliert, auch wenn es sich *nicht* darauf beziehen muss, und liegen, wie Wittgenstein betont, »außerhalb alles Geschehens und So-Seins«[43]. Eine Übereinstimmung von Ethik und Norm, der »Werte« entsprechen sollen, ist deshalb nicht möglich, weil es keine Kriterien für das konkrete Handeln gibt. Vielmehr dient das rechte *Ethos*, das außerhalb von schon gegebenen Werten als Normen zu formulieren ist, dazu, dem Menschen eine Verständigung mit sich selbst zu ermöglichen. So schreibt Heidegger: »Für unser Sein, charakterisiert durch die Jeweiligkeit, läßt sich keine einmalige und absolute Norm geben. Es kommt darauf an, das Sein des Menschen so auszubilden, daß es in die Eignung versetzt wird, die Mitte zu halten. Das besagt aber nichts anderes als den Augenblick zu ergreifen«[44] Diana Aurenque bemerkt diesbezüglich zu Recht in ihrem Buch *Ethosdenken. Auf der Spur einer Fragestellung in der Philosophie Martin Heideggers,*

---

[39] Vgl. Husserl, G. (1929), 121

[40] Selbstverständlich muss an dieser Stelle auf Thomas Rentsch hingewiesen werden, der bemerkt, dass »der Grundlosigkeit des Sprachgebrauchs und des Handelns in der Spätphilosophie Wittgensteins die Abgründigkeit der ekstatisch-zeitlichen Sorge in *Sein und Zeit* entspricht«. Im Anschluss daran stellt Rentsch heraus, dass jede menschliche Orientierungs- und Handlungssituation (wie auch das Leben als Ganzes) im Wesentlichen durch zwei Aspekte gekennzeichnet sei: durch Intentionalität und Faktizität. Vgl. Rentsch (2003), 377. Diese Einsicht soll in der vorliegenden Studie weiterentwickelt werden, insofern dieser Plexus im frühen Denken der beiden Philosophen letztlich im Ethischen zu verorten ist.

[41] Vgl. Nyri, János Kristóf (1972) *Das unglückliche Leben des Ludwig Wittgenstein,* Zeitschrift für philosophische Forschung, Nr. H. 4, 590.

[42] Vgl. Heidegger, Martin. *Prolegomena zur Geschichte des Zeitbegriffs,* GA20, 16.

[43] Vgl. Wittgenstein, Ludwig. TLP, 6.41

[44] Vgl. Heidegger, Martin. *Grundbegriffe der aristotelischen Philosophie,* GA18, 186.

dass Heideggers Ethosdenken kein Versuch sei, irgendein Kriterium für ein konkretes Handeln oder die Bewertung bestehender Normen oder Argumente zu entwickeln. Was Heideggers im Gegenteil zeigen wolle, sei die Möglichkeit »einer Erweckung des Menschen aus dem selbstverständlichen Verlauf seines schlafenden Lebens«[45].

Nur auf diese Weise kann das faktische Leben des Daseins berührt werden. Das Ergebnis dieser Überlegung zeigt Heidegger im Anschluss an seine Interpretation von Aristoteles' *Nikomachischer Ethik* auf: Danach ist die zweite Bestimmung der κρίσις das κινεῖν bzw. das »Sich-Umtun«, welches ein Merkmal für die »höhere Bestimmung des Seins des Menschen« sei. Das Handeln des Menschen, seine Taten sowie die Wahrheit als »Aufgedecktsein des Daseins selbst [...], auf das sich das Handeln bezieht, ergeben sich als grundlegende Elemente für sein Leben«[46]. Wie dieses Handeln geführt werden soll, verrät Heidegger an einem späteren Zeitpunkt seines Forschungsweges, nämlich in den *Grundproblemen der Phänomenologie*. Im Anschluss an seine Kant-Interpretation hebt Heidegger hervor, dass das Gefühl für ein Gesetz, das in der Achtung vorliege, den Menschen zu einem *sittlich Handelnden* im »Reich der Zwecke« mache. Als solcher repräsentiere er das Miteinandersein, das *Kommerzium* der Personen als solcher. Als Reich der Personen unter sich »stellt [es] sich *nicht als System von Werten* dar, auf das ein handelndes Ich sich bezieht und in dem die Zwecke fundiert sind«[47]. Und doch darf man den Unterschied nicht übersehen, den Heidegger dabei zwischen *ontisch* und *ontologisch* macht: Handeln bezeichnet Heidegger ja als ein Existieren[48] im Sinne des Vorhandenseins, daher bleibt es auf einer ontischen Ebene, während das Sein der intelligiblen Substanz im Sinne der moralischen Person charakterisiert wird, aber nicht, wie Heidegger schreibt, »*ontologisch begriffen* und eigens zum Problem gemacht [wird], *was für eine Weise des Existierens, des Vorhan-*

---

[45] Vgl. Aurenque, D. (2014), 82.
[46] Vgl. Heidegger, Martin. *Platon. Sophistes*, GA19, 39.
[47] Vgl. Heidegger, Martin. *Die Grundprobleme der Phänomenologie*, GA24, 197.
[48] Auch in *Phänomenologie und Theologie* schreibt Heidegger: »Weil nun aber die Theologie als systematische sowohl wie als historische Disziplin primär das christliche Geschehen in seiner Christlichkeit und Geschichtlichkeit zum Gegenstand hat, dieses Geschehen aber sich als Existenzweise des Gläubigen bestimmt, Existieren aber Handeln Existieren aber Handelns πρᾶξις ist, hat die Theologie ihrem Wesen nach den Charakter einer praktischen Wissenschaft.« Vgl. Heidegger, Martin. *Phänomenologie und Theologie*, GA9, 58.

denheit diese Weise darstellt«[49]. Darüber hinaus darf man nicht vergessen, dass sich die Existenz alltäglich aus dem versteht, was man betreibt und besorgt, da, wie Heidegger betont, »Dasein sich zunächst in den Dingen findet«[50]. Es bedarf daher keiner Beobachtung oder »Spionage« gegenüber dem Ich oder Selbst, da dieses als Welt des Daseins aus den Dingen widerscheint. Aus diesem Grund benötigt das Dasein auch keinen erdachten Begriff von Seele, Person oder Ich usw. – und wir könnten hier »Werte« und »Normen« hinzufügen –, die seinem Leben zugrunde liegen, da sich das Leben des Daseins zunächst durch »das Gesetz« der Uneigentlichkeit bestimmt, was jedoch kein *Negativum* für das Existieren des Daseins bedeutet. Es ist vielmehr etwas, was dem Leben des Daseins unmittelbar zugehört. Dementsprechend soll die Existenz des Daseins begreifen lassen, »daß und in welcher Weise der behauptete Widerschein des uneigentlichen Selbst aus den Dingen möglich ist«. Dasein muss bei den Dingen sein, aber »die Verhaltungen des Daseins, in denen es existiert, sind intentional gerichtet. Das Gerichtetsein der Verhaltungen drückt ein Sein *bei* dem, *womit* wir es zu tun haben, ein Sichaufhalten-*bei*, ein Mitgehen-*mit* den Gegebenheiten aus«[51]. So versetzt sich das Dasein nicht an die Stelle dieser »Dinge« im Sinne eines Seienden, und ebenso wenig hat es sich als ein Seiendes seiner Art in der Gesellschaft verortet. Und doch ist es letztlich diese Transposition, die es dem Dasein ermöglicht, von den Dingen her auf sich zurückzukommen. Das intentionale Verhalten des Daseins muss daher dieses Sichaufhalten-*bei* vor Augen haben und sich seiner Uneigentlichkeit bewusst sein, damit es im Ethos zu seiner Erweckung kommen und »eigentlich« werden kann.

Wittgensteins Herangehensweise ähnelt derjenigen Heideggers darin, dass die Werte seiner Auffassung nach außerhalb der Zufälligkeit des weltlichen Geschehens und So-seins liegen.[52] In ihrer wesentlichen Eigenschaft[53] bestimmen sie den *Sinn* der Welt. Dies betrifft auch die Sprache, insbesondere die Sätze. »Alle Sätze sind

---

[49] Vgl. Heidegger, Martin. *Die Grundprobleme der Phänomenologie*, GA24, 200. In derselben Weise warnt Heidegger seine Leser, dass wir durch die Interpretation des Ich als moralischer Person keinen eigentlichen Aufschluss gewinnen; vgl. ebd.

[50] Vgl. Heidegger, Martin. *Die Grundprobleme der Phänomenologie*, GA24, 227.

[51] A. a. O., 229.

[52] Vgl. Wittgenstein, Ludwig. TLP, 6.41.

[53] Vgl. Dain, Edmund (2014) *Eliminating Ethics: Wittgenstein, Ethics, and the Limits of Sense*. Philosophical topics, 42. Jg., Nr. 2, S. 1–11.

gleich*wertig*«[54], d. h. die Sätze haben alle den gleichen Rang wie die Tatsache, die sie darstellen: »[D]as Satzzeichen [ist] eine Tatsache«[55]. Daraus kann man eine weitere Betrachtung ableiten, nämlich ihre normative Bedingung.[56] Die ontologische Verwirklichung der Sprache verlangt, dass es für sie keine Perspektive gibt, die besser oder schlechter wäre als eine andere. Dafür trifft die Zufälligkeit alles, was in der Welt vorkommt: »Was der Fall ist, ist die Tatsache, ist das Bestehen von Sachverhalten.«[57] Die Denkbarkeit inhäriert lediglich die gesetzmäßigen Zusammenhänge und nicht die Kausalitätsgesetze,[58] die sich dagegen aus der Zufälligkeit selbst bilden. Werte sind für Wittgenstein keine Urteile über die Welt, sondern liegen außerhalb des Geschehens. Wenn sie ein Teil der Welt wären, würden sie die gesamte Welt durchdenken.

Das Verhalten des »metaphysischen Subjekts« als Grenze der Welt wird für Wittgenstein wie folgt bemerkbar: »Du sagst, es verhält sich hier ganz wie mit Auge und Gesichtsfeld. Aber das Auge siehst du wirklich *nicht*. Und nichts *am Gesichtsfeld* läßt darauf schließen, daß es von einem Auge gesehen wird.«[59] Die spezifische Konstitution des menschlichen Subjekts hilft, genauer zu verstehen, was Wittgenstein hier meint. Das Ich tritt in die Philosophie dadurch ein, dass die Welt des Subjekts seine je eigene Welt ist. Deshalb muss man differenzieren zwischen dem Körper des Menschen, der nach Wittgenstein wie die Tiere, Pflanzen oder Steine den Sachverhalten angehört, und dem Ich des Menschen, welches durch Reflexion Anteil an der Welt nimmt, ohne, wie Adler in seinem Buch *Ludwig Wittgenstein – eine existenzielle Deutung* betont, dabei selbst zum Teil der Welt zu werden. Darauf verweist der Vergleich mit den Augen: Das Auge sowie der menschliche Körper haben keinen Anteil am Gesichtsfeld.[60] Im Grunde kann das Ich der Welt nicht begegnen; was es aber kann, ist, die Welt zu versubjektivieren, sobald es die Augen öff-

---

54 Vgl. Wittgenstein, Ludwig. TLP, 6.4.
55 Vgl. Wittgenstein, Ludwig. TLP, 3.143.
56 Vgl. Tomasi, Gabriele (2011) »*Etica ed Estetica sono tutt'uno*« *Riflessioni su TLP 6.421*. Trans/Form/Ação, 34, *109–136*, 114.
57 Vgl. Wittgenstein, Ludwig. TLP, 2.
58 Vgl. Wittgenstein, Ludwig. TLP, 6.362 »Was sich beschreiben lässt, das kann auch geschehen, und was das Kausalitätsgesetz ausschließen soll, das lässt sich auch nicht beschreiben.«
59 Vgl. Wittgenstein, Ludwig. TLP, 5.633.
60 Vgl. Wittgenstein, Ludwig. TB, 2. 9. 16 und Adler (1976), 48.

net. Wenn das geschieht, beginnt das Ich zu fühlen, zu sprechen, zu denken oder zu handeln.[61] Durch seine Analyse macht Wittgenstein also deutlich, dass das Ich die Welt nicht zum Objekt haben kann, sondern die Welt im Menschen ist ihr Subjekt. Dieselbe Struktur charakterisiert auch das Verhalten bzw. Handeln des Subjekts: Dieses kann keine Wirkung auf die Welt ausüben, obwohl es unmöglich wäre, zu wollen, ohne einen Willensakt auszuführen.[62] Dies erlaubt uns folgende Lesart des Ethischen innerhalb seiner frühen Philosophie: Die Intention, die den Willen leitet, ist der *topologische* Ort, von dem die Ethik abgeleitet wird. Die ethische Orientierung stellt in ihrer praktischen Anwendung auf die Welt den Zusammenhang mit der Bedeutung des Lebens her. Von hier aus lässt sich erahnen, dass die individualistische Sicht des Subjekts auf die Welt nicht nur die Ethik bestimmt, sondern auch sein *richtiges* Handeln:[63] Dieses ist fern davon, einer ethischen Theorie zu entsprechen, sondern etabliert sich im Subjekt durch sein handelndes Verhalten, welches der Willensakt ist. Diese kontinuierlich vom Subjekt ausgeübte *Aktivität* ermöglicht es ihm, sich der Welt zu nähern: »Wie meine Vorstellung die Welt ist, so ist mein Wille der Weltwille.«[64]

Damit erklärt sich eine der grundlegenden Thesen der vorliegenden Arbeit: Wenn die Normen ihre intentionale Eigenschaft verlieren und als Gegenstand betrachtet werden, führen sie zu einer Objektivierung der Werte, und zwar durch eine Theoretisierung des Lebens, welche die Objektivierung dieser Normen und Werte als Dogmen verbreitet. Die Bestätigung dafür können wir auch aus Heideggers Verständnis des Ethos gewinnen. Das Ethos ist der Ort, an dem der Mensch in der Welt lebt;[65] dies entspricht in seiner ursprünglichen griechischen Form – ἦθος – der »Haltung«, dem »eigentliche[n] Sein des Daseins«[66]. Ähnliches können wir auch bei Wittgenstein finden; allerdings kann die Ethik weder zurück zu ihrem griechischen Ursprung geführt werden (da sie die Welt nicht theoretisiert) noch ge-

---

[61] Adler, L. (1976), *Ludwig Wittgenstein: eine existenzielle Deutung.* Karger Medical and Scientific Publishers, 48.

[62] Vgl. Wittgenstein, Ludwig. TB, 4.11.16.

[63] Vgl. Arnswald, Ulrich (2009), *The Paradox of Ethics—›It leaves everything as it is‹,* KIT Scientific Publishing, Karlsruhe, 22.

[64] Vgl. Wittgenstein, Ludwig. TB, 17.10.16.

[65] Riedel, Manfred (1989), 158.

[66] Vgl. Heidegger, Martin. *Platon: Sophistes,* GA19, 87.

hört sie in einer »transzendenten« Weise zur Welt. Vielmehr gewährt sie – durch Normen – den Aufenthalt des Menschen bei der Welt.[67]

Die intentionale Eigenschaft der Normen lässt sich bei Heidegger auch so erklären: Wenn das Ich als einziges Wesen imstande ist, die Dinge zu beurteilen und zu bemessen,[68] dann steht – mit Heideggers Worten – sein »Sich-Verhalten-zu« infrage. Wie bereits geklärt wurde, bestimmen die Beziehungen zwischen Akten eine »intentionale Leistung«[69], die man mit dem Immersein des Seienden identifizieren könnte. Dieses beeinflusst die Struktur des Lebens. Das »Verhalten als Sich-Verhalten-zu« bietet die Möglichkeit, eine Form von Intentionalität zu verstehen, die durch die σοφία repräsentiert wird. Sie stellt als reinste Art des Sich-Verhaltens-zu oder Sich-Aufhaltens-bei-diesem-Seienden »die höchste Möglichkeit« dar,[70] weshalb der Mensch grundsätzlich danach strebt, sie zu erreichen. Diese Möglichkeit erlaubt das *reine* Betrachten der Philosophie. Dennoch ist auch der Philosoph auf gewisse Lebensnotwendigkeiten angewiesen, und diese Seinsmöglichkeiten der πρᾶξις des vorphilosophischen Menschen beziehen sich auf das Miteinandersein. Heideggers Untersuchung der *Nikomachischen Ethik* bildet somit den Ausgangspunkt, um »die radikal-ontologisch gefasste Eigentlichkeit des Seins, die die ontologische Basis der faktischen, konkreten Existenz des Menschen ist«, nachzuvollziehen.[71] Seine Motivation bringt uns dazu, an dieser Stelle bei seiner Interpretation von Aristoteles einen Moment innezuhalten: Dem Philosophen (den man hier mit Wittgensteins »philosophischem Ich« identifizieren könnte), der die σοφία kennt und sich ihrer bedient, kommt es nur auf das Verstehen an, auf das Aufdecken des Seienden, und auf diese Weise tritt auch die Bedeutung des reinen Sehens hervor, welches immer die Sache eines Einzelnen ist. Bei diesem reinen Betrachten tritt die Notwendigkeit der πρᾶξις zurück, weil man sich nicht mehr nach den Anderen umsieht. Heidegger charakterisiert diese Seinsart demnach durch das reine Verweilen bzw. echte Gegenwärtigsein-bei.[72] Fraglich ist aber, wie das Vorgehen der σοφία verständlich gemacht wird. Die Antwort auf diese Frage lässt sich wie folgt formulieren: Wenn der Mensch sich im

---

[67] Vgl. Wittgenstein, Ludwig. TB, 24.07.16.
[68] Vgl. Wittgenstein, Ludwig. TB, 2.9.16.
[69] Vgl. Heidegger, Martin. *Prolegomena zur Geschichte des Zeitbegriffes*, GA20, 47.
[70] Vgl. Heidegger, Martin. *Platon: Sophistes*, GA19, 171.
[71] A.a.O., 176.
[72] A.a.O., 177.

Immersein der Welt seiner begrenzten Zeitlichkeit bewusst wird, muss er diese reine Betrachtung für die Dauer des Lebens gewissermaßen unterbrechen. Ein bewusstes Individuum, ein Philosoph, ist jedoch trotzdem in der Lage, das Primat der σοφία zu erkennen.

Das Verständnis des letzten Sinns menschlicher Existenz *rein orientiert am Sinn des Selbst* hängt, so Heidegger, daran, »daß wir verstehen, wie die Betrachtung des Ethischen von vorneherein außerhalb der Gesichtspunkte liegt, die wir heute aus der traditionellen Philosophie kennen«[73]. Dabei entnimmt Heidegger dem griechischen Verständnis von ἦθος die Berücksichtigung der menschlichen Existenz, die sich am Sinn des Seins selbst orientiert – dennoch schließt er daraus, dass der Sinn des Seins zugleich den Sinn der Welt offenbart. Das Dasein wird hinsichtlich seiner Möglichkeiten als solchen gesehen, wo weder die Gesinnung noch irgendwelche praktischen Funktionen oder Erfolge eine Rolle spielen. Daher kann, so meine These, nur das Wort ἦθος zum Ausdruck bringen, was der Hintergrund, die intentionale Errichtung des Normativen für die auszuführenden Handlungen bleibt, aus denen sich nicht zuletzt das eigentliche Sein des Daseins – sein ureigenes Leben – bestimmen kann.

Wollte man diese Überlegung im Blick auf Heidegger und Wittgenstein zusammenfassen, könnte man dies mit folgenden Worten tun: Über Ethik kann man nicht sprechen, und die in ihrem Namen formulierten Werte sollten das Leben des Menschen nicht maßgeblich prägen. Aber »ethisch« kann man *leben*, und das geschieht, wenn man sich im Blick auf seine eigenen Intentionen verständigt. Das bedeutet zugleich, zu wissen, wie man richtig handeln kann, denn die eigenen Normen richten die Handlungen des Menschen aus. Diese Überlegung gilt auch, wenn Wittgenstein das Ich als einen mikrokosmischen Teil der Welt präsentiert,[74] wobei im *Tractatus* Welt und Leben als »das Gleiche« dargestellt werden: »Die Welt und das Leben sind Eins.«[75] was bedeutet, dass beide nicht voneinander zu trennen sind. Daher kann man vermuten, dass sich »Werte« nur durch Handlungen des Subjekts verwirklichen. Wittgenstein sagt dazu: »Ich kann mir jedenfalls vorstellen, dass ich den Willens*akt* ausführe.«[76] Dabei

---

[73] A.a.O., 178.
[74] Ebd.
[75] Wittgenstein, Ludwig. TLP.5.621.
[76] Vgl. Wittgenstein, Ludwig. TB, 20.10.16.

ist »das Ich« der Träger der Ethik.[77] Von hier aus lässt sich auch der Satz Wittgensteins zu der Konkretheit unserer Probleme ableiten; tatsächlich sind »unsere Probleme […] nicht abstrakt, sondern vielleicht die konkretesten, die es gibt«[78]. Das metaphysische Subjekt wird dabei als eine Art »kontinuierliches laufendes Tribunal verstanden, dessen Ziel gleichzeitig das Leben des Subjekts und die Welt als Ganzes ist«[79].

Die Möglichkeit, sich durch Normen in der Welt zu orientieren, stellt erneut das Theoretische infrage, da dieses auf einer Objektivität basiert, die jeder Grundlage für ein absolutes, selbstständiges Handeln entbehrt. Es bleibt als derivativer, in sich selbst begrenzter Modus zurück.[80] Zwar kann Wittgensteins Appell »Lebe glücklich!«[81] als Aufforderung interpretiert werden, ein Leben frei von Schuldgefühlen zu führen,[82] ein Leben, das sich aus sich selbst, durch seinen eigenen Wert, rechtfertigt. Dafür müsste man jedoch innerhalb der ethischen Grenzen des Denkens verbleiben. Dies bedeutet aber nicht automatisch, bestimmte Handlungen zu vollziehen. Schuld ist nach Heidegger ursprünglicher zu fassen: »Das Schuldigsein resultiert nicht erst aus einer Verschuldung, sondern umgekehrt: diese wird erst Möglichkeit ›auf Grund‹ eines ursprünglichen Schuldigseins.«[83]

Die nächsten zwei Abschnitte werden sich mit diesen Problemkreisen befassen. Es wird nicht nur die ethische Fundierung durch den Schuldbegriff bei Heidegger aufgezeigt, sondern auch der Sachverhalt der konkreten Probleme bei Wittgenstein. Durch seine Maxime »Unsere Probleme sind nicht abstrakt.« werden wir daran erinnert, dass es möglicherweise konkrete Probleme gibt, die es verbieten, die Welt in einer rein passiven Weise hinzunehmen.[84]

---

[77] Vgl. Wittgenstein, Ludwig. TB, 5.8.16.

[78] Vgl. Wittgenstein, Ludwig. TLP, 5.5563.

[79] »The metaphysical subject thereby comes to be concieved as a kind of continuoos running tribunal whose object is, at one and at the same time the life of the subject in question and the world as a whole«. Smith, Barry (1978). Law and eschatology in Wittgenstein's early thought. Inquiry, 21(1–4), 425 f.

[80] Farin, Ingo (1998) *Heidegger's critique of value philosophy*, Journal of the British Society for Phenomenology, 29. Jg., Nr. 3, 268–280.

[81] Vgl. Wittgenstein, Ludwig. TB, 8.7.16.

[82] Vgl. Bartley, W. (1974) *Wittgenstein*, Quartet books, London, 33–46 ff.

[83] Vgl. Heidegger, Martin. *Sein und Zeit*, GA2, 284. (377)

[84] Vgl. Smith, B. (1985), 191 ff.

8.4 »*Das malum als privatio boni*« und die Ethik

Im § 58 von *Sein und Zeit* macht Heidegger das Verhältnis zwischen Schuld und Ethik zum Thema. Er erklärt, dass für eine ontologische Interpretation des Schuldphänomens die Begriffe »Privation und Mangel« nicht ausreichen, wenngleich die Schuld formal gefasst wurde. Man komme dem existenzialen Phänomen der Schuld sogar »am allerwenigsten [...] durch die Orientierung an der Idee des Bösen, des ›malum als privatio boni‹ näher«[85]. Was bezweckt Heidegger mit dieser Aussage? Einer Antwort darauf kann man sich mit Bernd Irlenborns Studie *Ingrimm des Aufruhrs. Heidegger und das Problem des Bösen* nähern. Nach dem Autor ist in Heideggers Explikation der Schuld zwischen zwei Begriffen zu unterscheiden, nämlich zwischen einem *existenzialen* Schuldigsein und einer daraus abgeleiteten *existenziellen* Verschuldung, wie sie traditionsgemäß gedacht wurde. Während Heidegger mit dem ersten Begriff auf eine grundlegende Schuld hinweist, auf die sich der Gewissenruf beziehen soll, verbiete sich der existenzielle Begriff der Schuld aus zwei Gründen. Zum einen, weil dieser den Begriff des Sollens impliziere; die Norm wird dem Dasein hier als etwas Objektives vorgegeben, und zwar als etwas, das von außen als ein Maßstab herantritt. Zudem lasse sich in *Sein und Zeit* keine traditionelle Schuldvorstellung finden, da diese sich durch ein »Sollen als Mangel« im Sinne einer Verfehlung definiert.[86] Wie soll aber der Begriff der Schuld des Daseins dann verstanden werden, wenn es scheint, dass sie der »unüberholbaren Nichtigkeit« des Daseins entspricht? Zu bedenken ist hier wieder, dass »das Schuldigsein [...] nicht erst aus einer Verschuldung [resultiert], sondern umgekehrt: *diese wird erst möglich ›auf Grund‹ eines ursprünglichen Schuldigseins*«[87]. Alles, was das Dasein betrifft – die Struktur von Geworfenheit und Entwurf –, gründet in der Nichtigkeit. Damit fasst man keinen Mangel an einem bestimmten Sein, es deutet den ontologischen Sinn der Nichtigkeit. Privation und Mangel sind auf jeden Fall Begriffe, die das ontologische Schuldphänomen in seiner *formalen* Verwendung nicht erklären können.

---

[85] Vgl. Heidegger, Martin. *Sein und Zeit*, GA2, 286 (379).
[86] Irlenborn, Bernd (2000). *Der Ingrimm des Aufruhrs: Heidegger und das Problem des Bösen*, Passagen, Wien, 2000, 59.
[87] Vgl. Heidegger, Martin. *Sein und Zeit*, GA2, 284 (377; im Original kursiv)

Zudem kann, wie Heidegger seine Leser in *Sein und Zeit* warnt, »durch die Moralität das Schuldigsein nicht bestimmt werden, weil es sie für sich selbst schon voraussetzt«[88]. Wenn aber die Schuld der Nichtigkeit entspricht und die Moralität nicht dabei helfen kann, dieses Schuldigsein genauer zu bestimmen, da es immer schon eine Voraussetzung der Schuld darstellt, wie sollen wir das Phänomen der Schuld dann verstehen? Einerseits kann man nachvollziehen, dass das Dasein schuldig ist, weil die Geworfenheit ihm selbst die Möglichkeit zu einem eigentlichen Existieren offenhält. Auch was man als Unschuld des Daseins bezeichnen könnte, hängt folglich mit seinem ursprünglichen Schuldigsein zusammen.[89] Andererseits muss man, um das Schuldphänomen zu verstehen, die oben genannte Formulierung Heideggers ernst nehmen: dass die Orientierung an der Idee des Bösen, des »malum als privatio boni« hier nicht weiterhilft. Warum greift Heidegger dann aber überhaupt auf diesen Ausdruck zurück, um auszuschließen, dass diese Idee als Eigenschaft der Schuld verstanden werden könnte? Bekanntlich verweist dieser, der thomistischen Tradition zugehörige Ausdruck auf eine Auffassung des *malum*, welche Thomas von Aquin wie folgt erläutert: »Malum nominat non ens«[90]. Dieses *malum* besteht, wie Hans Reiner in seinem Aufsatz »Vom Wesen des Malum. Positives zur Kritik des Axioms« bemerkt, in einer »privatio debitae perfectionis« bzw. einem »defectus boni quod natus est et debet habere«[91]. Es ist ein *non ens*, eine bloße *absentia* des Guten und aus diesem Grund eine *privatio* oder ein *defectus*, die sich durch ein Fehlen von etwas auszeichnen: »Malum uno modo potest intellegi id quod est subiectum mali; et hoc aliquid est. Alio modo potest intelligi ipsum malum, et hoc non est aliquid, sed est ipsa privatio alicuius particularis boni.«[92] Thomas identifiziert folglich das *malum* als *subjectum mali*, und in dieser Bedeutung erkennt er an, dass das *malum* ein Seiendes ist.[93] Er verwendet in diesem Zusammenhang das Beispiel einer blinden Person: Blindsein lässt sich nicht als Entität bezeichnen, aber der Blinde ist doch ein

---

[88] Vgl. Heidegger, Martin. *Sein und Zeit*, GA2, 286.

[89] Misgeld, D. (1966), 142.

[90] Aquinas, Thomas. Scriptum II.34.1.2, c.

[91] Aquinas, Thomas. S. theol. I 48, 5 ad 1. Und vgl. Reiner, Hans (1969). *Vom Wesen des Malum. Positives zur Kritik des Axioms »omne ens est bonum«*. Zeitschrift für philosophische Forschung, Nr. H. 4, 571.

[92] Aquinas, Thomas. De Malo, 1.1, c.)

[93] Hans Reiner, 572.

ens.[94] Die Blindheit repräsentiert demzufolge das *ipsum malum:* Dieses ist kein Seiendes, sondern lediglich eine *privatio*. Allerdings hat das lateinische Wort *privatio* eine doppelte Nuancierung; es meint nicht nur den negativen Sinn des *Beraubens*, sondern hat auch die Bedeutung der *Befreiung* (z. B. als *privatio doloris*).[95] Dabei ist der positive Vorgang entscheidend, da es sich hierbei nicht um die Wirkung eines Mangels handelt, sondern um die Befreiung von diesem Mangel und dessen Aufhebung.[96] Mit dieser thomistischen Betrachtung der *privatio* lässt sich Heideggers Schuldbegriff kritisch vergleichen, da die »ursprüngliche« Bestimmung der Schuld bei ihm eben keinen Mangelzustand bezeichnet. Heidegger stellt sich der thomistischen Tradition entgegen, verwendet Thomas' Ausdruck und zeigt mit einer subtilen theoretischen Spitzfindigkeit, dass eine Schuld, welche das Dasein nicht selbst verschuldet und hervorgerufen hat, keine Möglichkeit bietet, dem Dasein ein Schuldigsein in Sinne einer totaler Zurechenbarkeit zuzusprechen, was eine Verkehrung aller Maximen nach sich zöge.[97] Deswegen gewinnt »die Situation«, in der sich das Dasein befindet, an Bedeutung, wobei die einzige Möglichkeit für das Dasein seine prinzipielle Erschlossenheit ist, aus der es zugleich seine jeweils faktische Situation erschließt. Folgende Passage aus *Sein und Zeit* Heideggers unterstreicht diese Überlegung:

> Die existenziale Nichtigkeit hat keineswegs den Charakter einer Privation, eines Mangels gegenüber einem ausgesteckten Ideal, das im Dasein nicht erreicht wird, sondern das Sein dieses Seienden ist *vor* allem, was es entwerfen kann und meist erreicht, *als Entwerfen* schon nichtig. Diese Nichtigkeit tritt daher auch nicht gelegentlich am Dasein auf, um an ihm als dunkle Qualität zu haften, die es, weit genug fortgeschritten, beseitigen könnte.[98]

Die Kritik Heideggers richtet sich somit gegen eine mangelhafte Interpretation der »Privation«, da hier »das *bonum* und die *privatio* dieselbe ontologische Herkunft aus der Ontologie des *Vorhandenen* haben«, weshalb ihnen »eine ›abgezogene‹ Idee des ›Wertes‹ zu

---

[94] Aquinas, Thomas. De Malo, 1,1, 3.

[95] Dalferth, Ingolf U. (2008) *Malum: theologische Hermeneutik des Bösen*. Mohr Siebeck, 124.

[96] Irlenborn, Bernd (1999) *Die Uneigentlichkeit als Privation der Eigentlichkeit? Ein offenes Problem in Heideggers Sein und Zeit*, Philosophisches Jahrbuch (106)8. 455–464. Dazu auch Dalferth, I. (2008), 128.

[97] Vgl. Misgeld, D. (1966), 143.

[98] Heidegger, Martin, *Sein und Zeit*, GA2, 285 (379).

Manuela Massa

[kommt]«[99]. Seine Deutung impliziert dagegen keine spezifische Verfehlung im Sinne von etwas nicht Sein-Sollendem, welches das Böse
hervorruft: »In diesem Sinne kann der Existenz wesenhaft nichts
mangeln, nicht weil sie vollkommen wäre, sondern weil ihr Seinscharakter von aller Vorhandenheit unterschieden bleibt.«[100] In der
Anlage von *Sein und Zeit* bleibt der Seinscharakter der Existenz von
der Präsenzontologie streng getrennt. Auch wenn es um Normen
geht, darf also die Selbstbekundungsweise des Daseins nicht durch
die durch die Tradition vorgegebene Vorhandenheitsontologie interpretiert werden.[101]

Dennoch kann man nicht von der Hand weisen, dass das Phänomen der Schuld das »Mitsein« berührt:

> Die Forderung, der man nicht genügt, braucht jedoch nicht notwendig auf
> einen Besitz bezogen zu sein, sie kann das öffentliche Miteinander über-
> haupt regeln. Das so bestimmte »sich schuldig machen« in der Rechtsver-
> letzung kann aber zugleich den Charakter haben eines »Schuldigwerdens an
> Anderen«.[102]

Insgesamt beschreiben diese Bedeutungen von Schuldigsein ein Verhalten, das sich als ein »sich schuldig Machen« fassen lässt, mit dem
die Rechte eines Anderen verletzt werden. So etwas ist durchaus ohne
»Verletzung des öffentlichen Gesetzes« möglich. Heideggers Interesse am Schuldphänomen bezieht sich jedoch wie gesagt nicht auf das
Schuldhaben und die Rechtsverletzung, kurz auf Sollen und Gesetz,
von denen sich allererst eine *moralische* und *juristische* Schuld ableiten lassen.[103] Bei seinem existenzial-ontologisch formalisierten
Schuldbegriff geht es vielmehr um das Dasein als ein existierendes
Wesen, welches sich als aus Möglichkeiten bestehend und in die Welt
geworfen erfährt.[104] Das Begreifen der Schuld als *normative* Verfehlung ist somit nicht ursprünglich »im Sinne des ausgleichenden Ver-
rechnens von Ansprüchen«[105] zu verstehen. Wozu dient die Orientierung an der Idee des Bösen anhand des *malum* als *privatio boni* dann?
Wie kommt es überhaupt zu der Einschränkung des *malum* auf ein

---

[99] A. a. O., 380.
[100] Ebd.
[101] Irlenborn, B. (1999), 461.
[102] Vgl. Heidegger, Martin. *Sein und Zeit*, GA2, 282.
[103] Vgl. a. a. O., 285 (378).
[104] A. a. O., 280 f.
[105] Vgl. Irlenborn, B. (1999), 461

Fehlen des *bonum?* Erneut steht also die *privatio* im Blick, von der Heidegger schreibt, das *bonum* und die *privatio* hätten »dieselbe ontologische Herkunft aus der Ontologie des *Vorhandenen* […], die auch der daraus ›abgezogenen‹ Idee des »Wertes« zukomme.[106]

Man könnte sich nun fragen, ob *malum* und *bonum* im Sinne von »Uneigentlichkeit« und »Eigentlichkeit« gedeutet werden könnten. Irlenborn bemerkt diesbezüglich, Heidegger bringe Moralität damit in Zusammenhang, dass man »faktisch existierend schuldig werden kann. Das heißt, etwas künstlich reformuliert: Das Dasein kann faktisch existierend daran schuldig werden, daß etwas Gutes oder auch etwas Schlechtes ist; es kann schuldig an einem Guten oder Bösen werden.«[107] Das Problem dabei besteht darin, dass das Eigentlichsein nicht unbedingt das Gute impliziert, sondern darauf zielt, dass das Dasein seine Eigentlichkeit gewinnt, indem es sich »aus der Verlorenheit in das Man […] zu ihm selbst zurückhol[t]«[108]. Es geht also primär um ein Wählen und Entscheiden im alltäglichen Bestimmtsein, durch welches sich das Dasein aus der anonymen Macht der Gesellschaft und ihrer Konventionen befreit.[109] Der Ursprung von Eigentlichkeit und Uneigentlichkeit liegt in der Selbstbezüglichkeit des Seinkönnens als Freisein für seine existenziellen Möglichkeiten.[110] Es ist demnach dieses »Sich-zu-eigen-werden«, welches es im Sinne Heideggers ermöglicht, zum Guten zu gelangen. Das heißt jedoch auch, dass die *ursprüngliche* Schuld die existenziale Bedingung für das Moralische darstellt, d. h., die fundamentalontologische Analyse des Daseins findet im Durchgang durch ›das Gute und das Böse‹ statt.[111] Diese sind jedoch nicht als *absolute* Werte zu interpretieren, da die Fundamentalstrukturen des Daseins keine moralische Bewertung enthalten;[112] sie geben dem Menschen vielmehr eine grundsätzliche sittliche Orientierung in der Welt an die Hand. Dies erlaubt wiederum einen Vergleich mit *De Justitia et Iure* von Luis de

---

[106] Ebd. 286 (379 f.)
[107] Vgl. Irlenborn, B. (2000), 63.
[108] Heidegger, Martin. *Sein und Zeit*, GA2, 287 (381).
[109] Fahrenbach, H. (1970), 112.
[110] Ebd.
[111] Wulff, Agnes (2008) *Die Existenziale Schuld. Der fundamentalontologische Schuldbegriff Martin Heideggers und seine Bedeutung für das Strafrecht*, LIT Verlag, Berlin, 207.
[112] Vgl. Heidegger, Martin. *Prolegomena zur Geschichte des Zeitbegriffs*, GA20, 337–391.

Molina,[113] in dessen dritter Disputatio sich folgende Worte finden: »vis ipsa intellectus, qua ea, quae ex se et natura sua *bona sunt*, ab iis, quae ex se *mala sunt*, secernimus ac diiudicamus.« Für Molina trägt also nicht der Wille die Verantwortung hinsichtlich der Verpflichtung des Naturrechts, sondern der Wille resultiert aus der Natur der Sache selbst, die vor allem *in sich* gut oder schlecht ist und erst *dann* von der menschlichen Vernunft als Gebot oder Verbot zu verstehen ist. Nach Molina macht demnach der Akt der vernünftigen Erkenntnis den moralischen Wert einer Handlung aus, durch welchen dann im Anschluss die Prädikate »gut« und »böse« unterschieden werden können.

Heideggers Versuch besteht also darin, das Gute und das Böse methodisch durch die fundamentalontologische Analyse zu bestimmen: Wieder ist (wie bei Molina, jedoch mit dem Unterschied, dass es Heidegger nicht um eine vernünftige Erkenntnis, sondern um den »Ruf« des Gewissens geht) die Idee der Schuld nicht willkürlich zu denken, da das Verständnis des *Wesens* der Schuld diese Möglichkeit im Dasein vorzeichnen muss.[114] Durch den Gewissensruf ist das Dasein in der Lage, sich handelnd aus dem Man zu befreien.

In »allen Gewissensauslegungen«, so Heidegger, »hat das ›böse‹, ›schlechte‹ Gewissen den Vorrang. Gewissen ist primär ›böses‹. Darin bekundet sich, daß alle Gewissenserfahrung so etwas wie ein ›schuldig‹ zuerst erfährt.«[115] So könnte man sagen: Heidegger zeigt uns ein *malum ontologicum* auf, welches sich in seinem Ursprung im Verhältnis zu dem *malum morale* als »böse« zu verstehen gibt.

8.5 Die ethischen Gesetze

Bekanntlich verstand die mittelalterliche Philosophie das Naturrecht als eine Reihe von Geboten oder Gesetzen, die von Natur aus im Menschen wirken. Thomas von Aquin greift hier die stoische Naturrechtslehre auf, präzisiert sie, wie Matthias Kaufmann in seiner *Rechtsphilosophie* betont, und fügt sie in ein neuplatonisch-christliches Weltbild ein. In der *Summa Theologiae* präsentiert er uns ganz

---

[113] Heidegger bezieht sich in GA20 auf Luis de Molina, um den Freiheitsbegriff zu deuten. Vgl. dazu Manuela Massa (2017), *»Selbstbestimmung« und »Daseinsbefreiung«. Annäherungen an einen Rechtsbegriff in Heideggers Frühphilosophie*, Perspektiven mit Heidegger, Gerhard Thonhauser (Hrsg.), 149.
[114] Vgl. Heidegger, Martin. *Sein und Zeit*, GA2, 282 (374 f.).
[115] Ebd. 290 (385).

verschiedene Arten von Gesetzen. Während die *lex aeterna* die vollkommene Regelung des Universums durch die göttliche Vernunft bezeichnet (insofern die *lex* grundsätzlich das Gebot der praktischen Vernunft in einem Herrscher darstellt), repräsentiert die *lex naturalis* die Präsenz des ewigen Gesetzes in einem vernünftigen Geschöpf. Dadurch besitzt dieses eine natürliche Neigung zum gesollten Tun oder Ziel:[116] »lex naturalis nihil aliud quam participatio legis aeternae in rationali creatura per quam habet naturalem inclinationem ad debitum actum et finem.«[117] Diese natürliche Neigung ermöglicht es der Vernunft, dem Streben richtige Ziele vorzugeben. Eine andere Bedeutung hat wiederum die *lex humana,* welche sich im Umgang mit der menschlichen Natur ergibt. Denn der Mensch hat zwar Teil an den allgemeinen Prinzipen des ewigen Gesetzes, dies betrifft jedoch nicht die partikularen Ordnungen. Neben dem natürlichen und dem menschlichen Gesetz gibt es noch die *lex divina.* Sie regelt die übernatürlichen Dinge, klärt Rechtsunsicherheiten und berücksichtig die inneren Motive eines Menschen, um Verbrechen zu ahnden.[118] Das Naturrecht ist in Thomas' Analyse kein subjektives menschliches Empfinden, sondern ein von Gott im Menschen verankertes Gesetz, das sich dem Einzelnen in seinem ihm innewohnenden Gewissen und rechtlichen Sinn kundgibt. Begründet ist es aber es in den menschlichen Bedürfnissen und Bestrebungen.[119] Bei Thomas lässt sich das Recht daher nicht von der Religion trennen.

Für die vorliegende Studie ist es somit nicht ganz unerheblich, die Bedeutung zu kennen, die Aquinas dem Begriff des Naturgesetzes gibt, da sie eine gewisse Ähnlichkeit mit der Bedeutung hat, die Wittgenstein den Naturgesetzen zuschreibt. Diese lässt sich folgendermaßen umreißen: Durch seine Fähigkeit zur Intelligenz ist der Mensch grundsätzlich in der Lage, zu erkennen, welche Handlungen er ausführen soll, und zwar nicht nur diejenigen, die ihm von Natur aus zum Erreichen seiner Ziele und Zwecke verhelfen können, sondern auch diejenigen, welche die Vernunft verletzen und sich demnach gegen dieselbe Natur stellen. Hieraus entspringen die Auffassungen von »Gut« und »Böse«. Es ist daher die Vernunft, die dem Menschen

---

[116] Vgl. Kaufmann, Matthias (1996) *Rechtsphilosophie,* Alber Verlag, Freiburg/München, 46 f.

[117] Vgl. Aquinas, Thomas. S. Theologiae, Ia.IIa. 91, 2c.

[118] Kaufmann, M. (1996), 48 f.

[119] Vgl. Heucke, Albert (1921), 38 und Thomas von Aquinas, Summa Theologiae, IaIIa qu.91 art.1, co.

vor Augen führt, dass es besser sei, das Böse zu vermeiden und im Gegenzug das Gute zu tun. In der *Summa Theologiae* entscheidet genau dies über das sittliche Leben.

Auch Wittgenstein schließt die Möglichkeit einer apriorischen Ordnung der Dinge aus: »Es gibt keine Ordnung der Dinge apriori«[120]. Demzufolge kann man vermuten, dass der Wert, den Wittgenstein den Naturgesetzen zuspricht, den rationalen Prinzipien korrespondiert, die von Gott stammen: »Wie es sich alles verhält, ist Gott. Gott ist, wie sich alles verhält.«[121] Analog zu Thomas' Argumentation, kann der Mensch durch seinen rationalen Willen, welcher ihm die Möglichkeit gibt, zwischen Gut oder Böse zu unterscheiden, bestimmte Handlungen ausführen. Barry Smith zeigt in seinem Aufsatz »Law and eschatology«, dass das Selbst (in einem philosophischen Sinne) »den Platz Gottes in der traditionellen Konzeption des Weltgerichts einnimmt. Für Wittgenstein ist das letzte Urteil daher kein einmaliges Ereignis, das am Ende einer Folge früherer Ereignisse steht. Es ist eine longitudinale Achse, die mit der gesamten Realität (mit der Gesamtheit unserer Erfahrung) koordiniert ist.«[122] Das Bestehen oder Nichtbestehen von *juristischen* Sachverhalten hängt daher vom reinen Denken des Menschen ab. Smith' Analyse lässt vermuten, dass es sich bei Wittgensteins natürlichen Gesetzen um keine instinktiven Strebungen handelt, die den Menschen unabhängig von seinem Willen und seiner Erkenntnisfähigkeit in seinem Handeln beeinflussen, sondern die Vernunft dafür verantwortlich ist, diese Gesetze allererst zu schaffen. Diese Vermutung lässt sich durch den *Tractatus* belegen, in dem Wittgenstein festhält, die Welt sei durch die Sprache und das Denken bestimmt und ihre Aufgabe bestünde darin, Gedanken und Sätze in die Welt zu projizieren.[123] Wo es jedoch um *juristische* Sachverhalte geht, müssen diese durch den Willen als Träger der ethischen Eigenschaften betrachtet werden. In Wittgensteins *Tractatus* gehören Gut und Böse in den Zusammenhang des

---

[120] Vgl. Wittgenstein, Ludwig. TLP, 5.634.

[121] Vgl. Wittgenstein, Ludwig. TB, 1.8.16.

[122] »[T]he self (in the philosophical self) is to take the place of God in the traditional conception of Weltgericht. For Wittgenstein the last judgment is therefore not a single event falling at the end of a consequence of a prior events. It is a longitudinal axis coordinated with the whole of reality (with the totality of our experience). Smith, Barry. (1978) *Law and eschatology in Wittgenstein's early thought.* Inquiry, 21(1–4), 425–441.

[123] Vgl. Wittgenstein, Ludwig. TLP.5.6; TLP.6.1233; TB. 12.9.16.

Ethischen, welches in Verbindung mit den natürlichen Gesetzen steht, insofern das individuelle Leben des Menschen betroffen ist. Wenn man sich klarmacht, dass sich der Begriff des »Sachverhaltes« von dem deutschen Wort »Verhalten« ableitet, zeigt sich, dass juristische Sach-Verhalte auf ein wechselseitiges Verhältnis zwischen Menschen hinweisen.[124] Die Sachverhalte in ihrem Bestehen oder Nicht-Bestehen (was durch den Satz dargestellt wird)[125] beeinflussen selbstverständlich die Handlungen und Lebensereignisse des Menschen, und das ist im Hinblick auf Wittgensteins Überlegung entscheidend sowohl für die Erwägung einer Ethik als auch für jede Tatsache, die die Welt bestimmt.[126] Denn die jeweilige Nuancierung von Sachverhalten bzw. das Verhalten, das der Mensch an den Tag legt, trägt die Verantwortung dafür, *wie* die Welt bestimmt wird. Wenn Wittgenstein in seinen Tagebüchern festhält: »Ich will ›Willen‹ vor allem den Träger von Gut und Böse nennen«[127], dann macht er damit Folgendes deutlich: Sofern sich die Welt nicht ändert, da mir »die Welt […] gegeben ist, d.h. mein Wille tritt an die Welt ganz von außen als an etwas fertiges heran«[128], ist die einzige Sache, die man sich letztlich wünschen kann, die, *nichts mehr zu wollen*. Die Sittenlehre Wittgensteins definiert also kein *malum ontologicum*; vielmehr besteht die Aufgabe des Menschen darin, die Naturgesetze zu erkennen und sie nicht mit den Naturerscheinungen zu verwechseln, was im Übrigen nach Wittgenstein die moderne Weltanschauung grundsätzlich in die Irre führt.[129] Daher ist es weniger verwunderlich, dass es von der Absicht, gute oder schlechte Handlungen zu vollziehen, abhängt, welches Leben wir führen – wie gesagt: Der ethische Lohn und die ethische Strafe »müssen in der Handlung selbst liegen«[130]. Was im *Tractatus* in das Ethische mündet, wird mit dem Handeln selbst identifiziert. Was sich dabei als »ethisch« herauskristallisiert, ist aus diesem Grund nicht beschreibbar, sondern ›manifestiert‹ sich im Men-

---

[124] Vgl. Smith, B. (1985), 197.
[125] Vgl. Wittgenstein, Ludwig. TLP.4.1.
[126] Vgl. Wittgenstein, Ludwig. TLP, 1.11: »Die Welt ist durch die Tatsachen bestimmt und dadurch, daß es alle Tatsachen sind.«
[127] Vgl. Wittgenstein, Ludwig. TB, 21.7.16.
[128] Vgl. Wittgenstein, Ludwig. TB, 8.7.16.
[129] Vgl. Wittgenstein, Ludwig. TLP. 6.371: »Der ganzen modernen Weltanschauung liegt die Täuschung zugrunde, daß die sogenannten Naturgesetze die Erklärungen der Naturerscheinungen seien.«
[130] Vgl. Wittgenstein, Ludwig. TLP, 6.422.

schen. Deshalb ist die Ethik »transcendental«[131] und lässt sich nicht in Sätzen fassen. Somit liegt sie *vor* der Welt-Erfahrung des Menschen, was ihre Indoktrinierung verhindert – sie erweist sich vielmehr als Sichtweise des Menschen *auf* die Welt.

Die Handlungen, die von uns Menschen ausgeführt werden, streben nach der Wahl des Guten: »Immer wieder komme ich darauf zurück, dass einfach das glückliche Leben gut, das unglückliche Leben schlecht ist.«[132] Betrachten wir vor diesem Hintergrund die »Faktizität«, die sich aus der endgültigen Tatsächlichkeit der Welt ergibt, sind alle Handlungen, die Menschen vollziehen, zugleich als Anpassung an bereits bestehende Tatsachen zu begreifen, da der menschliche Wille der Welt gegenüber machtlos ist. Um das Leben sinnvoll zu gestalten, muss der Mensch dieses also immer schon als wertvoll betrachten. Erst von hier aus lassen sich die Eigenschaften eines glücklichen Lebens andenken, welches durch die Ethik gestaltet wird.

Die Welt richtig zu sehen, bedeutet für Wittgenstein nicht, einzelne Handlungen zu beurteilen, sondern sich zur Gesamtheit der Tatsachen zu äußern, um die Welt als Ganze zu begreifen.

Da aber die Ethik einem *höheren* Bereich angehört, betrachtet sie Strafe und Lohn nicht mit Blick auf die Welt, sondern als etwas, was »in der Handlung selbst liegen«[133] muss. Das bedeutet, dass ein ethisches Gesetz implizit auf ein bürgerliches Gesetz hinausläuft, weil den bürgerlichen Gesetzen der Mechanismus innewohnt, dass ein Mensch, wenn er Gesetze verletzt oder seine Pflichten nicht erfüllt, gegen die Gesetze verstößt. Diese Überlegung formuliert Wittgenstein wie folgt: »Der erste Gedanke bei der Aufstellung eines ethischen Gesetzes von der Form ›Du sollst …‹ ist: Und was dann, wenn ich es nicht tue?«[134] Die Bürger einer Gesellschaft sind dazu verpflichtet, einen bestimmten Kodex von Normen zu befolgen und nicht gegen ihn zu verstoßen. Das bedeutet aber zugleich, dass etwas an jener juristischen Fragestellung richtig sein muss.[135] Daher geht es Wittgenstein nicht um das Geschehen *nach* der Erfüllung oder Verletzung solcher Regeln, da die Ethik keinen Zustand als Gesetz hat; was er damit vielmehr ausdrücken möchte, ist, dass es die *Relevanz*

---

[131] Vgl. Wittgenstein, Ludwig. TLP. 6.421b.
[132] Vgl. Wittgenstein, Ludwig. TB. 30.7.16.
[133] Vgl. Wittgenstein, Ludwig. TLP.6.422.
[134] Ebd.
[135] Vgl. Wittgenstein, Ludwig. TB. 30.07.16.

der Handlung selbst ist, welche grundlegend ist für das natürliche Gesetz: Man kann nicht wollen, ohne zu tun.[136] »Gut« und »Böse« sind wie gesagt keine Eigenschaften der Welt, sondern Prädikate des Subjekts: »Gut und Böse tritt erst durch das Subjekt ein. Und das Subjekt gehört nicht zur Welt, sondern ist auf der Grenze der Welt.«[137]

Handlungen, die von Menschen ausgeführt werden, streben nach der Wahl des Guten: »Immer wieder komme ich darauf zurück, dass einfach das glückliche Leben gut, das unglückliche Leben schlecht ist.«[138] Betrachtet man folglich die Faktizität des Lebens – wie Heidegger sie nennen würde –, die sich aus der endgültigen Tatsächlichkeit der Welt ergibt, sind alle Handlungen, die Menschen vollziehen, zudem als Anpassung gegenüber schon existierenden Tatsachen zu begreifen, da der menschliche Wille der Welt gegenüber machtlos ist. Denn der Mensch muss, um das Leben sinnvoll zu gestalten, dieses als wertvoll erachten – und hier knüpft die Frage nach den Merkmalen eines glücklichen Lebens an, welches durch die Ethik ausgerichtet wird.

Die Welt richtig zu sehen, bedeutet für Wittgenstein nicht, einzelne Handlungen zu beurteilen, sondern, sich zu der Gesamtheit der Tatsachen zu verhalten, um die Welt in ihrer Ganzheit zu begreifen.

---

[136] Vgl. Wittgenstein, Ludwig. TB. 4.11.16.
[137] Vgl. Wittgenstein, Ludwig. TB, 2.8.16.
[138] Vgl. Wittgenstein, Ludwig. TB. 30.7.16.

9. Ethik und Leben

Die Frage nach der Ethik vervollständigt sich bei Heidegger wie bei Wittgenstein nur mit Blick auf das Leben, denn immer es geht es darum, dass der Mensch mittels der Ethik *in* der Welt Orientierung erlangen kann und soll. »Richtig« zu leben bedeutet für beide nicht nur, die »Schwierigkeiten« des Lebens zu meistern und gegebenenfalls zu akzeptieren, sondern auch, zu lernen, mit Ereignissen wie Krankheit und Tod umzugehen. Die Welt an sich kann und wird sich nicht ändern: Wir haben unser Leben in einer Welt zu führen, die ist, wie sie ist.

Ohne Ethik kann man nicht (gut) leben. Wie im zweiten Kapitel gezeigt wurde, wirkt sich das Ethische unmittelbar auf unser Leben aus und beeinflusst unser tägliches Handeln, sofern dieses nach »Richtigkeit« strebt. Heidegger und Wittgenstein geht es somit darum, durch das Ethos die Möglichkeit eines wahren Lebens auszuloten. Dieses basiert nicht (nur) auf Normen und Regeln; das formal Ethische bestimmt unser tägliches Handeln vielmehr so, dass wir darin in unsere »Eigentlichkeit« gelangen. Ein »gutes«, »ethisches« Leben verläuft parallel zu seinem unumgänglichen Ende und parallel zu dessen Akzeptanz. Dabei kann die Philosophie helfen, uns auf unsere Endlichkeit zu gut wie möglich einzulassen.

Entsprechend wird in diesem dritten Kapitel die Frage nach dem *Leben* bei Heidegger und Wittgenstein gestellt, vor allem im Blick auf seine Verbindung mit der Ethik. Im ersten Abschnitt zeige ich, dass ein ethisches Leben zu führen einige Vorteile hat, nicht nur etwa ein gutes Gewissen, sondern auch »Selbstverständlichkeit«. Wie Georg Imdahl in *Das Leben verstehen. Heideggers formal anzeigende Hermeneutik in den frühen Freiburger Vorlesungen 1919 bis 1923* bemerkt, ist die Eigenschaft, die Heidegger dem Leben zuschreibt, phänomenologisch gesehen nicht etwa »etwas Besonderes«, sondern meine lediglich, dass das Leben überhaupt *erfahren* wird.[1] So sagt

---

[1] Imdahl, G. (1997) *Das Leben verstehen. Heideggers formal anzeigende Hermeneu-*

Heidegger, dass »alle theoretischen Fassungen oder Begriffe [...] vom faktischen Leben überströmt werden«. Sie werden nicht im »Als der Theorie« erlebt, auch weil dem faktischen Lebenszusammenhang ein »ganz eigenes Als der Charakterisierung«[2] zukomme, nämlich das der Bedeutsamkeit, das notwendig immer ein »situationsentwachsenes, historisches«[3] sei.

Der zweite Abschnitt widmet sich ganz der Frage nach dem Leben. Damit wird nicht nur dessen faktischer »Zusammenhang« mit der Welt hervorgehoben, welcher erneut jede Möglichkeit einer Lebenstheorie ausschließt – es rückt auch der Tod in den Mittelpunkt. Hier lässt sich erneut eine Parallele zwischen Heidegger und Wittgenstein erkennen, die darin liegt, dass es ihrer Auffassung nach *für den glücklichen Menschen keinen Tod gibt*. Um dahin zu gelangen, muss der Mensch seine Wünsche, Hoffnungen und seine Zeitlichkeit aufgeben und in seinem Gegenwärtigsein leben. Nur auf diese Weise kann das glückliche Leben das »richtige«, das, mit Heidegger gesagt, »eigentliche« werden: »Das Für-wahr-halten des Todes – der Tod *ist* je nur eigener – zeigt eine andere Art und ist ursprünglicher als jede Gewißheit bezüglich eines innerweltlich begegnenden Seienden oder der formalen Gegenstände; denn es ist des In-der-Welt-seins gewiss. Als solches beansprucht es nicht nur *eine* bestimmte Verhaltung des Daseins, sondern dieses in der vollen Eigentlichkeit seiner Existenz.«[4]

Ähnlich verhält es sich für Wittgenstein. Da der Tod kein Ereignis des Lebens ist (da er streng genommen nicht erlebt werden kann)[5], ist das Leben in seinem Jetzt zu betrachten, und für das Leben in der Gegenwart gibt es keinen Tod. Dabei liegt die Bedeutung des Lebens nicht außerhalb der Welt, sondern geschieht im Einklang mit ihm, ohne »Angst« vor dem Tod,[6] da dies ein »unglückliches« Leben nach sich zöge. Heidegger scheint ähnliches zu sagen: »Schon das ›Denken an den Tod‹ gilt öffentlich als feige Furcht, Unsicherheit des Daseins und finstere Weltflucht.«[7] In seiner existenzialen Bedeutung

---

tik in den frühen Freiburger Vorlesungen, 1919 bis 1923 (Vol. 206), Königshausen & Neumann, Würzburg, 113.

[2] Heidegger, Martin. *Zur Bestimmung der Philosophie.* GA56/57, 220

[3] A. a. O., 114.

[4] Vgl. Heidegger, Martin. *Sein und Zeit,* GA2, 265 (351 f.)

[5] Vgl. Wittgenstein, Ludwig. TLP, 6.4311. »Der Tod ist kein Ereignis des Lebens. Den Tod erlebt man nicht.«

[6] Vgl. Wittgenstein, Ludwig. TB, 8.7.16.

[7] Vgl. Heidegger, Martin. *Sein und Zeit,* GA2, 254 (338).

erweist sich der Tod jedoch als eigenste Möglichkeit des Daseins. Damit möchte ich mich im dritten Abschnitt beschäftigen, welcher das Rätsel des Lebens zum Zentrum hat. Gezeigt werden soll, dass das, was Heidegger und Wittgenstein mitteilen möchten, nichts anderes ist als die Einsicht, das Leben in seiner Endlichkeit zu akzeptieren.

9.1 Die Besinnung auf das Leben durch die Ethik und die Sprache

In dem bis jetzt Dargelegten wurden drei Problemkreise in Heideggers und Wittgensteins früher Philosophie miteinander verknüpft: *Sprache, Ethik* und *Leben*. Die Konsequenzen dieser Herangehensweise sind zunächst nach einem praktischen Umfang zu bemessen: Die Verbindung zwischen Sprache und Leben begründet sich bei Heidegger dadurch, dass sich das Leben durch die Sprache der Welt versteht. Das faktische Leben nimmt sich und besorgt sich nicht nur als bedeutsames Vorkommnis und als Wichtigkeit der Welt, sondern spricht auch die Sprache der Welt, insofern es mit sich selbst spricht.[8] Dieser Verbindung zwischen Sprache und Leben untersteht aber die Bedeutung der Ethik. Wir können somit die folgende Verbindung auch zwischen Ethik und Leben aufweisen: Heidegger ist sich dessen bewusst, dass sich das Individuum – genauer das Dasein – mit dem Problem des täglichen Lebens auseinanderzusetzen hat. Er versucht dies im Blick auf eine vor-ontologische Normativität im Anschluss an das Leben sichtbar zu machen: »Das faktische Dasein ist, was es ist, immer nur als das eigene, nicht das Überhauptdasein irgendwelcher allgemeiner Menschheit, für die zu sorgen lediglich ein erträumter Auftrag ist.«[9] Dazu ist grundsätzlich im Auge zu behalten, dass nach Heidegger im Begriff »Leben« ein Grundphänomen gedacht wird, in dem »die griechische, die alttestamentliche, die neutestamentarisch-christliche Interpretation menschlichen Daseins zentrieren. Die Vieldeutigkeit des Terminus wird in dem bedeuteten Gegenstand selbst ihre Wurzeln haben. [...] Die Einstellung auf Vieldeutigkeit πολλαχῶς λεγόμενον ist kein bloßes Herumstochern in isolierten Wortbedeutungen, sondern Ausdruck der radikalen Tendenz, die be-

---

[8] Vgl. Heidegger, Martin. *Phänomenologischer Interpretation ausgewählter Abhandlungen des Aristoteles zur Ontologie und Logik*, GA62, 358.
[9] A.a.O., 350.

deutete Gegenständlichkeit selbst zugänglich und die Motivquelle der verschiedenen Weisen des Bedeutens verfügbar zu machen«[10]. Daher gibt es ganz verschiedene Lebensbedeutungen, oder anders: Zum Leben gehört eine »Ausgelegtheit«, die sich in der Weise des »Ansprechens« ausdrückt. Darin ist die Bedeutung der gewöhnlichen Praxis mit einbezogen, in der die Seinsfrage ihren Platz findet; diese hat nicht nur eine theoretische Seite, sondern auch eine praktische, welche die Frage nach dem Dasein des Menschen untersucht. Die praktische Anwendung der Seinsfrage bezieht sich auf die inneren Gründe des Seinsverständnisses als der wesenhaft existenten Endlichkeit; deswegen ist, insofern das Wesen in der Existenz liegt, die Frage nach dem Wesen des Daseins eine existenziale.

Das »praktische« Verhalten ist nicht »atheoretisch« im Sinne der Sichtlosigkeit, und sein Unterschied gegen das theoretische Verhalten liegt nicht nur darin, daß hier betrachtet und dort gehandelt wird, und daß das Handeln, um nicht blind zu bleiben, theoretisches Erkennen anwendet, sondern das Betrachten ist so ursprünglich ein Besorgen, wie das Handeln seine Sicht hat. Das theoretische Verhalten ist unumsichtiges Nur-hinsehen. Das Hin-sehen ist, weil unumsichtig, nicht regellos, seinen Kanon bildet es sich in der Methode.[11]

Das Leben bewegt am Ende sich selbst und fällt mit der Faktizität des sich verstehenden Daseins zusammen, insofern es sich selbst auslegt. Die Aufgabe besteht, so Heidegger, darin, »interpretativ vorzudringen zu einer Bewegung, die eine *eigentliche Bewegtheit des Lebens* ausmacht, *in* der es und *durch* die es *ist*, von der aus demnach das Leben nach dem Seinssinn so oder so bestimmbar wird; die verständlich macht, wie ein solches Seiendes genuin in eine seiner verfügbaren und aneignenden Habensweisen zu bringen ist (Problem der Faktizität, κίνησις-Problem).«[12] Um dies zu tun, muss man wiederum die Beziehung zwischen »Sein« und »Bedeutung« vor Augen haben.

Im Anschluss an die aristotelische Interpretation der Rhetorik fokussiert Heidegger erneut auf die Bedeutung der Sprache und betont, »durch das Leben selbst, durch die Art und Weise, wie der Redner spricht, muss das ἦθος sichtbar werden […]. Thema der alltäg-

---

[10] A.a.O., 352.

[11] Vgl. Heidegger, Martin. *Sein und Zeit*, GA2, 69 (93).

[12] Vgl. Heidegger, Martin. *Phänomenologische Interpretationen zu Aristoteles. Einführung in die phänomenologische Forschung*, GA61, 117.

Manuela Massa

lichen Rede in der Versammlung, vor Gericht usw. [ist] solches, ›was schon immer in der Gewohnheit steht, Gegenstand der Beratung zu sein‹ [Rhet. A 2, 1356 b 37 ff.], worüber man sich von altersher im Miteinandersein in der πόλις unterhält. Dadurch ist eine bestimmte sachliche Orientierung gegeben auf das, was Thema der Unterhaltung ist.«[13] Dieses Problem ist Heidegger derart wichtig, dass er »Sprechen« und »ἦθος« auf dieselbe Ebene stellt: »Beim Sprechen im erstgenannten Sinn sind relevant das ἦθος des Sprechenden und das πάθος dessen, zu dem gesprochen wird.«[14] Der vor einer Menge Redende orientiert sich dabei an der Meinung, der δόξα, während das Gespräch, in dem sich zwei Gesprächspartner befinden, dazu dient, aufzuzeigen, wonach gefragt wird. Damit hebt Heidegger den offenbarenden Charakter der Sprache hervor. Auch das reine Gespräch spielt sich jedoch nicht in einem Universum des reinen Denkens ab, sondern ist durch die δόξα geprägt, wie Jesús Escudero in seinem Aufsatz »The role of Aristotelian Rethorik« betont, weshalb das Reich der Meinungen und gemeinschaftliche Glaubenssätze zur Grundlage für das menschliche Verständnis avancieren.[15] Durch sie öffnet sich uns die Welt, und auch den Anderen gegenüber offenbaren wir uns durch das gemeinsame Element der Sprache.

Wie bei Heidegger, gibt es auch bei Wittgenstein die Möglichkeit, eine Verbindung zwischen Sprache und Leben zu knüpfen: Wenn die Grenzen der Sprache mit denen der Welt korrespondieren und es zwischen Welt und Leben eine Einheit gibt,[16] dann entspricht das Leben der Welt und deren impliziter sprachlicher Grenze. Somit aber kann auch bei Wittgenstein herausgestellt werden, dass sich das Leben aus sich selbst heraus rechtfertigt, da es keine Lösung für dieses »Problem« gibt. Weder kann man das Leben durch wissenschaftliche Erklärungen deuten noch kann man sich letztlich sprachlich darüber verständigen.[17] Negativ gesagt, ist das Problem des Lebens

---

[13] Heidegger, Martin. *Grundbegriffe der aristotelischen Philosophie,* GA18, 120 und 161.
[14] Ebd.
[15] Escudero, J. A. (2013). 3.
[16] Vgl. Wittgenstein, Ludwig. TLP, 5.621: »Die Welt und das Leben sind Eins.«
[17] Vgl. Wittgenstein, Ludwig. TLP, 6.52: »Wir fühlen, daß selbst, wenn alle *möglichen* wissenschaftlichen Fragen beantwortet sind, unsere Lebensprobleme noch gar nicht berührt sind. Freilich bleibt dann eben keine Frage mehr; und eben dies ist die Antwort.«

etwas, das sich sprachlich nicht einfangen lässt, das Leben kann und muss sich vielmehr aus sich selbst heraus rechtfertigen. Es hat auch keinen Sinn, gewissermaßen von außen dazu zu recherchieren, da über das Leben keine Aussagen formuliert werden können. Der Sinn des Lebens – sein »Als« bei Heidegger: das Leben *als* Leben – ist nicht durch Worte fassbar; es bleibt nur das Schweigen und somit eine Grenzziehung zwischen Sagbarem und Unsagbarem.

Das tägliche Leben ist aber eben Gegenstand der Untersuchung bei Wittgenstein, und in ihm liegt, wie es bei Heidegger heißt, eine »Selbstgenügsamkeit«, die ihre eigene Sprache spricht.[18] Das Leben gibt sich mit anderen Worten selbst seine Richtung hervor: »Die Lösung des Rätsels des Lebens in Raum und Zeit liegt außerhalb von Raum und Zeit.«[19] Es muss von den Individuen in der Gegenwart gelebt werden, denn im Jetzt zu leben macht den glücklichen Menschen aus. Dass die Bedingung, um glücklich zu werden, heißt, in Übereinstimmung mit der Welt zu leben,[20] ist eine originär ethische Einsicht.[21]

Aber welche Rolle spielt die Ethik genauer, wenn sie doch nicht zur Welt gehört? Wiederum ist Wittgenstein hier unmissverständlich: Die Ethik handelt nicht von der Welt – sie ist eine Bedingung der Welt, wie die Logik.[22] Die Weise, in der Wittgenstein dieses Problem durchdekliniert, knüpft an das Verhältnis von Sprache und Ethik an, worin zugleich das Leben in seiner Faktizität vor Augen tritt. Wenn Wittgenstein die Welt als Gesamtheit der Tatsachen vorstellt,[23] möchte er damit zeigen, dass all das, was der Erkenntnis des Menschen inhärent ist, etwas ist, was außerhalb der Welt seinen Ort hat. Zur Erkenntnis gehört kein Subjekt, da, um einen Erkenntnisprozess zu generieren, ein Vergleich mit der Wirklichkeit benötigt wird: »Um zu erkennen, ob das Bild wahr oder falsch ist, müssen wir es mit der Wirklichkeit vergleichen«[24], da in dem Bild allein eben diese Bedingungen nicht erkannt werden können. Sodann scheint auch die Denkbarkeit eines Bildes unmöglich zu sein, und wir können

---

[18] Vgl. Heidegger, Martin. *Grundprobleme der Phänomenologie*, GA58, 31.
[19] Vgl. Wittgenstein, Ludwig. TLP, 6.4321.
[20] Vgl. Wittgenstein, Ludwig. TB, 8.7.16.
[21] Vgl. Wittgenstein, Ludwig. TB, 24.7.16.
[22] Vgl. Wittgenstein, Ludwig. TB, 24.7.16.
[23] Vgl. Wittgenstein, Ludwig. TLP, 1.11.
[24] Wittgenstein, Ludwig. TLP.2.223.

»nicht sagen, was wir nicht denken können«[25]. Diese Eigenschaft eignet auch der Logik, da wir auch in der Logik »nicht sagen [können]: Das und das gibt es in der Welt, jenes nicht«[26]. Und als Spiegelbild der Logik setzt sich die gleiche Struktur auch in der Ethik durch, da die Ethik – wie gezeigt – den gleichen Status hat wie die Logik. Ethik und Logik unterstehen folglich den gleichen Bedingungen: Demnach »handelt die Ethik nicht von der Welt. Die Ethik muß eine Bedingung der Welt sein, wie die Logik«[27].

Leitend bleibt in dieser Verbindung die Verkoppelung zwischen Sprache und Ethik: Die Ethik lässt sich nicht aussprechen, sie bleibt unsagbar, weil die Sätze das »Höhere«, also das, was die Ethik betrifft, nicht zum Ausdruck bringen können.[28] Auch für das, was ein glückliches Leben ausmacht, gibt es keine objektiv beschreibbaren Charakteristika.[29] Seine ethische Bedeutung zielt aber darauf, dass der Mensch durch die Erkenntnis nur dann ein glückliches Leben führen kann, wenn er imstande ist, auf die Annehmlichkeiten der Welt zu verzichten.[30] Die Haltung des Ethischen markiert ein *Sein im Jetzt:* Das ethische glückliche Leben bedeutet für Wittgenstein, in der Gegenwart zu bleiben. Über das Leben zu sprechen, ist dagegen unmöglich – das Einzige, was wir tun können ist, es zu *zeigen.* So wird der nächste Abschnitt nicht nur das »Schweigen«, sondern auch die ›Bewegungsgrenze‹ des Lebens selbst ins Zentrum stellen.

9.2 »Wovon man nicht sprechen kann, darüber muss man schweigen« – wenn es nicht »bedeutsam« werden kann

»Wovon man nicht sprechen kann, darüber muß man schweigen.« So lautet der letzte Satz des *Tractatus.* Diese Aussage wirft einen Blick auf das Leben bzw. auf die Haltung, die das Subjekt zu seinem Leben einnimmt: Es kann diese Welt weder durch Handlungen verändern noch eine endgültige Antwort auf die Frage nach dem Leben finden. Die Frage nach dem Leben verweist in die Sphäre des Unsagbaren.

---

[25] Wittgenstein, Ludwig. TLP, 5.61
[26] Wittgenstein, Ludwig. TLP, 5.61.
[27] Vgl. Wittgenstein, Ludwig. TB. 24. 07. 16.
[28] Vgl. Wittgenstein, Ludwig. TLP, 6.42.
[29] Vgl. Wittgenstein, Ludwig. TB, 30. 7. 16.
[30] Vgl. Wittgenstein, Ludwig. TB, 13. 8. 16.

Wie kann man mit dieser Frage dann umgehen? Unsere Antwort sieht ungefähr so aus: Das Leben ist nicht von der Tatsache der Welt abhängig, sondern zeichnet sich durch die Wirklichkeit des Subjekts aus. Es gibt also die Möglichkeit, sich von der Welt unabhängig zu machen, indem das Individuum darauf verzichtet, Einfluss auf den ›Lauf der Dinge‹ zu nehmen.[31] Wenn es so ist, dass »[w]er in der Gegenwart lebt, ohne Furcht und Hoffnung lebt«[32], dann bedeutet dies, dass es die Welt einfach zu akzeptieren gilt, wie sie ist, ohne zu versuchen, das Individuum mit möglichen Änderungen zu beauftragen. Das Leben entzieht sich der Erklärung, es trägt seine Rechtfertigung in sich selbst. Die Lösung des Problems gibt sich also dadurch zu verstehen, dass das Problem verschwindet.[33] Diese Antwort zieht natürlich Spekulationen nach sich, unter anderen die Behauptung, der *Tractatus* erfülle die Voraussetzungen für eine Ethik nicht, da er keine Antwort auf die Frage nach dem Leben bereithalte, obgleich er existenzielle Fragen aufwerfe. Für Wittgenstein stehen Ethik und Leben in einem gegensätzlichen Verhältnis zueinander, da die Ethik auf eine »höhere« Sphäre verweist. Es könne nicht als leitendes Prinzip gelten, das Leben ohne weitere Begründung in diesem höheren Bereich anzusiedeln, zumal Wittgenstein selbst das Problem des Lebens durchaus auf eine nachdrücklich existenzielle Weise verfolgt, also auf eine, die es nicht bei den Tatsachen in der Welt bewenden lässt. Also wird das Leben zu etwas Unsagbarem.

Auf diese Weise kann man besser erfassen, was das »Unaussprechliche« bei Wittgenstein bedeutet, indem man es nämlich unmittelbar mit der Frage nach der Ethik verbindet: Was als etwas »Höheres« in die Welt eingebracht wird, kann nicht selbst in der Welt liegen. So gibt es keine Möglichkeit, den Sinn des Lebens in Worte zu fassen, man bleibt diesbezüglich sprachlos. Wenn allerdings wiederum das Leben als das »Höhere« erscheint und als etwas, das *über* die Welt sinniert, dann liegt der Sinn außerhalb der Welt, er ist transzendental.[34] Es gibt folglich keine adäquaten Worte, um die Bedeutung des Lebens zu erläutern, es gibt sich schlicht in seinem Verlauf zu erkennen, in seinem »Dass«, in dem, was sich in der Gegenwart zeigt. Erst in der Abgrenzung zwischen wissenschaftlichen Fragen und

---

[31] Vgl. Wittgenstein, Ludwig. TB, 5.7.16.
[32] Vgl. Wittgenstein, Ludwig. TB, 14.7.16.
[33] Wittgenstein, Ludwig. TLP, 6.521.
[34] Wittgenstein, Ludwig. TLP, 6.421b.

Manuela Massa

Fragen, die den menschlichen Wert und das menschliche Leben zum Gegenstand haben, kann die Frage nach dem Sinn des Lebens gestellt werden.

Es lassen sich also zwei Ebenen voneinander unterscheiden. Die eine bezieht sich auf die »Welt der Tatsachen« bzw. entspricht einer analytischen Sichtweise, während die andere im Hinblick auf die »Welt außerhalb der Tatsachen« bzw. in einem metaphysischen Sinne zu betrachten ist. Die Frage nach dem Sinn des Lebens gehört auf diese zweite Ebene. Dabei gibt Stefan Mejatschak in seinem Buch *Ludwig Wittgensteins Denkweg* zu verstehen, dass »das ethische Rätsel‹, welches in Verbindung mit den Fragen nach dem Sinn des Lebens und der rechten Lebensführung stehe, eine doppelte Lösung habe: »eine exoterische und eine esoterische«. Die exoterische Lösung lasse sich in den Worten zusammenfassen: »Das Rätsel gibt es nicht.« Damit kann die Frage nach dem Lebenssinn und der rechten Lebensführung (die man aber nicht aussprechen kann, da die Sprache nicht in der Lage ist, das »Höhere« auszudrücken) keine Antwort haben. Der Grund dafür liegt darin, dass der Sinn einer Frage nur durch den logisch-semantischen Raum möglicher Aussagen erschlossen werden kann: Eine Frage, die sich als undenkbar herausstellt, hat keinen Sinngehalt. Entsprechend sind die von den Sätzen beschriebenen Grenzen bezüglich des sinnvoll Aussagbaren hinsichtlich des Lebensproblems gar »keine Frage mehr; und eben dies ist die Antwort«[35]. In diesem Zusammenhang, so suggeriert zumindest Majetschak, ergibt sich die sog. esoterische Antwort, die sich auf die Phänomene des Lebens bezieht, in denen die Tatsachen der Welt, die im Satz beschreibbar sind, »nur für die Aufgabe und nicht für die Lösung«[36] geeignet sind. Diese unterziehen das behandelte Problem des Lebens keiner Sinnkritik. Folglich ist es auch nachvollziehbar, weshalb der Sinn des Lebens, nach dem die Menschen suchen und an dem so viel gezweifelt wird, keine sprachliche Form hat:[37] Wir sind nicht in der Lage, im *Phänomen des Lebens* seinen Tatbestand zu bewältigen, und eine Erklärung durch die Konstruktion eines Urbilds reicht nicht aus, um den Sinn des Lebens zu erklären. Könnte demnach *der Glaube* weiterhelfen? Wittgensteins Antwort ist positiv, insofern »an einen Gott zu glauben heiß[t], die Frage nach dem Sinn des Lebens verstehen«.

---

[35] Vgl. Wittgenstein, Ludwig. TLP, 6.52.
[36] Vgl. Majetschak, S. (2000), 113 f.
[37] Vgl. Wittgenstein, Ludwig. TB, 7.7.16.

Diese religiöse Nuancierung bewegt sich nicht mehr im Bereich des Erkennens, des analytischen Verfahrens. In der Tat soll Gott dem Leben sogar unmittelbar einen Sinn verleihen: »An Gott glauben heißt sehen, dass das Leben einen Sinn hat.«[38] Durch diese Verknüpfung zwischen dem Glauben und dem aufgeklärten Sinn des Lebens gewinnt das Unaussprechliche einen höheren Stellenwert. Dadurch tut dieser Gott die Tatsache der Welt jedoch nicht ab. Er entzieht sich jeder sprachlichen Dingfestmachung, sodass er für Wittgenstein tendenziell die Abhängigkeit des Menschen von einem fremden Willen, der sich mit Gott identifiziert, markiert, sei es als Schicksal oder als die von unserem Willen unabhängige Welt. Es gibt aber durchaus die Möglichkeit, sich aus dem Schicksal zu befreien (»vom Schicksal kann sich der Mensch unabhängig machen«)[39] und damit die Abhängigkeit des Menschen zu kappen. Dazu muss sich der Mensch jedoch bewusst werden, dass es zwei »Gottheiten« gibt: die Welt und das unabhängige »Ich«. Die Unabhängigkeit des Menschen wird zudem durch die Gegenwart definiert: Wer glücklich ist, wer zum Zweck des Lebens vorgedrungen ist, kann keine Furcht haben, auch nicht vor dem Tod, da es für ein Leben in der Gegenwart keinen Tod gibt. Mit dieser Darlegung zurrt Wittgenstein erneut die Grenzen der Sprache fest. Phänomene, die außerhalb der Tatsachenwelt stehen, sollen auch außerhalb der Welt bleiben: Es gibt keinen adäquaten sprachlichen Ausdruck für sie.

Anders sieht es bei Heidegger aus. Im Gegensatz zu Wittgenstein mit seinem Hinweis auf das Schweigen dringt er in die Sphäre des »Bedeutsamen« vor. So steht bereits seit den 1920er Jahren die Frage nach dem Sinn des Lebens im Zentrum von Heideggers Untersuchungen. Hierbei wird die Rolle der Sprache nicht durch ein »Schweigen« begrenzt; vielmehr stellt sich das Leben im Anschluss an seine Ausgelegtheit dar. Die griechische Bestimmung der ζωή, der Lebendigkeit, steht im Mittelpunkt des Lebens selbst.[40] Sie verweist

---

[38] Vgl. Wittgenstein, Ludwig. TB, 8.7.16.
[39] Vgl. Wittgenstein, Ludwig. TB, 8.7.16.
[40] Diesbezüglich hebt Georg Imdahl in seinem Buch *Das Leben verstehen. Heideggers formal anzeigende Hermeneutik in den frühen Freiburger Vorlesungen* hervor, dass bei Heidegger drei Bezugskategorien zu unterscheiden seien: »Reluzenz«, »Praestruktion« und »Ruinanz«. Die Reluzenz zeigt die Bewegtheit der Sorge, insofern sich das Leben aus der Welt interpretieren lässt, aus der es auf sich zurückstrahlt. Es handelt sich hierbei nicht um eine Spiegelung, da »Reluzenz« auf keine Doppelung verweise; sie lasse sich vielmehr durch die »Praestruktion« bestimmen, durch welche

auf die Vieldeutigkeit, durch die das Leben des Daseins gekennzeichnet ist, einschließlich seiner Tendenz zur »Ruinanz«, womit nach Heidegger der Grundsinn der Bewegtheit des faktischen Lebens gemeint ist.[41]

In seiner Ausgelegtheit folgt das Leben einer Signifikanz, die auf seinen Sinn zurückdeutet,[42] wobei die Faktizität vordringlich bleibt. Das Ende des Lebens in Form des Todes stellt daher keine Einschränkung dar (hier kann man eine Parallele zu Wittgenstein erkennen), sondern das Ende entspricht dem zum Leben gehörenden Möglichkeitscharakter des Daseins. In diesem Sinne bedeutet der Tod auch keine einfache Vernichtung, sondern stellt das »überantwortete Möglichsein« dar: Das Dasein *als* geworfenes Sein existiert auf sein Ende hin.[43] Daher wird der Sinn des Lebens im Leben selbst ersichtlich, insofern »das Leben etwas ist, das nicht erst noch etwas zu suchen brauchte – dass es zuvor leer wäre und dann erst eine Welt suchen musste, sich mit ihr zu erfüllen –, sondern es lebt immer in seiner Welt«[44]. So lädt Heidegger (ganz wie Wittgenstein) dazu ein, ›entschlossen‹ in der Gegenwart zu bleiben. Ohne dieses ständige Streben nach der Gegenwart seiner selbst, bleibt der Mensch dem »Man« verhaftet. Er muss die Erfüllung seiner Existenz *wollen:* »Nur als *Gegenwart* im Sinne des Gegenwärtigen kann die Entschlossenheit sein, was sie ist: das unverstellte Begegnenlassen dessen, was sie handelnd ergreift.«[45] Wird diese Entschlossenheit von Heidegger weiterhin mit dem Gedanken zusammengebracht, das Erbe, welches wir übernehmen, sei das Dasein selbst? Diese Frage lässt sich mit den folgenden Worten beantworten:

Die Entschlossenheit, in der das Dasein auf sich selbst zurückkommt, erschließt die jeweiligen faktischen Möglichkeiten eigentlichen Existierens *aus dem Erbe*, das sie als geworfene *übernimmt*. Das entschlossene Zurückkommen auf die Geworfenheit birgt ein *Sichüberliefern* überkommener Möglichkeiten in sich, obzwar nicht notwendig *als* überkommener. Wenn

---

gegen das Fragwürdige und Labile Stabilität gewahrt werde. Der letzte Zug, die »Ruinanz«, beschreibe die Verfallenheit an die Welt; als Sturz weise sie auf »das Nichts des faktischen Lebens«. Vgl. Imdahl G. (1997), 219 f.

[41] Vgl. Heidegger, Martin. *Phänomenologisch Interpretation zu Aristotles. Einführung in die phänomenologische Forschung*, GA61, 131.

[42] Vgl. Heidegger, Martin. NB, 22.

[43] Vgl. Heidegger, Martin. *Sein und Zeit*, GA2, 251 (333 f.)

[44] Vgl. Heidegger, Martin. *Grundprobleme der Phänomenologie*, GA58, 34.

[45] Heidegger, Martin. *Sein und Zeit*, GA2, 326. (431)

alles »Gute« Erbschaft ist und der Charakter der »Güte« in der Ermöglichung eigentlicher Existenz liegt, dann konstituiert sich in der Entschlossenheit je das Überliefern eines Erbes.[46]

Hier gilt es zum einen zu klären, ob das »Erbe«, von dem Heidegger
spricht, eines des ›Blutes‹ ist – des Aristokraten oder des Volkes. Zum
anderen müssen wir uns fragen, ob es eine geschichtliche Gestaltung
der Gemeinschaft repräsentiert. Darauf kann man keine direkte Antwort geben. Sicher ist jedoch dies: »Nur das Freisein für den Tod gibt
dem Dasein das Ziel schlechthin und stößt die Existenz in ihre Endlichkeit […]. Damit bezeichnen wir das in der eigentlichen Entschlossenheit liegende ursprüngliche Geschehen des Daseins, in dem es sich
frei für den Tod ihm selbst in einer ererbten, aber gleichwohl gewählten Möglichkeit überliefert.«[47] Wenn das Leben dieser Eigenschaft
entspricht und als konkrete Umsetzung in der Welt darzulegen ist,
bleiben keine mystischen Aspekte zurück: »Es handelt sich nicht um
Mystik oder Schwärmerei, um ein Sich-los-lassen und Schauen«[48],
sondern priorität sei es, die Verständlichkeit des Lebens hervorzuheben. Aus diesem Grund liegt auch der Fokus der Daseinsanalytik auf
diesem Aspekt. So hebt Heidegger im Zusammenhang seiner Auseinandersetzung mit der Sprache hervor, das Schweigen sei die äu-
ßerste Möglichkeit der Rede, denn im Grunde genommen könne »nur
ein Seiendes, dessen Sein dadurch bestimmt ist, dass es reden kann,
[…] auch schweigen«[49]. Durch den Bezug der Rede auf das Phänomen
des Schweigens ergibt sich die Möglichkeit der Eigentlichkeit: »Wer
im Miteinanderreden schweigt, kann eigentlicher ›zu verstehen geben‹, das heißt das Verständnis ausbilden, als der, dem das Wort nicht
ausgeht. Mit dem Schweigen bezeichnet Heidegger kein Stummsein:
Der Stumme habe vielmehr die Tendenz zur Rede und Verlaut-
barung. Es geht vielmehr um eine Möglichkeit innerhalb des Sprechens selbst: Ein Mensch würde sprechen, wenn er das könnte. Daher
gibt es auch im Schweigen die Möglichkeit des Offenbarens.[50]

Mit der »Faktizität« weist Heidegger die volle Entfaltung der
Problematik des Lebens auf, die sich (anders als bei Wittgenstein)
durch die Sprache auslegt. Der Modus des Schweigens wiederum

---

[46] A. a. O., (507)
[47] Vgl. a. a. O., 384.
[48] Vgl. Heidegger, Martin. *Grundprobleme der Phänomenologie*, GA58, 231.
[49] Vgl. Heidegger, Martin. *Prolegomena zur Geschichte des Zeitbegriffes*, GA20, 368.
[50] Vgl. a. a. O., 369.

steht in Verbindung mit dem Gewissen: »Das Gewissen redet einzig und ständig im Modus des Schweigens.«[51] Dieses soll dem Dasein selbst gehören, wenn das Gewissen das existenziale Ganzsein des Daseins in seiner existenziellen Möglichkeit bezeugen soll. Hier geht es um kein unmittelbares Bewusstsein von Gott, sondern um ein Phänomen des Daseins selbst: den »Ruf der Sorge«[52]. Dieser Ruf richtet sich an das »Man-selbst« und soll dieses zu seinem möglichen Selbstsein hinwenden. Folglich wird ihm nichts *zu*gerufen; vielmehr wird es zum eigensten Selbstsein *auf*gerufen. Wenn sich der Ruf im Modus des Schweigens ereignet, gelangt das Dasein aus dem Man-selbst in die Verschwiegenheit seines Selbstseins, in dem das Nichts der Welt in die Bedeutungslosigkeit des einzelnen Seienden geworfen ist.

Das Schweigen spielt dabei eine wesentliche Rolle, denn das Gewissen zeichnet sich wie gesagt dadurch aus, dass es »nur schweigend ruft, das heißt der Ruf kommt aus der Lautlosigkeit der Unheimlichkeit und ruft das aufgerufene Dasein als still zu werdendes in die Stille seiner selbst zurück«[53]. Das Selbstsein des Daseins verlautbart sich nicht. Dementsprechend ist keine ontische Bestimmung möglich; das ›Selbstgespräch‹ gilt vielmehr der Möglichkeit des Daseins als Erschlossenheit. Das impliziert zugleich einen anderen Aspekt von Heideggers Untersuchung, nämlich die dynamische Bewegung, die hinter der Analyse des Daseins steht. Wo werden die Bewegungsgrenzen des Lebens ersichtlich? Was ist damit gemeint? Im nächsten Abschnitt wird eine Antwort auf diese Frage gegeben. Es werden nicht nur die Grenzen des Lebens im *Tractatus* und in Wittgensteins Tagebüchern nachgezogen, welche in das Mystische münden, sondern es wird auch gezeigt, inwiefern bei Heidegger die Bewegungsgrenzen vom Leben abhängen.

9.3 Die Bewegungsgrenzen des Lebens bei Heidegger und das Mystische bei Wittgenstein

Zum Leben gehört eine Bewegung, welche nicht nur die Grenzen zwischen Leben und Tod auslotet, sondern auch, wie in der vorliegen-

---

[51] Heidegger, Martin. *Sein und Zeit*, GA2, 273 (363; im Original kursiv)
[52] Vgl. a. a. O., 274. (364 ff.)
[53] Heidegger, Martin. *Phänomenologische Interpretationen zu Aristoteles. Einführung in die phänomenologische Forschung*, GA61,119.

den Arbeit gezeigt, seine sprachliche Bestimmtheit, mittels derer nicht zuletzt über ein Verständnis des Lebens selbst nachgedacht wird. Heidegger nennt das die ›Auslegung des Lebens‹: das Leben als Faktizität des sich verstehenden Daseins, in der sich das Leben selbst zur Sprache bringt. Es geht nach Heidegger darum, interpretativ vorzudringen »*zu einer Bewegtheit, die eine eigentliche Bewegtheit des Lebens ausmacht, in der es und durch die es ist, von der aus demnach das Leben nach dem Seinssinn so oder so bestimmbar wird*«[54]. Bei Wittgenstein wird diese Bewegtheit zur Metapher des Mystischen: Es werden die Grenzen der Sprache deutlich, sodass eine Kluft entsteht zwischen dem, »was gesagt werden kann«, und dem, was sich als »transzendental« erweist. Diese Kluft kann in sich selbst als Bewegung interpretiert werden, da sie kein statisches Moment ist. So schreibt Horst Dieter Rauh in *Wittgensteins Mystik der Grenze*, dass das »Unaussprechliche am Tod uns zum sprechen bringt; das Wissen um Grenzen spornt an, nach Gewissheit zu suchen«[55].

Im Grunde genommen enthält die Existenz eine »unaussprechliche Bedeutung«, woraus ihre Bestimmung durch die *Grenze* der Sprache erfolgt. Daraus geht wiederum die Problematik des »Zeigens« hervor. Im *Tractatus* mündet dies ins Mystische, das sich als solches in der Welt spiegelt. Es geht demnach um eine Bewegung, welcher dieser mystische Aspekt des Lebens inhärent ist, die also das Schweigen in eine Art ›Gebrauchstheorie‹ der Sprache aufnimmt. Die Bewegung der Worte ist im Blick auf das Problem des Lebens nicht imstande, eine Antwort auf das Mystische zu formulieren, sondern führt unmittelbar in es hinein: »Wir fühlen, daß selbst, wenn alle *möglichen* wissenschaftlichen Fragen beantwortet sind, unsere Lebensprobleme gar nicht berührt sind.«[56] Auf diese Weise verknüpft sich die Frage nach dem Leben mit dem Mystischen, was wiederum eine sprachliche Bewegung impliziert, nämlich einen Fortschritt von dem, was »gesagt werden kann«, hin zum »Unaussprechlichen«: »Es gibt allerdings Unaussprechliches. Dies *zeigt* sich, es ist das Mystische.«[57]

In gleicher Weise prägt auch die von Heidegger beschriebene Bewegtheit in der Welt den Aufenthalt des Daseins, worin sich das Da-

---

[54] Heidegger, Martin. *Grundbegriffe der aristotelischen Philosophie*, GA18, 117.

[55] Vgl. Rauh, H. D. (2014). *Wittgensteins Mystik der Grenze*, Matthes & Seitz, Berlin, 15.

[56] Wittgenstein, Ludwig. TLP, 6.52.

[57] Wittgenstein, Ludwig. TLP, 6.522.

sein schon immer befindet, insoweit die »Wirklichkeit, Vorhandensein als dessen Bewegung fassbar wird«[58]. Mit der Bewegtheit, κίνησις, intendiert Heidegger eine Wesensbestimmung bzw. einen fundamentalen Charakter des Lebens des Daseins.[59] Innerhalb des Lebens erscheine »die Bewegtheit als solche« als Problem, welches sich jedoch auflöse, wenn das Dasein ein adäquates Verhältnis zum Tod gewinne. Damit lassen sich wiederum Heideggers und Wittgensteins Stellungnahmen zum Tod zur Deckung bringen: Der Tod entspricht nicht dem Ende des Lebens, sondern stellt eine Möglichkeit dar, die es schon innerhalb des Lebens zu erkennen gilt.

In dieser Definition, in der das Sprechen als Seinsweise des Lebens definiert wird, erkennt Heidegger es zugleich als Bewegung: »Wir pflegen zum Phänomen des Lebens die Bewegung zu rechnen. Bewegung ist hier aber […] als jede Art von Bewegung, d.h. als μεταβολή, als Anwesendsein des Umschlagens«[60] zu verstehen. Im Anschluss an seine Interpretation von Aristoteles' *De anima* erklärt Heidegger, das Leben als solches werde dann zu einem Bewegen von etwas, »das für das Leben irgendwie von Belang ist; ein orientiertes Bewegen in der jeweiligen Welt«[61]. Knapp formuliert ist es für Heidegger das Leben selbst, das einer Bewegung entspringt. Daraus bestimmt sich seine Faktizität: »Faktizität (Seinssinn des Lebens) bestimmt sich mit aus der Bewegtheit.«[62] In diesem Kontext findet allerdings die »Sorge« ihren Platz, weil die Auslegung dieser Bewegung zu ihr hinführt: Das Leben hat »in sich selbst ein eigentümliches Gewicht«[63], wie Heidegger in seiner Auslegung des *Theaitetos* sagt. Eine Verbindung zu *Sein und Zeit* besteht insofern, als hier die »Sorge« als Sein des menschlichen Daseins bestimmt wird. So bemüht sich Escudero[64] zu zeigen, dass die »Sorge« im Rahmen der Daseinsanalyse auf Platons Idee der Seele bezogen werden kann, die als immer in Bewegung erkannt wird (Gesetze X, 896a). Die Parallele zu Platon hinsichtlich der Bewegung der Seele erlaubt die Berücksichti-

---

[58] Vgl. Heidegger, Martin. *Platon: Sophistes*, GA19, 18.
[59] A.a.O., 43.
[60] A.a.O., 18.
[61] Vgl. Heidegger, Martin. *Grundbegriffe der antiken Philosophie*, GA22, 309.
[62] Vgl. Heidegger, Martin. *Phänomenologische Interpretationen zu Aristoteles. Einführung in die phänomenologische Forschung*, GA61, 114.
[63] Vgl. Heidegger, Martin. *Grundbegriffe der antiken Philosophie*, GA22, 119.
[64] Escudero, J. A. *Sein und Zeit und die Tradition der Selbstsorge*. Heidegger Studies, 29, 2013, 195–211.

gung, dass das Dasein ein verändertes Verständnis von sich selbst hat, welches zu einem Bewusstwerden seiner eigenen Verfallstendenz führen kann. Innerhalb der Sorge ergibt sich eine Zuwendung zum eigenen Dasein, die ihm die Möglichkeit eines Richtungswechsels verleiht.

Bei Wittgenstein kehrt sich diese Frage nach der Bedeutung des Lebens um, wobei sie aber im Leben selbst gedeutet wird. So definiert sich das Leben als Zweck des Daseins, insofern die Tatsachen der Welt irrelevant für dieses Leben werden. Wie Terricabras im Anschluss an diese Überlegung Wittgensteins bemerkt, sieht man durch die Probleme des Lebens,[65] die sich von denen der Naturwissenschaft unterscheiden, von fern ein, dass die Tatsachen der Welt »alle nur zur Aufgabe, nicht zur Lösung gehören«[66], da sie die Welt nicht transzendieren und ihren eigenen Sinn nicht erklären können. Aus diesem Grund lebt man bereits »ewig« ein endloses Leben in der Gegenwart.[67] Das ziehe weiterhin nach sich, dass der Tod nicht zu fürchten sei. Gelingt ihm dies, hat der Mensch die Chance, glücklich zu leben. »Und insofern« so notiert Wittgenstein in seinen Tagebüchern »hat Dostojewski recht, wenn er sagt, dass der, welcher glücklich ist, den Zweck des Daseins erfüllt. Oder man könnte auch so sagen, der erfüllt den Zweck des Daseins, der keinen Zweck außer dem Leben mehr braucht. Das heißt nämlich, der befriedigt ist«[68]. Wichtig ist, dass genau diese Wirklichkeit des Subjekts die Tatsachen der Welt zu beeinflussen vermag, eben »durch das Leben der Erkenntnis [...]. Das Leben der Erkenntnis ist das Leben, welches glücklich ist, der Not der Welt zum Trotz«[69]. Folglich ist das gute Gewissen das Zeichen dafür, dass das Subjekt glücklich ist und mit der Welt übereinstimmt. Vorher muss es aber die Geschehnisse der Welt erkennen, welche nicht vorbehaltlos zu akzeptieren sind. Es wird im Gegensatz betont, es ginge darum, die Tatsachen *wissend* anzunehmen. Zu diesen Tatsachen zählt auch das Ende des Lebens: Kann das Subjekt auch dann glücklich bleiben, wenn das Leben zu Ende geht? Heidegger und Wittgenstein bejahen dies. Daher widmet sich der letzte Abschnitt dieser Studie der Frage nach dem Tod in ihrem Denken.

---

[65] Vgl. Terricabras, J. M. (1978), 302–303.
[66] Vgl. Wittgenstein, Ludwig TL 6.4321.
[67] Vgl. Wittgenstein, Ludwig. TLP. 6.4311.
[68] Vgl. Wittgenstein, Ludwig. TB, 6.7.16.
[69] Vgl. Wittgenstein, Ludwig. TB. 13.8.19.

9.4 Der Tod als Möglichkeit

Der Tod wurde von Heidegger als »Möglichkeit« des Daseins aufgezeigt. Diese Auffassung impliziert nicht zuletzt eine bestimmte Definition der Ganzheit des menschlichen Daseins, welches nicht den
Zustand des Seins hat, sondern den des »Geschehens«. In *Sein und
Zeit* wird die Ganzheit des Lebens zwischen Geburt und Tod angesiedelt, und doch findet, wie schon gezeigt wurde, innerhalb des Lebens
eine Bewegung statt, die von Heidegger als ein Sein oder »Vorlaufen
zum Tode« bezeichnet wird. Von hier aus gewinnt der Tod bei Heidegger seine Bedeutsamkeit und sein philosophisches Interesse. Heidegger erkennt die Möglichkeit des Lebens in seinem »Über-holen«,
in dem der Mensch sich an seine letzte Grenze bringt: zum Tod als der
äußersten, »un-überholbaren« Möglichkeit des Daseins. Es geht ihm
um etwas Volles, um etwas, was ein Können impliziert. Anders gesagt: Wo das Thema des Todes auftritt, sprechen wir von der Ganzheit
des Daseins. Wo es dagegen um das Leben geht, spricht Heidegger
von Entschlossenheit: Denn hier ist der ganz gewordene Mensch frei
von jener Verdeckung und den Verschleierungen, die die durchschnittliche Alltäglichkeit prägen. Zudem ist er frei zu wesentlichem,
ursprünglichem Tun. Darüber hinaus muss noch berücksichtigt werden, dass die Angst vor dem Tod das Potenzial hat, dem Menschen zu
seiner wahren Würde zu verhelfen: Durch sie kann der Mensch »eigentlich«, er selbst werden, sich selbst zu eigen sein. Der Tod, der *im*
Leben des Menschen statthat, erweist sich somit als fundamentales
Phänomen, da dieser ohne den Tod nicht ›ganz‹ werden könnte.[70] Da
der Tod immer *je meiner* ist, bleibt das Verhältnis stets auf den einzelnen Menschen beschränkt.

Weil der Tod eine Möglichkeit des Nicht-mehr-da-Seins aufweist, präsentiert er sich als reinste Möglichkeit des Daseins, das
heißt, im existenziellen Sein zum Tode muss vom Dasein die Möglichkeit als solche ausgehalten werden. Es wird also deutlich, dass das,
was die eigentliche Seinsfrage betrifft, die eigentliche Existenz eines
solchen Seins zum Tode bezeichnet. Der Tod ist für Heidegger eine
Entität des Lebens (oder besser ausgedrückt: das Ende des Lebens),
durch welche das Dasein eine höhere Gewissheit im alltäglichen Leben erhält,[71] weswegen er »als eigenste, unbezügliche, unüberhol-

---

[70] Vgl. Heidegger, Martin. *Sein und Zeit*, GA2, 236. (314f.)
[71] Vgl. a. a. O., 258 (342f.)

bare, gewisse Möglichkeit begriffen werden muss«[72]. Dahinter steht folgender Gedanke: »Der *Tod ist* als Ende des *Daseins* im Sein dieses Seienden *zu* seinem Ende.«[73] Untersucht man die Motive, aufgrund derer Heidegger auf den Tod im Rahmen der Analytik des Daseins fokussiert, wird deutlich, dass dies nicht nur ethische Motive sind, sondern zugleich Heideggers Antwort auf den geschichtlichen Kontext, in dem er einer der Protagonisten war. Wie schon Hans-Martin Gerlach in seinem Aufsatz »Dasein als Sein zum Tode oder Tod als Grenzsituation«[74] bemerkt, steht Heidegger mit seiner Todesauffassung nicht solitär da – in einem gewissen Sinne ist sie eine Zusammenfassung der von ihm erlebten Geschichte. Heideggers Analyse des Vorlaufens zum Tode erweise sich damit als Antwort auf den Ersten Weltkrieg, der millionenfach sinnlose Opfer hervorgebracht habe und somit einen wichtigen Hintergrund für das philosophische und theoretische Bewusstsein Heideggers bilde.

In Heideggers Existenzialanalyse ist der Tod als ein Phänomen zu begreifen, das nur den einzelnen Menschen betrifft, insofern sich im Vorlaufen zu unserem je eigenen Tode die Möglichkeit ergibt, sich aus der Unpersönlichkeit des Massendaseins, des »Man« zu befreien. Damit gehört der Tod zum Sein des Daseins selbst. Im Grunde genommen hat er bei Heidegger keine objektive Wirklichkeit, sondern ist in seiner existenzialen Bestimmung zu verstehen. »Am Sterben zeigt sich, daß der Tod ontologisch durch Jemeinigkeit und Existenz konstituiert wird. Das Sterben ist keine Begebenheit, sondern ein existenzial zu verstehendes Phänomen [...].«[75] Er ist »kein Zu-Ende-sein«, sondern ein »Sein zum Ende« und lässt sich demnach als eine »Weise zu sein« erkennen, die vom Dasein übernommen wird, sobald es existiert.[76] Damit gelangt man zur Ganzheit des Daseins. Diese stellt keine ›Summe des Lebens‹ dar, welche den Tod als etwas anderes aus sich ausschließt, sondern meint das aus dem Vorlaufen-zum-Tode ermöglichte Ganzseinkönnen des Daseins – und in diesem Sinn können Leben und Tod als Seinsweisen nebeneinandergestellt werden.

All dem kann man entnehmen, dass es Heidegger um ein Verstehen des Todes im Sinne der eigenen Sterblichkeit geht. Die End-

---

[72] Vgl. a. a. O., 258.

[73] A. a. O., (343)

[74] Gerlach, H. M. (1991). *Dasein als Sein zum Tode oder Tod als Grenzsituation.* Deutsche Zeitschrift für Philosophie, *39*(7–12), 549 f.

[75] Heidegger, Martin. *Sein und Zeit*, GA2, 240 (319 f.)

[76] A. a. O., 245. (326)

lichkeit des Daseins schränkt den Begriff des Todes nicht auf ein Geschehen am Ende des Lebens ein, sondern erfährt ihn als etwas, womit das Dasein auf sich selbst zukommt. Dem liegt für Heidegger die Frage nach der Zeitlichkeit zugrunde, nach der das menschliche Dasein eben nichts anderes als ein *Geschehen* sein kann, dessen Zeitlichkeit es zunächst zu enthüllen gilt, mit der es immerfort auf sich selbst zukommt. Im Ganzen zeigt sich damit *sum moribundus* – sterblich existiere bzw. »bin« ich. Bleibt das *moribundus*-Gewissen im Hintergrund, so nur, weil das *moribundus* dem *sum* allererst seinen Sinn verleiht.[77]

Abgesehen davon stellt das Vorlaufen zum Tode auch eine ethische Frage dar, da es die Vorwegnahme einer Art Endgericht impliziert. Dabei wird von Heidegger aus der Sicht des Gewissen-haben-Wollens das Schuldigseinkönnen thematisiert, was zudem besagt, dass, wenn die »Eigentlichkeit« im ethischen Sinne als ein Vorlaufen zum Tod zu verstehen ist, die Gerichtshofvorstellung des Gewissens gerade die unabdingbare Voraussetzung dafür abgibt. Heidegger geht davon aus, dass die Vorstellung vom Endgericht genau das sei, was Kants Interpretation des Gewissens disqualifiziere.[78] Ebendeshalb geht das Dasein durch die Anerkennung seiner Endlichkeit vom »Man« aus, um von dort auf sich selbst zu verweisen. Schuldig an der ›feigen‹ Angst vor dem Tode ist die Öffentlichkeit, die ihn abdrängen und vergessen machen will, und gerade in diesen Eigenschaften des Man zeigt sich das »Verfallen« des Daseins.[79] Nichtsdestotrotz betrifft der Punkt, auf den Heidegger seine Leser in *Sein und Zeit* aufmerksam macht, die Gewissheit des Todes selbst, der jedoch jedes Lebenswesen ereilt: Er ist durch das Existieren selbst eine unüberholbare Möglichkeit und seine ursprüngliche Gewissheit die ursprüngliche Wahrheit.[80] Wie könnte man etwas, das unser Leben auf eine so tiefe Weise bedingt, rationalisieren? Die Wissenschaft kann darauf keine Antwort geben, weil sie sich auf die Empirie bezieht und das Faktum Tod ist an sich nicht erfahrbar. Heidegger bietet dagegen eine

---

[77] Vgl. Heidegger, Martin. *Prolegomena zur Geschichte des Zeitbegriffes*, GA20, 438.
[78] »Die Charakteristik des Gewissens als Ruf ist keineswegs nur ein ›Bild‹, etwa wie die Kantische Gerichtshofvorstellung vom Gewissen«. Vgl. Heidegger, Martin. *Sein und Zeit*, GA2,
[79] Vgl. Heidegger, Martin. *Prolegomena zur Geschichte des Zeitbegriffes*, GA20, 436.
[80] Vgl. Youm, J. (1995). *Heideggers Verwandlung des Denkens* (Epistemata. Reihe Philosophie 166), Königshausen & Neumann, Würzburg, 48.

Lösung an: Es ist die Philosophie, die uns dabei helfen kann, den Tod zu akzeptieren.

Im Zentrum der Untersuchung Heideggers steht jedoch das Dasein als etwas, das sich nicht auf einer festliegenden Strecke zwischen Geburt und Tod befindet, sondern eine Zeitlichkeit *zwischen* Geburt und Tod markiert. Aus diesem Grund ist für Heidegger (wie auch für Kant) der Selbstmord inakzeptabel, da auf diese Weise die Möglichkeit *als* Möglichkeit aufgegeben werde.[81] Menschsein bedeutet, sich selbst als endliches Dasein zu zeitigen: »Das Vorlaufen zum Tode in jedem Augenblick des Daseins bedeutet das Sich-zurückholen des Daseins aus dem Man im Sinne des Sich-selbst-wählens.«[82]

Sich in seiner Ganzheit zu fassen heißt, den Augenblick zu ergreifen – und dafür braucht man etwas anderes als eine Uhr. Durch die Zeitbestimmung anhand der Uhr wird etwas mitgeteilt, was nichts mit unserer persönlichen Zeiterfahrung zu tun hat. Man sieht auf die Uhr, um sich über eine bestimmte Zeit zu verständigen, womit aber dem Jetzt der Uhr Tribut gezollt wird und damit dem Man, der Herrschaft der Öffentlichkeit im Dasein.[83] Die Zeitlichkeit des Vorlaufens zum Tode bedeutet für Heidegger dagegen, zu wählen und gewählt zu haben. Nur so kann sich das Dasein aus der Verlorenheit in das Man zurückzuholen. Sofern sich im Jetzt aber die Zeitlichkeit des Daseins ausspricht, ist die ausgesprochene Zeit immer etwas, um das es dem Dasein selbst geht, d. h. die Zeit ist immer Zeit als rechte Zeit oder Zeit-um-zu.[84] Damit besteht die Möglichkeit, die Priorität des Augenblicks zu erkennen: In diesem lebt der Mensch gegenwärtig und ist fähig, das »Hier« und »Jetzt« zu erleben.

9.5 Der glückliche Tod bei Wittgenstein

Die Frage nach dem Tod steht auch im Zentrum von Wittgensteins frühen Werken. Sie ist Ausdruck einer Einladung, die sich auch in Heideggers Auffassung des Todes widerspiegelt, nämlich der Einladung, ganz in der Gegenwart zu sein. So notiert Wittgenstein in

---

[81] Vgl. Heidegger, Martin. *Prolegomena zur Geschichte des Zeitbegriffes*, GA20, 439.
[82] Ebd. Vgl. Heidegger, Martin. *Prolegomena zur Geschichte des Zeitbegriffes*, GA20, 440.
[83] Vgl. Heidegger, Martin. *Vorträge*, GA80, 148.
[84] Vgl. Heidegger, Martin. Die Grundprobleme der Phänomenologie, GA20, 283.

seinem Tagebuch: »Wer in der Gegenwart lebt, lebt ohne Furcht und Hoffnungen.«[85] Dies verweist auf seine Auffassung, den Tod nicht zu fürchten bedeute, in Übereinstimmung mit der Welt zu leben. Die Bestätigung dafür findet sich in den folgenden beiden Sätzen des *Tractatus*: A) »Die Welt und das Leben sind Eins.«[86], und B) »Ich bin meine Welt. (Der Mikrokosmos.)«[87]. In ihnen wird so etwas wie die Eigentlichkeit des Menschen zum Ausdruck gebracht. Und von dem hier Ausgedrückten hängt auch das Glücklichsein des Menschen ab: Denn dieses ist die Einheit zwischen den drei Elementen Leben, Welt und Ich – was zugleich die Bedeutung des Todes anzeigt, bei dem es um das persönliche Sterben des Menschen geht, von dem das einzelne Subjekt betroffen ist.

Jedenfalls prägt das Todesverhältnis des Menschen sein Weltverhältnis, bei dem es nicht um objektive Merkmale eines harmonischen Lebens geht, da es sich beim Weltverhältnis um keine besondere Tatsache in der Welt, sondern um das Verhältnis zu der Gesamtheit der Tatsachen handelt, wodurch die Möglichkeit einer Beschreibung ausgeschlossen ist.[88] Wittgensteins Hinweis an den Menschen, glücklich zu leben, muss gewissermaßen als Diktum aufgenommen werden: »Lebe glücklich.«[89] Nicht zufällig weist Wittgenstein darauf hin, dass das Ende des Lebens schlicht zu akzeptieren sei, denn da der Tod nicht erlebt werden kann, vermag er auch kein Ereignis *im* Leben zu sein.[90] Er stellt dann keinen unglücklichen Moment des Lebens dar, wenn der Mensch sich bewusst wird: »Nur wer nicht in der Zeit, sondern in der Gegenwart lebt, ist glücklich.«[91] Wie Heidegger geht es auch Wittgenstein darum, den eigenen Tod des Menschen zu beleuchten. Dieser definiert unsere Welt, die Welt, die innerhalb unserer Erfahrung hervorgebracht wird. Dementsprechend erweist sich der Tod als etwas Jenseitiges, Transzendentes, wodurch sich unsere Welt begrenzt bzw. mit dem unsere Welt endet. Damit ist nicht nur der Ich-Raum unseres Denkens gemeint, sondern auch das Ende der Welt: Mit dem Sterben endet auch die Welt, in der man lebt. Daraus ergibt sich keine ersichtliche Veränderung, die wir erleben könnten, da die

---

[85] Vgl. Wittgenstein, Ludwig. TB. 14.7.16.
[86] Wittgenstein, Ludwig. TLP, 5.621.
[87] Wittgenstein, Ludwig. TLP, 5.63.
[88] Vgl. Wittgenstein, Ludwig. TB. 30.7.16.
[89] Vgl. Wittgenstein, Ludwig. TB. 29.7.16
[90] Vgl. Wittgenstein, Ludwig. TLP, 6.4311.
[91] Vgl. Wittgenstein, Ludwig. 8.7.1916

Welt mit uns in Verbindung steht und ihre Existenz mit unserem Sterben endet: »Wie auch beim Tod die Welt sich nicht ändert, sondern aufhört.«[92]

Wie soll man sich gemäß dem frühen Wittgenstein der philosophischen Tagebücher und des *Tractatus* gegenüber dem Tod verhalten? Diese Frage hat nur eine Antwort: Man muss in der Gegenwart bleiben. Dies bedeutet jedoch zugleich, dass die Priorität der Gegenwart eine Anerkennung des Lebens bedeutet, wodurch auch die Möglichkeit der Ewigkeit besteht. Wie es Wittgenstein selbst ausdrückt: »Wenn man unter Ewigkeit nicht unendliche Zeitdauer, sondern Unzeitlichkeit versteht, dann lebt der ewig, der in der Gegenwart lebt.«[93] Wichtig ist, dass das Ich keinem Teil der Welt entspricht, welcher sich mit einem anderen identifizieren ließe. Das besagt einerseits, dass nichts in der Welt für das Ich wichtig oder unwichtig ist. Anderseits kann es als Anhaltspunkt für einen Hinweis auf die Bedeutung von Raum und Zeit betrachtet werden: Diese spielen im vorliegenden Zusammenhang keine Rolle, da die Lösung des Rätsels des Lebens außerhalb von Raum und Zeit liegt. Wie auch in Heideggers Todesanalyse ist die Wissenschaft nicht dazu in der Lage, eine Antwort auf dieses Rätsel zu geben, geschweige denn, es zu lösen. Wittgenstein fasst diese Überlegung in den folgenden, bereits häufiger zitierten Worten zusammen: »Wir fühlen, daß selbst, wenn alle *möglichen* wissenschaftlichen Fragen beantwortet sind, unsere Lebensprobleme noch gar nicht berührt sind. Freilich bleibt dann eben keine Frage mehr; und eben dies ist die Antwort.«[94]

Demnach kann die Wissenschaft in der Beantwortung der Frage nach dem Leben nicht behilflich sein. Sollen wir damit auf unser Glücklichsein verzichten, da unser Schicksal ohnehin besiegelt ist? Wittgenstein ist hier wiederum sehr präzise. Um glücklich zu sein, hat der Mensch nur einen möglichen Weg, und zwar den, seine Erkenntnisse zu bewahren: »Wie kann der Mensch überhaupt glücklich sein, da er doch die Not dieser Welt nicht abwehren kann? Eben durch das Leben der Erkenntnisse … das Leben der Erkenntnisse ist das Leben, welches glücklich ist, der Not der Welt zum Trotz.«[95] Mit den Erkenntnissen kann man zu einer Befreiung vom Tod gelangen, und

---

[92] Vgl. Wittgenstein, Ludwig. TLP, 6.431.
[93] Vgl. Wittgenstein, Ludwig. TLP, 6.4311.
[94] Wittgenstein, Ludwig. TLP, 6.52.
[95] Vgl. Wittgenstein, Ludwig. TB. 13.8.16.

nicht nur vom Tod, sondern auch von der Furcht und von Gott. So gibt Ilse Somavilla in ihrem Aufsatz *Zeit und Gegenwart bei Wittgenstein* zu bedenken, dass das Subjekt »weder Furcht noch Hoffnung kennt, da diese sich auf die Zukunft beziehen, der Glückliche aber nur im Gegenwärtigen lebt, konzentriert auf den Augenblick, offen für die vielfältigen Aspekte der ihn unmittelbar umgebenden Dinge, die ›durch ihre Einfachheit und Alltäglichkeit‹ verborgen sind. Er lebt in Übereinstimmung mit der Welt und jenem ›fremden Willen‹, von dem er abhängig scheint.«[96] Hieraus lässt sich eine Gegenüberstellung zwischen der Lebensführung und der Welt der Tatsachen ableiten. In der Tat kann der Mensch die Geschehnisse der Welt nicht abwehren oder verändern, aber er kann sie »der Not der Welt zum Trotz«[97] erkennen. Der glückliche Mensch verzichtet auf einen Eingriff in die Ereignisse, die in der Welt geschehen. Daraus etabliert sich ein Scheingefecht zwischen ihm und der Welt, insofern er auch seine Individualität und Subjektivität aufgeben soll, indem er ohne Furcht und Hoffnung lebt. Hier liegt das Rätsel des Lebens im Ewigen beschlossen,[98] welches vor dem Hintergrund des Gesagten *jetzt* gelöst werden kann: Das gegenwärtige Leben vermag die Frage nach dem Leben zu beantworten, wenn es versteht, dass die Lösung des Rätsels im Sinn der Welt liegt, der sich außerhalb der Welt befindet und in einer Verbindung zu Gott steht. Wenn der Mensch sich dieser Verkoppelung und der zeitlichen Unsterblichkeit der menschlichen Seele bewusst ist, kann er glücklich sterben.

---

[96] Vgl. Somavilla, I. (2014). Zeit und Gegenwart bei Wittgenstein. In *From the ALWS archives: A selection of papers from the International Wittgenstein Symposia in Kirchberg am Wechsel.* Vgl. Wittgenstein, Ludwig. TB. 8.7.16.

[97] Vgl. Wittgenstein, Ludwig. TB. 13.8.19

[98] Vgl. Wittgenstein, Ludwig. TLP, 6.4312.

Literaturverzeichnis

a) Primärliteratur Martin Heidegger (mit GA zitiert)

I. Abteilung: Veröffentlichte Schriften (1910–1976)

GA1. Frühe Schriften (1912–1916). Hg. v. Friedrich-Wilhelm von Herrmann, 1978.

GA2. Sein und Zeit (1927). Hg. v. Friedrich-Wilhelm von Herrmann, 1977.

II. Abteilung: Vorlesungen (1919–1944)

Bände 17–24: Marburger Vorlesungen (1923–1928)

GA17. Einführung in die phänomenologische Forschung (Wintersemester 1923/24). Hg. v. F.-W. von Herrmann, 1994, 2. Auflage 2006.

GA18. Grundbegriffe der aristotelischen Philosophie (Sommersemester 1924). Hg. v. M. Michalski, 2002.

GA19. Platon: Sophistes (Wintersemester 1924/25). Hg. v. I. Schüßler, 1992.

GA20. Prolegomena zur Geschichte des Zeitbegriffs (Sommersemester 1925). Hg. v. P. Jaeger, 1979, 2. Auflage 1988, 3. Auflage 1994.

GA21. Logik. Die Frage nach der Wahrheit (Wintersemester 1925/26). Hg. v. W. Biemel, 1976, 2. Auflage 1995.

GA22. Grundbegriffe der antiken Philosophie (Sommersemester 1926). Hg. v. F.-K. Blust, 1993, 2. Auflage 2004.

GA23. Geschichte der Philosophie von Thomas von Aquin bis Kant (Wintersemester 1926/27). Hg. v. H. Vetter, 2006.

GA24. Die Grundprobleme der Phänomenologie (Sommersemester 1927). Hg. v. F.-W. von Herrmann, 1975, 2. Auflage 1989, 3. Auflage 1997.

Bände 56–63: Frühe Freiburger Vorlesungen (1919–1923)

GA56/57. Zur Bestimmung der Philosophie. 1. Die Idee der Philosophie und das Weltanschauungsproblem (Kriegsnotsemester 1919). Hg.: B. Heimbüchel, 1987, 2. Auflage 1999.

GA58. Grundprobleme der Phänomenologie (Wintersemester 1919/20). Hg. v. H.-H. Gander, 1993.

GA59. Phänomenologie der Anschauung und des Ausdrucks. Theorie der philosophischen Begriffsbildung (Sommersemester 1920). Hg. v. C. Strube, 1993.

GA60. Phänomenologie des religiösen Lebens. Hg.: C. Strube, 1995.

GA61. Phänomenologische Interpretationen zu Aristoteles. Einführung in die phänomenologische Forschung (Wintersemester 1921/22). Hg. v. W. Bröcker und K. Bröcker-Oltmanns, 1985, 2. Auflage 1994.

GA62. Phänomenologische Interpretation ausgewählter Abhandlungen des Aristoteles zu Ontologie und Logik (Sommersemester 1922). Hg. v. G. Neumann, 2005.

GA63. Ontologie. Hermeneutik der Faktizität (Sommersemester 1923). Hg. v. K. Bröcker-Oltmanns, 1988, 2. Auflage 1995.

b) Primärliteratur Ludwig Wittgenstein

TB. Tagebücher 1914–1916. In: Werkausgabe Bd. 1. Frankfurt am Main: Suhrkamp 1984.

TLP. Tractatus logico-philosophicus. In: Werkausgabe Bd. 1. Frankfurt am Main: Suhrkamp 1984.

c) Sekundärliteratur

Aguirre, Antonio (1968) Natürlichkeit und Transzendentalität: Der skeptisch-genetische Rückgang auf die Erscheinung als Ermöglichung der Epoché bei Edmund Husserl, Inaugural Dissertation, Köln.

Apel, Karl-Otto (1991) Wittgenstein und Heidegger: Kritische Wiederholung und Ergänzung eines Vergleichs, in Transformation der Philosophie 1. Sprachanalytik, Semiotik, Hermeneutik, Suhrkamp, Frankfurt am Main.

Aquin, Thomas v. (1964) Summa theologiae, Blackfriars, London.

– (1982) Questiones disputatae de malo, Commissio Leonina, Roma.

Arnswald, Ulrich (2009) The Paradox of Ethics—›It leaves everything as it is‹, KIT Scientific Publishing, Karlsruhe.

Aurenque, Diana (2014) Ethosdenken: Auf der Spur einer ethischen Fragestellung in der Philosophie Martin Heideggers, Verlag Alber, Freiburg/München.

Barth, Ulrich (2001) Von der Cartesianischen zur hermeneutischen Subjektivität. Werkgeschichtliche Annäherungen an Heideggers Sein und Zeit, Archiv für Geschichte der Philosophie 83, no. 2.

Bartley, W (1974) Wittgenstein, Quartet books, London.

Baur, Patrick (2010) »Vom Was zum Wie. Heideggers Kritik an Husserl als Neukonstitution eines dynamischen Phänomenologiebegriffs.« In: Heidegger und

Husserl im Vergleich, Friederike Rese (Hg.), Vittorio Klostermann, Frankfurt am Main.

Beaufret, Jean (1985) Qu'est-ce que la métaphysique? in: Heidegger Studies 1.

Benoist, Jocelyn (2008) Grammatik und Intentionalität, in: Edmund Husserl: Logische Untersuchungen, Verena Mayer (Hrsg.), Akademie Verlag, Berlin.

Bianchi, Irene Angela (1999) Studi sui manoscritti inediti degli anni 1920–1934 dell'etica husserliana, Franco Angeli, Milano.

Bindeman, Steven L. (1981) Heidegger and Wittgenstein: The Poetics of Silence, University Press of America, Lanham.

Black, Max (1964) A Companion to Wittgenstein's Tractatus, University Press, Cambridge.

Bogdan, Minca (2014) »Heidegger und die Ethik. Die Vollbringung der Anderen.« Studia Universitatis Babes-Bolyai-Philosophia, 59(1).

Bolduc, René (1987) Heidegger Martin. Die Grundprobleme der Metaphysik, in: Laval théologique et philosophique, 43. Jg., Nr. 2.

Boncompagni, Anna (2012) Wittgenstein lo sguardo e il limite, Mimesis, Milano.

Borches, Dagmar (1977) Der große Graben. Heidegger und die analytische Philosophie, Peter Lang, Frankfurt am Main.

Brentano, Franz (1889) Vom Ursprung sittlicher Erkenntnis. Duncker und Humblot, Leipzig.

Brosch, Annette (1995) Die Logik des Tractatus: eine logisch-semantische Untersuchung dessen, »was der Fall« sein kann, Peter Lang, Frankfurt am Main.

Bucher, Alexius J (1972) Martin Heidegger: Metaphysikkritik als Begriffsproblematik, Bouvier, Bonn.

Camerlingo, Francesco (2011) Con Heidegger e Wittgenstein sull'enigma dell'esistenza, Il melangolo, Genova.

Canfield, John (1986) »My world and its value.« In (The philosophy of Wittgenstein 3), Garland, New York (N.Y.).

Carl, Wolfgang (1982) Sinn und Bedeutung: Studien zu Frege und Wittgenstein, Philosophie: Analyse und Grundlegung, Hain Verlag, Königstein im Taunus.

Cavalier, Robert J. (1980) Ludwig Wittgenstein's Tractatus Logico-philosophicus: A Transcendental Critique of Ethics, University Press of America, Washington (D.C.).

Chauviré, Christiane (2009) L'immanence de l'ego, Philosophies Puf, Paris.

Chiodi, Pietro (1955) »Essere e linguaggio in Heidegger e nel Tractatus di Wittgenstein«, in: Rivista di Filosofia 2 (2).

Cicero, M. (1977) De Legibus, Harvard University, Cambridge.

Corey, Anton (1998) »Concerning speech: Heidegger and performative intentionality«, in: Philosophy & Rhetoric, 31. Jg., Nr. 2.

Cristin, Renato (2003) Ermeneutica della poeticità. Linguaggio e paradosso della prassi in Heidegger, Guerini Studio, Milano.

– (2012) »Phänomenologische Ontologie. Heideggers Auseinandersetzung mit Husserl (1916–1928)«, in: Heidegger-Jahrbuch, (Hg) Alfred Denker und Holger Zaborowski, Karl Alber, Freiburg im Breisgau.

Crowell, Steven Galt (2013) Normativity and Phenomenology in Husserl and Heidegger. University Press, Cambridge.

Dain, Edmund (2014) »Eliminating Ethics: Wittgenstein Ethics, and the Limits of Sense«, in: Philosophical Topics 42. Jg., Nr. 2.

Dalferth, Ingolf U. (2008) Malum: theologische Hermeneutik des Bösen, Mohr Siebeck, Tübingen.

Dastur, Françoise (2010) »Langage et métaphysique chez Heidegger et chez Wittgenstein.« Les Études philosophiques, Nr. 3

De Biase, Riccardo (2005) L'interpretazione heideggeriana di Descartes: origini e problemi. Guida, Napoli.

De Carolis, Massimo (1982) »Destino e grammatica. Il rapporto fra il linguaggio e la morte nel pensiero di Heidegger«, in: Aut Aut, 187–188.

Descartes, René (1990) Discours de la méthode Descartes: Texte Intégral, Éric Brauns (Hrsg), Hatier, Paris.

Diemer, Alwin (1956) Edmund Husserl: Versuch einer Darstellung seiner Phänomenologie, Monographien zur Philosophischen Forschung 15, Meisenheim am Glan.

Dietrich, Rolf-Albert (1973) Sprache und Wirklichkeit in Wittgensteins Tractatus, Max Niemeyer Verlag, Tübingen.

Egan, David, Reynolds, Stephen und Wendland, Aaron James (2013) Wittgenstein and Heidegger: Pathways and Provocations, Routledge, London.

Enders, Markus (1999) Transzendenz und Welt: das daseinshermeneutische Transzendenz- und Welt-Verständnis Martin Heideggers auf dem Hintergrund der neuzeitlichen Geschichte des Transzendenz-Begriffs, Peter Lang Verlag, Frankfurt am Main.

Engelmann, Paul, Wittgenstein, Ludwig (1970) Ludwig Wittgenstein: Briefe und Begegnungen, MacGuinness, B. F. (Hrsg.), Scientia Nova, Wien.

Escudero, Jesús Adrian (2013) Sein und Zeit und die Tradition der Selbstsorge. Heidegger Studies, 29.

– (2013) Heidegger on Discourse and Idle Talk: The Role of Aristotelian Rhetoric.« In: The Heidegger Circle Annual 3.

Fahrenbach, Helmut (1970) Existenzphilosophie und Ethik. Klostermann, Frankfurt am Main.

Farin, Ingo (1998) »Heidegger's critique of value philosophy.« In: Journal of the British Society for Phenomenology, 29. Jg., Nr. 3.

Faulstick, Peter (2006) Eine Untersuchung zu philosophischen Grundfragen bei Ludwig Wittgenstein und Martin Heidegger – Sprache und Existenz, Grin Verlag, München.

Fay, Thomas A. (1991) »The ontological difference in early Heidegger and Wittgenstein«, in: Kant-Studien, 82. Jg., Nr. 3.

Fechner, E. (1962) Rechtsphilosophie: Soziologie und Metaphysik des Rechts, Mohr Siebeck, Tübingen.

Finazzo, Giancarlo (1963) L'uomo e il mondo nella filosofia di M. Heidegger. Studium, Roma.

Fisogni, Vera (2001) »Morale e linguaggio in Wittgenstein. Il riscatto della metafisica.« In: A Parte Rei 16:3.

Flatscher, Matthias (2011) Logos und Lethe: Zur phänomenologischen Sprachauffassung im Spätwerk von Heidegger und Wittgenstein, Alber, Freiburg/München.

Fischer, Mario (2013) Religiöse Erfahrung in der Phänomenologie des frühen Heidegger. Forschungen Zur Systematischen und ökumenischen Theologie 130, Vandenhoeck & Ruprecht, Göttingen.

Fløistad, Guttorm (1981) The Concept of World in Wittgenstein and Heidegger. In: Johannessen, Kjell S. (Hrsg.), Wittgenstein – Ästhetik und Transzendentale Philosophie, Schriftenreihe der Wittgenstein-Gesellschaft 6, Hölder, Pichler, Tempsky, Wien.

Franck, Didier (1986) Heidegger et le problème de l'espace, De Minuit, Paris.

Frege, Gottlob (1948) Sense and Reference, in: The Philosophical Review, vol. 57, No 3., May.

Freitag, Wolfgang (2017). Norm und Sanktion, Deutsche Zeitschrift für Philosophie, 65(3), 436–455.

– (2018) Sollen und Wollen, Deutsche Zeitschrift Für Philosophie, 66(5).

Frey, G. (1981) »Die transzendentale Deutung Wittgensteins. Sprache und Erkenntnis als soziale Tatsache«. In: Beiträge des Wittgenstein-Symposiums von Rom 1979, Wien, Schriftenreihe der Wittgenstein-Gesellschaft, Bd. V.

Frings, Manfred S. (1969) »Person und Dasein: Zur Frage der Ontologie des Wertseins«, Nijhoff, Den Haag.

Fröhlich, Günter (2011) Form und Wert: die komplementären Begründungen der Ethik bei Immanuel Kant, Max Scheler und Edmund Husserl, Königshausen & Neumann, Würzburg.

Frongia, Guido (1985) Wittgenstein, regole e sistema. Franco Angeli, Milano.

Funke, Gerhard (1968) »Einheitssprache, Sprachspiel und Sprachauslegung bei Wittgenstein.« In: Zeitschrift für philosophische Forschung 22.

Furuta, Hirokiyo (1996) Wittgenstein und Heidegger, »Sinn« und »Logik« in der Tradition der analytischen Philosophie, Könighausen und Neumann, Würzburg.

Gabrielli, Paolo (2004) Sinn und Bild bei Wittgenstein und Benjamin, Lang, Frankfurt am Main.

Gadamer, Hans-Georg (1959) »Vom Zirkel des Verstehens«, in: Martin Heidegger zum Siebzigsten Geburtstag, Günther Neske (Hg.), Neske, Pfullingen.

Garbrecht, Oliver (2002) Rationalitätskritik der Moderne: Adorno und Heidegger, Herbert Utz Verlag, München.

Gebauer, Gunter (2009) Wittgensteins anthropologisches Denken, C. H. Beck, München.

Gerlach, Hans-Martin (1991) »Dasein als Sein zum Tode oder Tod als Grenzsituation«, in: Deutsche Zeitschrift für Philosophie 39.

Gethmann, Carl Friedrich (1993) Dasein: Erkennen und Handeln: Heidegger im phänomenologischen Kontext. De Gruyter, Berlin.

Glock, Hans-Johann (2000) Wittgenstein-Lexikon, Wissenschaftliche Buchgesellschaft, Darmstadt.

Goers, Ralf (2000) Die Entwicklung der Philosophie Ludwig Wittgensteins: unter besonderer Berücksichtigung seiner Logikkonzeptionen, Königshausen & Neumann, Würzburg.

Goppelsröder, Fabian (2007) Zwischen Sagen und Zeigen. Wittgensteins Weg von der literarischen zur dichtenden Philosophie, Transcript, Bielefeld.

Grieco, Agnese (1996) Die ethische Übung. Ethik und Sprachkritik bei Wittgenstein und Sokrates, Lukas Verlag, Berlin.

Hacker, Peter Michael Stephan (1978) Einsicht und Täuschung: Wittgenstein über Philosophie und die Metaphysik der Erfahrung, Suhrkamp, Frankfurt am Main.

Hart, H. L. A. (1973) Der Begriff des Rechts. Theorie. Frankfurt, Suhrkamp.

Heinemann, Walter (1970) Die Relevanz der Philosophie Martin Heideggers für das Rechtsdenken, Dissertation zur Erlangung des Doktorgrads, Freiburg i. B.

Held, Klaus (1988) »Heidegger und das Prinzip der Phänomenologie«, In: Heidegger und die praktische Philosophie, Gethmann-Siefert, Annemarie und Pöggeler, Otto (Hrsg.), Suhrkamp, Frankfurt am Main.

Herbert, M. (1995) Rechtstheorie als Sprachkritik: Zum Einfluss Wittgensteins auf die Rechtstheorie (Studien zur Rechtsphilosophie und Rechtstheorie 8), Nomos, Baden-Baden.

Heucke, Albert (1921) Einführung in die Rechtsphilosophie, Rösl & Cie Verlag, München.

Hintikka, M. B., & Hintikka, J. (1990) Untersuchungen zu Wittgenstein, Suhrkamp, Frankfurt am Main.

Hodge, Joanna (2012) Heidegger and ethics. Routledge, Oxford.

Hoffmann, Gisbert (2005) Heideggers Phänomenologie. Bewusstsein, Reflexion, Selbst (Ich) und Zeit im Frühwerk, Königshausen & Neumann, Würzburg.

Hopkins, Burt (1993) Intentionality in Husserl and Heidegger: The Problem of the original method and phenomenon of phenomenology, Kluwer, Dordrecht.

Hrachovec, Herbert (1981) Vorbei. Heidegger, Frege, Wittgenstein: Vier Versuche, Stroemfeld, Basel.

Hübscher, P. (2018) »Das metaphysische Subjekt: Die Stufe einer Leiter.« Philosophie des Geistes – Philosophie der Psychologie / Philosophy of Mind – Philosophy of Psychology. Wien.

Hülser, Karlheinz (1979) Wahrheitstheorie als Aussagentheorie: Untersuchungen zu Wittgensteins Tractatus. Königstein/Ts.

Husserl, Edmund (1991) Cartesianische Meditationen und Pariser Vorträge, Stephan Strasser (Hrsg.), HuA1.

– (1976) Ideen zu einer reinen Phänomenologie und phänomenologischen Philosophie, Bd. 1, Karl Schuhmann (Hrsg.) HuA3.

– (1991) Ideen zu einer reinen Phänomenologie und phänomenologischen Philosophie, Bd. 2, Marly Biemel (Hrsg.), HuA4.

– (1973) Zur Phänomenologie der Intersubjektivität. Texte aus dem Nachlass. 3 Bde. Iso Kern (Hrsg.), HuA 14–16.

– (1974) Formale und transzendentale Logik: Versuch einer Kritik der logischen Vernunft, Paul Janssen (Hrsg.) HuA17.

– (2002) Logische Untersuchungen, Band 1, Ullrich Melle (Hrsg.), HuA20/1.

– (2005) Logische Untersuchungen, Band 2, Ullrich Melle (Hrsg.), HuA20/2.

– (1989) Aufsätze und Vorträge 1922–1937, Thomas Nenon und Hans Rainer Sepp (Hrsg.), HuA27.

– Vorlesungen über Ethik und Wertlehre. 1908–1914, Ullrich Melle (Hrsg.), HuA28

– MS F I 28.

– MS A V 23.
– MS F 1 21.
– MS, F I 24.
– (2004) Einleitung in die Ethik, Henning Peucker (Hrsg.) HuA37.
– (2014) Grenzprobleme der Phänomenologie. Analysen des Unbewusstseins und der Instinkte. Metaphysik. Späte Ethik (Texte aus dem Nachlass 1908–1937), Rochus Sowa und Thomas Vongehr (Hrsg.) HuA42.

Husserl, Gerhart (1929) Recht und Welt. Max Niemeyer, Tübingen.

Ilting, Karl-Heinz (1983) Naturrecht und Sittlichkeit: begriffsgeschichtliche Studien. Klett-Cotta, Stuttgart.

Imdahl, Georg (1997) Das Leben verstehen: Heideggers formal anzeigende Hermeneutik in den frühen Freiburger Vorlesungen, 1919 bis 1923. Königshausen & Neumann, Würzburg.

Irlenborn, Bernd (1999) Die Uneigentlichkeit als Privation der Eigentlichkeit? Ein offenes Problem in Heideggers Sein und Zeit, in: Philosophisches Jahrbuch 106.

– (2000) Der Ingrimm des Aufruhrs: Heidegger und das Problem des Bösen, Wien, Passagen.

Iwen, Mathias (1999) »Wenn etwas gut ist, so ist es auch göttlich.« In: Angewandte Ethik: Akten des 21. Internationalen Wittgenstein-Symposiums, 16. bis 22. August 1998, Peter Kampitis und Anja Weiberg (Hg.), Kirchberg am Wechsel (Österreich), Verlag Hölder-Pichler-Tempsky.

Kampits, Peter (1985) Ludwig Wittgenstein. Wege und Umwege zu seinem Denken, Styria Verlag, Wien.

– »Heidegger und Wittgenstein. Metaphysikkritik – Technikkritik – Ethik « In: Heidegger: Technik – Ethik – Politik, Margreiter, Reinhard und Leidlmair, Karl (Hrsg.), Königshausen & Neumann, Würzburg.

Kant, Immanuel (1889) Kritik der reinen Vernunft. L. Voss.

– (1968) Grundlegung zur Metaphysik der Sitten, Reclam, Frankfurt.

– (2012) Prolegomena zu einer jeden künftigen Metaphysik, Jazzybee Verlag Altenmünster.

Kaufmann, Matthias (1988) Recht ohne Regel? Die philosophischen Prinzipien in Carl Schmitts Staats- und Rechtslehre, Alber, Freiburg/München.

– (1996) Rechtsphilosophie, Alber Verlag, Freiburg/München.

– (1999) Aufgeklärte Anarchie: Eine Einführung in die Politische Philosophie. Akademie Verlag, Berlin.

– (2015) Recht, De Gruyter, Berlin

Kisiel, Theodore (1995) The Genesis of Heidegger's Being and Time. Berkeley: University of California Press.

Kreiml, Josef (1988) Zwei Auffassungen des Ethischen bei Heidegger. Theorie und Forschung. Roderer, Regensburg.

Kross, Matthias (1993) Klarheit als Selbstzweck: Wittgenstein über Philosophie, Religion, Ethik und Gewißheit, Akademie Verlag, Berlin.

Kuhn, Ann (1968) Das Wertproblem in den Frühwerken Martin Heideggers und Sein und Zeit. Inaugural Dissertation, München.

Lafont, Cristina (1993) »Die Rolle der Sprache in ›Sein und Zeit‹«, in: Zeitschrift für philosophische Forschung 47.

Lang, Martin (1971) Wittgensteins philosophische Grammatik: Entstehung und Perspektiven der Strategie eines radikalen Aufklärers. Köln, Inaugural Dissertation.

Laube, Martin (1999) Im Bann der Sprache: Die Analytische Religionsphilosophie im 20. Jahrhundert, De Gruyter, Berlin.

Lee, Seu-Kyou (2001) Existenz und Ereignis: eine Untersuchung zur Entwicklung der Philosophie Heideggers, Königshausen & Neumann, Würzburg.

Lee, Yu-Taek (2000) Vom Seinkönnen zum Seinlassen. Heideggers Denken der Freiheit, Ergon Verlag, Würzburg.

Lenk, Hans (1968) Kritik der logischen Konstanten: Philosophische Begründungen der Urteilsformen vom Idealismus bis zur Gegenwart, De Gruyter, Berlin.

Lohmar, Dieter (1998) Erfahrung und kategoriales Denken. Hume, Kant und Husserl über vorprädikative Erfahrung und prädikative Erkenntnis, Kluwer Academic Publisher, Dordrecht.

Loidolt, Sophie (2008) Anspruch und Rechtfertigung: eine Theorie des rechtlichen Denkens im Anschluss an die Phänomenologie Edmund Husserls. Berlin, Springer-Verlag.

– (2010) Einführung in die Rechtsphilosophie, Mohr Siebeck, Tübingen.

Löwith, Karl (2013) Das Individuum in der Rolle des Mitmenschen, Karl Alber, Freiburg/München.

Lozano Díaz, V. (2015). »La cuestión de la moral en Ser y tiempo de Martin Heidegger«, in: Arbor 191 (774).

Luckner, Andreas (2015) »Wie es ist, selbst zu sein. Zum Begriff der Eigentlichkeit.« In: Martin Heidegger – Sein und Zeit. Thomas Rentsch (Hg.), De Gruyter, Berlin.

Lütterfelds, Wilhelm (1974) Die Dialektik »Sinnvoller Sprache« in Wittgensteins Tractatus logico-philosophicus, in: Zeitschrift für Philosophische Forschung 28, 4.

Maihofer, Werner (1954) Recht und Sein, Vittorio Klostermann, Frankfurt am Main.

Malisardo, Francesco (2007) Martin Heidegger. Dai Prolegomena a Sein und Zeit, Carocci, Roma.

Majetschak, Stefan (2000) Ludwig Wittgensteins Denkweg, Alber, Freiburg.

Manno, Ambrogio Giacomo (1967) »Esistenza ed essere in Heidegger«, Libreria Scientifica Editrice, Napoli.

Massari, Massimo (1988) »Per una fenomenologia ermeneutica della giustizia heideggeriana.« Fenomenologia e società.

Mayer, Verena (2011) »Regeln, Spielräume und das offene Undsoweiter. Die Wesensschau in *Erfahrung und Urteil*«, in: Die Aktualität Husserls, Verena Mayer, Christopher Erhard und Marisa Scherini (Hg.), Karl Alber, Freiburg/München.

Mazzarella, Eugenio (1993) Ermeneutica dell'effettività: prospettive ontiche dell'ontologia heideggeriana. Guida, Napoli.

McManus, Denis (2002) »Bedingungen der Möglichkeit und Unmöglichkeit. Wittgenstein, Heidegger, Derrida, in: Philosophie der Dekonstruktion. Zum Verhältnis von Normativität und Praxis, Christoph Menke und Andrea Kern (Hg.) Frankfurt am Main, Suhrkamp Verlag.

Medina, José (2003) Wittgenstein and Nonsense: Psychologism, Kantianism, and the Habitus, in: International Journal of Philosophical Studies 11, 3.

Melcic, Dunja (1986) Heideggers Kritik der Metaphysik und das Problem der Ontologie. Königshausen & Neumann, Würzburg.

Melle, Ullrich (1992) »Husserls Phänomenologie des Willens«, in: Tijdschrift voor filosofie.

Misgeld, Dieter (1966) Schuld und Moralität, Doktorarbeit zur Erlangung des Doktorgrads, Heidelberg.

Mohanty, J. (1988) Heidegger on Logic, in: Journal of the History of Philosophy 26, no. 1.

Mongis, Henri (1976) Heidegger et la critique de la Notion de valeur: La Destruction, de la fondation métaphysique, Nijhoff, La Haye.

Musciagli, Dario (1974) Logica e Ontologia in Wittgenstein, Edizioni Milella, Lecce.

Neumer, Katalin (2000) Die Relativität der Grenzen: Studien zur Philosophie Wittgensteins. Rodopi, Amsterdam.

Nyri, János Kristóf (1972) »Das unglückliche Leben des Ludwig Wittgenstein«. In: Zeitschrift für philosophische Forschung.

Olafson, Frederick A. (1988) Heidegger and the ground of ethics: A study of Mitsein, University Press, Cambridge.

Pears, David (1977) The Relation between Wittgenstein's Picture Theory of Propositions and Russell's Theories of Judgment, in: The Philosophical Review, 86.

Penzo, Giorgio (1965) L'unità del pensiero in Martin Heidegger. Una Ontologia Estetica. Editrice gregoriana, Padova.

Premo, Blanche (1972) The Early Wittgenstein and Hermeneutics, Philosophy Today 16.

Peucker, H. (2008) »Grundlagen der praktischen Intentionalität«, Hyperlink: http://www. dgphil2008. de/fileadmin/download/Sektionsbeitraege/13.

Peursen, Cornelis Anthonis van (1965) Übereinkunft und Gegensatz im heutigen europäischen Denken. Edmund Husserl und Ludwig Wittgenstein, Niederländische Gelehrtenwoche, München.

Pfordten, Dietmar von der (2010) Normative Ethik, De Gruyter, Berlin.

Pieper, Annemarie (1985) Ethik und Moral. Eine Einführung in die praktische Philosophie, Beck, München.

Plourde, Jimmy (2005) Wittgenstein et les théories du jugement de Russell et de Meinong, in: Dialogue (44), 2.

Pöggeler, Otto (1988) »Heidegger e Husserl a confronto«. In: Aut Aut, 223–224.

– (1986/87) »Heideggers Begegnung mit Dilthey«, in: Dilthey Jahrbuch 4.

Powell, Jeffrey L. (2010) »Heidegger and the communicative world«, in: Research in Phenomenology, 40. Jg., Nr. 1.

Puhl, Klaus (1999) Subjekt und Körper: Untersuchungen zur Subjektkritik bei Wittgenstein und zur Theorie der Subjektivität, Mentis, Paderborn.

Reiner, Hans (1969) »Vom Wesen des Malum. Positives zur Kritik des Axioms ›omne ens est bonum‹«, in: Zeitschrift für philosophische Forschung, Nr. H. 4.

Rentsch T. (2001) Martin Heidegger: Sein und Zeit. Akademie Verlag, Berlin.

– (2003) »Sein und Zeit. Fundamentalontologie als Hermeneutik der Endlichkeit.« In: Heidegger Handbuch, Leben-Werk-Wirkung, Dieter Thomä (Hrsg.) J. B. Metzler, Stuttgart.

– (2003) Heidegger und Wittgenstein: Existential- und Sprachanalysen zu den Grundlagen Philosophischer Anthropologie. Klett-Cotta, Stuttgart.

Richter, Ewald (2010) »Heideggers Thesen zu den Fundamenten der Wissenschaften, in: Heidegger Studies 26.

Riedel, Manfred (1989) »Naturhermeneutik und Ethik im Denken Heideggers«, in: Heidegger Studies 5.

Röd, Wolfgang (1979) »Der vorgebliche Mißbrauch der Sprache in metaphysischen Aussagen«, in: Sprache und Erkenntnis als soziale Tatsache, Beiträge des Wittgenstein Symposium von Rom, Rudolf Haller (Hg.), Rom.

Rorty, Richard (1991) »Wittgenstein, Heidegger und die Hypostasierung der Sprache«, in: MacGuinness, Brian, Habermas, Jürgen, Apel, Karl-Otto (Hrsg.), Der Löwe Spricht ... und wir können ihn nicht verstehen, Suhrkamp, Frankfurt am Main.

– (1993) Heidegger, Wittgenstein en Pragmatisme: Essays over Post-analytische en Post-nietzscheaanse Filosofie, Kok Agora, Kampen.

Rosso, Marino (1979) »Wahrheitsbegriffe im Tractatus«, in: Sprache und Erkenntnis als soziale Tatsache. Rudolf Haller (Hg), Wien, Holder-Pichler.

Rudd, Anthony (2003) Expressing the World: Skepticism, Wittgenstein, and Heidegger, Open Court, La Salle.

Sallis, John Cleveland (1964) The Concept of World: A Study in the phenomenological ontology of Martin Heidegger, University Microfilms International Ann Arbor.

Sancipriano, Mario (1988) Edmund Husserl: l'etica sociale, Tilgher, Genova.

Scheier, Claus-Arthur (2000) »Russells Antinomie und der Herakl'teische Anfang der Logik«, in: Enskat, Rainer (Hrsg) Erfahrung und Urteilskraft, Königshausen und Neumann, Würzburg.

Schmitz, Hermann (1966) Husserl und Heidegger, Bouvier, Bonn.

Schuhmann, Karl (1988) Husserls Staatsphilosophie, Alber, Freiburg/München.

Schwyzer, Hubert R. G. (1962) »Wittgenstein's picture-theory of language«, in: Inquiry, Nr. 1–4.

Sefler, George F. (1974) Language and the World: A Methodological Synthesis within the Writings of Martin Heidegger and Ludwig Wittgenstein. Humanities Press, Atlantic Highlands.

Shikaya, Takako (2004) Logos und Zeit. Heideggers Auseinandersetzung mit Aristoteles und der Sprachgedanke, Königshausen & Neumann, Würzburg.

Sitter, Beat (1975) Dasein und Ethik: Zu einer ethischen Theorie der Eksistenz. Freiburg/München: Alber.

Smith, Barry (1985) »Wittgenstein und das ethische Gesetz.« In: Sprachspiel und Methode. Zum Stand der Wittgenstein-Diskussion, D. Birnbacher und A. Burkhardt (Hg.), Berlin/New York, de Gruyter.

Soleri, Sandro (2003) Note al Tractatus logico-philosophicus. Bibliopolis, Napoli.

Spinicci, Paolo (1985) I pensieri dell'esperianza: interpretazione di »Esperienza e giudizio« di Edmund Husserl, La Nuova Italia, Firenze.

Stassen, Manfred (1973) Heideggers Philosophie der Sprache in Sein und Zeit und ihre philosophisch-theologischen Wurzeln, Bouvier, Bonn.

Stegmüller, Wolfgang (1965) »Ludwig Wittgenstein als Ontologe, Isomorphie-theoretiker, Transzendentalphilosoph und Konstruktivist«, in: Philosophische Rundschau 13, No. 2.

Stenius, Erik (1964) Wittgenstein's Tractatus: A critical exposition of its main lines of thought. Blackwell, Oxford.

Stewart, Roderick Milford (1984) Psychologism, Sinn and Urteil in the Early Writings of Heidegger. Graduate School, Department of Philosophy Michigan, Syracuse University.

Stokhof, Martin JB (2002) World and life as one: ethics and ontology in Wittgenstein's early thought, University Press, Stanford.

Streubel, Thorsten (2011) »Wahrheit als methodisches Problem der phänomenologischen Deskription«. In: Husserl Studies 27, no. 2.

Terricabras, Josep-Maria (1978) Ludwig Wittgenstein: Kommentar u. Interpretation, Alber, Freiburg.

Thern, Tanja (2003) Descartes im Licht der französischen Aufklärung: Studien zum Descartes-Bild Frankreichs im 18. Jahrhundert, Palatina, Heidelberg.

Thomas, Philipp (1996) Selbst-Natur-Sein: Leibphänomenologie als Naturphilosophie, Akademie Verlag, Berlin.

Thompson, James (2008) Wittgenstein on Phenomenology and Experience. An Investigation of Wittgenstein's ›Middle Period‹, University of Bergen Press, Publications of the Wittgenstein Archive.

Tietz, Udo (2003) »Heidegger und Ludwig Wittgenstein. Diesseits des Pragmatismus – jenseits des Pragmatismus.« In: Heidegger-Handbuch: Leben, Werk, Wirkung, Dieter Thomä (Hrsg). Metzler, Stuttgart.

– (2013) Heidegger: Grundwissen Philosophie, Philipp Reclam, Stuttgart.

– (2003) Ontologie und Dialektik. Heidegger und Adorno über das Sein, das Nichtidentische, die Synthesis und die Kopula, Passagen Verlag, Wien.

Tomasi, Gabriele (2011) »Etica ed Estetica sono tutt'uno« Riflessioni su TLP 6.421,Trans/Form/Ação.

Tsa, Wei-Ding (2011) Die ontologische Wende der Hermeneutik. Heidegger und Gadamer. München, Inaugural Dissertation.

Tzavaras-Dimou, Anastasia (1992) Phänomenologie der Aussage: Eine Untersuchung zu Heideggers existenzial-ontologischer Interpretation des Aristotelischen λόγος ἀποφαντικός. Universität Freiburg i. Br., Dissertation.

Ulfig, Alexander (1997) Lebenswelt, Reflexion und Sprache. Zur reflexiven Thematisierung der Lebenswelt in Phänomenologie, Existentialontologie und Diskurstheorie, Konigshausen & Neumann, Würzburg.

Unia, Albano (1997) Husserl, Wittgenstein e gli atti intenzionali, Spirali, Milano.

– (2005) La questione della fenomenologia in Husserl e Wittgenstein e Scritti di logica. Spirali, Milano.

Van der Heiden, Gert-Jan (2013) »The Early Heidegger's Philosophy of Life: Facticity, Being, and Language, in: International Journal of Philosophy and Theology 74, no. 1.

Venezia, Simona (2013) La misura della finitezza: evento e linguaggio in Heidegger e Wittgenstein, Mimesis, Milano.

Veauthier, F. W. (1991). Vom sozialen Verantwortungsapriori im sozialphäno-menologischen Denken Edmund Husserls, in: Husserlian Phenomenology in a New Key, A.-T. Tymieniecka (Hrsg.), Kluwer, Dordrecht.

Volpi, Franco (1988) »L'approccio fenomenologico alla storia della filosofia nel primo Heidegger.« In: Aut Aut, 223–224.

– (1988). »L'etica dell'inesprimibile tra Wittgenstein e Heidegger«, in: Micro-mega.

Von Herrmann, Friedrich-Wilhelm (2000) Hermeneutik und Reflexion. Der Begriff der Phänomenologie bei Heidegger und Husserl. Vittorio Klostermann, Frankfurt am Main.

– (1964) Die Selbstinterpretation Martin Heideggers. Meisenheim am Glan, Anton Hain.

– (2009) Metaphysik und Ontologie in Heideggers fundamentalontologischem und ereignisgeschichtlichem Denken, in: Quaestio, 9.

Wachtendorf, Thomas (2008) Ethik als Mythologie: Sprache und Ethik bei Ludwig Wittgenstein, Parerga, Düsseldorf.

Wahl, Jean (1949) La philosophie de Heidegger, in: »Le cours de Sorbonne«. Centre de documentation universitaire.

– (1951) »Notes sur la première partie de Erfahrung und Urteil de Husserl.« In: Revue de Métaphysique et de Morale 56, no. 1.

Waldenfels, Bernhard (1992) Einführung in die Phänomenologie, Wilhelm Fink Verlag, München.

Wallner, Friedrich (1983) Die Grenzen der Sprache und der Erkenntnis. Analysen im Anschluss an Wittgensteins Philosophie, Braumüller, Wien.

– (1989) »Die Umgestaltung von Begriff und Rolle der Philosophie durch Ludwig Wittgenstein.« In: Ludwig Wittgenstein und die Philosophie des 20. Jahrhunderts, Herta Nagl-Docekal (Hg), Miscellana Bulgarica 1, Wien.

Welton, Donn (1973) Intentionality and Language in Husserl's Phenomenology. In: The Review of Metaphysics 27, no. 2.

– (1999) The Essential Husserl: Basic Writings in Transcendental Phenomenology, Studies in Continental Thought. Indiana University Press, Bloomington.

Wenning, Wolfgang (1985) Sehtheorie und Wittgensteins Sprachphilosophie, in: Armin Burkhardt und Dieter Birnbacher (Hg.), Sprachspiel und Methode: Zum Stand der Wittgenstein-Diskussion, De Gruyter, Berlin.

Winter, Stefan (1976) Heideggers Bestimmung der Metaphysik. Wiplinger, Fridolin und Kampits, Peter (Hg), Metaphysik: Grundfragen ihres Ursprungs und ihrer Vollendung. Karl Alber, Freiburg/München.

Wu, Roberto (2015) »Heidegger's Concept of Being-in-the-Πόλις«, in: The Humanistic Psychologist 43, no. 3.

Wuchterl, Kurt (1971) »Wittgenstein und die Idee einer operativen Phänomenologie«, in: Zeitschrift für philosophische Forschung 25.

Wulff, Agnes (2008) Die existentiale Schuld. Der fundamentalontologische Schuldbegriff Martin Heideggers und seine Bedeutung für das Strafrecht, Lit Verlag, Berlin.

Youm, Jae-Chul (1995) Heideggers Verwandlung des Denkens (Epistemata. Reihe Philosophie 166). Königshausen und Neumann, Würzburg.

Yuasa, Shin-ichi B. (1969) Recht und Sein nach Heideggers Fundamentalontologie: Der Weg zur Phänomenologie des Rechts, Dissertation zur Erlangung
des Doktorsgrads, Köln.

Zimmermann, Jörg (1975) Wittgensteins sprachphilosophische Hermeneutik,
Vittorio Klostermann, Frankfurt am Main.